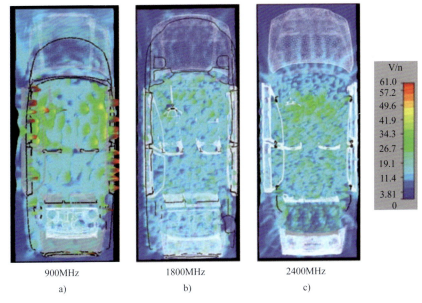

900MHz 　　　　　1800MHz 　　　　　2400MHz

a) 　　　　　　　　b) 　　　　　　　　c)

图 6.10　源天线在位置 A 时车内的场分布

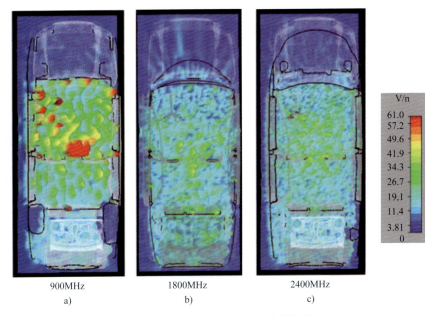

900MHz 　　　　　1800MHz 　　　　　2400MHz

a) 　　　　　　　　b) 　　　　　　　　c)

图 6.11　源天线在位置 B 时车内的场分布

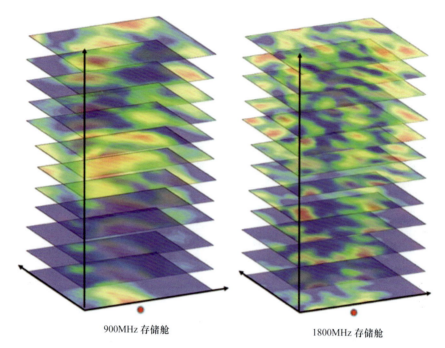

900MHz 存储舱   1800MHz 存储舱

图 6.13　因存储舱格上安装的单极子在车内激发的 3D 电场分布（以 2D 剖切面表示）

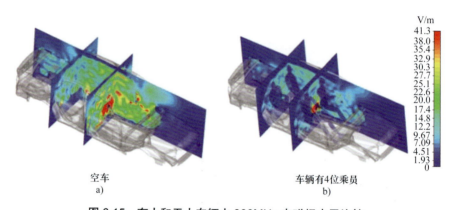

空车　　　　　　　　　　　车辆有4位乘员
a)　　　　　　　　　　　　　b)

图 6.15　有人和无人车辆中 900MHz 电磁场水平比较

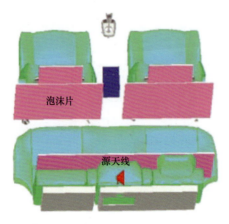

图 6.16　车内有损耗泡沫片位置

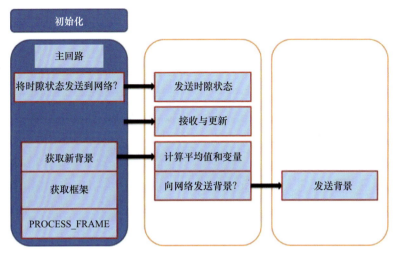

图 9.2　代表停车场占用算法的流程表

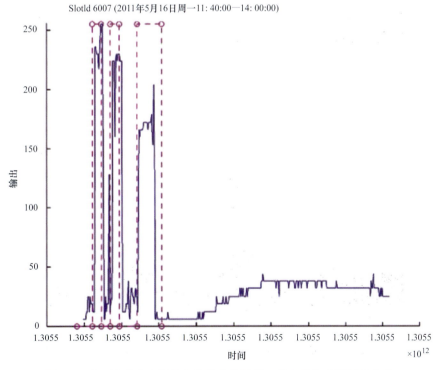

Slotld 6007 (2011年5月16日周一11: 40:00—14: 00:00)

图 9.7　为研究站点上的停车位收集的数据。蓝色为传感器置信度值，
红色为地面实况，圆圈表示变化事件

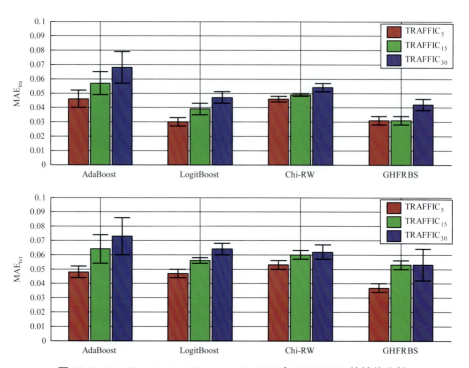

图 10.5　AdaBoost、LogitBoost、Chi-RW 与 GHFRBS 的性能比较

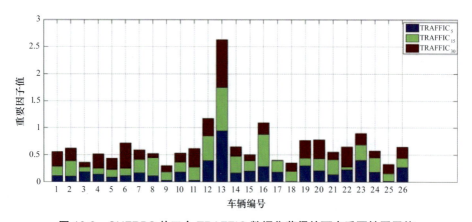

图 10.6　GHFRBS 从三个 TRAFFIC 数据集获得的可变重要性因子值

智能交通先进技术译丛

智能交通系统
技术与应用

[西]
阿西尔·佩拉尔（Asier Perallos）
乌奈·埃尔南德斯·贾（Unai Hernandez-Jayo）
恩里克·奥尼耶娃（Enrique Onieva）
伊格纳西奥·胡里奥·加西亚·祖扎拉（Ignacio Julio Garcia-Zuazola）

编著

王云鹏　余贵珍　译

机械工业出版社

《智能交通系统：技术与应用》对智能交通系统（ITS）进行了系统性的概述。首先，本书对欧盟主要研究项目中开发的架构参考进行深入介绍；然后，从物理层到应用层逐层深入研究了这些架构体系，并描述了ITS研究团队目前面临的一些技术问题；最后，介绍了其一些由工业合作伙伴部署的最终用户服务和应用程序。

《智能交通系统：技术与应用》是智能交通系统领域学术贡献和工业应用的完美结合，对一些ITS研究团队所取得的极具代表性的技术和研究成果进行了整理，以展示在实际交通环境中产生工业解决方案的可能性。

图书在版编目（CIP）数据

智能交通系统：技术与应用/（西）阿西尔·佩拉尔（Asier Perallos）等编著；王云鹏，余贵珍译 . — 北京：机械工业出版社，2022.1
（智能交通先进技术译丛）
书名原文：Intelligent Transport Systems
ISBN 978-7-111-70050-0

Ⅰ.①智… Ⅱ.①阿… ②王… ③余… Ⅲ.①交通运输管理—智能系统
Ⅳ.① U495

中国版本图书馆 CIP 数据核字（2022）第 035070 号

机械工业出版社（北京市百万庄大街22号 邮政编码100037）
策划编辑：孙 鹏 李 军 责任编辑：李 军 孙 鹏
责任校对：张 征 李 婷 封面设计：鞠 杨
责任印制：郜 敏
盛通（廊坊）出版物印刷有限公司印刷
2022 年 4 月第 1 版第 1 次印刷
169mm×239mm · 18.75 印张 · 4 插页 · 397 千字
0 001—1 500 册
标准书号：ISBN 978-7-111-70050-0
定价：199.00 元

电话服务　　　　　　　　网络服务
客服电话：010-88361066　　机 工 官 网：www.cmpbook.com
　　　　　010-88379833　　机 工 官 博：weibo.com/cmp1952
　　　　　010-68326294　　金 书 网：www.golden-book.com
封底无防伪标均为盗版　　机工教育服务网：www.cmpedu.com

前　　言

概述

计算机、电子设备、卫星和传感器正在交通领域扮演越来越重要的角色，其作为一种工具，因不同目的而被应用于不同的情境。智能交通系统（ITS）将各种信息和通信技术应用于各种交通运输方式（公路、铁路、水路、航空）中，并且能够为客运和货运提供均可适用的服务。目前，交通系统中存在的主要挑战是如何利用现有技术使得交通可持续发展，这就涉及效率、经济性和安全性的相互协调。

本书提出了一种整体的 ITS 方法，包含学术成果和产业成果。这种方法试图融合 ITS 中由研究机构和高校得出的非常有效的科研成果和技术方法。同时，本书还提出了如何在现实场景中部署这些工作。

本书分为 5 个部分，共 16 章。每个部分和每章都划定了自身的研究范围以使全书具有整体和连贯的线索，这样读者就可以从书中看到 ITS 从研究到发展的全过程。首先，本书概括性地给出了欧美智能交通系统的架构体系。其次，体系中的每一层，即从物理层面到应用层面都描述了一些 ITS 核心研究团队当前所面临的技术挑战。其中一些技术问题涉及诸如车载环境下的无线通信、传感器网络、监视或数据处理方法。最后，本书介绍了一些已被产业界应用的针对用户和交通管理者的应用程序和服务。

大约 50 位资深研究者均对本书的编写作出了贡献，他们的研究为 ITS 提供了一个广泛的、多层次的、国际化的视野。他们来自于 3 个大洲的 9 个国家：英国、西班牙、葡萄牙、意大利、法国、芬兰、克罗地亚、美国和中国。为了寻求产业和学术间的平衡，研究者供职的机构为覆盖工业和学术界的 13 家 ITS 领域世界顶尖的组织和公司及其附属机构。

智能交通系统

ITS 术语包含在交通领域利用信息和通信技术以获得经济、社会以及能源效益的一系列应用。ITS 可以被应用于任何一种交通方式并且考虑了所有要素：包括车、基础设施和用户（驾驶人和乘客）。

正如上文所提到的，ITS 的主要功能是改善交通系统性能，一方面通过其开发和制定的决策系统协助管理基础设施，另一方面帮助用户提升对交通系统的总体满意度。

基于这个原因，ITS 包含采集相关场景状态的信息系统、处理整合信息的系统以及为终端用户提供结果的系统，如下图所示。通过这种方法，ITS 实时采集到的信息可被用于确定交通状态、计划行程、动态管理特定区域的交通、向客户报告来自物流操作人员的数据或者在地理信息系统（GIS）上显示的交通事故。总体来说，无论是公路、铁路、水路或者航空，所有的交通参与者都可以获得更多的信息和工具来帮助他们处理这些信息，以便对交通系统进行更为协调和智能的操作。

如果一定要给ITS一个定义，那么ITS可以说是一系列为了提高管理、维护、监视、控制和交通安全的，基于远程通信和计算机技术的解决方案。同时，智能系统可以被定义为用于获得所需产品的优化过程或资源，实时提供信息用于后续评估和控制，并且允许在其管理过程中引入变化。

基于这个原因，除了上述主要目标外，ITS还具有一系列优势，主要有提升运营效率和服务的稳定性，交通基础设施管理中的生产改善、提高安全性，减少环境影响和改进提供给交通用户的一系列信息服务。因此，ITS包含因远程信息处理概念在交通领域的应用而产生的不同工具和服务，例如：

● 自动交通管理系统。

- 公共交通信息服务。
- 旅行者信息系统。
- 车队管理和定位系统。
- 紧急情况管理。
- 电子支付系统。
- 车辆协同系统。

应用和服务的类型是非常多变的，这主要是因为 ITS 在持续发展并且越来越多的努力和资源被应用到它们的发展和实施过程之中。

另一方面，公共（和私营）机构在扶持政策上扮演着重要的角色，可以帮助和改善目前 ITS 应用的发展和部署。以欧盟为例，其之前的一个资助项目（地平线 2020 计划）定位为"智能、绿色、综合交通"，鼓励与"交通发展"或"绿色汽车"相关的项目和理念。

近年来，大量的项目、研究、创新已经聚焦于这里提到的理念，所有的这些都可归入 ITS 主题之下。下表列出了一些该领域的研究项目和方案。

项目	描述
PREVENT 有助于欧洲道路安全目标的有效预防的安全应用	该项目旨在促进欧洲智能集成安全系统的发展、部署和应用，帮助驾驶人避免交通事故。其核心概念是基于危险的重要性和时机，系统应该尽可能早地提醒并警告驾驶人，如果他们没有作出反应，就积极协助或完全干预。它涉及诸如安全速度和安全跟随、横向支撑和驾驶人监视、交通路口的安全和易受伤害的道路用户及碰撞缓解系统的服务
AIDE 适应性的集成人车交互	该项目的目标是产生知识并开发将高级驾驶辅助系统（ADAS）、车内信息系统（IVIS）以及驾驶环境设备安全有效地集成到驾驶环境中所需的方法论和人机界面技术。它测试了创新概念和技术，最大化 ADAS 的效率，最小化在 IVIS 和设备限制下的工作量和干扰水平，并在不损害安全性的情况下，实现新的车内技术和设备在机动性和舒适性方面的潜在利益
SAFESPOT 道路安全协同系统"智能道路上的智能汽车"	为防止道路交通事故的发生，该项目通过一个"安全边界助理"来提前发现潜在的危险情况，延伸驾驶人对周围环境感知的时空范围。实现这个目标需要同时用到基础设施和汽车，把它们作为安全相关信息的来源（和目的地），定义一个开放、灵活、模块化的通信架构，开发能评估影响和终端用户接受程度的基于传感技术和场景测试应用的关键技术和基础设施
COOPERS 智能道路安全的协同网络	该项目针对交通管理创新应用的长期发展，整合车辆和基础设施。它通过专用的基础设施与车辆的通信连接，为车辆和驾驶人提供了实时的本地环境下与安全状况相关的信息。它遵循了一个三步法来实现 I2V 通信：改进道路传感器基础设施和交通控制应用程序，以获得更精确的交通信息和驾驶人意见开发能够处理 I2V 需求（可靠性、实时性和鲁棒性）的通信概念和应用程序，并在欧洲高速公路的重要路段进行结果演示

（续）

项目	描述
CVIS 车辆与基础设施协同系统	该项目发展和整合重要的基础技术和使能技术，如能够轻易地适应车辆和路侧的多频道通信和网络平台技术、高度精确的定位和当地地图模块以及开放的软件应用环境。这些组件允许车辆与附近的车辆共享紧急信息，并且直接与在路侧的基础设施、基础设施运营商以及服务提供者进行对话
SAFETRIP 紧急处理、交通警示、道路安全和事故预防的卫星应用	该项目提供了一个允许任一第三方公司发展道路市场应用的集成平台，促进新型的卫星技术的发展和通信特性的提升，并且集成在车内一个叫"绿盒子"的装置内，以提供一个双向通用的通信系统。项目过程中测试了下述应用：由从其他车辆、紧急呼叫系统和实时跟踪弱势乘客交通收集到的数据生成实时交通信息和预警
PRE-DRIVE	基于对车际和车对基础设施通信系统的通用欧洲架构的总体概述，该项目旨在发展一个用于未来现场操作测试的详细系统规范和功能验证原型。此外，为协同系统开发了一个集成的仿真模型，可以在安全、效率和环境方面估计 C2X 通信的预期收益。最后，实现了协同系统在真实交通环境下的功能验证和测试所需的必要工具和方法
DRIVE C2X 在欧洲推动实施和评价 C2X 通信技术	该项目的目标是通过在欧洲不同地方进行实地操作试验，对协同系统完成一个完整的评估，目的是核实其利益并为其在市场的推广铺平道路。这个建议坚实地建立在前期和当前的协同系统工作之上，对于大规模现场操作测试也是足够成熟的。这个项目中重要的活动是测试方法和评估协同驾驶功能对用户、环境和社会产生的影响
INTERACTIVE 通过智能车辆积极介入来避免事故的发生	该项目致力于基于主动干预的下一代智能车辆安全系统的开发和评估。通过整合车内部件的信息，大量的关于驾驶人、车辆位置和环境的信息可以提供给所有感兴趣的应用。项目基于三个支柱概念发展下一代安全系统：持续的驾驶支持、碰撞避免和碰撞减轻
ADAPTIVE 智能车辆的自动驾驶应用技术	该项目在轿车和货车上发展新型的、集成的自动驾驶功能，通过将人为错误的影响最小化来改善交通安全，通过平滑流量和减少拥堵来提高交通效率。此方法基于共享控制观念，确保在驾驶人和自动驾驶操作系统之间的恰当协调。在动态响应环境和驾驶人状态的自动化等级方面考虑使用车辆协同技术、先进的障碍传感器和自适应算法
ECOMOVE 机动协同系统和能源效率服务	该项目通过发展系统和工具帮助驾驶人消除不必要的燃料消耗（路线和驾驶人行为最优化），创建了一个集成的道路交通能源效率解决方案，道路交通管理操作者可以以最节能的方法（网络管理优化）管理交通。通过车辆与基础设施通信协同系统的结合，该项目旨在减少 20% 的燃料消耗

技术与应用

第一部分 智能交通系统

由于信息通信领域的快速发展，ITS 越来越复杂并且更加难以发展和部署。因此，在设计 ITS 时，既要保证其每一部分的单独运行，又要保证所有组成部分结合在一起时整个系统的全面运行。

如今，ITS 是结合了管理、控制、信息收集、驱动系统的多系统结构，必须实现完美的关联和同步，以实现整个系统的目标。因此，当设计 ITS 解决方案时，所有的子系统和相关方（用户、公司、政府等）利益的协同作用必须被明确，要提供一个普遍在用户的需求和适用范围基础上为计划、界定和整合在一个智能交通系统中进行设计的架构。

一个降低 ITS 复杂性的方法是使用提供一个包含一系列对一般 ITS 的普遍假定结构的架构参考。第一部分介绍了欧洲（第 1 章）和美国（第 2 章）的架构参考。两者都有一个共同的目标：帮助当地相关方参与 ITS 的设计来计划和实施可以对改善机动性体验作出贡献的操作系统，涉及车辆、驾驶人、乘客、道路管理者和政府，以及所有的要素与环境。

第二部分　无线车载通信

协同系统允许车辆互相通信（车对车，V2V）或者车同基础设施通信（车对基础设施，V2I；或者基础设施对车，I2V），并且目标是改善道路安全和交通管理。

目前，以车辆基于一个无线连接实现与基础设施的通信为例，如在公交车上安装允许车辆与交通信号灯进行通信的装置，以使其在交叉路口获得优先通行。因为两个要素之间相互交换它们的状态、位置和其他方面的信息，并且根据这些数据做出决策，因此 ITS 被认为是一个协同系统。这些种类的系统被认为是独立自主的系统，因为它们基于一个独立的平台，该平台仅为单一应用程序开发，并且很可能不会轻易地适应新的应用程序。若允许方便地添加分布于几个移动节点上的多层次服务和应用，就有可能实现开放平台的双向通信技术专利在协同系统中的部署。第二部分，即第 3～5 章，介绍了能够使 ITS 处理问题的几种无线电技术和方案，尤其是在车辆环境下，可能有很多移动节点（车）需要互相通信（V2V 连接）和与基础设施通信（V2I 或 I2V 连接）。

天线在优化无线车载通信系统性能方面起着关键作用。第 6 章提出了车辆与电磁场相互作用及对 ITS 的影响，而第 7 章描述了交通行业的新型车载集成和车顶天线。这两章都展示了具有代表性的 MIRA 有限公司和 Harada 工业有限公司的最新的、深入的研究前沿。特别地，第 6 章概述了使用软件工具和定制技术对人体暴露于车内电磁场的信道特征和调查的相关问题，同时介绍了一种针对车内电磁场测量的新型低干扰扫描仪。除此之外，第 7 章讨论新的小型车顶天线和创新的隐藏及集成原型，这些原型具有增加多样性以获得卓越性能的潜力，并预测未来的车载远程信息天线都是外形小巧并且可以用于智能决策（即电子优化天线）。

第三部分　ITS 传感器网络和监视系统

传统用于交通管理、监视和控制的方法在性能、成本、维护和支持方面变得效率低下。传感器网络是一种新兴技术，具有克服这些困难的有效潜力，并且会给 ITS 带来巨大的附加值。每年，许多行业人员和学术研究者都投身于城市和高速公路场景的应用开发中。传感器网络通过收集数据、规划和管理道路上的实际情况，以及为用户提供信息，从而使提高当前交通系统的效率成为可能。

网络节点之间的信息交换都可以通过自组织网络、基础设施或混合来通信。除此之外，两种传感器是需要区分的：道路传感器和车辆传感器。传感器的类型和通信模式的组合，产生了 ITS 的传感器网络架构。本书第三部分介绍了直接应用于 ITS 中的传感器。特别是，由于相对于有线网络所提供的优点，它们都集中在这些网络的无线版本中。具体的内容会在第 8 章和第 9 章详述。

第四部分　ITS 中的数据处理技术

未来互联网和通信技术的部署将为智能交通系统提供大量数据（实时状态下的某一时间点），这些数据需要管理、通信、解释、汇总和分析。因此，需要开发和应用新的数据处理技术、数据挖掘技术以及数据优化技术，以支持相应的决策和控制。

总的来说，智能交通系统的所有参与者既是数据的产生者，又是数据源，这极有可能导致数据量巨大且更新率较低。数据产生的这种增长是由个人、新型传感器和车载通信能力驱动的。本书第四部分中的第 10 章和第 11 章，介绍了利用数据采集和处理新技术的应用，并设计了应用于智能交通系统领域的新方法和应用程序。一些法律层面的知识将在第 12 章中阐述。

第五部分　用户和交通管理者的应用和服务

基础结构层的几种技术一旦被覆盖，它们将结合起来为用户和交通管理者提供软件应用程序和服务，目的通常是为了改善移动性管理和城市生活质量。

从交通管理者的角度来讲，智能交通系统的一个重要组成部分就是交通管理系统。交通管理系统的主要目标就是实现路网的有效管理，优化交通流，同时最大限度地提高道路使用者的安全性和舒适性。尤其是提高道路交通安全性，这是在交通协同系统中的一种特别有效的方法。第五部分的第 13 章，介绍了以数据收集、处理和分析以及信息传播和驱动作为支柱的交通管理系统的概念架构。第 14 章则介绍了城市交通中的一些协同方法的应用示例，例如与协同匝道控制相关的应用。交通管理的议题是由不同的城市和公路交通环境中的交通管理系统的描述完成的。

从驾驶人的角度来讲，当车辆起动时，车辆可以为驾驶人提供多项服务。这些服务分别具有不同的功能：娱乐、安全和导航等。在道路上行驶时，驾驶人会遇到许多意想不到的情况。因此，实时交通和旅游信息系统除外，静态和动态的道路交通信号灯试图提醒所有驾驶人发生在道路上的所有事件。在驾驶过程中掌握周围的环境状况，对于驾驶人的正确决策至关重要。

但是，如果所有探测到的信息不经过过滤和优先排序，都显示在汽车仪表板上，那么驾驶人的工作量会大大增加。所以，为驾驶人优先筛选出重要信息是非常有必要的。意识到这种优先排序的重要性，第 15 章提出了一种车载智能交通信息管理系统的新方法。

最后，从用户的角度来讲，新的方法在服务多式联运运行规划已经出现。在过去的几年里，由于在制度层面基于公交优先的理念，交通习惯和城市交通已经发生了显著变化。人们逐渐将公共交通作为一种可行的替代方式，即同时利用公共交通工具与私人交通工具，也就是多式联运。第16章展现了旨在促进多式联运的使用软件解决方案和服务的概略。

小结

智能交通系统在客运和货运的安全性、效率、可持续性和舒适度方面正扮演着越来越重要的角色。从这一点来讲，智能交通系统在科幻与现实之间实现了一个很好的结合。一方面，一套前景很好的技术已经出现，许多研究团队都在进行初步探索；另一方面，一些相关的智能交通系统已经部署和应用到工业企业中。

本书提出了智能交通系统领域内学术贡献和工业应用的均衡结合。一些致力于ITS研究的团队已经取得了最具代表性的技术和研究成果，并展示其产生的工业解决方案及在实际交通环境中部署的可能性。

本书的目的是为研发人员和研究生寻找一个开始研究智能交通系统热点的基线。同时为他们提供了一个智能交通系统发展趋势的详尽叙述（从物理层到应用层），以使他们能够使用参考书目和其他资源关注自己感兴趣的领域。作为未来研究的第一步，本书也为学者和研究人员提供了一个涉及信息通信技术和交通领域的热点话题的有效介绍。不仅如此，本书通过包括工业合作伙伴描述的真实的案例来完成这一整体方法，在这些案例中，研究工作是针对真实的ITS产品和服务进行的。

衷心希望你能从本书中学到所需的知识！

目　　录

第二部分　无线车载通信

第三部分　ITS 传感器网络和监视系统

第四部分 ITS 中的数据处理技术

第五部分　用户和交通管理者的应用和服务

13 交通管理系统 ······································· 212

第一部分　智能交通系统

1 欧洲智能交通架构参考

1.1 概述

智能交通系统（ITS）是一个复杂的系统，需要系统的规划和部署过程。鉴于这种需要，欧洲设立 ITS 框架架构（FRAME），以支持 ITS 的发展，并通过促进系统集成，促进互操作性，避免锁定供应商的情况，促进功能、接口和数据模型的标准化。基于 V2X 通信的协作系统的快速技术演变和人们对其日益增长的兴趣，揭示了新的需求，由现有架构导致某些研究项目的替代方法，在 FRAME 架构的扩展版本和补充标准化过程得以实现，以满足由相连的车辆和道路基础设施构成的需求。

本章将概述为 ITS 在欧洲规划和部署而设计的架构参考，主要通过 ITS 项目、倡议和经验，以及作者在通过参与研究项目面临 ITS 架构定义时要遵循的不同方法。

1.2 FRAME：欧洲 ITS 框架架构

ITS 架构设置了一个框架，以规划、分析、定义、部署和集成智能交通系统，同时方便人们了解它们的业务、组织和技术含义。它通常被描述为高层次的设计，显示出了在给定上下文中的特定系统的结构和操作，可以用作进一步低层次的设计阶段的基础。

ITS 架构集成了三个主要元素：
- ITS 所需的功能；
- 将系统划分为逻辑或功能实体，例如子系统、模块或组件，这些功能存在于这些实体中；
- 将这些功能和物理子系统的信息和数据流连接在一起成为一个集成系统。

当谈到欧洲的 ITS 架构时，关键的参考是欧洲 ITS 框架架构（FRAME）。FRAME架构是为了在欧盟范围内提供一种共同的方法而设计的，以便能够计划实施综合的和可互操作的 ITS。其主要目标是促进 ITS 在欧洲的部署，为达到这个目的，它定义了一个为 ITS 规划提供系统基础的框架，缓解了多个系统之间的集成，以确保信息的互操作性和一致性。

1.2.1 背景

FRAME 架构由 KAREN 项目（欧洲网络所需的 Keystone 架构）创建，由欧盟委员会在传输远程信息通信领域的第四框架计划下资助，并于 2000 年 10 月首次发布。需要保持架构更新的需求很快被发现，这需要巨大的维护工作。在接下来的几年（2001—2004 年）中，由欧盟委员会第五框架计划资助的 FRAME-NET 和 FRAME-S 项目成功完成了这一任务。因此，不仅架构得到了发展，而且用户需求也得到更新，确定了基于计算机工具支持的方法，创建了知识中心，建立了 FRAME 论坛，以便用户和利益相关方交流意见和经验。自 2006 年以来，由于对基于 V2X 通信的协作系统的期望越来越高，欧盟委员会得到了强大的支持，FRAME 架构进入了一个适应过程，以支持新一批用户对于网联车辆和道路基础设施需求，这些都是原始版本未涵盖的内容。由欧盟委员会根据第七框架计划资助的项目 E-FRAME（扩展协作系统的 FRAMEwork 架构）解决了 2008—2011 年的这一需求。最终，支持协作系统的 FRAME 架构第 4 版于 2010 年发布。

自从 KAREN 项目开始以来，FRAME 架构被欧洲许多国家、地区、城市和项目以不同的方式应用。一些可以被作为参考的实践项目，如法国国家 ITS 架构 ACTIF、意大利国家 ITS 架构 ARTIST 和其他一些国家的项目，如奥地利 TTS-A、捷克共和国 TEAM、匈牙利 HITS 和罗马尼亚 NARITS。此外，英国也已经建立了特定的 ITS 架构，其中包括一个用于苏格兰交通局，另一个用于肯特郡，而伦敦交通局则打算使用 FRAME 架构来规划未来的 ITS 部署。在某些情况下，它也被诸如 VIKING、EASY-WAY、COOPERS 和 MoveUs 等研发项目所使用，甚至在如 CHARM-PCP 之类的商业化前采购项目也被英国路政署和荷兰 Rijkswaterstaat 公司参与采购。

1.2.2　范围

严格来说，FRAME 并不总是被认为是一种架构，但更多的架构工作旨在帮助欧洲国家和地区为自己的特殊需求量身打造自己的 ITS 架构。从这个意义上说，这种经验与美国非常相似，国家 ITS 架构的主要目标是指导 ITS 在联邦、州和其他地区的发展和部署。

2010 年发布的 FRAME 架构（第 4 版），其中包含了 E-FRAME 项目的更新，涵盖以下 ITS 领域：

- 电子收费；
- 紧急通知和响应：路边和车内通知；
- 交通管理：城市、城市间、交通仿真、停车场、隧道和桥梁、维护、事故管埋、道路车辆污染和道路使用需求；
- 公共交通管理：时间表、票价、按需服务、车队和驾驶人管理；
- 车载系统：包括协作系统；
- 旅行者援助：旅行前和旅行中的规划，旅行信息；
- 支持执法；
- 货运和车队管理；
- 支持协作系统：其他方面未包括的具体服务，如公共汽车车道使用、货车停车场；

• 多式联运接口：需要时连接到其他模式，例如旅行信息、多式联运过境管理。

在处理 ITS 架构以及 FRAME 时，需要考虑以下不同的观点：

• 用户需求，这始终是起点并收集 ITS 部署及其相关服务集涵盖的期望。确定这些需求可能涉及不同的利益相关者，例如公共交通工具或货运经营者、系统集成商、国家或地区政府和各种旅行者。

• 功能视点，其定义了 ITS 为了满足用户需求而提供的功能，通常被构建为功能区域，并进一步分为特定功能。这被表示为包含功能并显示它们如何彼此关联的数据流图，数据存储和终端以及它们之间流动的数据。

• 物理视点，描述如何将功能分组并分配给模块或子系统的物理组件中。因此，可以生产每个规格详细的部件。

• 通信视点，其描述了支持物理数据流所需的通信链路。一旦将功能分配给物理模块，可以推断功能数据流的位置以及模块之间的信息流，从而表示通信信道。在这个层次上，可以制定通信规范，并且可以同意使用现有的标准，甚至需要定义新标准。

除了主要架构视图外，使用 FRAME 架构可以实现其他类型的活动，如部署研究，显示如何部署来自 ITS 架构的系统和通信以及将现有系统迁移到符合 FRAME 的方式；成本/效益研究，有助于预测可能的成本和来自 ITS 部署的预期收益；标准化研究，确定与欧洲 ITS 架构相关的现有适用标准和未来的标准化需求。

1.2.3 方法与内容

图 1.1 显示了创建 ITS 架构时要考虑的方法和不同视图的一般视图，其中突出了 FRAME 架构的具体范围。

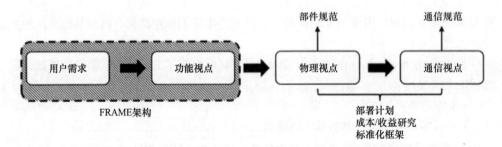

图 1.1 创建 ITS 架构的一般视图和 FRAME 架构的具体范围

FRAME 架构旨在欧盟使用，它不会对成员国施加任何类型的结构，并且仅包含描述 ITS 可提供的一组用户需求以及显示如何完成的功能视点。该方法由基于计算机的工具（浏览工具和选择工具）支持，能够定义与 FRAME 架构功能视点的逻辑一致的子集，并创建后续的物理视点。值得注意的是，FRAME 架构是技术独立的，不需要使用任何特定的技术或产品，以确保尽管技术不断发展、产品不断更新，但使用该方法的 ITS 架构和高级别需求都不会过时。

　　KAREN 项目产生了大约 550 个用户需求，以覆盖在 20 世纪 90 年代末被认为实施的 ITS 应用程序和服务。从那时起，与 FRAME 相关的项目不断更新了这套用户需求与最新的 E-FRAME 项目，增加了大约 230 个使用合作系统的用户需求。

　　FRAME 架构可以在许多场景中使用，这是多年内计划在一个国家或地区进行大规模集成 ITS 部署的最雄心勃勃的计划之一。通过收集所涉及的不同利益相关方的愿景，可以使用 FRAME 架构的一个合适子集来提供实现途径上的高级模型。在创建子集 ITS 架构时，提供最适合的功能集。

　　必须选择所需的服务，获得的系统架构应提供足够的信息来开发服务和部署所需的设备，应均符合整体架构概念。

　　可以说，当前版本的 FRAME 架构涵盖了大多数 ITS 应用场景或考虑在欧洲实施，而不对开发阶段施加任何技术要求，因此能够保持其技术独立性。强力推荐的综合文档和支持其使用的工具可免费提供 [1]。

1.3　协作系统及其对欧洲 ITS 架构定义的影响

　　基于 V2X 通信的协作系统仍然被视为解决目前和未来增加安全性和道路交通效率需求的最为广泛的解决方案之一。欧洲协作系统与普罗米修斯项目的研究始于 20 世纪 80 年代末。然而，所需的技术在当时还不够成熟，直到过去 10 年，才通过不同的举措和研发项目在这一领域进行了真正的投资，而且始终得到了欧盟委员会的大力支持。

　　虽然初步的研究和提高认识活动是以非协调的方式进行的，但还是做了重大努力，以使不同项目的结果保持一致和协调，并且为支持协作系统的架构需求提供综合的观点。此外，欧盟委员会确定了 ITS 部署的政策框架，并推动了标准化活动，不仅限于欧盟，而且还与美国和日本建立了卓有成效的合作关系。在过去几年中，专注于协作系统原型设计和开发的项目已经让位于所谓的现场操作测试（FOT）和试点，其目标是大规模部署、验证和影响评估。

1.3.1　研究项目和措施

　　支持欧洲协作智能交通系统研究和技术开发的初步框架由智能汽车方案 [2] 在 2006 年制定，旨在协调更智能、更清洁和更安全的车辆研究，并提高对基于 ICT 的解决方案的认识，以实现更安全、更高效的运输。其中一个支柱是 eSafety 论坛，现在更名为 iMobility 论坛 [3]，旨在支持专门针对克服安全需求的 ITS 部署。特别是 eSafety 论坛通信工作组被委托提供所有信息，以向欧盟委员会提供关于部署欧盟车辆到车辆（V2V）和车辆到基础设施（V2I）的协调一致的通用系统，特别要注意频谱问题、标准化和国际合作。

　　在行业方面，还可以提到关键举措，例如 Car2Car 通信联盟（C2C-CC）[4]，这是由欧洲汽车制造商协会推动的工业非营利组织，专注于 V2V 通信，其主要目标是建立一个基于无线网络组件的 V2V 通信系统的开放欧洲产业标准，确保在欧洲范围的车内兼容性。该协会促进了 5.9GHz 范围内针对安全关键汽车应用的频段分配。C2C-CC 目前被整合到阿姆斯特丹集团[5]，这是一个更广泛的利益相关者协会，针对在城际间和城市内合作部署 ITS，并与欧洲道路主管会议机构（CEDR）、欧洲托莱高速公路协会（ASECAP）和欧洲城市和区域创新运输解决方案网络机构（POLIS）等组织分享知识和经验。

关于研发活动，值得一提的是 CVIS、SAFESPOT、COOPERS、GEONET 和 PRE-DRIVE C2X 等项目，均由欧盟委员会根据第六和第七框架计划资助。所有这些项目都涉及协作系统开发、原型设计和示范，但将重点放在不同的角度。CVIS[6] 致力于从全球视野出发，在实施 ISO CALM（连续空中接口中长程）架构的通用平台单元中开发和整合通信、规划和定位的基本应用程序和支持技术；而 SAFESPOT[7] 专注于开发"安全裕度助理"，这是汽车周围的"安全气泡"，其中充分了解驾驶人的意识预期潜在的危险情况可以通过协作通信来实现；COOPERS[8] 通过使用 V2I 通信进行安全相关的数据交换，更好地利用可用的基础设施容量。此后不久，GEONET[9] 制定了涉及 GeoNetworking 和 IPv6 的协作系统网络的参考规范，后者被用于标准化，PRE-DRIVE C2X[10] 原型化了一个共同的欧洲 V2X 通信系统，并设计了必要的工具，用于对欧洲协作系统的现场操作测试和对影响进行综合评估。

1.3.2 驾驶人和实地操作试验

作为第一个研发项目的演变，驾驶人和实地操作测试提供了协作系统的原型实施，允许对标准草案进行早期测试，旨在弥合从示范到系统推出的差距。为此，收集关于这些系统的绩效和成本效益比的合理有效数据被认为是重要的。通过提供协作系统性能和用户接受度的综合数据，大规模驾驶人和现场操作测试发挥着重要作用。

国家和地区级的一些代表性的现场操作测试可以被提及，如德国的 SIM-TD、法国的 SCORE @ F、荷兰的 SPITS、意大利的 Easy Rider、挪威的 TSN 以及西班牙的 SIS-COGA 等。至于驾驶人方面，目前最具代表性的是 COMPASS4D[11]，目的是在七个欧洲城市和 CO-GISTICS[12] 部署三个协作 ITS 服务（红灯违规警告、道路危险警告和能效交叉服务），旨在为七个欧洲后勤中心的货物可持续流动提供五个协作的 ITS 服务。

1.3.3 欧洲政策与标准化框架

随着研究活动的演变，不同项目的成果得到公布，欧盟委员会确定了为欧洲 ITS 发展制定政策框架的必要性。在这个意义上，采取了两项主要行动：

• 欧洲智能交通系统（ITS）部署行动计划，COM（2008）88（2008 年 12 月）[13]。它提出了一系列有针对性的措施，其中包括六个优先领域，以加速欧洲相当成熟的 ITS 应用和服务的市场渗透。

• 指令 2010/40 / EU：智能交通系统协调有效部署和使用框架[14]。它是协调实施 ITS 在欧洲的重要工具，旨在建立互操作和无缝的 ITS 服务，同时让会员国有决定给哪些系统投资的自由。

关于标准化，欧盟委员会根据 2010/40 / EU 指令发布了授权 M / 453[15]，邀请欧洲标准化组织制定一套连贯一致的标准、规范和准则，以支持欧盟广泛实施和部署协作 ITS。欧洲研究与开发项目的结果以及现场操作测试都包括在标准化过程中。由 COMeSafety 倡议协调[16]，这些项目开发了一个统一的 ITS 通信架构[17]，提供给 ETSI 和 ISO，并制定了标准。ETSI 和 CEN 生产的第一个标准包，即所谓的 "Release 1 规范"[18] 已于 2014 年被采纳和发布。

此外，自 2010 年以来，与美国和日本在国际上开展了标准化活动合作，寻求协作系统标准的全球协调统一。ETSI 与美国交通运输部共建立了 ITS 技术工作组，并与日本国土交通省签署了合作备忘录。

1.3.4 对 FRAME 架构的影响

经过一个独立的研究、开发和原型设计初期阶段之后，协作系统正在达到相当成熟的水平，以便采取步骤与任何其他 ITS 应用程序或服务集成，因为它们需要与其他元素交互以交换信息，例如一个交通管理系统。

得益于 E-FRAME 项目，目前的 FRAME 架构（第 4 版）包含 CVIS、SAFESPOT 和 COOPERS 所考虑的所有应用程序和服务项目，因此可以显示如何实现这种集成。类似地，当物理视点被创建并且相应的通信需要被识别时，可以使用 COMeSafety 的工作以及 CEN 和 ETSI 根据由 Mand 和 M / 453 制定的标准项目来详细定义通信连接。

ITS 行动计划中确定的措施和优先领域要求在整个欧洲提供特定的 ITS 服务和应用程序，需要由一个（或多个）架构支持。现在可以通过使用当前 FRAME 架构的子集定义这些体系结构。通过遵循该方法，可以确定适用的现有标准或新的标准化需求。因此，可以生成每个服务或应用程序的技术独立视图，确保不同制造商的产品之间的互操作性，避免供应商锁定情况，并促进即将来自不同成员国的几个 ITS 架构的进一步合并，因为它们将符合 FRAME 元素和术语。

1.4 ITS 架构设计经验

我们通过两个由欧盟委员会资助的研发项目 Cybercars-2 和 MoveUs 介绍了 ITS 架构定义的部分经验。这些项目是完全不同的，因为它们是在 ITS 进化时间表的不同时刻进行构思和实现的，可用的资源也是不一样的，因此，需要不同的架构定义的方法并付诸实践。

一方面，Cybercars-2 属于自 2006 年以来大量投资的与协作系统相关的项目浪潮。当时，FRAME 架构尚未准备好满足类似系统的要求，因此另一种方法被用作参考正在进行的举措和该领域的旗舰项目。另一方面，MoveUs 是一个仍在进行的项目，涉及在智能城市的背景下提供个性化移动服务，旨在针对持续的流动性习惯触发行为变化。在这种情况下，FRAME 架构已经被用作其他可用的方法和工具的主要参考，从而可以覆盖所有功能，并在设计阶段提供更丰富和更完整的结果。

1.4.1 Cybercars-2：合作控制论运输系统的架构设计

Cybercars-2（Cybercars 2 之间紧密的合作通信）是由欧盟委员会根据 2006—2008 年第六个框架计划资助的一个项目。它被认为是从其前身 Cybercars 和 CyberMove 演变而来的，它涉及开发和评估控制论运输系统（CTS），其中包括一些能够在现有道路基础设施上行驶的无人驾驶车辆，而不需要专用的道路。然而，在这些项目中开发的原型车是针对低需求的道路交通环境而设计的，既不能相互通信，也不能相互配合。因此，Cybercars-2 的主要挑战是使这些车辆能够通过车对车和车对基础设施通信链路进行合作，以便 CTS 实现更高的流量和提高网络效率。

该项目的主要任务之一是定义、开发、部署和测试协作控制论交通系统架构，该架构能够提供：不同类型的无人驾驶车辆之间的互连和互操作性，与 ADASE（欧洲高级驾驶辅助系统）架构和增加的兼容性道路交通效率和安全。由于联盟合作伙伴将自己的无人驾驶车辆带入项目，具有不同的系统架构，所以投入大量资金将现有车辆控制架构调整为合作车辆通信架构范例。

考虑到这些目标，在与 ADASE 架构的互操作性、运行安全性、可靠性和兼容性的背景下确定了具体的合作沟通需求。特别是采取了以下步骤：

• 分析了 Cybercars-2 车队（完全无人驾驶的 Cybercars 和双模式车辆，手动或自动驾驶）的每个部件的系统架构。

• 确定了 Cybercars-2 架构：确定了车对车和车对基础设施的通信要求，并提出了基于协议层的通信体系结构。

• 在功能和安全性方面，确定了 Cybercars 与符合 ADASE 架构的车辆之间兼容性的主要要求。

• 定义了适用于合作控制论运输系统范围的加强安全认证程序。

• 2008 年 9 月在法国拉罗谢尔举办了一个小型合作控制论运输系统；它包括一个简化的控制中心和一个车队，以及在 8 字形测试轨道行驶的双模式车辆。

同时，在欧盟委员会和欧盟成员国的大背景下进行了大量关于车载通信的研发活动。他们中的许多人探索了使用 V2V 和 V2I 通信技术来实现不同的应用领域和目的，例如提高安全性或提高交通效率。代表性的例子是已经引入的欧洲项目 PREVENT、CVIS、SAFESPOT 和 COOPERS。

根据项目目标和协作系统研究活动状况，Cybercars-2 项目建议的架构应为：

• 侧重于安全应用领域，目的是安全地进行协同操作。

• 主要基于稳健、低延迟和可靠的 V2V 通信，这是在车辆之间交换信息的最有效的方式，因为协同操作是时间关键的动作。

·符合以前提到的任何关键参考项目支持的架构，以达到尽可能高的兼容性。

因此，SAFESPOT 架构方案被选为 Cybercars-2 架构设计的参考，原因如下：

·可以高级别检测潜在的危险道路交通情况，并使驾驶人了解周围的环境。

·它与"Car2Car 通信联盟参考架构"相一致，该架构侧重于创建和建立基于无线网络技术的汽车通信系统开放的欧洲行业标准。

·与 ISO CALM 架构兼容，为中远程高速 ITS 通信提供了一套标准化的空中接口协议和参数。

用于确定项目通信要求的方法是根据美国车辆安全通信项目（VSC）提供的。因此，生成了电子表格，其中列表示由车辆协同执行的驾驶操作，而行列出了所识别的通信参数集合（例如，消息大小、可允许延迟、通信范围）和为适当的目标指标给出每个参数。还考虑了欧洲项目的其他参考资料，例如由 PREVENT 子项目 INTER-SAFE 提供的交通场景通信要求。

Cybercars-2 架构的主要组成部分是：

a）车辆（无人驾驶和双模式车辆），交换包含有用数据的信息，以安全地进行协同操作；

b）控制中心位于专用环境中，但不一定靠近道路，交通受到控制，车队得到有效监测；

c）基础设施要素，有时有助于提高系统效率，例如发送差分 GPS 校正以实现更高的定位精度，或监控和监督来自控制中心的交通流量。

Cybercars-2 架构符合 SAFESPOT 参考架构，由三个子体系结构或观点组成，即：

·功能架构，源于系统要求，旨在满足用户需求。它包括功能模块、数据结构和接口，如图 1.2 所示。

·物理架构，描述满足所需功能和系统要求的方式。

·通信架构，定义物理架构组件之间的连接，并识别合适的通信协议，以使数据流从一个组件到另一个组件。

关于通信，作为安全关键应用的例子之一，Cybercars-2 架构支持欧洲工业（C2C-CC）和标准化机构（ETSI ERM TG37）为特定保护频带的持续努力分配在 5.9 GHz 范围内，以保证欧洲范围内的车内兼容性。更具体地说，Cybercars-2 架构涉及三种通信渠道：

·短中 V2V / V2I 通信通道提供车辆所需的数据，以方便安全地进行协同操作。

·中短距离 V2I / I2V 通信信道向车辆提供支持信息（例如，差分 GPS 校正）或关于网络状态的信息以及到附近的基础设施单元的业务流量。

·远程 V2I / I2V 通信通道提供有关网络状态信息和流量到远程基础设施单元（V2I）的信息，并将命令控制回车辆，以提高流量效率。

提出的分层通信协议架构也基于 SAFESPOT 方法，如图 1.3 所示。

总之，可以说，Cybercars-2 协同通信架构能够实现不同类型的无人驾驶车辆之间的通信，与当时存在的一些最相关的架构方法保持一致，促进了不可操作性，并允许架构上不同的车辆执行相互合作安全驾驶。这些结果将有助于改善部署在诸如市中心、机场或主题公园等专用环境的控制网运输系统的驾驶安全以及交通效率。

Cybercars-2 结束后不久，E-FRAME 项目就启动了。该项目通过将 FRAME 用户需求格式的一系列要求与现场关键项目的系统要求进行对照，从而将 FRAME 架构扩展到协作系统。作为 Cybercars-2 的主要架构参考，SAFESPOT 是所选项目之一。

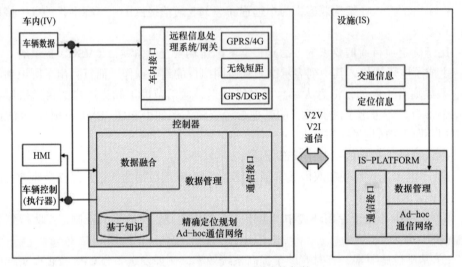

图 1.2　Cybercars-2 的功能架构

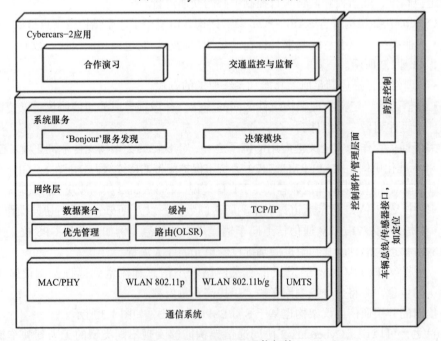

图 1.3　Cybercars-2 通信架构

1.4.2　MoveUs 云基础平台架构

MoveUs（为所有用户提供可用、普遍和安全的 ICT 云基础平台和移动服务）是一个 2013—2016 年期间在智慧城市大环境下由欧盟委员会资助的第七框架计划下的项目。它旨在从 ITS 和 ICT 合并的巨大潜力下受益，来彻底改变欧洲用户的移动习惯，通过提供智能化和个性化的旅游信息服务，帮助人们决定最好的交通选择，并且就关于节约能源的效率提供有意义的反馈，以促进"软"交通模式，即共享和公用交通模式的使用（公交）将会被给予奖励。

从各种交通方式和移动系统（诸如公共汽车、汽车 / 自行车共享系统、交通管理系统）收集到的信息被用于衡量交通密度，并且用户的智能手机将在基于云的环境下集成和处理，高能力计算平台允许从全局角度衡量"城市交通的脉搏"；被用于获得关于交通密度如何变化和公共交通如何被使用的有价值的信息；也被用于得到个人用户如何可以以一种更加环境友好的方式在城市中行进，从而提高能源利用效率。

项目有一个 pan-European 方法，在马德里、坦佩雷和热那亚开展了三个不同智能城市试点，2016 年在这些地方部署和测试平台和个性化的移动服务。

针对项目宏伟的目标，定义一个支撑云端操作和移动服务交付体系，意味着需要付出巨大的努力。主要的目标是为 MoveUs 云端平台及其核心设施规格和不同平台组件之间的高等级接口定义一个全面的架构。方法论被用来从不同的工程领域（交通工程、数据分析和软件体系和云计算部署）定义这个集成平台的规范和方法。每个视角关注或强调特定的方面（功能、性能和开放性），并且允许第三方访问和利用信息以及扩展平台。作为关键的挑战，要求实时需求、处理大量数据、可伸缩性和可用性需求以及最后的安全 / 隐私规范的遵从性都是值得一提的。

ITS 参考体系的概念出现在通过分析现存的解决方案，通过采用和调整选定的最优实践和知识的工作中。使用标准或者实际上的参考体系架构为基础依赖于互通性，避免厂商锁定的情况，并在一般情况下，当制造商和设计师关注于附加值（优化设计）方面的时候，保证交付给用户信息上的一致性。基于这个原因，FRAME 被选为 MoveUs 背景下的 ITS 架构参考。

FRAME 定义了一种方法，它从一组定义良好的函数集、用户、数据集开始，并且以一组数据存储和数据流结束，以保证一致的连接。框架浏览器和选择工具被三个城市的试点团队使用，并且在过程中的某些阶段运行良好。然而，一些经鉴定的在 FRAME 考虑的常见需求和 MoveUs 中提供的一些独特性（诸如激励管理、能效评估和服务定制）之间的区别没有明确解决之前，迫使我们稍微调整方法和工作流程，并引进替代性工具来生成数据流表格（DFD）。Excel 电子表格也能在三个城市的试点中处理完整定义的需求和功能。最后，该项目扩展了这个基础，引入服务视角的介绍，并从与这些服务执行的功能相关联的角度来看待交通领域。

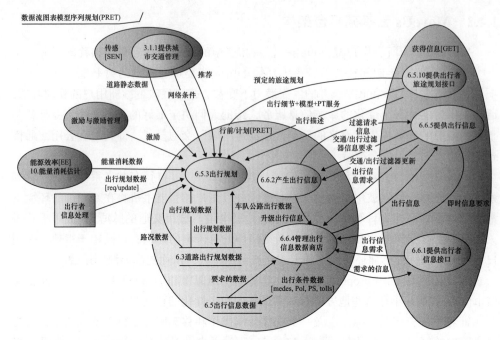

图 1.4　MoveUs 功能体系数据流图表示例

因此，最终为 MoveUs 平台体系设计采用的方法包含下列步骤：

1）分析领域中关键引用的。研究了 ITS 架构参考与研究和开发中有相似挑战的项目，以及利用 MoveUs 识别它们共性和差异。

2）分析 MoveUs 需求和使用案例（生成序列图和表格）。

3）定义 MoveUs 功能体系（数据流图表）。图 1.4 图解了一个简单的案例。

a. 提取每个城市自动驾驶仪的用户需求（利用 FRAME 的方法）。

b. 每个城市试点的终端（参与者和外部系统）的启发（利用 FRAME 的方法）。

c. 选择候选功能（FRAME 工具支持的）。

d. 确定何时可以重新使用的决策；剩余间隙定位和识别。识别功能、数据存储、数据流和终端。

在这一阶段，为了确保整个系统不同项目任务同时运行时具有通用功能视图，将生成的功能映射到 MoveUs 高水平功能中。

4）定义 MoveUs 平台服务的视点。

5）定义技术 / 应用体系架构（包括子系统和模块）。

a. 子系统包含元素的功能体系结构（函数、数据存储）以及与另外一个子系统或终端进行通信。

b. 模块整合相关功能。

6）映射功能 / 服务和模块。

7）描述每个模块的详细功能。

8）定义实体/应用角度。

9）定义云基础平台的。

MoveUs 操作环境（一个高水平的架构视图）显示了主要的参与者与角色、架构元素和信息流，如图 1.5 所示。

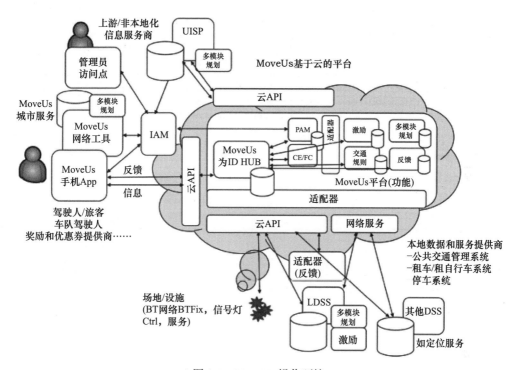

图 1.5 MoveUs 操作环境

参考文献

1. FRAME Architecture Resource Centre: http://www.frame-online.net (last accessed 23 April 2015).
2. i2010 Intelligent Car Initiative: http://europa.eu/legislation_summaries/information_society/other_policies/l31103_en.htm (last accessed 23 April 2015).
3. iMobility Forum: http://www.imobilitysupport.eu/imobility-forum (last accessed 23 April 2015).
4. Car2Car Communication Consortium (C2C-CC): https://www.car-2-car.org (last accessed 23 April 2015).
5. The Amsterdam Group: www.amsterdamgroup.eu (last accessed 23 April 2015).
6. FP6 Integrated Project CVIS: http://www.cvisproject.org (last accessed 23 April 2015).
7. FP6 Integrated Project SAFESPOT: http://www.safespot-eu.org (last accessed 23 April 2015).
8. FP6 Integrated Project COOPERS: http://www.coopers-ip.eu (last accessed 23 April 2015).
9. FP7 Project GeoNet: https://team.inria.fr/rits/projet/geonet (last accessed 23 April 2015).
10. FP7 Project PreDrive C2X: http://www.transport-research.info/web/projects/project_details.cfm?id=44542 (last accessed 23 April 2015).
11. CIP-PSP Pilot Project COMPASS4D: http://www.compass4d.eu (last accessed 23 April 2015).

12. CIP-PSP Pilot Project CO-GISTICS: http://cogistics.eu (last accessed 23 April 2015).

13. COM(2008) 886: Action Plan for the Deployment of Intelligent Transport Systems in Europe. Available at: http://eur-lex.europa.eu/legal-content/EN/TXT/?uri=CELEX:52008DC0886 (last accessed 23 April 2015).

14. Directive 2010/40/EU of the European Parliament and of the Council of 7 July 2010 on the framework for the deployment of Intelligent Transport Systems in the field of road transport and for interfaces with other modes of transport. Available at: http://eur-lex.europa.eu/legal-content/EN/TXT/?uri=CELEX:32010L0040 (last accessed 23 April 2015).

15. Mandate M/453 Standardisation Mandate addressed to CEN, CENELEC and ETSI in the field of Information and Communication Technologies to support the interoperability of Cooperative Systems for Intelligent Transport in the European Community. Available at: http://ec.europa.eu/enterprise/sectors/ict/files/standardisation_mandate_en.pdf (last accessed 23 April 2015).

16. COMeSafety initiative: http://www.comesafety.org (last accessed 23 April 2015).

17. European ITS Communication Architecture – Overall Framework – Proof of Concept Implementation, version 3.0.

18. ETSI/CEN Standards for Cooperative Intelligent Transport Systems. Available at: http://www.etsi.org/technologies-clusters/technologies/intelligent-transport (last accessed 23 April 2015).

19. FP6 Project Cybercars-2 (Grant Agreement No. 028062) – Deliverable D1.1: Architecture of the Cooperative Cybernetics Transport System.

20. FP7 Project MoveUs (Grant Agreement No. 608885) – Deliverable D3.2.1: MoveUs cloud-based platform: specification and architecture.

2 美国 ITS 架构参考

2.1 概述

　　智能交通系统（ITS）是众多与交通相关的系统或子系统的集成。这些系统必须以集成和协同的方式共同工作，以实现 ITS 的优势。1993 年，美国着手于国家 ITS 架构的发展来指导美国联邦政府的投资研究、接口标准的开发和国家 / 地方 ITS 的应用。美国国家 ITS 架构被定义为遵循系统工程过程，并且基于利益相关者对于 ITS 服务和功能的看法，被称为 ITS 用户服务。美国国家 ITS 架构不断发展，并且用于规划和指导 ITS 在美国全国的发展和部署。在体验过 ITS 的好处之后，它已经被越来越多的人所接受。美国交通运输部已经制定了联邦政府 ITS 项目的条例。美国交通运输部正在扩展国家 ITS 体系，以包括支持连接车辆环境和不断发展的团队所做的研究。本章将回顾美国国家 ITS 架构的起源、定义的依据，对美国联邦、州和地方各级 ITS 发展的影响以及 ITS 的主要措施，随着 ITS 和网联车辆技术的成熟，它所创造的环境也在不断演变。

2.2 美国国家 ITS 架构

　　美国国家 ITS 架构是 ITS 功能性代表。它提供了一个可用于任何对规划、发展和应用 ITS 感兴趣的利益相关者的一个框架，以解决其国家、地区或区域的交通需求。美国国家 ITS 架构有两个主要的组成部分来构成其支持功能的基础。首先是一组表示提供 ITS 服务所需要的一组函数和数据交换或数据流。架构中定义了 512 个特定的功能和流程规范，并且它们之间通过 5857 个数据流相连接。从其他函数或终端（在 ITS 域边界上的结构组件）获取数据，基于函数的用途处理该数据，并且将其输出到其他函数或终端。

　　通过功能定义（也称为逻辑架构），功能被分组为反映交通领域常见情况的物理集合中。例如交通管理功能被分类在一起。物理分组称为子系统。当功能分配给子系统时，它们的数据流保持连接，就像它们在逻辑架构中一样。跨越子系统边界的数据流被称为架构流，其是用于标准开发的接口考虑。将功能分组或划分为子系统以及连接子系统的架构结构流构成了物理架构结构。

　　在逻辑和实体架构基础之上，开发了许多国家 ITS 架构的支持组件。国家 ITS 架构的这些工具提供了指导标准开发和 ITS 项目规划及发展的信息。美国交通运输部资助并管理国家 ITS 架构计划，该计划维护架构定义并为其应用提供利益相关者支持。

本章的其余部分将探讨美国国家 ITS 架构的细节、作用，以及可用的利益相关者工具。

2.3 美国国家 ITS 架构的起源

20 世纪 90 年代初，ITS 被称作智能车辆道路系统（IVHS），最初建立作为一个新兴的概念来改善交通管理和服务，人们认识到系统接口会是其成功实施的关键。只有信息在各系统之间共享时，ITS 的好处才能实现。这就需要在一定程度上进行信息交流。

美国联邦政府通过定期的立法资助交通项目，尤其是道路法案。1991 年美国国会通过的《陆上综合交通运输效率法案》（ISTEA），指导美国交通运输部制定标准，以支持 ITS 的广泛使用。

ITS 是利用计算机和通信技术收集数据，将数据处理成对交通决策有用的信息，包括旅游、交通系统管理、应急响应和运营，并且将信息传递给旅行者、系统操作者、应急响应者和运营部门。为了有效地在各个系统之间进行信息交换，需要有接口，并且接口要实现某种程度的标准化。标准不仅仅因为涉及系统之间的信息交换，而且对建立通用接口需求是非常重要的，以使有限的资金可以有效地投资，并降低风险。

为了确定标准化的接口，需要功能级系统架构来向美国交通运输部通知接口和每个接口为支持 ITS 需要满足的要求。这是美国国家 ITS 架构发展开发的关键。

美国交通运输部促成由私营企业顾问、大学和公共机构组成四个独立的团队，以竞争开发四个架构体系。四个架构体系在很多方面都是不同的。每一个团队单独开发各自的架构，但是要求其在定期的利益相关者研讨会上展示他们的成果，在这里展示他们的方法，并从利益相关者收集相关的意见。在采购的最后，美国交通运输部将会对四个架构体系进行评估并且选择其中两个来做进一步的完善来完成一个国家 ITS 架构体系。初始版本的美国国家 ITS 架构体系于 1996 年发布。

在美国国家 ITS 架构体系发展过程中有利益相关者的参与对于美国交通运输部来说是非常重要的。竞争性的发展方法随后为利益相关者提供了每一个可能的机会来参与和投入。随着 ITS 架构体系的发展、部署、标准制定和新的交通研究计划，美国国家 ITS 架构也在不断改进，利益相关者的反馈和共识也同样重要。自 1996 年首次发布，美国国家 ITS 架构体系标准已经进行了六次主要的升级和多次小的更新，在 2013 年达到了 7.0 版本。自 1996 年以来，Iteris 公司美国国家根据与美国交通运输部签订，对美国国家 ITS 架构体系进行改进和维护。

2.4 美国国家 ITS 架构定义

ITS 涉及范围广泛，美国国家 ITS 架构开发需要一个结构化的过程，来正确定义支持它所需的功能和信息交换。

2.4.1 开发过程

美国国家 ITS 架构的发展遵循系统工程过程。遵循的一般过程步骤如图 2.1 所示。系统工程过程从概念基础开始，该概念基础被称为操作概念，其描述了系统最终将做什么以及它将如何操作的愿景。这允许所有者或利益相关者描述他们期望的系统，而不设计如何完成它，即从操作的概念导出系统需求。在美国国家 ITS 架构的情况下，这些要求本质上是功能性的。他们描述了系统将做什么，不包括性能或环境要求。功能需求用于定义满足这些要求的功能。这些功能描述了在 ITS 环境中采取的操作。针对操作收集的数据并由该功能描述的操作的结果而分发的数据被定义为数据流。功能和数据流共同形成了功能架构。

图 2.1 美国国家 ITS 架构发展系统工程步骤

在交通环境中，这些功能并不单独存在。将在部署的系统组件内执行几个功能。系统组件之间的接口为 ITS 标准提供了基础。系统接口定义驱动标准开发，并需要一个最终标准将应用的物理参考点。接口标准被应用于物理系统之间的接口，例如在现场设备和交通中心之间的接口，其控制和访问去往和来自该设备的信息。因此，美国国家 ITS 架构开发的下一步是将功能和数据流划分为称为子系统的物理实体，这些子系统在交通环境中会被普遍理解。通过对功能进行分组或分割，将一个功能连接到另一个功能的数据流将在物理分区内，或者跨物理分区与另一物理实体 / 子系统中的功能交叉。跨越物理分区的数据流成为接口定义，其将通过物理实体之间的虚线圈中分组的数据流来通知标准开发活动，如图 2.2 所示。

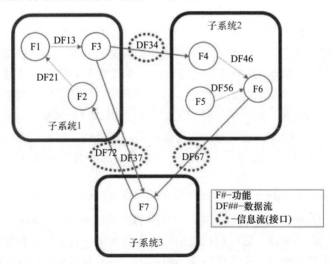

图 2.2 功能的物理分区

由分区产生的子系统之间的接口被称为架构流或信息流。基本上信息流是跨越子系统边界的数据流的集合。

上述一般过程提供了用于开发美国国家 ITS 架构体系的过程步骤概述。重要的是还要了解一些过程细节，并熟悉一些其他开发的架构功能，并最终支持标准开发。此外，这些相同的特征支持在美国国家和地方利益相关者的 ITS 规划和开发活动中使用国家 ITS 架构。

2.4.2　用户服务

操作的概念（图 2.1 的第一步）形成了一系列在国家 ITS 架构体系项目之外发展的 ITS 用户服务。用户服务是 ITS 利益相关者的视角。它们描述什么样的系统（车辆、信息服务、交通管理中心、摄像头等）是可用的，并且这些系统如何为旅行者、交通管理者或交通系统用户提供服务。原来的美国国家 ITS 架构体系发展过程是基于 29 个用户服务，处理诸如在途驾驶人信息、交通控制、电子支付服务和公共交通管理。由于 ITS 的定义更加详细，原先的 29 用户服务在整个 20 世纪 90 年代和 21 世纪的早期最终被扩大到 33 用户服务。第一组用户数据被正式记录在 1995 年由美国交通运输部和美国 ITS 出版的"美国国家 ITS 项目计划"中。在美国国家 ITS 架构体系项目之下，全部的用户服务被合并在一个标题为"ITS 用户服务文件"的单独的文档中，并且在 2015 年在美国国家 ITS 架构体系网站上发布。用户服务被分析并且在描述中被认定的功能性需求被记录下来了。美国国家 ITS 架构体系的功能性需求的基础是体现在 ITS 用户服务描述中的操作概念。

2.4.3　逻辑架构

功能需求是一组引导功能定义的"应当"语句。功能定义从包括 ITS 的九个非常高水平的功能或活动开始，例如"管理交通"。随后进行分解，将"管理交通"作为高等级的功能拆解为更多具体的过程，例如"检索交通数据"或"处理交通传感器数据"。这些最低级的功能描述被称作流程规范，并且其中包括细节的描述、数据流向外提供数据并且从外界获取数据的过程，以及对其他体系特征的可追溯性。以下是国家 ITS 架构定义的摘录，说明了过程交通传感器数据的过程规范。这是美国国家 ITS 架构定义的摘录，说明了过程交通传感器数据的过程规范。除了该说明和与过程规范相关联的子系统之外，还存在关于与该规范相关联的所有数据流和用户服务需求的信息。

美国国家 ITS 架构体系的功能定义被称为逻辑体系结构。它还包括一组边界实体，提供与非 ITS 环境的连接。这些边界实体被称为"终端"。美国国家 ITS 架构体系没有描述终端内的功能。它仅提供进出终端的数据流，表示与金融等系统的数据交换，金融等系统的功能在 ITS 环境中是不可用的，但是与 ITS 进行的功能交互，以实现诸如收费等金融交易的功能。

过程交通传感器数据（Pspec）[2]

该过程应负责收集交通传感器数据。该数据应包括交通参数，如速度、交通量和占用率，以及交通的视频图像。该过程应收集行人图像和行人传感器数据。该过程应收集可逆车道、多模式交叉口和高占用率车辆（HOV）/高占用率（HOT）车道传感器数据。当任何数据以模拟形式提供时，过程应负责将其转换为数字形式并进行校准。转换后的数据应发送到其他流程进行分配，进一步分析和存储。该过程应接受控制传感器的输入，并将操作状态（传感器装置的状态、配置和故障数据）返回到控制过程。

该过程交通传感器数据与道路子系统相关联。

2.4.4　物理架构

ITS 是一个系统的集合，而不是一个非常大的系统。逻辑架构表示交付用户服务所需的功能。在交通环境中，ITS 被实施为由不同利益相关者根据其责任（运输、交通、商用车辆、应急管理等）拥有和运营的许多系统集合。为了正确表示 ITS，逻辑架构的功能被划分为子系统的功能组，这些子系统与特定域相关，例如交通管理。这些分区分组之间存在的接口由分区分隔的函数之间的数据流组成。这些物理子系统之间的接口定义了需要标准的位置。

图 2.2 说明了功能划分的概念。函数之间的数据流被保留，但是那些数据流跨越分区，数据流将与接口定义相关。分区被称为子系统，并且子系统之间的数据流组被称为架构流或信息流。逻辑架构中存在的相同终端也存在于物理分区中。子系统、信息流和终端一起表示物理架构体系。

以下是美国国家 ITS 架构的摘录，作为与道路子系统相关的两个架构流程的示例，用于说明物理架构中提供的详细程度以及架构流程与每个数据流所包含的数据流之间的关系。

道路（子系统）[3]

输入 / 输出：架构体系流和数据流

• 交通流（架构流），允许推导交通流量变量（例如，速度、交通量和密度测量）和相关信息（例如，拥堵、潜在事故）的原始或处理的交通检测器数据。该流程包括交通数据和交通检测器的操作状态。

数据流：

• incident_analysis_data

• traffic_image_data

• traffic_sensor_data

• traffic_sensor_status

> • 交通图像（架构流程）：高保真、实时交通图像，适合操作员监控或用于机器视觉应用。
>
> 数据流：
>
> • dynamic_lane_video_image
> • incident_video_image
> • traffic_video_image
> • traffic_video_image_for_display
> • video_device_status

信息流由其包含的数据流的细节支持，为 ITS 标准的制定提供信息，并且随着标准的定义和标准制定过程中发现新信息时，信息流保持彼此一致。划分对于通知标准开发过程是必要的，并且在转化为实际部署时不限制特定的功能分配。开发团队理解，在某些情况下分配给一个子系统域的功能（例如，应急管理），也可以在其他子系统中（例如，交通管理）的实际部署中实现。无论部署功能在哪个子系统，与其相关的相同 ITS 标准都可以应用于部署的子系统的接口。标准传达了所需的灵活性。美国国家 ITS 架构的子系统提供了如何规划和实施部署的指南。

并非子系统中的所有功能都需要该子系统提供用户或利益相关者可能寻求的功能。例如，如果用户仅对从道路传感器收集用于交通管理的数据感兴趣，则存在分配给道路子系统的功能不需要进行数据收集。物理架构体系进一步细化为子系统内对相关功能进行分组，以反映通常部署的功能。这些分组称为设备包。设备包的示例是道路基本监视，其包括过程交通传感器数据和过程交通图像过程规范。有 63 个过程规范分配给道子系统，但这两个都是使用固定设备（如回路检测器和闭路电视摄像机）来监测交通状况的 [4]。设备包使得用户更容易在满足其需求的子系统中选择功能。

物理架构是国家 ITS 架构中最常被引用的组件，因为它的定义处于与利益相关者熟悉的系统相同的水平。物理架构中描述的子系统代表了利益相关者在其交通环境中部署和管理的系统，诸如交通管理、运输车辆和道路设备。

逻辑和物理架构提供了美国国家 ITS 架构的基本定义，它们包含在微软 Access 数据库中。从这个基础上，美国国家 ITS 架构的其他有价值的组成部分被发展为支持其在美国各地的标准、规划和发展。

应当注意，在美国国家 ITS 架构内的所有组件之间存在可追溯性。用户服务、用户服务需求、过程规范、数据流、子系统、架构流和服务（在下一部分中讨论）都与对相关工件中的源或组件的引用链接。例如，每个过程规范被链接到它所寻址的一个或多个用户服务需求。然后，将过程规范链接到其被分配给的子系统以及与其相关的数据流。这种可追溯性最终提供了驱动美国国家 ITS 架构网站的连接，为用户提供了一个超链接的网站，以探索与其感兴趣区域相关架构的所有功能。

2.4.5 服务

每个子系统本身仅提供其中包含的功能。通过链接来自多个子系统的功能来提供交通服务，以便为 ITS 的利益相关者、旅行者或用户提供支持。例如，图 2.3 说明了来自美国国家 ITS 架构的网络监视服务。较大的框是子系统（交通管理和公路）。交通管理子系统本身不能提供对网络的监视。它需要以摄像头图像和交通传感器的形式从道路收集信息，以便处理交通网络的状态，以用于诸如交通控制的其他服务或者传递给旅行者信息服务提供商。美国国家 ITS 架构中描述的服务包由共同提供服务效益的子系统和信息流组成。提供服务所需的特定功能由每个子系统中的设备包定义。在图 2.3 中，设备包是每个子系统内部较小的白色方框。在道路子系统的情况下，道路基本监视设备包收集在道路上用于服务的设备所需的数据。

ATMS01-网络监视

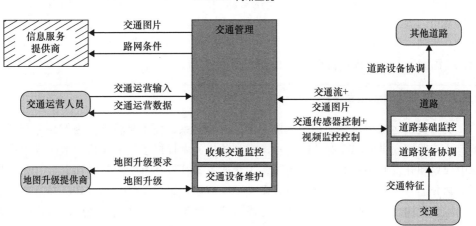

图 2.3　ITS 服务：网络监视

对于美国国家 ITS 架构的利益相关者和用户，服务包提供对满足其需求的架构访问。物理架构体系有 22 个子系统和 535 个架构体系流。服务包允许利益相关者或用户从较高的角度查看架构细节，并快速识别最适合其需求的组件。

2.4.6 标准映射

美国国家 ITS 架构的初衷是指导 ITS 标准开发，并保持架构内容和相关标准之间的紧密联系。美国国家 ITS 架构和 ITS 标准之间的联系允许利益相关者将他们在架构中感兴趣的内容与其 ITS 项目的计划联系起来，并将 ITS 标准的细节通知其项目规范。标准促进技术应用和系统开发的开放环境，同时支持互操作性。美国国家 ITS 架构中的信息流已经被分析，并根据当前 ITS 标准和正在开发的那些标准进行监控，以维持信息流与解决这些信息流的 ITS 标准的映射。并非每个信息流都在标准化。例如，根据接口对其支持的子系统的互操作性的重要性，以及多个子系统之间接口的通用性来分析接口。在美国国家 ITS 架构的版本 7.0 中，535 个信息流中的 178 个被映射并对应到 ITS 标准。

由于利益相关者对架构内容的探索，并且标识了链接到标准的信息流，所以在所引用的标准中可以找到关于该接口的更多信息。这些标准为感兴趣的利益相关者提供了更详细的接口定义，以支持 ITS 的实施。

2.5　对美国国家 ITS 发展的影响

美国国家 ITS 架构计划的起点是在美国交通运输部的 ISTEA 立法，并指导 ITS 标准的制定。美国交通运输部采取行动开发美国国家 ITS 架构，以支持标准规划和开发。该项目于 1996 年制定了国家 ITS 架构的初始版本，并自那时以来一直对架构内容进行维护，从而在 2013 年将内容多次更新为版本 7.0。该计划涉及的内容不仅仅是维护架构内容。它支持利益相关方社群在应用美国国家 ITS 架构方面提供技术支持、外联、培训、便利的研讨和指导。自 1996 年以来，根据与美国交通运输部签订的合同，美国国家 ITS 架构项目得到了 Iteris 公司的支持。

2.5.1　架构和标准管理

美国交通运输部鼓励使用美国国家 ITS 架构体系，而不是将其作为 ITS 标准制定指南。该架构提供了 ITS 的功能表示，为利益相关者提供了其所在州、地区或当地环境中规划和开发 ITS 的参考。在美国，为交通系统开发和维护提供联邦资金。为了管理资金分配，为人口超过 5 万的地区设立了城市规划组织（MPO）。MPO 通常不是部署或运营机构，但为州、大都市和地方成员管理联邦资金。他们与这些成员合作规划交通计划，以满足本地区的需求。ITS 提供了一种不同于传统基础设施（例如，道路和桥梁）的交通解决方案。

ITS 涉及的技术快速发展。为了将 ITS 纳入传统的交通规划过程中，该规划使用 3 年的短期计划和 20 年的长期计划，技术提出了过时问题。然而，美国国家 ITS 架构是 ITS 的功能表示。通过将其定义基于函数及其相应的数据交换的基础上，该架构可以用作跨越任何时间范围的参考。例如，如图 2.3 所示，网络监视服务包中的道路子系统中存在的道路基本监视的功能向交通管理子系统提供关于交通流量和交通图像的信息。为了提供所需的信息，道路基本监控功能必须处理交通传感器数据和交通图像。所收集的传感器数据可来自许多不同类型的技术，例如感应回路、视频检测，微波检测器或声学传感器。如果使用特定技术来定义实施，并且项目未立即部署，那么如果时间过去太久，该技术就可能会过时。

如果一个地区的利益相关者确定需要从道路收集信息的需求，并且定义了功能性解决方案，例如由美国国家 ITS 架构提供的解决方案，他们可以定义一个项目的功能，将其放置在近期或长期规划过程中，并且在项目的资金和优先级将其提高到计划中的部署状态时，它仍将保持相关性。

通过将项目定义绑定到功能参考（例如国家 ITS 体系结构），项目在任何时间段都有效。如果利益相关者将其项目与特定技术相关联，并且该技术已过时，那么该项目可能在当时不再有效，并且其作为解决方案已经受到影响。

2005 年，美国交通运输部制定了一项法规，要求为任何规划使用联邦资金部署 ITS 项目的地区制定 ITS 架构。该法规的目的是鼓励 MPO、州和地方机构规划其 ITS 项目，以便考虑 ITS 提供的整合机会，并在相关利益相关者之间适当协调这些整合机会。这将导致更有效地利用联邦资金，并促进更成功的 ITS 项目实施。所谓的"区域 ITS 架构"是从国家 ITS 架构发展而来的，作为支持该地区 ITS 架构和国家 ITS 架构之间一致性的参考。该法规还要求符合 ITS 标准。所有 ITS 架构使用相同的参考点，ITS 项目将具有类似的接口定义和标准参考，以扩展可用解决方案，并为这些实施创建更广泛的供应商基础。

该法规的影响导致大约 300 个 ITS 架构在美国各地开发，用于指导 ITS 规划和项目开发。

2.5.2 ITS 计划

由于构成交通设施和资产的道路、桥梁和轨道车辆的基础设施和资本投资，交通项目通常需要大量的资金分配。在美国，交通规划是长期（10 年或 20 年的时间范围）和短期（3 年的时间范围）完成。用于特定区域的 ITS 架构体系在规划时间框架中都是有用的。

在规划过程中，定义项目以满足交通需求。在长期时间框架中，ITS 项目定义通常是高层次和概念性的，但重要的是理解一个项目如何与其他计划项目或计划区域内现有的 ITS 系统相关。用于规划区域的 ITS 架构允许在功能层面上的项目定义，其显示未来项目如何与当前和未来项目关联 / 接口。当 ITS 架构被定义时，利益相关者包括他们目前运营的系统以及他们在未来设想的系统或服务，以解决现有或预期的交通需求。

ITS 架构将目前存在的内容与计划或未来的内容区分开。随着 ITS 项目的部署，项目元素的状态从计划状态更改为现有状态。这使得规划过程中的项目能够适当确定范围，并根据解决其范围所需要的元素改进这些项目的成本估计。通过定义 ITS 项目符合其 ITS 架构，利益相关者了解目前和未来的项目之间的依赖关系。技术选择会延迟到项目开发准备就绪。

州、地区（MPO）和地方各级层面的短期规划通常记录在交通改进计划（TIP）中。TIP 有 3 年的时间范围，所以它更具体且资金有限。每个 ITS 项目在 TIP 中的范围需要详细说明，以支持了解与该地区其他系统或项目的整合机会，并支持该项目的准确成本估算。按照该地区 ITS 架构定义的项目将满足这些需求。例如，在城市环境中，交通管理局可以表示需要更好地按时提供公交服务。经过一些研究，他们希望实现公交信号优先的解决方案。不幸的是，由于控制和维护交通信号系统的城市交通部门不同的项目优先级不同，他们可能无法实施解决方案。该项目被纳入长期计划，并最终被转移到 TIP，在城市交通部门的安排计划中，该项目获得分配资金优先权。图 2.4 中的项目架构直接来自区域 ITS 架构，其中城市交通部门是利益相关者。

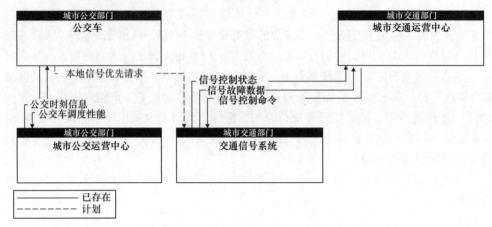

图 2.4 "公交信号优先"项目架构示例

项目架构说明了存在什么（实线流程）和计划什么（虚线流程）。这将通知利益相关者项目将实施的接口和功能，以及在新接口施加超出初始接口的进一步要求的情况下可能影响的其他接口。这为计划者提供了对项目范围、可能受影响的其他接口或系统以及所涉及的利益相关者的理解。

在此示例中，尚未声明任何技术；只有信息交换和功能需要驱动这些接口。当项目作为资助项目从规划过程中出现时，将基于系统工程分析进行包括技术选择在内的开发过程。如果在项目最初计划时确定了技术解决方案，可能在设计之前 5 年或更长时间，该技术可能已经过时，以致预算可能无法用于更新的技术，或者可能有更有效的解决方案将无法利用。通过延迟技术选择，直到项目从规划过程中出现，当项目准备好实施时，可以选择最好的、最实惠的和最有利的技术解决方案。

ITS 架构是利益相关者在功能上描述和记录计划过程中所需项目的工具，以便有效地确定范围、估算成本和确定需要解决或考虑的相互依赖性所需的详细程度。该架构降低了项目进展的早期阶段未知风险。

2.5.3　ITS 项目开发

当 ITS 项目从规划过程中出现并进入开发和实施阶段时，ITS 架构再次成为一种有价值的参考工具。从在规划过程中使用的项目架构，可以提供进一步的信息以支持系统工程过程中的项目开发。美国交通运输部支持对利益相关者社区提供工程指导和培训。该部门已为其项目开发制定了系统工程指导，可在美国国家 ITS 架构网站上查阅，该网站可通过 http：// www.its.dot.gov/arch/index.htm 访问。图 2.5 说明了系统工程过程中在项目开发中最多受益于使用 ITS 架构体系。

ITS 架构可用于操作概念、系统需求（表 2.1）、高级设计和详细设计的开发。

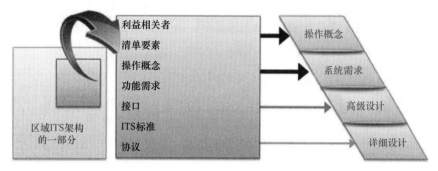

图 2.5 系统工程中 ITS 架构应用

表 2.1 ITS 架构的系统需求

元素名称	系统功能	需求
城市公交运营中心	换乘管理	运营中心应分析公交车辆的调度性能，以确定沿特定路线或在特定交叉口的优先权需求
城市公交运营中心	换乘管理	运营中心应定义管理使用公交车辆信号优先，将这些规则传达给公交车辆，并监控公交车辆的请求信号交叉口的优先权
城市公交运营中心	换乘管理	运营中心应为公交运营人员提供控制和监控公交信号优先权的能力
交通信号系统	道路	现场设施应响应公交车辆的信号优先请求
公交车	公交车辆	公交车辆应确定运行偏差和预计到达公交站的时间
公交车	公交车辆	公交车辆应向道路（地面街道）和高速公路（匝道控制）路网上的交叉口、人行横道的交通信号控制器发送优先请求，以纠正公交车辆的运行偏差
公交车	公交车辆	公交车辆应向公交车辆运营商发送运行偏差数据和优先权请求状态，为公交车辆运营商提供控制优先权系统的能力
公交车	公交车辆	当公交车辆无法使用优先权时（例如，当公交车辆在通过交叉口停车接乘客），公交车辆应防止发送优先权请求

在项目开发期间完成的系统工程分析也是架构和标准法规的主题。对于使用美国联邦资金的任何项目都需要进行系统工程分析。在该分析的早期阶段，ITS 架构是非常有用的。

从规划到项目开发，美国国家 ITS 架构可以作为参考，通知利益相关者他们应该考虑的项目范围，深入了解项目的成本以支持规划，以及利益相关者在考虑系统如何与交通环境中与其他系统相适应时可能获得的集成机会。在项目开发之前不进行技术选择，直到高水平和详细设计完成才做出技术选择。基于符合美国国家 ITS 架构体系的区域 ITS 架构的单个项目架构可以用作从规划到设计的指导。这允许基于市场提供的最新功能的技术选择的灵活性。ITS 架构映射到项目信息流的标准见表 2.2。

表 2.2　ITS 架构映射到项目信息流的标准

源元素	流程名称	目标元素	标准标题
城市公交运营中心	信号控制命令	交通信号系统	现场管理站（FMS）- 第 1 部分：信号系统主站对象定义
城市公交运营中心	信号控制命令	交通信号系统	全局对象定义
城市公交运营中心	信号控制命令	交通信号系统	美国国家 ITS 通信协议（NTCIP）中心到现场标准组
城市公交运营中心	信号控制命令	交通信号系统	驱动交通信号控制单元（ASC）对象定义
城市公交运营中心	信号控制命令	交通信号系统	冲突监测单元（CMU）对象定义
城市公交运营中心	信号控制命令	交通信号系统	信号控制和优先级（SCP）对象定义
城市公交运营中心	运输时间信息	公交车	公交通信标准接口配置文件
公交车	本地信号优先请求	交通信号系统	5.9GHz 标准组的专用短程通信
公交车	本地信号优先请求	交通信号系统	915MHz 标准组的专用短程通信
公交车	本地信号优先请求	交通信号系统	全局对象定义
公交车	本地信号优先请求	交通信号系统	信号控制和优先级（SCP）对象定义
公交车	本地信号优先请求	交通信号系统	公交通信标准接口配置文件
公交车	公交车辆时刻表	城市公交运营中心	接口配置文件

2.5.4　工具

美国国家 ITS 架构内容通过各种工具提供给利益相关者。

2.5.4.1　美国国家 ITS 架构网站

美国国家 ITS 架构网站可在 www.its.dot.gov/arch/index.htm 获得。这是美国交通运输部的国家 ITS 架构的页面，从这个页面可以获得多个国家 ITS 架构相关的链接，包括提供国家 ITS 架构内容的链接与逻辑和物理架构、服务包和标准链接的访问。它还提供了关于美国国家 ITS 架构在规划和项目开发中的具体使用的信息。所有架构产品，如文档、数据库和网站存档都可以下载。美国国家 ITS 架构培训和研讨会的清单可供审查。美国国家 ITS 架构体系定义的所有级别都可通过网站获得。

2.5.4.2　Turbo Architecture™ 软件工具

Turbo Architecture™ 是美国交通运输部开发的软件工具，用以支持以美国国家 ITS 架构体系作为参考发展区域性的 ITS 架构体系。Turbo Architecture™ 允许用户调整美国国家 ITS 架构体系的内容来处理州、地区、所处位置及感兴趣的项目的需求。其提供了一系列的工具指导用户通过一个架构体系开发过程，从而产生一个 ITS 项目规划和开发为基础的 ITS 架构体系。

Turbo Architecture™ 基于与美国国家 ITS 架构体系相同的微软 Access 数据库。它提供了州、地区和地方交通规划目标的参考，提供了由此产生的 ITS 架构与规划过程的联系以及对该地区需求的具体参考。

用户将其环境中的当前和计划的 ITS 系统映射到美国国家 ITS 架构内的子系统。此映射将用户现有或计划的 ITS 的一般功能与最符合需要的美国国家 ITS 架构体系子系统相关联。Turbo Architecture™ 允许用户使用 ITS 系统的名称和拥有或操作该系统的利益相关者标记每个子系统映射。这创建了可容易地识别并且特定于该区域的架构表示。图 2.6 说明了图 2.4 所示项目的子系统映射，用于传输信号优先级。注意，"元素"是系统的利益相关者名称，在这种情况下是城市公交运营中心，并且还识别利益相关者。公交运营中心映射到的子系统是交通管理子系统。这些映射针对区域中的每个元素或系统进行。可以将多个子系统映射到一个元件或系统，因为系统可以执行由多个子系统提供的功能。这种子系统功能聚合的想法提供了灵活性的架构应用程序，适应在不同地区的众多 ITS 实施方法。

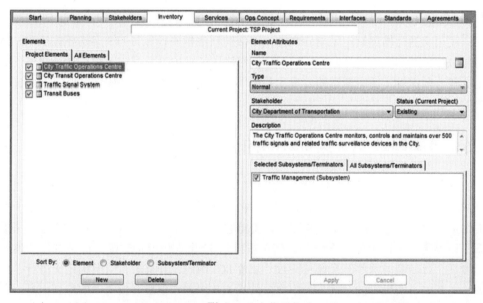

图 2.6　Turbo Architecture™ 中 "公交信号优先" 项目子系统映射

用户还将美国国家 ITS 架构中的 ITS 服务识别并映射到其服务，以满足州、地区现有或计划的服务，并解决所识别的需求。通过选择服务，识别特定子系统。当子系统映射完成时，这些子系统可能已经由用户选择。在一些情况下，服务可以包括未被用户映射到其区域中的现有或计划的 ITS 子系统。在这种情况下，服务向用户提供关于他们的交通系统中需要什么以提供他们需要服务的额外考虑。用户可能需要识别另外的子系统和相关功能以在将来实现服务。在一些情况下，子系统可以存在，但是由先前未考虑的区域中的利益相关者拥有或操作。在这种情况下，需要对利益相关者进行额外的拓展，以探索整合机会。

在子系统和服务选择和映射完成后，Turbo Architecture™ 将基于该信息构建 ITS 架构体系的接口。该工具提供列表子系统对和将它们连接以供用户定制的交通流。在一些情况下，用户可能不需要特定的接口或子系统功能，因为它由另一对子系统来处理。用户只需选择所需的内容，并取消选择不需要的内容。

美国国家 ITS 架构的广度提供了在 ITS 功能方面包括哪些内容的选项和指导，以满足确定的需求。标准还映射到 ITS 架构中的结果接口，为用户提供有关要考虑的标准的指导。Turbo Architecture™ 提供了大量报告和图表，以便向利益相关者传达 ITS 架构定义，并允许他们评论并将其运营与 ITS 架构联系起来，促进机构和利益相关者之间的协商一致的过程。

Turbo Architecture™ 是一个免费工具，可以从美国国家 ITS 架构网站下载。在美国几乎所有的州、地区 ITS 架构都是使用 Turbo Architecture™ 开发的。它支持用户解决与架构和标准规范的一致性。

2.5.4.3　指南

美国交通运输部制定了指导文件，以帮助利益相关者参与 ITS 架构相关活动。该指导包括区域 ITS 架构开发、区域 ITS 架构使用和维护以及系统工程指导。这些资源为这些主题提供了循序渐进的方法，并提供了开发和使用 ITS 架构体系所需的系统方法的理解。

2.6　美国国家 ITS 架构体系的演化

自 1993 年以来，随着 ITS 的发展成熟，美国国家 ITS 架构也在不断发展。当美国国家 ITS 架构最初于 1996 年发布时，它反映了 29 个用户服务。同年，增加了另一个用户服务，并且改进了架构定义以支持它。在接下来的六年中，该架构进行了更新，以容纳三个以上的用户服务，使总数达到 33 个。该架构也随着标准开发的发展而发展，以使其与这些结果保持一致。随着 ITS 的研究和部署，对架构定义进行了修改，以反映真实世界的示例，为用户提供其 ITS 规划和项目开发活动的最新信息。利益相关者的反馈对于维持现实、有效和公认的美国国家 ITS 架构是至关重要的。

最近，诸如美国的网联车辆或国际上已知的合作 ITS 等新举措出现并正在改变美国国家 ITS 架构。根据美国国家 ITS 架构计划，美国交通运输部已经开发了网联车辆参考实施架构（CVRIA）。美国国家 ITS 架构为 CVRIA 提供了参考输入作为起点。随着 CVRIA 定义的成熟，它将与美国国家 ITS 架构充分整合不断扩大 ITS 的应用范围。这种集成将支持网联车辆规划和项目开发，正如其规划和开发的项目在目前的交通规划过程中得到支持一样。

网联车辆/协作 ITS 环境将需要比 ITS 所需的更大规模的互操作性。CVRIA 和美国国家 ITS 架构将是促进考虑所有集成和互操作性机会的主要参考点。这就是美国国家 ITS 架构的未来。

参考文献

1. Department of Transportation, US (2013, May 9). *National ITS Architecture Documents*. Retrieved from National ITS Architecture Website: http://www.iteris.com/itsarch/html/menu/documents.htm (last accessed April 23, 2015).
2. Department of Transportation, US (2013, May 9). *1.1.1.1-Process Traffic Sensor Data (PSPEC)*. Retrieved from National ITS Architecture Website: http://www.iteris.com/itsarch/html/pspec/5476.htm (last accessed April 23, 2015).
3. Department of Transportation, US (2013, May 9). *Roadway (Subsystem)*. Retrieved from National ITS Architecture Website: http://www.iteris.com/itsarch/html/entity/rs.htm#tab-5 (last accessed April 23, 2015).
4. Department of Transportation, US (2013, May 9). *Roadway Basic Surveillance (Equipment Package)*. Retrieved from National ITS Architecture Website: http://www.iteris.com/itsarch/html/ep/ep65.htm (last accessed April 23, 2015).
5. Department of Transportation, US (2013, May 9). *ATMS01 Network Surveillance Service Package*. Retrieved from National ITS Architecture: http://www.iteris.com/itsarch/html/mp/mpatms01.htm (last accessed April 23, 2015).
6. Department of Transportation, US (2013, May 9). *National ITS Architecture Use in Project Development*. Retrieved from National ITS Architecture Website: http://www.iteris.com/itsarch/html/archuse/projdev.htm (last accessed April 23, 2015).

第二部分　无线车载通信

3 车载环境下的无线通信

3.1 车载网络的发展背景和历史起源

20 世纪 50 年代，汽车基本上都是没有电子设备的机械系统。然而，在过去几十年中，电子设备已经成为体现汽车价值的主要组成部分之一，平均达到现代汽车总价值的三分之一。第一代车载电子设备是独立的车载系统，基本上是自动或通过辅助来完成某些特定的驾驶任务。这种成就的一个典型例子就是防抱死制动系统。每辆车上的这种电子控制单元（ECU）系统的数量从 20 世纪 90 年代的几个增加到 2010 年的50 个甚至更多。ECU 几乎控制着现代车辆的每一个活动，并旨在提高出行安全和舒适度，以及减少燃油消耗[1]。今天的汽车不再是带有电子设备的车辆，它们可以被描述为是"车轮上的计算机"。

现在的重大变化是大规模地适应和发展无线通信。之所以将无线网络应用于道路交通情景，主要是为了优化驾驶的安全性、流畅性以及效率。虽然被动安全系统已被证实可以有效地保护乘客，但它们通常不能够在第一时间帮助避免事故的发生。这就是开发主动安全系统的关键动因，它通常依赖于无线通信。通过无线网络，可以提高交通的安全性、流畅性、效率，以及出行便利性[1]。

本章中的"无线通信"一词是指在无线（局域网）网络，分别由移动电话系统和车载网络主导的蜂窝网络开发中的不同概念。图 3.1 中综述了无线通信的技术发展，重点强调了车辆通信。

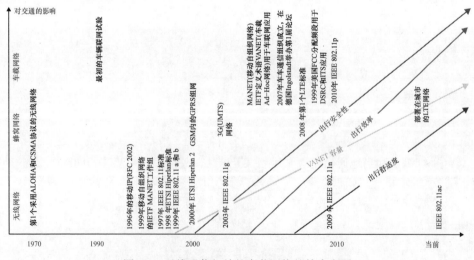

图 3.1 无线通信相关的车载网络的技术发展

　　由于市场上的通信设备变得更加实惠，对一般用途也更具吸引力，而无线通信中所需的技术也变得可用，因此无线网络在20世纪90年代末期开始越来越受欢迎。无线网络的概念最初是为办公环境而开发的，通常在静态或接近静态性质（移动性可忽略）的计算机和通信设备之间应用。设备之间的无线通信范围通常是预估的，通常要求相互之间在可见视线内。然而，在视线内并不总是预期的，一个更为恰当的定义是几百米距离之内的短程通信。

　　将位于同一办公区域的独立计算机连接在一起的自组织网的想法已经实现，用看似很小的努力为数据交换和通信提供媒介。更进一步是多跳网络的概念，设备将数据包从一个合作伙伴转发到另一个合作伙伴。

　　因此，无线网络的范围显著增强，而额外网络负载的成本导致性能下降。然而，通过增强的自组织路由方法，使得多跳接入网络的性能有可能优化到适当的级别，以便无缝地使用网络资源，只要在最大跳数和自组织网络成员方面，网络的复杂度足够低。当办公室的运转相对稳定和正常时，人们在更具挑战性的环境中使用无线通信的兴趣也在增强。最终目标无线通信环境之一就是移动车辆之间的自组织网络。

　　车载的自组织网络的概念引入了一个完全不同的和更具挑战性的无线网络。通信环境的动态性和支持基础设施的可用性相对较高，这取决于道路延伸的重要程度。车载网络通常分为三种不同类型，即农村网络、郊区网络和城区网络。这些实体的主要特性如图3.2所示。

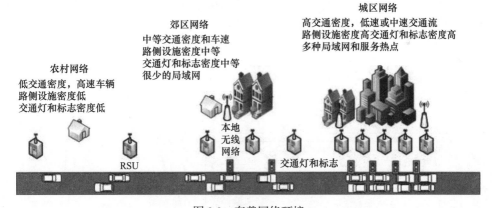

图 3.2　车载网络环境

　　一般来说，从农村向城市行驶，降低了车速，增加了路侧基础设施（路侧单元、交通信号灯等）和当地通信实体的可用性。城区以外的车辆可能在相同或相反的方向以极高的速度行驶，给延迟需求（节点暴露时间较短的情况下）带来了极大的挑战。在与路侧单元通信的情况下，特别是与迎面而来的车辆通信的情况下，通信的时间窗口非常短。一般来说，与传统的无线网络相比，车载访问网络的可用性变化很大。另外，相对物之间的视线通常被其他车辆和路侧设施（如桥梁和建筑物）所阻挡，使得信号一直在改变。多普勒效应出现在通信模块中，它们的相互移动也可能显著改变信号质量。只有同向车辆在移动时才能进行多跳通信，甚至在这种情况下，由于网络结构的高度变化，传统的拥塞避免方法难以实施，甚至不可能实现。

然而，在近距离的移动车辆之间建立一个自组织网络有许多重要优势。车辆可依靠其中的传感器对（环境）观测值和有关交通或天气状况的信息以及道路的异常情况进行交互。最终，交通事故车辆可以向其他正在接近的车辆发出警告，有助于避免进一步的事故发生。开发路侧设施以连接固定网络，可以进一步转发这些数据，使车辆避免意外事故、排队或道路建设工程引起的道路拥堵。除此之外，可以将无限量的广告、指南和综合信息等商业服务向/从车辆传送。此外，在通信范围方面，对不同类型的车辆局域网络进行分类也很重要。

根据文献[1]中提到的汽车网络领域，车载网络的分类方法如图 3.3 所示。最短的通信范围出现在车内通信中，车内的无线设备形成网络。典型的应用是移动智能手机与车载系统之间的无线连接，允许使用麦克风和汽车扬声器进行移动电话交谈。车辆到车辆（V2V）通信包括与过往车辆间的数据交换、与相同方向行驶车辆之间的联网以及向其他邻近车辆广播紧急情况数据。紧急数据广播是从汽车网络整体思想中衍生出来的最重要的应用。此外，车辆到基础设施（V2I）通信是采用路侧的基础设施与其他车辆进行数据交换和联网。路侧基础设施通常与固定网络具有永久性连接，假设允许互联网至少与一个暂时性的基站进行连接。V2V 以及 V2I 的通信可以通过无线电或光通信实现。然而，无线光通信是一种新兴技术，并未对其进行非常深入的研究。车辆还可以通过蜂窝网络系统（通常是移动电话网络）直接连接到固定网络基础设施，支持不依赖定位的持续连接。将这些不同的网络类型（不包括车载通信）结合到单一架构中是未来的主要目标之一。

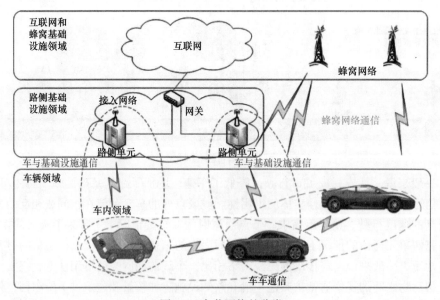

图 3.3　车载网络的分类

很明显，在车载网络环境中，预期中在办公环境中稳定运行的无线网络尚不能完全可行，需要做出大量的折中方案。真正的持续连接是一个实施起来非常困难的问题，特别是车辆和路侧单元的密度低下，通常不会在车辆网络中发生。然而，在同步的蜂窝移动通信的支持下，可以显著增强连接性，有时甚至是连续不间断地供给。其代价就是同时管理多个通信系统的复杂性。要考虑的问题是系统之间的平稳甚至是无缝切换，适应数据吞吐率极高的变化，对服务质量（QoS）以及不同系统的并行维护。车辆网络的主要挑战是在相互矛盾的需求之间寻找到一个良好的工程平衡。为这种环境所开发的服务必须不断调整适应，以应对除了稳定的数据通道之外的任何问题。极有可能发生的通信中断不能显著降低综合性能。对于车辆通信来说，通常有两种基本的方法，短距离无线局域网和广域蜂窝通信。无线局域网（WLAN）独立于任何网络运营商，并且更适合于相互邻近的各方之间的即时数据交换。蜂窝通信以较小的数据传输速率提供广域覆盖，并要求网络运营商承载通信。

先进的蜂窝网络系统，如 LTE，提供与 WLAN 数据传输速率相当的最佳数据速率，但覆盖范围低于"旧代"的蜂窝网络，因为单元尺寸更为有限，服务接入点的密度较低。然而，随着 LTE 系统后向兼容 GPRS 通信系统并最终到达 3G、4G 系统，实际上根据位置提供了不同服务质量的完全覆盖。车载网络方法的全球趋势一直是侧重于 WLAN 类型的解决方案，但是随着数据速率的提高，蜂窝系统越来越受到关注。当然这也取决于基础设施和运营环境。如今，有一些依靠蜂窝网络系统的先进车载应用仍然存在。例如，协作型的 WAZE 应用程序[2]允许车辆在手机上打开应用程序，以被动地贡献于交通和其他道路数据，或通过共享事故或其他危险的道路报告来起到更积极的（协作）作用。

连同事故警告，道路天气服务通常被认为是车载网络可用的关键优势，尤其是在路侧基础设施和车辆之间的通信之中。另一方面，道路天气服务证明双向通信的使用是合理的，因为从移动车辆上收集到的天气相关的数据可以显著提高当地天气预报及相关服务的准确性。最后，通过部分基于车辆数据的局部道路天气服务，可以证明整个车辆网络架构是合理的，并且验证其在现实生活中的可操作性。作者的研究工作概述了过去几年的车辆网络发展。该工作始于 2006 年成立的 Carlink 项目（无线电交通服务平台）[3]。架构的发展基础将车载自组织网络和基础设施网络，与受启发于自主配置的异构无线电网络概念[4]的路侧固定网络站点相结合。多协议接入网络的概念思想用于组合 Wi-Fi 和 GPRS 网络。因此，Carlink 项目设计并引导了首次运行的 V2V 和 V2I 的通信架构之一。

车载网络领域常见的技术状态是由大量有所分离的元件技术组成。第一个初步的车载服务已经正式启动，利用手机短信（短信服务）系统作为通信媒体。这种服务的一个例子是由芬兰气象研究所（FMI）设计的 VARO 服务，向车内嵌入手机的最终用户设备提供天气预警和路线指南的短信服务[5]。各种更通用的短信服务包含车辆识别（基于牌照）信息请求和原始导航服务。另一方面，安装了少数路侧气象站，来收集最新的当地天气信息，以用于加强道路区域的天气预报和警告。显然，在 21 世纪初的前 5 年时间里，与过往车辆之间进行通信不是问题，但是那些道路气象站配备了电力供应和一些收集基站数据的方法，并向监控基站的网络主机传送数据。无线网络的概念已经成为通信行业研究的热点话题，尤其是自配置网络中的自组织网络正在获得极大的关注度。在自组织网络领域，提出并研究了大量不同的路由方法，但是通信媒介通常被认为是相同的，即所谓的基于标准 IEEE 802.11 系列的基于无线网络的 Wi-Fi。在 Carlink 的项目中被开发和评估过的混合动力车辆接入网架构的概念已经研究成功。WiSafeCar（车辆之间的无线交通安全网络）[6] 的一般思想是通过升级通信方法来克服通信的局限性，分别由基于 IEEE 802.11p 标准修正案 [7] 的专用车载 WAVE（在车载环境下无线接入）系统的 Wi-Fi，以及 3G 通信的 GPRS。

该架构采用了一系列更加精细的服务，为交通安全和便利量身定制。这套示范性的服务也被调整为符合"汽车通信联盟"（C2C-CC）[8] 提出的服务和"第一套服务"的 ETSI（欧洲电信标准协会）标准化 [9]。尤其是分别采用 V2V 和 V2I 通信对新近发现的基于车载接入网络系统的 IEEE 802.11p 进行了大范围的数据测试。在文献 [5] 中提出的针对系统的评估和现场测试中，对平台容量和范围进行了估计和分析。对项目试点平台在实际运行情况下进行示范性服务的部署。基于现场测量和飞行员部署的经验，还提出了一种简单场景的现实架构部署策略。测量表明，与被应用于此目的的传统 Wi-Fi 解决方案相比，IEEE 802.11p 在车载网络环境中具有综合性能和行为的显著优越性。

使用 IEEE 802.11p 时，数据吞吐量方面的最佳性能较低，但仍然适于车载接入网络的需求。试点平台的部署证明，新系统也在实践中运行，可以适当地提供已界定的飞行员服务。在部署中，覆盖蜂窝网络起着重要的作用，这种综合的方法将成为针对终极商业架构的富有吸引力的解决方案。一个明显的好处是利用 3G、4G 网络，通信系统将以有限的形式在部署过程的第 1 天就可用，执行成本低。得出该解决方案具有综合性的异构车辆通信架构的潜力，并有助于减少道路上的事故数量和人员伤亡数量。系统部署可以以经济高效的方式启动，在早期部署阶段纯粹依靠现有的 3G、4G 覆盖网络。因此，基于一个综合的部署提议，WiSafeCar 项目为商业运营智能车联网架构提出了一个总体部署参考。

即使尚未实施商业部署，开发系统也将作为更高级项目的基础，即 CoMoSeF（未来协作移动服务）项目 [10] 以及其他智能交通相关研究。CoMoSeF 项目的重点是接近市场的服务和多标准通信。目标不仅仅是为车辆服务，而且还需要利用车辆数据来最终提升同类型的服务。类似地，路侧单元不仅仅是将车辆作为连通点，而且还承载了道路气象站（RWS）功能，为服务提供额外的数据。

这两个目标都结合了芬兰气象研究所采用的车辆网络架构的方法，为通过 RWS / RSU 组合的车辆提供路线天气信息。该站配备了最新的道路天气测量仪器，兼容（但不限于）其他示范站点的永久性的、本地自配备的 RWS 中预期可用的设备。

程序是设计、开发和测试当地道路天气服务的生成，以及 RWS 与车辆之间的服务数据传输。通过 RWS / RSU 组合的车辆使用最新的道路天气相关数据和服务进行无线自动补充，同时可向上传输车辆导向的测量数据。IEEE 802.11p 是基础的通信协议，也支持传统的 Wi-Fi 通信。该站点与研究车辆共同组成了芬兰 Sodankylä 的试验系统，作为未来示范系统现实中的测试平台。基于共同的架构、挑战和潜在目标，同时鉴于明确的假设，CoMoSeF 提出了车辆之间混合无线的交通运输服务架构的方法。

授权技术是 IEEE 802.11p 的车载网络方法和 GPRS 的移动通信系统。在现场测试中，对系统容量和范围进行了估计和评估，后续章节会进行详细介绍。局部基于容量估算，构建了成功项目试点的平台部署，尤其是在现实条件下设计运行的示范服务。在图 3.4 中，显示了 WiSafeCar 导航系统的用户界面。此外，在图 3.5 中，呈现了操作组合 RWS / RSU（与互联网和车载网络用户相同）的最新用户界面。

图 3.4　运转中的 WiSafeCar 试验系统

基于现场测量和试点系统部署的经验，提出了一种简单场景的现实系统部署策略。测量表明，与被应用于此目的的传统 Wi-Fi 解决方案相比，IEEE 802.11p 在车载网络环境中具有综合性能和行为的显著优越性。IEEE 802.11p 在数据吞吐量方面的最佳性能较低，但仍然适于车载接入网络的需求。

试点系统的部署证明，新系统也在实践中运行，我们可以适当地提供已界定的试点服务。然而，在部署中，3G 网络起着重要的作用，而这种综合的方法将可能成为针对终极商业架构的富有吸引力的解决方案。已经表明，本章介绍的解决方案对于综合型的异构车辆通信实体具有显著的潜力，旨在减少道路上的事故数量和人员伤亡数量。系统部署可以以经济高效的方式启动，在早期部署阶段完全依靠现有的网络。

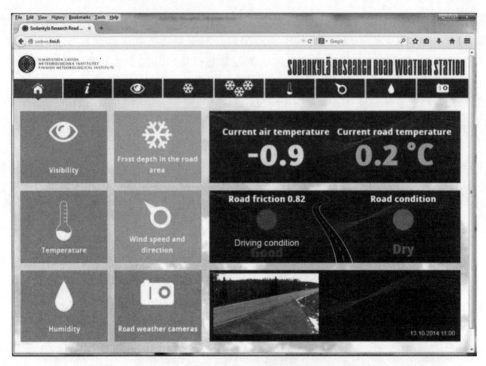

图 3.5 互联网（车载网络）中的道路气象站用户界面

3.2 车载网络的实现方法

无线网络是指没有使用电缆进行任何物理连接类型的网络。实体内通信方式的主要特点如表 3.1 所示。无线网络的最初动机是为了避免电缆接入办公建筑中所产生的高昂成本，或为了方便多种设备位置的连接。

表 3.1 车载网络相关通信方式的主要特点

沟通方式	理论数据率	机动保障	体系结构	连接延迟	理论范围
传统无线局域网；IEEE 802.11g	54Mbit/s	低	局部	低	140m
传统无线局域网；IEEE 802.11n	600Mbit/s	非常低[2]	局部	低	250m
V2V[1]	3~54Mbit/s	好	局部	非常低	1km
V2I[1]	3~54Mbit/s	好	局部	非常低	1km
GPRS 蜂窝数据	6~114kbit/s	很好	网状	适度	无斜接[3]
3G 蜂窝数据	0.2Mbit/s	中等	网状	适度	高[3]
LTE 蜂窝数据	300Mbit/s	中等	网状	适度	低[3]
混合	0.2~54Mbit/s	好	混合	非常低	不受限

① 基于 IEEE 802.11p 网络。
② 最大传输速率模式下。
③ 商用蜂窝系统范围不是定义为一个蜂窝的范围，而是 2013 年运营系统的覆盖范围。

常说的协议无线局域网（WLAN）是指使用无线分配方法在短距离上连接两个或多个设备的系统，通常通过因特网接入的接入点提供连接。WLAN 开发的主要贡献是通过 IEEE（电气和电子工程师协会）制定的，更具体地说是通过被称为 IEEE 802.11 标准的标准化过程。1997 年发布的原始标准定义了无线 LAN 媒体访问控制（MAC）和物理层（PHY）规范。MAC 实现的基本访问方法是具有冲突避免的载波监听多路访问（CSMA / CA）。IEEE 802.11 架构定义了三种不同的传播模式：2.4GHz FHSS（跳频扩频）、2.4GHz DSSS（直接序列扩频）和红外系统[11]。该标准的基本版本仅支持 1Mbit/s 和 2Mbit/s 的数据速率，但自从原始标准发布以来，已经进行了多次修订，以更新数据速度及标准的其他属性[11]。

该标准的第一修订是 IEEE 802.11b 和 IEEE 802.11a。这些修正案有本质上的区别；802.11b 的目标是保持与原始标准的兼容性，而 802.11a 旨在分别通过升级模块、工作频率和频带宽度来提高容量和效率。可以说，接下来所有的修改都是从这两个角度继承而来的，因此将对此进行详细介绍。

IEEE 802.11b 与原来的 802.11 标准架构非常相似。通过这项修正，无线保真（Wireless Fidelity）的名称被用于 IEEE 802.11b 参考及其后续的修订。802.11b 在相同的 2.4GHz 频带中工作，具有相同的 MAC、CSMA / CA。它也与原始标准后向兼容，因此支持 1Mbit/s 和 2Mbit/s 的数据速率。作为原始标准架构的拓展，802.11b 还分别提供 5.5Mbit/s 和 11Mbit/s 的新数据速率。CCK（互补码键控）调制方法使得实现更高的数据速率成为可能。否则，IEEE 802.11b 与原始标准架构[12]只有微小的差异。基本上，由于比扩容 b. 802.11b 的容量大得多，IEEE 802.11b 已经完全取代了原来的 802.11 标准；然而它自身具有相同的命运，后来被 IEEE 802.11g 取代；而现在的 Wi-Fi 通信，事实上它的标准是 IEEE 802.11n[13]。

IEEE 802.11a 与原始标准相比有很多差异。最重要的区别是 802.11a 的物理层是基于 OFDM（正交频分复用）调制以作为载波系统，并且使用 5.2GHz 频带。所用的基础调制方案是 BPSK、QPSK（类似于原始标准）和不同级别的 QAM（正交幅度调制）。通过这些更改，802.11a 能够实现（从 6Mbit/s）高达 54Mbit/s 的数据速率。由于这些主要的差别，802.11a 与原始标准不兼容。然而，MAC 架构与原始标准中的 CSMA / CA 相同[14]。

如前所述，以下 Wi-Fi 标准的拓展是 IEEE 802.11g，提供 802.11a 类型的架构体系（具有相同的容量，高达 54Mbit/s），但仍工作在 2.4GHz 频率[15]。现在最常用的拓展是上述的 IEEE 802.11n。其目的是通过组合 802.11a 和 802.11g 的元件，以 40 MHz 的信道宽度使用四个空间流，显著提高网络吞吐量，并将最大的净数据速率从 54Mbit / s 显著提高到 600Mbit / s。只有在采用 802.11a 的 5GHz 频带宽度内工作时才能实现此数据速率。因此，IEEE 802.11n 在两种不同的带宽下运行；在 2.4GHz 中，后向兼容性与以前的修订保持一致，但容量相对相同，而在 5GHz 频段，功能和效率的终极提升得到充分的改进。宽度为 40MHz 的信道运作是融入 802.11n 的关键特征；

这将使之前的 802.11 的 20MHz 信道宽度增加一倍以传输数据，通过单个 20MHz 信道提供双倍的数据速率可用性。它只能在 5GHz 模式下启用；或者是，如果知道它不会干扰同样使用 802.11 或非 802.11 系统（如蓝牙）的其他频率，则只能在 2.4GHz 内启用 [13, 16]。

最近提出的修订标准是 IEEE 802.11ac，旨在提高容量。实际上，所提出的方法的目标是在 6GHz 以下的多个频带（不包括 2.4GHz 频带）的每一个中支持至少 1Gbit/s 的数据速率，这意味着与 IEEE 802.11n 相比，每个用户的容量至少要提高五倍。IEEE 802.11ac 预计将在其频带中支持 20MHz、40MHz 和 80MHz 的信道，可选择使用 160MHz 频道 [17]。最高频段的 160MHz 信道局部使用与 IEEE 802.11p 相同的频率，因此引起了 IEEE 802.11p 用户的关注和反对。最终的信道和频段分配还有待观察。

3.3　车载自组织网络

如本章前面所述，Wi-Fi 网络类型的主要使用场景最初是相对静态的办公环境，多台通信计算机的距离相对较小，只有轻微的物理墙和物体间隔。现在，这个概念已经扩展到家庭无线的场景，涉及计算机、打印机、家庭多媒体娱乐系统、电视机、DVD 播放器、平板电脑和手机都连接到同一个无线网络。通信中的关键概念保持不变，通信单元位于相当短的距离内，静止或缓慢移动。在这种情况下，Wi-Fi 运作良好；对于相当严苛的使用场合，容量足够高，建立连接的时间不成问题，即使是不频繁的连接损失也不会造成难以承受的伤害。不过，车辆的通信环境却并非如此。

车载网络的第一次初始实验已经在 1989 年进行 [18]，但是在所需技术的成熟度增加的情况下，在这个黄金时代的早期阶段就开始了车载网络概念的系统研究。显然，作为现有和广泛使用的无线通信系统，起始点是 Wi-Fi。正如预期的那样，Wi-Fi 网络很快被认定是相当不足的。在能够与集中的安全系统或道路上遇到的其他车辆进行通信之前，车载安全通信的应用不能容忍长时间的连接建立延迟。当然，通信的可靠性也是一个重要的问题。由于车辆在站点覆盖区域内的时间有限，因此，无障碍应用还需要依靠路边站点提供服务（例如天气和道路数据更新）来进行快速高效的连接设置。此外，快速移动的车辆和复杂的道路环境在物理层面上带来了挑战。这些问题通常在使用 Wi-Fi 时出现。IEEE 802.11 标准机构已经创建了一项新的修订，即运用 IEEE 802.11p 来解决这些问题 [7, 19]。

IEEE 802.11p 标准的主要目的是增强公共安全应用，并通过 V2V 和 V2I 通信来改善流量。此协议的基础技术是专用短程通信（DSRC），基本上采用了基于 OFDM 物理层的 IEEE 802.11a 标准和 IEEE 802.11e 标准的服务提升品质，调整以适用于低开销的运行。在 IEEE 802.11p 使用了一个设计成 IEEE 802.11e 的增强型分布式信道接入（EDCA）的 MAC 子层协议，对一些传输参数进行了变动。DSRC 旨在为加强公共安全应用的通信需求提供支持，以拯救生命，改善 V2V 和 I2V 通信流量的短距离通信服务。无线接入车载环境（WAVE）是新一代技术，提供高速 V2V 和 V2I 数据传输。WAVE 系统是建立在 IEEE 802.11p 和 IEEE 1609.x 标准 0 在 5.850 ~ 5.9250GHz 的数据速率下进行运作，分别支持 3 ~ 27Mbit/s 的 10MHz 信道和 6 ~ 54Mbit/s 的 20MHz 信道。在各种环境的 1km 范围内（例如，城市、郊区、农村），以高达 110km/h 的相对速度运行。根据使用需求，可以选择 10MHz 或 20MHz 的信道带宽[7, 19-23]。

车载通信网络的发展创造了各种应急服务和应用。迄今为止主要的贡献就是已经在欧盟 IST 第 6 框架（FP6）和欧盟第 7 框架（FP7）项目中提供了研究和技术项目（文献 [24] 中列出的主要项目），由美国交通运输部在美国资助的车辆安全通信（VSC）项目和车辆基础设施一体化（VII），以及由日本国土交通省（MLIT）在日本政府的资助下进行的活动。迄今为止，开发的试点服务包括不同类型的协同碰撞警告（CCW）、后期和预期碰撞检测系统（CDS）以及协作交叉口安全系统（CISS）等[24]。首先进行部署的所谓"第一天"服务的例子吸引了大众展望。例如，"第一套服务"的 ETSI 标准化[9] 包括接近紧急车辆、接近道路工地的警告、从"死角"接近的摩托车和通过车辆应急照明无线电广播发出的碰撞后警告。这些服务已经在 2008 年德国杜登霍芬的 Car 2 汽车论坛上获得了成功示范。

如上所述，车载网络通常分为 V2V 和 V2I 通信。如图 3.3 所示，车载网络有更多的子类别，但可以说这两个是主要的子类型，其余的则是某种特殊的相关案例。在这项工作中，有许多特殊情况和场景专门针对 V2I 或 V2V。因此，重要的是要更详细地考虑这些通信类型的差异。在以下的部分中，V2I 和 V2V 以及相关的混合组合将被逐一介绍。

3.3.1 车辆与基础设施间的通信

V2I 通信是指在移动车辆和道路旁边的静态基础设施之间建立的车辆自组织网络（VANET）。通信架构体系是集中的，路侧基础设施作为一个或多个车辆的中心点。通信是双向的，尽管事实上，车辆与基础设施间似乎仅代表一个方向。然而，在 V2I 方向上，通信是单播类型；而在相反方向上，通信类型既是广播的（同时传输通用数据），又是单播的（同时响应车辆请求）。路侧单元 / 基础设施（简称 RSU）通常用固定电源供应器和中枢网络连接来补给，因此无需考虑这些资源在其运行中的消耗。RSU 可以配备并联设施和 / 或定向天线，使得下行链路信道（从 RSU）通常比上行链路更强。在一些 V2I 应用中，上行链路信道是无意义的或不存在的，使得服务更像广播类型。然而，V2I 不能与广播系统混合，在考虑 V2I 时，存在或至少做好部署上行链路的准备是必不可少的要素。

V2I 通信通常用于将交通信息从公路运营商或官方提供给车辆。道路警告是 V2I 服务的典型示例；将车载网络收发器部署到道路工作区域，通知接近该地区的车辆有特殊的道路操作性。一个非常重要的前提是交通信号系统将信号相位和时间（SPAT）

信息传达给车辆的能力，以支持向驾驶人传达主动的安全建议和警告。用于交通灯优化的一种方法是对于 VANET 的基于最短路径的交通灯感知路由（STAR）协议 [25]。这两种服务都是广播类型，缺乏使用上行链路信道。相反，在文献 [3] 中使用的道路气象站的 RSU 不仅提供了过往车辆的天气和警告数据，还收集了来自车辆的天气和安全相关的观测资料，以进一步更新数据。

V2I 通信与传统无线网络中的移动节点和接入点之间的无线链路具有一定的相似性。作为接入点，RSU 是移动车辆中的静态元件，如传统无线网络中的移动节点。由于其固有的属性，RSU 在信号强度方面具有优越性，因此在接入点方面具有数据容量。然而，由于 V2I 通信的临时性，RSU 不能为车辆提供持续的中枢网络连接。相反，RSU 只能作为服务热点，每当在 RSU 的附近区域时，在车辆和固定网络之间提供预先配置的高频带服务的数据交换。文献 [26] 由此引入了这样一个数据传播网络的例子。

在一些相关工作中，有关于车辆与路侧（V2R）通信的讨论。V2R 是 V2I 通信的特殊情况，其中，控制中心是严格受限于路边基础设施的，如上述中的道路工程和 SPAT。然而，V2R 是 V2I 的一个特殊情况，因此它不是单独考虑的。

3.3.2 车辆与车辆间的通信

V2V 通信方式主要适用于短距离车载通信。通常的想法是，移动车辆以自组织网络的方式和高度机会主义的基础在彼此之间建立无线通信网络。各种车辆以自组织网络的方式平等地进行通信，通信架构被分配。过往的车辆之间的数据交换通常是单播类型，同时也是组播（例如，在交换交通信息的车辆排队的情况下）和广播（在事故警告的情况下）传输。纯粹的 V2V 网络不需要任何路侧基础设施，针对需要在道路上进行信息发布的突发事件，能使其快速而可靠。因此，它是车辆实现实时安全应用的基础通信的候选者。

V2V 通信的关键动机之一是能够实现协同车辆安全应用程序的机会，从而能够防止崩溃。为初步部署设想中的这种协同碰撞避免的应用，应做到：1）识别邻近的其他车辆；2）保持其他车辆的动态状态图（位置、速度、行驶方向和加速度）；3）根据该状态图执行持续的危险评估；4）识别需要驾驶人作出反应的潜在危险情况；5）以适当的时间和方式通知驾驶人。从长远来看，可以设想自动车辆干预以避免或减轻这些应用程序的崩溃，但对于在通信中所需的可靠性验证仍然需要做出大量工作 [1, 27]。

V2V 通信的特殊情况是具有特殊的多跳协议的多跳传播（包括广播）。尤其是在发生交通事故的情况下，参与或观察到了事故的车辆将广播一条警告信息，由一段时间内接收信息的车辆转发，使其他距离较远的驾驶人提前做出明智的驾驶决定。在密集的交通状况下，存在广播风暴问题的风险，多个车辆同时尝试发送消息，导致多个分组冲突，并且在极端情况下完全中断通信信道 [28]。存在几种解决问题的方法，其中大部分来源于以随机、加权或调整的概率转发消息的想法，而不是依靠自动的"盲目前进"[1, 27]。

V2V 通信实体极具挑战性。在 V2V 中，由于车辆以不同的速度移动，所以车辆之间要达到持续的连接是不可能的，归因于可能出现快速的网络拓扑变化。没有任何路侧基础设施，必须启用多跳转发来传播消息或信号。高速公路上车辆彼此之间的位置基本上是未知的。来自每个车辆的定期广播可以直接向邻近车辆通知其位置，但由于车辆之间的相对运动，定位图将不可避免地发生变化。接收者有责任判断紧急信息的相关性，并采取适当的行动。

由于上述关键性的限制，V2V 通信主要集中在通信的特殊情况下，而不是一般的"通用"网络。最典型的用例是向所有车辆广播紧急情况或其他关键数据，与过往车辆交换数据，以及以相同速度移动到相同方向的车队之间的通信网络。值得注意的是，列车中的无线自组织网络可以看作是上一种方案的特殊情况。此外，例如，GPS 装置收集的位置信息可以用于惠及 V2V 通信，提供接近连续的通信能力，尤其是当使用密集和多跳通信时。基于广播和组播的定位也是避免碰撞的正确通信方法。一般情况下，V2V 通信适用于车辆密度高的道路，农村地区仅能收到极小甚至是微不足道的成效。

3.3.3 综合车辆与车辆以及车辆与基础设施之间的通信

组合的 V2V 和 V2I 网络可以看作是补足 V2I 功能的普通 V2V。V2V 是起始点，上一节中定义了应用程序，集成 V2I 将使用相同的无线技术实现更广泛的避免车辆碰撞的安全应用。V2I 启用的附加功能之一是避免交叉碰撞，从而了解所有车辆的动态状态图以及交叉几何，系统可以向驾驶人警告另一个具有潜在交叉危险的驾驶人。从这个角度来看，组合 V2V 和 V2I 通常被称为是车辆与车辆 / 基础设施间的通信或简称 V2X 0。

在本章中，一个重要的问题是将 V2V 和 V2I 组合作为自身的特殊通信情况。文献 [29] 提出了类似的方法。RSI、V2I 的基础设施方面通常具有固定的功率，并且可以采用针对 RSU 特制的定向天线，与车辆所提供的上行链路相比，通常使 RSU 的下行链路信号成为车辆的主导。此外，RSU 倾向于与所有车辆通信，而车辆通过最小化与其他车辆的干预来尝试优化其对通信资源的使用。最后，由于 RSU 通常具有固定的网络连接，也可以看作是特殊类型的车载无线网络中的无线网络的接入点。

如上所述，组合的 V2V 和 V2I 通信接入网络是由具有不同目标的车辆和 RSU 组成。每当车辆在彼此的附近区域中时，就会以 V2V 方式彼此通信，基本上从交通或转发 / 广播多跳消息，或者从 RSU 早些时候接收到的合理的广域数据来进行观测信息的交换。然而，当进入 RSU 的附近区域时，车辆不仅可以与 RSU 交换数据，还可以通过 RSU 提供的接入链路（如果可操作）与位于固定互联网中的服务进行数据交换。由于与 RSU 的交互时间非常有限，这种服务热点通信过程必须预先配置到车辆用户的配置文件中，以便在进入 RSU 附近时自动启动。因此，车辆应启动车辆和 RSU 相互作用的不同操作程序。相反，无论网络是 V2I 还是组合的 V2V 和 V2I，RSU 程序基本上是相似的。

3.3.4　混合式车载网络

VANET 的 V2V 和 V2I 组网的概念是基于局域网的，通常采用基于 IEEE 802.11p 标准的接入网络，如上所述。理论上，这种网络的一个元件可以实现高达 1km 范围的通信。在任何情况下，期望对这样的局域网系统进行经济有效的部署以实现整个道路网络的完全覆盖是不切实际的。

移动电话蜂窝网络提供几乎完整的地理覆盖，而且现在它们也被用于相对较高的数据容量。一个全新的，而且十分密集的 LTE 网络达到了理论上 100Mbit/s 的容量[30]。广泛部署的 3G 蜂窝网络系统理论上允许数据速率高达 2Mbit/s，以及实现相对较好的覆盖，优先的 GPRS 通信允许非常高的覆盖范围，通常在 100kbit/s 的数据速率下[27]。然而，如名称所述，移动电话网络仅仅是为了支持按需的电话连接而不是持续连接。车辆预期将被即刻交付到一个接近全新的事故地点，在事故警告和相关安全服务的情况下，这样的事实显然导致了一个无法容忍的响应时间。移动网络随即而来的普及提供了越来越高的数据传输速率，但移动网络的发展越来越广泛，覆盖面越来越小。然而，蜂窝网络可以充分支持像 WAZE 0 这样的服务。

目前针对覆盖范围 / 响应时间问题的混合解决方案是将 VANET 和蜂窝网络绑定到混合动力车载网络系统中。参考图 3.3，这意味着将图中呈现的所有概念都组合在一起。文献 [31] 已经提出了一种将 Wi-Fi 和 GPRS 组合到分层混合网络中的方法。自组态异构无线电网络的概念为此主题提出了另一种方法[4]。文献 [32] 提出了一种从蜂窝网络角度出发的一般方法，更多涉及蜂窝通信。所有的这些方法对于这个问题都有持续不断的网络观点，通常大多数支持现有的方法。从持续连接的角度来看，将连接从一个协议切换到另一个协议起着至关重要的作用。例如，文献 [4] 提出了在不同类型的自组织 IP 网络中平滑切换的几种方法。然而，在车载网络中，基本观点是不同的。持续连接不是主要关注的问题，但显然，更重要的是确保即时对发送媒介附近区域的本地车辆安全数据进行传输。因此，切换混合式车载网络实体的简单方法是可以随时用来促进 VANET 网络的，并且每当到达另一车辆网络单元的范围时，就打破了正在进行的蜂窝网络数据传输的价格。

3.3.5　LTE 及其液体应用

2014 年 9 月，诺基亚西门子通信公司和 HERE 发布了一种新的方式来提供 Wi-Fi，并且更加集中地将 LTE 应用于道路安全[33]。即使 LTE 是新兴的，但是它变得普适的速度比任何以前的网络标准都要更快。无论如何，LTE 网络正在建设，因此，道路和汽车的安全系统和应用程序都可能从中受益。

对于蜂窝系统来说，延迟是一个问题，因此它们不适合于安全应用。当消息从车辆传输到基站，并且进一步传输到数据中心时需要时间，何况将消息再传回给车辆也需要时间。通常，对于一些安全相关的消息来说耗时太长了。例如，中小型企业的信息从一个发件人到同一房间的收件人不会直接即刻完成传输。至少有几秒钟的差距，因为它必须迂回。保持通信的车辆间将面临同样的问题，即使有特殊规定来优先处理它们的通信。为了避免这种情况，它们的应用程序已经并将会发展到基站。因此，基站将不再仅仅是发射机，而是强大而快速移动优势计算机，能够适应它们需要执行的任务。此功能称为液体应用。在紧急情况下，基站能够在少于100ms内转发紧急消息，在某些情况下，甚至小于50ms。这意味着一辆汽车可以在比呼吸所需的时间更短的时间内从车辆中获取紧急信息。

液体应用[34]从根本上改变了基站的作用。液体应用是独特的，因为它从基站内部获取数据，以创建个性化和背景化的移动宽带体验。它还可以创建新型服务，可以使用近距离和定位来连接用户和当地的基站点、商业和活动。

液体应用的核心是开创性的诺基亚无线电应用云服务器（RACS）。RACS将基于标准IT中间件的最新云技术和服务创建功能部署到基站中。RACS提供处理和存储功能，以及收集实时网络数据的能力，例如无线电条件、用户位置、行驶方向等。这些数据可以被应用程序利用，提供与环境相关的服务，从而改变移动宽带体验，并将该体验直接转化为价值。

液体应用程序通过加速创建用户体验来增强功能，主要鉴于其可以更快地传递联系紧密的内容。这样就转化为仅可能从网络优势上实现有效的容量和从时间到内容上的提升。液体应用还具有提取和处理实时网络洞察力的能力，从而使运营商能够快速从问题识别转移到精确确定服务降级的原因。来自液体应用的实时数据增强了网络运营，并为客户和网络行为提供了深入的了解。液体应用也是基站周围的新服务生态系统的催化剂，利用其直接连接或本地突破功能。客户可以通过LTE，直接连接到本地场馆（例如体育馆）和私人企业网络。

距离移动客户较近可以显著缩短内容和初始响应时间：基站提供的内容可以实现超过100%的吞吐量提升，下载时间可以提高到80%。

参考文献

1. T. Kosch, C. Schroth, M. Strassberger and M. Bechler (2012) *Automotive Interworking*. Chichester, UK: John Wiley & Sons Ltd.
2. WAZE application website, available at http://www.waze.com (last accessed April 24, 2015).
3. T. Sukuvaara and P.Nurmi (2009) Wireless traffic service platform for combined vehicle-to-vehicle and vehicle-to-infrastructure communications, *IEEE Wireless Communications* **16**(6): 54–61.
4. T. Sukuvaara (2004) The evaluation of a self-configurable IP-based heterogeneous radio network concept, Licentiate thesis, University of Oulu, Department of Electrical and Information Engineering, Oulu, Finland.
5. M. Kangas, M. Heikinheimo, M. Hippi, *et al.* (2012) The FMI road weather model, *Proceedings of 16th International Road Weather Conference, SIRWEC 2012, 23–25 May 2012, Helsinki, Finland*, pp. 117–23.

6. T. Sukuvaara, R. Ylitalo and M. Katz (2013) IEEE 802.11p based vehicular networking operational pilot field measurement, *IEEE Journal on Selected Areas in Communications* **31**(9): 409–17.

7. IEEE Std. 802.11p/D9.0: Draft Standard for Information Technology – Telecommunications and information exchange between systems – Local and metropolitan area networks – Specific requirements, Part 11: Wireless LAN Medium Access Control (MAC) and Physical Layer (PHY) specifications, Amendment 7: Wireless Access in Vehicular Environments (2009) New York: Institute of Electrical and Electronics Engineers Inc.

8. R. Baldessari, B. Bödekker, A. Brakemeier *et al.* (2007) Car 2 Car Communication Consortium Manifesto, Version 1.1. Available via http://www.car-to-car.org (last accessed April 24, 2015).

9. ETSI Standard; ETSI ES 202 663 V1.1.0 (2010-01) Intelligent Transport Systems (ITS); European profile standard for the physical and medium access control layer of Intelligent Transport Systems operating in the 5 GHz frequency band, European Telecommunications Standards Institute (2010).

10. T. Sukuvaara, K. Mäenpää, R. Ylitalo, *et al.* (2013) Interactive local road weather services through VANET-capable road weather station. *Proceedings of 20th World Congress on ITS, October 14–18, 2013, Tokyo, Japan.*

11. IEEE Std. 802.11: Wireless LAN Medium Access Control (MAC) and Physical Layer (PHY) specifications (1997) New York: Institute of Electrical and Electronics Engineers Inc.

12. IEEE 802.11b: IEEE Std. 802.11b: Wireless LAN Medium Access Control (MAC) and Physical Layer (PHY) specifications; Higher-Speed Physical Layer Extension in the 2.4 GHz Band (1999) New York: Institute of Electrical and Electronics Engineers Inc.

13. Y. Xiao (2005) IEEE 802.11n: enhancements for higher throughput in wireless *LANs, IEEE Wireless Communications Magazine* **12**(6): 82–91.

14. IEEE Std. 802.11a: Wireless LAN Medium Access Control (MAC) and Physical Layer (PHY) specifications; Higher-Speed Physical Layer Extension in the 5 GHz Band (1999) New York: Institute of Electrical and Electronics Engineers Inc.

15. IEEE Std. 802.11g, Further Higher-Speed Physical Layer Extension in the 2.4 GHz Band (2003) New York: Institute of Electrical and Electronics Engineers Inc.

16. IEEE Std. 802.11n, Wireless LAN Medium Access Control (MAC) and Physical Layer (PHY) specifications: Amendment 4: Enhancements for Higher Throughput (2006) New York: Institute of Electrical and Electronics Engineers Inc.

17. O. Bejarano, E.W. Knightly and M. Park (2013) IEEE 802.11ac: from channelization to multi-user *MIMO, IEEE Communications Magazine* **51**(10): 84–90.

18. J. Hellåker (2012) OEM commitment to deploy. *Proceedings of Car 2 Car Forum 2012, 13–14 November 2012, Gothenburg, Sweden.*

19. G.R. Hiertz, D. Denteneer, L. Stibor, *et al.* (2010) The IEEE 802.11 Universe, *IEEE Communications Magazine* **48**(1): 62–70.

20. IEEE P1609.0/D5, IEEE Draft Guide for Wireless Access in Vehicular Environments (WAVE) Architecture, (2012) New York: Institute of Electrical and Electronics Engineers Inc.

21. C. Han, M. Dianati, R. Tafazolli, *et al.* (2012) Analytical study of the IEEE 802.11p MAC sublayer in vehicular networks, *IEEE Transactions on Intelligent Transportation Systems,* **2012**: 873–86.

22. K. Dar, M. Bakhouya, J. Gaber, *et al.* (2010) Wireless communication technologies for ITS applications, *IEEE Communications Magazine* **48**(5): 156–62.

23. C. Suthaputchakun and Z. Sun (2011) Routing protocol in intervehicle communication systems: A survey, *IEEE Communications Magazine* **49**(12): 150–6.

24. F.J. Martinez, C-K Toh, J-C Cano, *et al.* (2010) Emergency services in future intelligent transportation systems based on vehicular communication networks, *IEEE Intelligent Transportation Systems Magazine* **2**(2): 6–20.

25. J-J. Chang, Y-H, Li, W. Liao and I-C Chang (2012) Intersection-based routing for urban vehicular communications with traffic-light considerations, *IEEE Wireless Communications Magazine* **19**(7): 82–8.

26. H. Liang and W. Zhuang (2012) Cooperative data dissemination via roadside WLANs, *IEEE Communications Magazine* **50**(4): 68–74.

27. M. Emmelmann, B. Bochow and C.C. Kellum (2010) *Vehicular Networking: Automotive Applications and Beyond.* Chichester, UK: John Wiley & Sons Ltd.

28. S. Ni, Y. Tseng, Y. Chen and J. Sheu (1999) The broadcast storm problem in a mobile ad hoc network. *Proceedings of the ACM International Conference on Mobile Computing and Networking (MOBICOM), 1999,* pp. 151–62.

29. J. Gozalvez, M. Sepulcre and R. Bauza (2012) IEEE 802.11p vehicle to infrastructure communications in urban environments, *IEEE Communications Magazine* **50**(5): 176–83.

30. Y. Kishiyama, A. Benjebbour, T. Nakamura and H. Ishii (2013) Future steps of LTE-A: evolution toward integration of local area and wide area systems, *IEEE Wireless Communications* **20**(1): 12–26.

31. A.K. Salkintzis, C. Fors and R. Pazhyannur (2002) WLAN-GPRS integration for next-generation mobile data networks, *IEEE Wireless Communications* **9**(5): 112–24.
32. M. Peng, D. Wei, W. Wang and H-H Chen (2011) Hierarchical cooperative relay based heterogeneous networks, *IEEE Wireless Communications* **18**(3): 48–56.
33. I. Delaney (2014) Milliseconds matter for accidents, HERE and Nokia Networks explain, *HERE News*, September 14, 2014, available at http://360.here.com/2014/09/10/milliseconds-matter-accidents-here-nokia-networks (last accessed April 24, 2015).
34. Nokia Liquid Applications website, available at http://nsn.com/portfolio/liquid-net/intelligent-broadband-management/liquid-applications (last accessed April 24, 2015).

4 基于路侧基础
设施的无限车载通信案例

4.1 概述

近些年，用于协同智能交通系统（ITS）的无限车载网络凭借其潜在的应用程序和服务引起了广泛关注。具有数据传感、采集、处理及通信功能的协同应用在提高车路安全性能、乘客舒适度及交通管理效率方面表现出了前所未有的潜力。

为支持这些远景场景，在车辆中运行的应用程序需要与其他车辆中的其他应用程序或部署在紧急服务、道路运营者或公共服务后台的应用程序通信。这些应用程序在无人值守的情况下运行，在车辆或网络中的相应应用程序中报送信息并获取指令。

车载网络中的移动单元与传统无线网络中的节点等同，可以作为信息的来源、目的地或路由器。移动节点间的通信可以是单点对单点、单点对多点，或利用广播进行，这取决于每个应用程序的需求。除了对由加入及建立 V2V 的相邻车辆组成的网络的临时实施外，也可能利用 V2I 中用作接入点并管理信息流的道路沿线基站，以及接入外部广域网的门户网站，设置一个更传统的无线网络。在车辆中运行的设备被称为"车载单元（OBU）"，在路边运行的被称为"路侧单元（RSU）"，二者有不同的要求及运行模式。

安全、高效、舒适的 ITS 应用程序显示出严格的延迟及容量要求，例如，因为信息娱乐应用程序需要 QoS 支持，且数据率高于 1Mbit/s，安全关键服务需要保证最大延迟低于 100ms。除了延迟及容量，安全应用程序同样需要确定性通信（实时），例如，事故车辆需要被保证及时接入无线媒体以传输警告信息，即使是在拥挤的道路中。

针对车辆环境下无线接入（WAVE）的 IEEE 1609 系列标准定义了一个架构和一个服务及接口的标准化组，共同启用 V2X 无线通信。此外，IEEE 1609 标准依赖于 IEEE 802.11-2012 修正案 6（也被称为 802.11p）[1]，以及等效的欧洲标准 ETSI ITS G5[2]。物理层几乎与 IEEE 802.11a 相同，同样使用正交频分复用（OFDM），利用 BPSK、QPSK、16QAM 及 64QAM 调制，但由于多径传播与多普勒频移效应，利用双倍的时间参数来减少码间干扰。

利用双倍的时间参数，信道带宽从 20MHz 变成了 10MHz，数据率也降低了一半，即从 6～54Mbit/s 降到了 3～27Mbit/s。最大传输范围是 1000m，车速低于 200km/h 时的视线一般接近 300m。

介质访问控制（MAC）层采用一个带有冲突避免（CSMA/CA）的载波监听多路访问，与 IEEE 802.11a 相同，但带有一个新增的非 IP 通信协议，即快速网络和传输协议（FNTP）或 WAVE 简讯协议（WSMP）。这些非 IP 协议本质上是低开销的端口映射协议，设计得小巧、高效，并定制成使用容量受限的射频信道的简单单跳广播。由于严格的时序约束，非 IP 协议不执行信道扫描、认证及关联。IPv6. IEEE 802.11p 使用 IEEE 802.11e 的 QoS 策略，并定义了一个信道动态切换机制，非 IP 协议可以与之并行共存。

鉴于 IEEE 802.11p 的介质访问控制基于 CSMA，冲突可能会因为退避机制的非确定性而不定期发生。所以，单独使用本地的 IEEE802.11P MAC 并不支持实时通信。然而，如果网络负载保持较低，或者使用一些 MAC 协议约束并控制介质访问以提供确定性行为，冲突发生的可能性可能会有所减少，但低负载在车载通信中很难保证。严格的实时行为和安全保障一般难以在临时网络中实现，但在高速移动的情景下更难实现，分布式一致性算法的响应时间可能无法与系统动力学兼容。

基本上有两个主要的设计选择，来实现无线车载通信的确定性 MAC 协议。它或者依赖于路侧基础设施（V2I），或者基于临时网络（V2V），而不需要路侧单元的支持。混合方法同样是可行的。有两种互补的方法来保障路边网络的确定性（实时），这对 RSU 的协调很有必要：使用通常位于第 2 层的实时网络技术，并采用资源预约协议来将保障扩展到多个网络和更高的层。

我们对安全服务的构想是让它们首次出现时采取安全警告的形式，当用户感觉这些警告是可靠的之后，将因此开始适应驾驶。就像发生在防抱死制动系统（ABS）技术上的，安全警告最终变成安全的关键，当一个不正确的操作可以将依赖它们的驾驶人置于危险之中。即使只有少量的探测车，安全事件也将会产生警报声，例如，在繁忙的交通环境下，一个紧急制动或一场车祸将生产大量的其他紧急制动事件。在一些操作情景下，IEEE 802.11P MAC 可能不再是确定的，反而可能导致不安全的情况。这需要可靠的通信基础设施，并具有实时、稳固、安全的协议，这一基础设施需要强制支持安全事件的检测和安全警告的传播。在这项工作中，我们主张设立回程网络基础设施，增加一定程度的确定性将对在无线网络端加强实时与安全性大有裨益。为了这一目的，我们提出了确定性 MAC 协议的建议，即车辆柔性时间触发（V-FTT），采用一主多从时分多址（TDMA）。在这一协议中，路侧单元作为主节点来调度车载单元的传输。

为了提高道路环境中的安全性能，许多车辆设计了安全应用程序，其中一些安全应用程序基于车车通信（V2V），其他基于车辆与基础设施通信（V2I），或者基于二者。在这一小节，我们简单分析了使用 V2V 通信或 V2I 通信部署安全应用程序的优缺点。请注意，鉴于基础设施与车辆间的通信通常是双向的，V2I 及 I2V 在我们这里代表同样的含义。

部署依赖于 V2V 通信的安全应用程序具有以下一些优势：

- 不需要基础设施，部署起来更便宜简单。
- 因为通信直接从源到目的地，大体上 V2V 会比基于基础设施的解决途径提供更低的延迟 [3]。
- 基于网络的 V2V 对农村地区和发展中国家很有吸引力，因为它不需要路侧单元，实现起来比较容易。
- 不需要特定的协议来协调不同的单元。
- 然而，V2V 通信在涉及安全应用程序的方面表现出了较大劣势 [4-6]。
- V2V 通信的适当工作在显现任何效果或提升之前，需要先具有一定的市场占有率。为了使网络可用，估计至少需要 10% 的渗透率 [7-8]。针对美国市场的预估显示 [9]，在最好的情况下，一旦 V2X 车辆开始全面部署，需要 3 年才能达到这样的阈值渗透水平。考虑到这一情况，以及其他先进的汽车技术（例如线传技术）花了 3 年才在市场上可用的事实，实际上 V2V 这 10% 的渗透水平大概要花上个 7 ~ 10 年。
- V2V 系统可能易受那些居心不良的用户的攻击，从而播报关于安全事件的虚假信息，而这一情形无法受到基础设备的验证（可能使用其他传感器的数据）。
- OBU 在一些应用程序中会有一个处理开销，例如，合作碰撞预警从周边车辆处接收位置、速度、行进方向等信息 [10]。接着 OBU 必定会处理这些数值以及车上的数据，从而判断是否存在碰撞危险。
- 在使用 V2V 通信时会出现警报声（也称作广播风暴），使媒体超负荷，除非执行一些协议来避免这一情形的发生 [11]。
- 因为 V2V 通信是临时网络（Ad-hoc），并且完全分布，所以没有任何区域的全局视觉。
- V2V 通信中执行确定性的协议，如集群成员和簇首选举，在所需要的通信回合中很繁重。
- 快速拓扑网络的变化、车速、交通密度低或出现完全无法连通的情况，会导致连接中断。因此，车辆并不是总能相互通信 [12]。
- 为了传送一条信息，可能需要调频，从而增加了终端到终端的延迟。
- V2V 通信存在隐私和安全问题。在一个纯粹的 V2V 架构中，认证和密钥管理变得非常难以管理，因为它需要事先了解每个车辆的公共密钥，以验证用户的身份。然而，有一个固定的身份会反过来又引发了很多隐私问题 [7]。

总之，在路侧单元的每用户成本较高的农村或中低密度地区，V2V 通信可能是一个解决途径。在交通密度及车速较高，且更易发生交通事故的城市或郊区，最好部署和维护 RSU，并使用 I2V 通信，从而避免之前提到的 V2V 问题：

- 在 I2V 中，路边基础设施可以被视为虫洞隐喻的实例 [13]，假设在所有系统组件中不确定性并不是统一或恒定的，也就是说一些部分比其他部分更可预见。这样，系统更可预见的部分可以被视为虫洞，因为它们执行起确定的任务来要比系统中的其他部分更快，也更可靠。因此可以认为 I2V 通信要比纯粹的 V2V 通信更安全。

• 安全极其重要：在 V2I 通信中，RSU 可以表现得像个代理一样，分析并编辑接收到的车辆数据，借助摄像机、电磁感应圈等其他信息源或其他可用数据并通过交叉检查验证安全事件，从而减少脆弱性问题。

• 使用基于基础设施的方式解决连接中断问题，RSU 也可以用于提升定位信息，因为 RSU 的位置是精确已知的[14]。

• 一些汽车制造商在研发专有的解决途径，但不利于车辆间的通信能力。I2V 通信可以通过使用可以作为不同车辆通信系统间的网关的 RSU 解决这一问题。

• RSU 可以控制介质访问，从而避免广播风暴问题。

• RSU（或者等同于 RSU 的实体）可以有通信区的全局视觉，并因此做出可能会更好的决策。

• 为解决隐私和安全问题，一个集中式密钥分发代理可以给车辆的 OBS 分配一次性临时身份。这个集中式代理可以（通过 RSU）有效地验证 OBU 的身份。即便是 V2V 和 V2I 通信并存的混合方法，对 V2I 基础设施的需求十分关键[7]。

补充以上所述，我们坚信还有经过很长一段时期才能将所有的车辆在出厂前配备 IEEE 802.11p 或 WAVE，或为了安全应用程序而允许车间通信的其他无线通信系统。短期中，RSU 将在实现安全无线应用程序中扮演重要角色，尤其是如果车辆可以被改造成配备 OBU，并且配备的 OBU 像现在用于电子收费的车载设备那样便宜。我们同样相信，用户对由道路基础设施管理的安全系统，要比对完全点对点的 V2V 系统更加信任。

4.2 车辆安全应用通信方面的 MAC 方案

这一小节简要介绍了文献中用于克服 IEEE 802.11p 和 ETSI-G5 介质访问控制（MAC）问题的主要协议，协议考虑了实时通信保障，即拥有一个有界延迟。我们将关注基于基础设施的解决方案，但由于找到的不多，我们同样提及了与本研究相关的 V2V 解决方案。

影响活跃交通安全应用程序性能的两个主要通信参数是可靠度和延迟。可靠度意味着数据包应该在目的地被正确接收，取决于误包率。在活跃的安全应用程序中，车辆间的大多数通信依赖于广播信息。由于显示确认的缺失，预测这些信息的可靠度是一项艰巨的任务。车载通信中主要的挑战来自无线通信信道和网络中固有的高移动性。无线通信信道的质量并不稳定，容易在连通性和潜在的高误码率中产生不可预测的时变变化。阴影、散射、多普勒和多径传播等作用的影响恶化了无线电信号的传播，通过无线媒介发射的数据会轻易丢失或中断。这一信号传播恶化同样会受到周边环境（如建筑、植被、货车）的影响，关于这一点，车辆通信会受到车速的很大影响。此外，设计一个合适的 MAC 方案非常重要，它可以减少由精心调度信道访问和它们的功率级而带来的干扰。在活跃交通安全应用程序中的另一个重要通信参数是可预测的延迟。这意味着数据需要在一个预定义的时间窗口中传送到目的地，也就是实时的。

对信息娱乐应用程序来说，一个极其重要的参数是容量，这在即时通信中的意义小一些。相反，实时通信不需要高数据率或低延迟，但需要表现出确定性延迟，这意味着它可能需要计算最坏情况下的传输时间，因为误失的截止期限可能会严重影响系统，或者临时降低性能。在实时通信方面，截止期限误失率是一个主要性能参数，在硬实时系统中应该是零。

在无线广播通信系统中，从 MAC 层的角度来看，误失截止期限可能会由于两个因素导致：数据包未被授权信道访问或数据包未被正确接收。截止期限误失率是数据包不会在截止期限前到达目的地的概率。因此，误失的截止期限与信道访问延迟密切相关，即 MAC 层从信道访问请求到实际信道授权花费的总时间。

在 ETST G5 中，大多数活跃交通安全应用程序依赖于一段时间内被每辆汽车周期性广播的信息：协同感知信息（CAM）。CAM 信息是活跃信息交通安全应用程序中非常重要的部分，因为这些写信时广播信息，不会接收确认。CAM 信息被定义在几个可能的数据元素中 [15]，同时也包含它们（如碰撞情况、尺寸、行车方向、经纬度、海拔、纵向加速度、速度）。CAM 信息被周期性传播，并具有严格的时间要求。CAM 信息由 CAM 管理器生成，并根据以下规则传递给下层 [15]：

- CAM 生成的最大时间间隔：1s。
- CAM 生成的最小时间间隔：0.1s。
- 当前行车方向与最后行车方向的绝对不同超过 4° 时，生成 CAM。
- 当前位置与最后 CAM 位置的距离超过 5m 时，生成 CAM。
- 当前车速与最后车速的绝对不同超过 1m/s 时，生成 CAM。

这些规则每 100ms 被检查一次。不论何时，只要信道访问的要求不会在下次信息生成之前一个 CAM 信息导致实际的信道访问，CAM 信息都会被丢弃。这是因为更多更近的信息是可用的，也就是说存活时间超限了，所以 CAM 信息在生成车辆中被丢弃。如果一条定时信息误失了一个时间限制，应用程序的性能效率会暂时降低。如果同一车辆连续数据包的信道访问被拒，并被迫丢弃这些数据包，这可能成为一个关键问题。

MAC 方案应当被设计成对所有车辆都公平的信道访问的形式，从而数据包的丢弃可以被均匀分布在所有的 OBU 中。所以，公平和可延展性是车载网络中的重要参数，也因此需要考虑同一 OBU 中重复的截止期限误失（数据包丢弃）。即使是这样，数据包在信道访问中是成功的，数据包可能因为不可靠的物理通信信道而仍不会被正确接收，也就是说因为不可靠的信道，数据包永远不会在接收端被正确解码。由于事件驱动和周期性信息的广播特性，如果考虑接收端，截止期限误失率等性能度量参数应当被重新定义。在活跃的交通安全应用程序中，容量取决于兴趣范围内的车辆密度。此外，兴趣范围和通信范围并不必须是同一个，因此一些应用程序的兴趣范围要比通信范围更大。这些问题的解决使用了多跳通信方案。

周期性信息的广播特性，如车载安全应用程序中的 CAM，需要可扩展性和公平性。MAC 协议的适当设计是应允公平，并在 VANET 中提供可扩展性和可预测的信道访问的关键因素。

IEEE 802.11p 使用 CSMA/CA 作为信道访问，因为潜在的随机退避算法，这一机制会导致极大的信道访问延迟。此外，每条信息传递之前的载波监听机制表明存在对网络资源的竞争，导致了可扩展性和公平性等问题，例如，因为很多基站同时尝试访问信道，一些基站可能不得不丢弃数个连续信息。正因如此，一些基站永远不会再截止期限之前成功访问信道，而其他基站却只丢弃零条或几条信息。这一问题在高密度网络中很让人头疼。最终，当信道被占用或忙时，CSMA 中的车辆必须执行退避过程，并且在高密度时期，这一机制会因为退避过程中有限的离散随机数而导致数台车辆在彼此的通信范围内同时传输，从而对可扩展性产生影响。

由于非常高速的移动性，V2V 和 V2I 通信链路的持续时间较短。我们对于提高通信链路持续时间的策略是增大稀疏交通条件（路上可能只有几辆车）下的传播范围。然而，提升传播范围可能会在密集交通条件下产生高层次的破坏性干扰和高网络开销。由此可以断定，响应交通密度变化的传输功率动态调整是个关键要求。另一项策略是根据信息的紧迫性或延迟要求，给不同的交通相关的信息分配不同的优先级。

大多数现存的交通模型假设道路上的车辆呈平稳分布，并使用范围内最前（MFR）传播模型。也就是说，数据包会被发送到数据源传输范围内最远的车辆。然而，在传输范围外缘的车辆比较可能会跨越边界，而不能成功接收数据包。这会增加多跳通信的延迟，并挑战车辆安全应用程序的性能。因此，为了在交通安全应用程序中实现实时通信，应当设计一个可扩展、安全、可预测的集中式 MAC 层。

接下来，我们将回顾基于基础设施的车辆通信，并提出建议，试图解决之前提到的一些问题，概要见表 4.1。

4.2.1 基于基础设施的无冲突 MAC 协议

Annette Böhm 等人[16]描述了 5 个不同的真实车辆交通场景，涵盖了在变化的车速和视线（LOS）下的城乡设置，讨论了两台测试车辆间可以达到的连通性。测试的主要结论表明，连通性会随着 LOS 的损失而立即损失。这一限制是安全苛求系统使用中的严重缺陷。

这表明有必要对信号传播恶化进行研究。使用基础设施减轻非视距（NLOS）链路故障是一个解决途径，用于处理测试中观测到的情况。

IEEE 802.11p MAC 方法基于具有 QoS 支持的 IEEE 802.11e 增强型分布式信道访问（EDCA），提供了 4 种不同的访问等级。在 IEEE 802.11e 中，时间被划分为超帧，每个都包括一个基于竞争的阶段（CBF）和一个无冲突阶段（CFP）。不像其他的

IEEE 802.11p 网络标准，IEEE 802.11p 标准并不提供一个额外可选的无冲突阶段，受到轮询接入点的集中控制。

几位专家为 V2I 通信提出了一个确定性介质访问控制（MAC）方案，通过使用一个受到接入点控制的无冲突通信阶段拓展 IEEE 802.11p 标准，像其他 IEEE 802.11 WLAN 标准中提供的那样。因为数据冲突不会出现，并且最坏情况下从数据生成到信道访问的延迟可以被计算，所以无冲突 MAC 协议被认为是准确的。无冲突阶段需要来自"协调器"的支持，在这一情形下，负责安排交通和轮询移动节点数据的路侧单元或专用"集中"车辆。这样，信道在没有竞争的情况下，为特定时段被分配给配备有 OBU 的每台车辆，并且安全苛求、实时数据流量被 RSU 以一种无冲突的方式调度。

Böhm 和 Jonsson [5] 对每台车辆赋予了基于地理位置、潜在危险接近度和总道路交通密度的个体优先级，这通过在普通的 IEEE 802.11p 顶部引入一个实时层实现。为获得一个无冲突阶段（CEP）和基于竞争的阶段（CBP），还创建了一个超帧。在 CFP 中，假设 RUS 承担调度数据流量和调查移动节点数据的责任。接着车辆将发送包含位置信息和其他数据（如速度、意向等）的"心跳"。"心跳信息是从起点发送到终点的信息，可以使终点识别起点是否失效或不再可用，或何时出现这种情况" [17]。RSU 发送一个信标来标记超帧的起点，确定 CFP 的持续时间，从而使得每台车辆得知调查阶段何时结束以及何时切换到 IEEE 802.p 中的普通 CSMA/CA（在 CBP 中使用）和与 IEEE 802.11p 相似的随机退避机制。

CFP 和 CBP 的长度五花八门。实时调度性分析被应用于确定 CFP 的最短长度，这样所有的截止时间都被保证了。剩余带宽被用于尽力而为的服务以及 V2V 通信。为使 RSU 开始调度车辆传动，车辆必须一接到 RSU 的信息就通过发送连接建立请求（CSR）来对自己进行注册。这一过程在 CBP 中完成，因此存在车辆注册失败的最小风险。然而车辆可以从 RSU 接受信息并利用 CBP 进行通信。Böhm 指出，车辆可能想要增加在车道变换或某些有风险的区域中发送"心跳"的数量，但这还不清楚。另一个有意思的问题是主动交换过程是基于路径和 RSU 位置被定义的。没有内容提到 RSU 协调以及它是如何做的。

Böhm 的协议与 Tony Mak 等人 [18] 的协议有很有相似之处，Tony Mak 等人提出了一种 IEEE 802.11 点协调功能（PCF）模式的变式，所以它可以应用于车载网络。Tony Mak 等人提出了一个控制信道，在其中时间被划分为周期性调整的时间间隔（重复周期）。每个周期又被划分为无竞争阶段，也被作者称作 CFP（与 Böhm 使用的无冲突阶段含义相同），以及不受监管的竞争阶段。这一方案与 Böhm 的十分相近，在 Böhm 的方案中，每辆车都会在 CFP 中被 RSU 或接入点（AP）轮询，与"普通"IEEE 802.11 中的 PCF 类似。

车辆需要注册和撤销注册，所以轮询表会保持更新。为达到这一目的，一个组管理间隔被创建，以使车辆驶入驶出这一区域时可以告知 RSU。然而，这一信标在 CP 中被发送，并会与其他通信抗衡。作者提议重复发送信标以减少信标失效的概率。文

献 [18] 中没有做可调度分析，但作者声称对 RSU 覆盖区域中车辆进行的连续轮询间的时间是有界限的。

4.2.2 RT-WiFi-TDMA 层

RT-WiFi[19] 是一个 MAC 协议，旨在支持工业环境下 IEEE 802.11 网络中的实时通信。它在支持非实时设备带来的干扰的同时，允许基站间的动态关联。实时（RT）基站由一个具有所有网络流量全局视觉的中央协调器（在车载通信的情况下也可能是一个 RSU）互联。所有的基站都使用 EDCA，但 RT 基站使用强制冲突解决（FCR）机制，旨在冲突在 RT 和非 RT 基站间产生的时候支持 RT 基站。这通过简单停用 RT 基站的退避机制实现。这意味着不论何时，当冲突在 RT 基站和一个或多个非 RT 基站间产生时，RT 基站的信息会更可能先于剩余的被传送。然而，FCR 不会解决 RT 基站间的冲突。为达到这一目的，添加了一个 TDMA 层以使 RT 基站可以在同一个通信环境下共存。为支持在同一频率和覆盖范围内运行的其他设备带来的干扰，TDMA 层的开槽大小可以是基站可以执行的最大重传次数的大小，从而增加信息传递的概率。开槽的顺序和尺寸是不同的，以优化媒介的使用，也让系统更加灵活。宣称的另一个好处是，RT-WiFi 可以通过只控制一小组基站（RT 基站）支持实时通信服务，而不需要对相同频率下运行的所有设备进行升级。

没有任何关于 RT-WiFi 在车辆环境下的适用性的参考，但由于不同的开槽大小，实现起来似乎很复杂。除此之外，TDMA 循环随着 RT 基站的数目呈线性增长，如果考虑大量车辆，这一情况将十分棘手。

4.2.3 车辆确定接入（VDA）

Rezgui and Cherkaoui[20] 为 IEEE 802.11p 提出了一种网络协调信道接入（MCCA）标准（用于 IEEE 802.11s）的改编版，称之为车辆确定接入（VDA）。VDA 致力于高密度场景和两跳范围内的安全信息传输。这一机制扩展了在两跳邻域内使用 VDA 机会（VDAops）附表的典型 IEEE 802.11p 媒介预订程序。这些 VDAops 在相邻的车辆间协定，接着在输送流量指令信息（DTIM）的过程中在时隙单元内执行。与 Böhm 类似，作者提出无竞争阶段和竞争阶段的占比可以自动调整。VDA 比普通的 IEEE 802.11p 提供了更好的结果，并提供了一个有界延迟。为了集成未启用车辆，作者提出了一种扩展的 VDA 协议。

4.2.4 自组织时分多址（STDMA）

尽管这一协议并非是为 I2V 通信设计的，它仍然解决了一些 IEEE 802.11p MAC 的问题。在时隙 MAC 方法中，可用时间被划分成固定长度的时隙，并进一步群分为帧。STDMA 在船舶防撞系统中用于商业用途。这是一种自组织的 MAC 方法，使用无阻塞的时隙 MAC 方案。在大多数无阻塞的时隙方法中，一种随机接入信道被用于时隙分配，使用其部分帧进行时隙分配，但 STDMA 则使用另一种方法：基于帧中什么样的时隙被认为是空闲的或被占用的，节点听从帧并决定当前时隙分配。

STDMA 遵循一种分布式方法，在这种方法中，船舶在自动识别系统（AIS）中发送它们的位置信息。AIS 帧长为 1min，并拥有 2250 个时隙。位置信息更新的速度取决于船舶的速度（速度越高，更新速度越高）。STDMA 总是在预定时间之前为所有数据包提供信道接入，不管竞争节点的数目几何。这一行为是可扩展的，并且信道接入延迟是有上界的。当没有时隙可用时，将允许基于位置信息的同步传输，被强制选择已占用时隙的节点将会在另一个距自己最远的节点的同时进行传输。

研究 [21] 表明，V2V 通信中 STDMA 可以很好地应用在车辆环境下，尽管这需要严格的同步，例如使用 GPS。研究使用 1s 的帧长以及从帧到帧的时隙数量变化的可能性进行了仿真，结果显示相较于 CSMA/CA，使用 STDMA 的丢包可能性更小。

4.2.5 MS-Aloha

MS-Aloha 是另一种时隙 MAC 协议，专为 VANET 设计，用于 V2V 通信。与 STDMA 类似，所有的节点必须同步使用 GPS，并共享一个被划分为可变数量时隙的公共周期性帧结构。其中有一个帧信息场（FI），包含各个节点如何感知各个时隙（空闲、忙、冲突）的信息。FI 意味着通过三跳传播网络信息。通过直接感知或通过已接收到的 FI 间的关联，每个节点会推断在各个节点的状态。基于此，使用以下机制，节点将生成自己的 FI：

• 如果节点 A 接收到一个宣布时隙 J 并由 X 使用的 FI，接着 A 转发它。如果它收到两个由相同时隙 J 的不同节点宣布预订的 FI，A 会宣布一个 J 中的冲突。

• 基于节点的直接信道检测和已接收的 FI，一个节点尝试简单地通过挑选一个空闲的时隙来预订它。

• 为保证时隙的再利用，时隙的预订状态不会被转发超过发射器两跳远的距离。

MS-Aloha 的缺点是由 FI 带来的开销，但可以通过把节点标识符的大小减小到 8bit 以及使用一个"标识对换"算法来缩减，从而在地理上重新使用标识符。所有 MAC 协议的概要在本节讨论。

分析这些协议，一个可能的结论是一些 I2V 安全实时通信的关键环节没有解决，还有提升空间。集中的协议不容易扩展；一些协议没有考虑到车辆间的干扰不符合特定的协议，即认为所有的车辆运行同一个 MAC 协议，其他协议没有考虑 RSU 传输范围重叠的概率，可能导致车辆从不同的 RSU 处接收不一致的时隙分配。这些观察激发了一种新的确定性 MAC 协议的发展，即车辆柔性时间触发（V-FTT），这一协议采用主层多时分多址（TDMA），协调路侧单元作为主节点调度车载单元的传输。车辆安全应用 MAC 协议的最新研究进展见表 4.1。

表 4.1　车辆安全应用 MAC 协议的最新研究进展

协议	V2V/I2V	优势	劣势
实时 I2V（Böhm）	V2V	提供有限延迟 基于位置的优先区 无竞争阶段和基于竞争的阶段间的自适应比	RSU 使用轮询机制 未规定：车辆改变自身的警告信息率 没有定义 RSU 协调
多通道 VANET	V2V/I2V	没有实时分析 是多信道 WAVE 协议的基础	RSU 使用轮询机制 RSU 信标必须与其他信息竞争
RT-WiFi	N/A	集中分配机制 允许 RT 基站和非 RT 基站共存	不专为车辆环境 RT 循环随着 RT 基站数量的增长而增长 还没有关于所能允许的 RT 基站最大数目的研究
车辆确定性接入（VDA）	V2V	提供有界延迟 高密度场景 无竞争阶段和基于竞争的阶段间的自适应比	两跳范围
自组织 TDMA	V2V	提供有界延迟 比常规 CSMA/CA 更低的丢包率	需要 GPS 来进行同步
MS-Aloha	V2V	有上界延迟的可扩展性	需要 GPS 来进行严格的节点同步 由帧信息域带来的开销

4.3　车辆的柔性时间触发协议

在 V2I 通信中，低密度交通的场景没有 MAC 问题需要解决，因为所有的车辆都有和基础设施通信的机会。在低行驶速度下的高密度交通可能会导致引发延误的一些不安全通信问题，但在这样的速度下，时间关键安全事件（在最大等待时间方面）发生的概率较低。这会导致安全事件传播的特定场景会发生在大量高速行驶的车辆需要通信的情况下。这是城市或城市附近高速公路的情况，因为一般认为城市道路上的速度比高速公路上的低，这项研究将不考虑城市的情况，并且城市领域已经进行过一些研究[10, 22, 23]。此外，可以假设城市高速公路采用的机制可以应用于城市场景。

我们会考虑城市附近的高速公路，因为这种类型的高速公路经常存在有大量高速运行车辆的高峰时间。高速和高密度交通的结合意味着发生事件的可能性较大，并且大量车辆需要被告知或与事件通信。我们起步于呈现一个用于 RSU 部署的可能模型，如下文所示。

4.3.1　高速公路上的 RSU 部署模型

为了保证显示驾驶人安全风险的事件及时信息，我们将为 RSU 部署定义一个模型。我们预计 RSU 的部署成本会很高的，假设它们是有线回程网络的一部分；因此谨慎选择它们的安排非常重要。文献 [24] 设计了一个最优的 RSU 部署策略，基于车辆密度、平均车速以及事故概率。一个更简单的策略是在密集交通区域（如城区附近高速公路）及事故频发区（如危险弯道或隧道、桥梁等特殊路段）开展 RSU 部署。有大量事故记录的道路位置也被称为"黑点"，我们将从此处开始使用这一术语。为使其有效，每个黑点区必须有全部的 RSU 覆盖。在我们的研究中，我们定义了被 RSU 覆盖的特定有限区域，其术语为安全区（S_z）。图 4.1 描述了这样一个安全区。

图 4.1　安全区（S_z）的定义

车辆不论何时进入 S_z（A），都必须在基础设施中注册，从而让 RSU 明确安全区内究竟有多少车辆。在这一注册过程中，每台车辆的 OBU 都会被分配给一个临时标识符（t_{ID}）。在 S_z 中行驶时，每个 OBU 都会被分配给一个 RSU，即每个 RSU 将要负责调度在其覆盖范围内流通的车辆集合的通信。根据这一方案，RSU 可以作为知晓所有安全区知识的单一实体。安全区内的所有安全通信将因此受到 RSU 的控制，它会处理从车辆处接收到的所有信息，并在必要的时候使用从其他信息源获得的它们自己的信息（如传感器、摄像头）进行再次复核。车辆不论何时驶离 S_z，都需要从系统 B 中撤销注册。

4.3.2　RSU 基础设施窗口（IW）

鉴于 RSU 协助调度 OBU 安全通信，它们必须可以协调自己的传输，避免可能存在的相互干扰。为了支持 RSU 协调，假设它们与回程网络全互联。同样假设 RSU 可以从不同方向行驶的车辆处接收信息，RSU 的通信半径被认为是圆形的，并且所有的 RSU 通过 GPS 同步。图 4.2 描述了这种基础设施系统的一个例子。

在这个 RSU 协调协议中，RSU 在一个预订的窗口中传输 OBU 调度，称为基础设施窗口。在这一窗口内，时隙为每个 RSU 预留，如图 4.3 所示。RSU 同步后，能够遵守时隙界限。提议用于调度 RSU 传输的机制考虑了各个基站传输范围可能的重叠，以为更好地模拟真实的传播模型并添加冗余，从而增加可靠性。在非城市区域，RSU 将更可能分布在高速公路上，因此考虑：

R_z 是安全区（S_z）中的 RSU 总数。

S_{IW} 是在 RSU 基础设施窗口中使用的时隙数量（每个 RSU 一个时隙），与 OBU 可以接收到的最大同步 RSU 传输的数量一致。

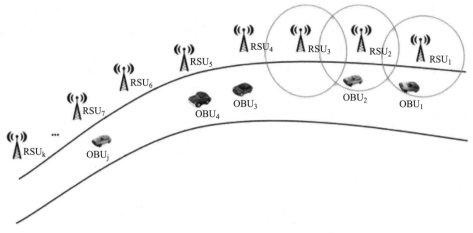

图 4.2 分布在高速公路上的 RSU

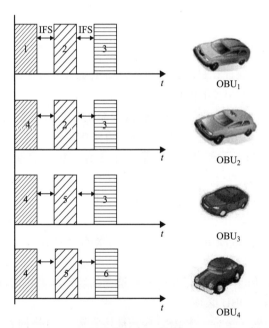

图 4.3 IW（S_{IW}=3）中 RSU 传输时隙的轮询方案

如果 RSU 的数量可以根据它们的位置得知，i=1-R_z 时，RSU_i 会在可以被式（4.1）计算的时隙中传输。

$$Slot\,(RSU_i) = [(i-1)\%(S_{IW})] + 1 \tag{4.1}$$

例如，如果 S_{IW} 为 3，意味着 RSU_1 将在时隙 1 中传输，RSU_2 在时隙 2 中，RSU_3 在时隙 3 中，RSU_4 将重新使用时隙 1，因为 RSU_4 不在 RSU_1 的传输范围内（参见图 4.2）：假设这一协调方案，例如 OBU_2 接收 RSU_2、RSU_3 和 RSU_4 发送的信息，而与此同时 OBU_3 从 RSU_3、RSU_4 和 RSU_5 处接收。

一种轮询方案被应用于重新使用 RSU 传输时隙，因为各个 RSU 的确切位置是已知的。其他方案可能被使用，如时隙 Aloha[25]，但在这一点上它会增加不必要的复杂度，因为 RSU 的位置和覆盖范围非常确定。

为了从 OBU 中控制交通流量，RSU 会传输包含所需信息的特定信息，来知道 OBU 在特定时隙中传输信息。这些特殊的信息被称为触发器消息，从原始的柔性时间触发协议[26] 中继承。各个 RSU 会在传输时隙传输各自的触发器消息（TM）来调度 OBU 的传输时隙，而仅使用一条消息。这一方案被称为一主多从，即单一主信息触发大量从（OBU）信息的传输，与一条主信息触发一条从反馈的传统主从不同。

基础设施窗口（IW）包含各种触发和警告信息，这些信息由可配置数量的相邻 RSU 传输，并取决于所需的冗余等级。IW 的大小从 IFS + RSU_{slot} 到 S_{IW}（IFS + RSU_{slot}）不等，其中 IFS 代表帧间隔，S_{IW} 是传输能同时被 OBU 接收的相邻 RSU 的最大数量。所有的 OBU 能从 RSU 处接收至少一个 TM，并且搜索每个 TM 的临时标识符（t_{ID}）来确定是否或何时去传输 OBU 安全信息。

4.3.3　V-FTT 协议概述

为保证安全，必须保证在最坏的情境下，不论是否有事件报告，安全区内的所有车辆都有及时传输与安全相关的信息。

这一目的是为了确保可以使危及驾驶人安全的事件信息适时传输，要实现这一目标，提出了一种基于基础设施的方法，这一方法中 RSU 在它们和车辆间协调起来，OBU 从系统中动态地进行注册或撤销注册。像之前在 RSU 部署时介绍过的，我们假设所有的 OBU 在安全区内进行发射，这意味着所有已发射的 OBU 将仅在由 RSU 决定的瞬间传输它们的信息（速度、位置及安全事件）。

RSU 负责两种主要操作：

• 对于 OBU 在安全区停留时关注不得不播报的安全信息的车辆，安排其传输瞬间；

• 从 OBU 中接收信息，编辑信息，并在适当的地点和瞬间发布已编辑的信息。

从通信的角度看，OBU 必须：

• 接收 RSU 的传输（至少一个 RSU 应该被接收到），并取回安全信息和调度信息；

• 总是在 RSU 定义的时间窗口内传输特定的安全帧。

图 4.4 描述了这一信息流程图：每次 RSU 接收到任何 OBU 的安全事件或信息，都会用自身的信息源（如摄像头、电磁感应圈、红外传感器及其他车辆）来对其进行交叉验证。RSU 信息播报的可信是至关重要的，需要这来避免可能的入侵，让动机不纯的用户会尝试造成假警告的情况。RSU 必须在验证 OBU 事件及编辑播报给安全区内车辆的信息时十分谨慎。例如，考虑到恶意的驾驶人会发送一个虚假的紧急电子制动灯信息。如果不做编辑操作的话，一些车辆将收到虚假警告，从而将它们引向危险境地甚至引发事故。这一编辑操作显然必须在有限时间内完成，才能将结果实时地传

输给 OBU。鉴于在基础设施上安装更高性能的设备以及具有实时操作功能的高容量通信连接的可能性，这一操作尽管复杂但仍是可能的，并且与高速公路的建设和维护成本相比，它有一个控制成本。

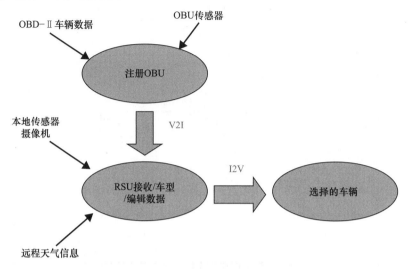

图 4.4　车辆信息流程图

回到 RSU 到 OBU 的通信，注意非注册车辆的 OBU（或不服从 V-FTT 的 OBU）同样会接收到来自 RSU 的安全信息。然而，它们不能按照提出的协议传输信息，尽管它们仍会在没有保证适当窗口的情况下竞相传输。V-FTT 协议的时间线是周期性的，并被划分为基本周期（EC），每个 EC 有三个窗口：

• 基础设施窗口（IW）。基于从 OBU 处接收到的信息和一些利用自身信息源进行的交叉验证，RSU 为 OBU 的传输建立了方案。为了这一目的，每个 RSU 会周期性地播报触发信息（TM），包含有在 OBU 传输的下一阶段中允许传输安全信息的 OUB 的全部标识符，称为同步 OBU 窗口。基于 OBU 信息和交叉验证，RSU 对安全事件进行识别，并向受到特殊安全事件（启用协议及其他）影响的车辆中的 OBU 发送警告。警告信息（WM）有不同的持续时间，取决于已发生安全事件的数量。每个 RSU 会因此在各自的 RSU 传输时隙中传输各自的 TM 和 WM。因为每个 RSU 时隙都会有一个固定的大小，需要注意为 TM 和 WM 公平分配时隙时间。IW 中不存在媒介竞争。

• 同步 OBU 窗口（SOW）。这是 OBU 在没有媒介竞争的情况下有机会向 RSU 传输信息（V2I）的地方。每个 OBU 都会有一个固定大小的时隙（SM）来传输车辆信息（速度、加速度等）及任何安全事件（如 EEBL）。SOW 的持续时间是不同的，每个 SOW 对应的每个 OBU 最多有一个时隙，来确保 OBU 对媒介的公平接入。

• 空闲阶段（FP）。在空闲阶段，竞争阶段得以保证，未启用的 OBU 可以在其中传输安全信息，并且 RSU 和 OBU 可以传输非安全短信息。启用的 OBU 可能同样会传输安全信息，但由于它们不得不竞争媒介，这一传输是没有任何保障的。必须保证

FP 的最小大小，从而在基本周期中预订竞争阶段。

• 图 4.5 呈现了基本周期及其包含的传输窗口。

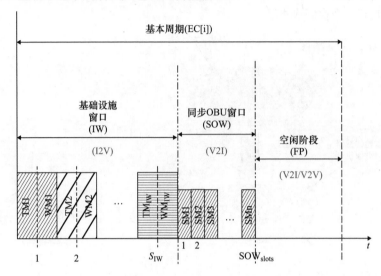

图 4.5　提倡的车辆 FTT（V-FTT）协议

4.3.3.1　触发信息（TM）

触发信息是由每个 RSU 播报的信息，包含关于允许在 OBU 传输的下一阶段传输安全信息的 OBU 的信息（SOW）。每个 RSU 被安排成固定大小的传输时隙，从而每个 RSU 可以得知其传输时隙的确切位置。RSU 时隙大小限制了最大 TM 长度，因此最大 TM 长度的选择至关重要，因为如果选择了一个足够长的长度来供应 RSU 覆盖范围内行驶的所有车辆，在受 RSU 服务车辆的数量小于时隙的 TM 数量时，带宽可能会被浪费。另一方面，如果选择一个小的最大 TM 长度，可能不够调度受 RSU 服务的所有车辆。

图 4.6 描述了触发信息帧格式，从识别 RSU 的域（RSU_{ID}）开始，其次是同步 OBU 窗口应该合适开始的标识（t_{SOW}），接着是受允许在下一个 OBU 窗口传输的 RSU 服务的 OBU 的所有临时标识符。OBU 窗口中的传输时隙数量（tr_s）与每个 t_{ID} 一同显示，所以每个 OBU 都知道何时传输。

• t_{SOW}——触发信息帧起始和同步 OBU 窗口起始间的时间段，单位 μs；

• RSU_{ID}——路侧单元（RSU）的唯一标识符；

• $t_{ID}[1\ to\ N_{max}]$——临时 OBU 标识符，从 1 到 N_{max}，是可以在安全区内同步接受服务的车辆的绝对最大数量；

• $tr_s[1\ to\ SOW_{slots}]$——OBU 传输时隙，从 1 到 SOW_{slots}，是分配给下一同步 OBU 窗口的传输时隙的最大数量。

在图 4.6 中的例子中，ID 为 207、007 和 622 的 OBU 允许分别在 22、87 和 33 时

隙中传输。例如，冗余级别为 3 时，OBU 可能接收到 3 条触发信息，但 RSU 会整合它们来确保同步 OBU 窗口（SOW）中的 OBU 传输时隙与所有 TM 中的相同，因为每个 OBU 只能在每个 SOW 中传播一次。这增加了协议的可靠性，从而增加了 OBU 成功接收 TM 的概率。

RSU_{ID}	t_{SOW}	t_{ID207}	tr_{s22}	t_{ID007}	tr_{s87}		t_{ID622}	tr_{s33}

图 4.6　触发消息帧

4.3.3.2　警告信息（WM）

基础设施使用警告信息（WM）来警告车辆（I2V）关于可能存在危险的事件。基于 OBU 的信息和交叉验证，RSU 识别安全事件并向受到安全事件（启用协议及其他）影响的车辆发送警告。一个可能的安全信息需要包含以下字段[27]：

- 事件 ID、源 ID、发射器 ID、位置和其他信息。

大多数安全应用只需要前四个字段，而其他的（如弯道速度警告）需要发送其他数据。这表示警告信息有不同的大小，这与同步信息相反。接收到安全信息的 OBU 会使用位置数据查明事件是否在行驶路线的"前方"或"后方"。这通过对事件位置及当前和最近的车辆位置进行对比得到。

4.3.4　同步 OBU 窗（SOW）

OBU 窗包括在同步的 V2I 窗，V2I 窗分为固定尺寸的 OBU 槽（SM），在固定槽中 OBU 能够传输发动机运转信息和基本的安全信息（BSM）。BSM 的有效载荷包括诸如车速、车辆加速度、车辆位置以及车辆检测到的任何一组事件（紧急制动、故障等）。考虑到同步窗口尺寸中的传输槽数：

SOW_{slots}：0 到 $\left[S_{IW} N_{VRSU} - (S_{IW} - 1) N_{Vint} \right]$（传输槽数），其中：

1）S_{IW} 是相邻 RSU 的最大值，传输能够同时被相邻的 RSU 和 OBU 获取；

2）N_{VRSU} 是 RSU 的最大车辆数；

3）N_{Vint} 是所有车辆的组合，在一组相邻的 RSUs 中能够同时获取多个 RSU。

为了不浪费带宽，同步 OBU 窗的传输槽数（SOW_{slots}）是变化的。RSU 覆盖的区域如果没有车辆，那么同步 OBU 窗的传输槽数可能是 0。最大槽数不会达到 $S_{IW} N_{VRSU}$，因为 OBU 能够同时获取两个或更多的 RSU，而且每一个 OBU 仅有一个机会能够传输每一个 OBU 窗口。这就意味着为了在 OBU 窗口的同一槽内分配，RSU 必同步以防它们服务普通的 OBU。

理想情况下每辆车都有机会在每一个基本周期（EC）内传送心跳数据（包括速度、位置和事件）。但在车辆密集的情况下，可能需要重新评估。在那种情况下，需要调度算法使得所有车辆都有公平的传输机会。OBU 槽的分配必须考虑可用的带宽。

每一条同步信息（SM），即 OBU 传输重要数据和可能的安全时间的位置，基于为 DSRC 设定的标准信息[28]，我们会保持同样的名称：基本安全信息（BSM）。基于协同前向碰撞警告[10]和文献[29]提到的车辆安全扩展数据帧，我们提出了一些修改。值得注意的是同步信息也是协同感知信息（CAM）。

4.4　V-FTT 协议的详细信息

在概要介绍了 V-FTT 协议之后，本节将进一步介绍上述部分提出的一些概念。

4.4.1　触发信息尺寸

在注册过程，每一个 OBU 接收到一个暂时的将在安全区域（S_z）传输中使用的唯一的身份（t_{ID}）。OBU MAC 地址可被用于同一目的，但是一个较短的 ID 是带宽更高效的。（8 到 n）的比特数取决于同时出现在安全区的绝对的最大车辆数；N_{max} 取决于安全区特征（安全区距离、车道数等）。t_{ID} 和 N_{max} 相关，具体见公式（4.2）。

$$t_{ID} = \log_2(N_{max}) \qquad (4.2)$$

为了计算，了解安全区的特征是必要的：

• l_{S_z} 0 to x (m)	安全区长度 (m);
• n_{lanes} [l, y]	高速公路上每侧车道数
• V_{length}	平均车辆长度 (m);
• Tr_{length}	平均货车长度 (m);
• $v_{spacing}$	两辆连续车辆之间的平均间距（m），它是车速和交通密度的函数
• tr_{perct} [0, 1]	货车在车辆总数中的百分比
• n_{S_z} [0, N_{max}]	安全区内的车辆数量，它可能因交通状况和货车占比而异

安全区的车辆数可通过公式 4.3 计算：

$$n_{S_z} = \frac{l_{S_z}}{V_{length}(1 - tr_{perct}) + Tr_{length} tr_{perct} + v_{spacing}} n_{lanes} \qquad (4.3)$$

当没有货车出现，即 $tr_{perct} = 0$ 以及 $v_{spacing}$ 取最小值时，N_{max} 取最大值，之前的公式可以简化为公式（4.4）所示。

$$n_{S_z} = \frac{l_{S_z}}{V_{length} + v_{spacing}} n_{lanes} \qquad (4.4)$$

图 4.7 展示了每条车道每千米的车辆数，可被看作平均车头间距的函数。

可能出现在安全区的最大可能的车辆数（N_{max}）可通过公式（4.5）所示：

$$N_{max} = \max(n_{S_z}) \qquad (4.5)$$

为了确定触发信息的大小，首先确定下列参数是必要的：

1）$t_{SOW} = \log_2 IW$ 的；其中，基础设施窗口的最大长度为 SIW（IFS+RSU$_{slot}$）；

2）$RSU_{ID} = \log_2 n_r$，其中是布置在安全区的 RSU 的总数；RSU 的数量取决于安全区的长度 n_{S_z} 和每个 RSU 的覆盖范围 c_r，见公式（4.6）。

$$n_r = \frac{l_{S_z}}{C_r} \tag{4.6}$$

3）$t_{ID} = \log_2 N_{max}$ 的字节数；

4）$t_{rs} = \log_2 SOW$ 的字节数，其中 SOW 表示同步 OBU 窗口的最大长度。

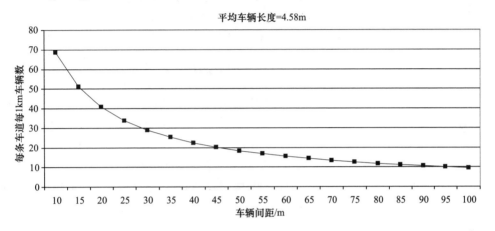

图 4.7 平均车长为 4.58m 时每条车道每 1km 的车辆数

OBU 的最大数量通常可以出现在 TM 时，该最大值主要是由 RSU 提供的车辆数的最大值。换句话说，理想情况下 RSU 能够覆盖在触发信息内其覆盖区域的所有车辆。带宽的限制最有可能在 OBU 窗口限制 OBU 的狭缝的数量，从而限制了 TM 的长度。如果是 OBU 在 TM 中出现的最大值，那么触发信息的尺寸可由公式（4.7）获得：

$$TM = \log_2 IW + \log_2 n_r + N_{VTM}\log_2 N_{max} + \log_2 SOW \tag{4.7}$$

4.4.2 同步 OBU 窗长（l_{SOW}）

在确定 TM 的尺寸之后，计算同步的 OBU 窗长 l_{sow} 是可能的。通过函数 N_{VTM} 中的 SOW_{slots} 开始计算：

N_{Vint} 是所有车辆的组合，能够在一组相邻的 RSU 中同时听取多个 RSU，可通过公式（4.8）计算：

$$N_{Vint} = \bigcup_{i=1}^{(S_{ST}-1)} S_{RSU_i} \bigcap S_{RSU_{i+1}} \tag{4.8}$$

N_{VTM} 的确定在协议中是至关重要的，因为会影响到的值 SOW_{slots}，所以同步窗的长度 l_{sow} 可通过公式（4.9）计算：

$$l_{sow} = SOW_{slots}(IFS + BSM) \tag{4.9}$$

每个基本周期（EC）分为基础设施窗口（IW），同步 OBU 窗口（SOW）和异步空闲时段（FP），如公式（4.10）所示。

$$E = IW + SOW + FP \qquad (4.10)$$

空闲时段（FP）对应基础设施窗口（IW）和 OBU 窗口之后的基本周期中的剩余时间。我们必须确保 FP 有最小保证尺寸，以允许非 V-FTT 通信的发生。见公式（4.11）。

$$FP_{min} = \sigma E, \sigma \in [0,1] \qquad (4.11)$$

由于车辆密度和可用带宽存在很大差异，调度机制在 RSU 不能在一个 EC 内服务所有的 OBU 的情况下将最有可能被需要的。在某些特殊情况下，如果紧急通信需要使用整个基本周期，那么 FP 长度可被减小到零。

4.4.3 V-FTT 协议：IEEE 802.11p/WAVE/ITS G-5

本节主要描述了 V-FTT 如何通过 IEEE 802.11p/WAVE 标准实现车辆通信。在 IEEE 802.11p/WAVE 标准中，车辆在所有同步的时间间隔（参考图 4.8）必须调整控制信道（CCH），因此这是所有短安全信息发送最恰当的地方。CCH 的时间间隔在默认情况下是 50ms，考虑到在连续模式下工作，最大可达到 100ms。在欧洲标准 ITS G5 0 体系下，所有车辆都应该配置两个无线电设备，这意味着它们最好在连续模式下工作。

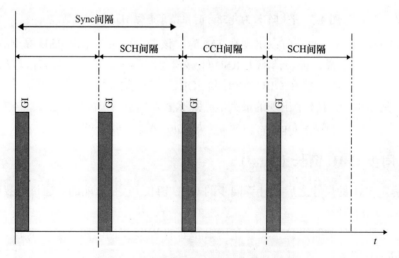

图 4.8 IEEE 802.11p/WAVE 同步时间间隔

那么，CCH 时间间隔和基本周期（EC）是相等的。

1）在基础设施窗口（IW），RSU 在保护间隔（GI）后，立即在 CCH 时间间隔传送时刻表和安全信息。为避免与其他设备争用，本例中将不使用 IFS。

2）OBU 能够在同步的 OBU 窗口（SOW）将重要数据传输到 RSU。

所使用的方法假设：

1）安全区域内所有注册的 OBU 都是和协议相互兼容的，以便安全信息具有优先权，也就是说保护 IW 和 SOW 免受其他任何形式的通信干扰；

2）所有的 OBU 和 RSU 都能得知其他节点的传输（没有隐藏的节点问题）；

3）必须注意对于 OBU 的安全信息传输不要使用全部的剩余 CCH 间隔（在 IW 之后），这是因为 CCH 也可以被其他单位通过波服务公告（WSA）使用。免费期必须被保存以便于 OBU 和 / 或 RSU 能够自由在 CCH 使用常规的 802.11p MAC 传送 WSA。除此之外，在交通拥堵状态下，一个 CCH 时间间隔可能不是足够能够保证每一个 OBU 都有机会传送数据。这就意味着必须谨慎选择 IW 和 SOW 的最大尺寸。调度机制可能被介绍从而确保传送高优先权的 OBU 安全通信。

图 4.9 展示了 V-FTT 协议如何适应 WAVE 同步时间间隔。

相关假设是 V-FTT 支持的 OBU 能够和非 V-FTT 支持的 OBU 共享媒介。这暗示了如果 V-FTT 保护机制不能成功实施，非兼容的 OBU 能够干扰 V-FTT TDMA 调度，可能让步时间。提供这些机制是一个 V-FTT 成功实施的一个方面。V-FTT 保护机制应该加强低抖动的触发信息传输周期。例如当 RSU 接近于开始传送出发信息，OBU 禁止传输。它们也应该确保非 V-FTT 兼容的 OBU 仅仅能够在空闲时段传输。

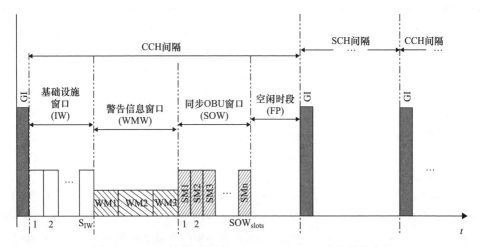

图 4.9　V-FTT 协议适配 IEEE 802.11p/WAVE（普通模式）

正如之前所看到的，IEEE 802.11p 的载波侦听机制评估如果传输介质在开始传输之前是空闲的。如果传输介质不是空闲的，那么根据退避算法信息传输就会被推迟一段时间。否则，该消息将立即发送。为了获取传输介质，可以使用一个极端的方法。修改后的站点能够传输一个足够长的噪声序列（黑色突发），不执行载波侦听程序，最终将迫使余下的站点评估占用的信道。因此，如果升级的站点能够在噪声序列结束之后立即传输，违反帧内空间（IFS），就可以到达共享介质。这项技术被称为带宽劫持[32]，它是传输介质访问控制方案，提供了确定性即便是在缺少基于其他技术竞争的情况下，只要信道能够在最短时间内捕获到。在这个意义上，带宽劫持能够使得一个站点强行混入通信信道。有两种类型的带宽劫持：

1）破坏性的带宽劫持：传输黑色突发（black-burst），忽略传输介质存在的所有信息，长度等于可用的最长的信息。这种可能性将无效传输当时的任何信息，并且会浪费带宽，因为在黑色突发期间，没有可用的信息被传输。

2）保护性的带宽劫持：V-FTT 使得站点能够窃听传输介质，并且在空闲时段传输（有效信息），以确保在预定时刻的介质访问是理所当然的。此选项更为保守，因为它不能使正在进行的传输无效。然而，保证接收机和传输模式之间的硬件转换时间小于最小帧内空间（IFS）。

4.5　结论

本章介绍了由回程路侧基础设施支持的车载通信的基本理论。V2V 中的 I2V 通信的优势凸显，最重要的是一个潜在的更安全的通信支持，充分利用路侧网络提供的全部信息和支持安全应用的性能，即便是在非常低的车载通信市场渗透率的情况下。为此，通过分析相关工作和提出一种新的协议，车辆的灵活时间触发协议（V-FTT）。该协议是无限车载通信的 FTT 协议的适配。V-FTT 协议基于路侧基础设施，在车辆高密度场景下保证道路安全、数据隐私和安全事件的及时交付。在高速公路盲点附近部署 RSU 的模型被展示。RSU 负责调度 OBU 通信和广播安全事件。接着，详细叙述了 V-FTT 协议，包括每一个 OBU 必须定期发送的基本安全信息（BSM）的定义。

很重要的一点是如何确保 OBU 信息是可信的。安全是至关重要的，所以 RSU 必须拥有检查 OBU 身份和交叉验证收到其他方式（摄像头、感应线圈，甚至是来自其他 OBU 和 RSU 的信息）的数据的机制。数据隐私同样也是至关重要的，所以所有的通信都必须加密以保护信息。为了确保身份隐私，OBU 是不在这项工作的范围之内的，但是各种证书管理工作可以参考 [33-36]。

如果 RSU 没有足够的 OBU 在它的覆盖区域来填充触发信息，那么 RSU 就可以使用该空间传播安全警告（WM），以便于媒介一直忙于拒绝协议的 OBU。值得注意的是安全对 V-FTT 协议是非常重要的，因为自加密操作是有时间限制的。这就保证了如果 RSU 对它的覆盖区域的所有 OBU 都是负责的，非 V-FTT 兼容的站点只能在空闲时段传输。当然在这一过程中，RSU 将机动车道的 OBU 的信息和责任传输到跟随的 RSU，切换过程必须被考虑。车辆按照已知的路径（机动车道）行驶，RSU 知道 OBU 控制的速度和位置信息这一事实在切换过程非常有用。

确定 RSU 的覆盖区域是必须考虑的。在覆盖区域和车辆终端容量之间需要相互平衡。更多的功率可以增大覆盖区域，但也最有可能增加信道拥塞；然而，较低的传输功率则意味着数据包的减少和丢失，这在关键的安全应用中是不可接受的。

最后，在安全区的初始 OBU 注册过程没有被定义，但是由于高速公路的入口匝道，一个可能的简单解决方案是将 RSU 安装到高速公路的所有入口和出口，以保持

跟踪所有车辆 [37]。车辆能够使用任何非 V-FTT 的 MAC 协议，使用空闲时段在安全区注册。

参考文献

1. IEEE. 802.11-2012 – IEEE Standard for Information Technology – Telecommunications and information exchange between systems. Local and metropolitan area networks – Specific requirements Part 11: Wireless LAN Medium Access Control (MAC) and Physical Layer (PHY) Specifications (2012).
2. ETSI ITS-G5 standard – Final draft ETSI ES 202 663 V1.1.0, Intelligent Transport Systems (ITS); *European Profile Standard for the Physical and Medium Access Control Layer of Intelligent Transport Systems Operating in the 5 GHz Frequency Band* (2011).
3. A.M. Vegni and T.D.C. Little (2011) Hybrid vehicular communications based on V2V-V2I protocol switching, *International Journal of Vehicle Information and Communication Systems* **2**(3/4): 213–31.
4. A. Böhm and M. Jonsson (2007) *Handover in IEEE 802.11p-based Delay-Sensitive Vehicle-to-Infrastructure Communication*, Research report IDE-0924, School of Information Science, Computer and Electrical Engineering (IDE), Halmstad University, Sweden.
5. A. Böhm and M. Jonsson (2011) Real time communications support for cooperative, infrastructure-based traffic safety applications, *International Journal of Vehicular Technology*, 2011, Article ID 54103.
6. V. Milanes, J. Villagra, J. Godoy, *et al.* (2012) An intelligent V2I-based traffic management system, *IEEE Transactions on Intelligent Transportation Systems* **13**(1): 49–58.
7. G. Chandrasekaran (2008) *VANETs: The Networking Platform for Future Vehicular Applications*, cs.rutgers.edu, Department of Computer Science, Rutgers University.
8. Matheus, K., Morich, R. and Lübke, A. (2004) Economic background of car-to-car communication, *Proceedings of the 2nd Braunschweiger Symposium Informationssysteme für mobile Anwendungen. Braunschweig, October 2004.*
9. M. Emmelman, B. Bochow and C. Kellum (2010) *Vehicular Networking, Automotive Applications and Beyond.* New York: John Wiley & Sons, Inc.
10. US Department of Transportation, National Highway Traffic Safety Administration, Vehicle Safety Communications Project (Task 3 Final Report) – *Identify Intelligent Vehicle Safety Applications – Enabled by DSRC*, March 2005.
11. Y. Ni, Y. Tseng, J. Chen and S. Sheu (1999) The broadcast storm problem in a mobile ad hoc network. *ACM Mobicom (The Annual International Conference on Mobile Computing and Networking), Seattle, Washington, USA, 15–20 August 1999*, pp. 151–62.
12. Moustafa H. and Zhang Y. (2009) *Vehicular Networks: Techniques, Standards and Applications.* Boston, MA: Auerbach Publishers.
13. P. Veríssimo (2003) Uncertainty and predictability: can they be reconciled? In A. Schiper, A.A. Shvartsman, H. Weatherspoon and B.Y. Zhao (eds), *Future Directions in Distributed Computing.* Berlin: Springer-Verlag, pp. 108–113.
14. E. Schoch, F. Kargl, M. Weber and T. Leinmuller (2008) Communication patterns in VANETs, *IEEE Communications Magazine*, **46**: 119–25.
15. ETSI Technical Specification 102 637-2: *Intelligent Transport Systems (ITS); Vehicular Communications; Basic Set of Applications; Part 2: Specification of Cooperative Awareness Basic Service*, v.1.2.1 (March 2011).
16. A. Böhm, K. Lidström, M. Jonsson and T. Larsson (2010) Evaluating CALM M5-based vehicle-to-vehicle communication in various road settings through field trials, *The 4th IEEE LCN Workshop on User MObility and VEhicular Networks (On-MOVE), Denver CO USA, Oct. 2010*, pp. 613–20.
17. D.W. Brown, J.W. Leth and J.E. Vandendorpe, *et al.* (1987) *Fault Recovery in a Distributed Processing System*, US Patent 4 710 926.
18. T. Mak, K. Laberteaux and K. Sengupta (2005) A multi-channel VANET providing concurrent safety and commercial services, *VANET05, Proceedings of the 2nd ACM International Workshop on Vehicular Ad hoc Networks, September 2005, Germany*, pp. 1–9.
19. R. Costa (2013) RT-WiFi, *Um Mecanismo para Comunicação de Tempo-Real em Redes IEEE802.11 Infraestruturadas*, PhD dissertation, Faculdade de Engenharia da Universidade do Porto (FEUP).
20. J. Rezgui and S. Cherkaoui (2014) About deterministic and nondeterministic vehicular communications over DSRC/802.11p, *Wireless Communications and Mobile Computing* **12**(15): 1435–49.
21. K. Bilstrup, E. Uhlemann, E.G. Ström and U. Bilstrup (2009) On the ability of the 802.11p MAC method and

STDMA to support real-time vehicle-to-vehicle communication, *EURASIP Journal on Wireless Communications and Networking* 2009, Article ID 902414.

22. K. Macek, D. Vasquez, T. Fraichard, R. Siegwart (2008) Towards safe vehicle navigation in dynamic urban scenarios. *Proceeding of the IEEE Conference on Intelligent Transportation Systems, Beijing, China, October 2008*, pp. 482–9.

23. E.D. McCormack and B. Legg (2000) *Technology and Safety on Urban Roadways: The Role of ITS for WSDOT*, Washington State Transportation Center (TRAC).

24. B. Aslam and C.C. Zou (2011) Optimal roadside units placement along highways. *8th Annual IEEE Consumer Communications and Networking Conference*, Work in Progress Paper.

25. R. Scopigno and H.A. Cozzetti (2009) Mobile slotted Aloha for Vanets, *70th IEEE Vehicular Technology Conference Fall (VTC 2009-Fall)*, pp. 1–5.

26. L. Almeida, P. Pedreiras and J.A.G. Fonseca (2002) The FTT-CAN protocol: why and how. *IEEE Transactions on Industrial Electronics* **49**(6): 1189–1201.

27. B. Hu and H. Gharavi (2011) A joint vehicle-vehicle/vehicle-roadside communication protocol for highway traffic safety, *International Journal of Vehicular Technology*, 2011, Article ID 718048, Hindawi Publishing Corporation.

28. *Dedicated Short Range Communications (DSRC) Message Set Dictionary*, SAE Std. J2735, SAE Int., DSRC Committee, November 2009.

29. J.B. Kenney (2011) Dedicated Short-Range Communications (DSRC) standards in the United States. *Proceedings of the IEEE* **99**(7): 1162–82.

30. IEEE Std 1609.4 2010, *IEEE Standard for Wireless Access in Vehicular Environments (WAVE) – Multi-channel Operation*, February 2011.

31. IEEE Std 1609.4 2006, *IEEE Trial-Use Standard for Wireless Access in Vehicular Environments (WAVE) – Multi-channel Operation*, November 2006.

32. P. Bartolomeu, J. Ferreira and J. Fonseca (2009) Enforcing flexibility in real-time wireless communications: A bandjacking enabled protocol. *IEEE Conference on Emerging Technologies Factory Automation, September 2009*, pp. 1–4.

33. G. Calandriello, P. Papadimitratos, J.P. Hubaux and A. Lioy (2007) Efficient and robust pseudonymous authentication in VANET. *Proceedings of the Fourth ACM, International Workshop on Vehicular Ad hoc Networks, Montreal, September 2007*, pp. 19–28.

34. X. Lin X., X. Sun, P.H. Ho and X. Shen (2007) GSIS: a secure and privacy preserving protocol for vehicular communications. *IEEE Transaction on Vehicular Technology* **56**(6): 3442–56.

35. M. Raya and H.P. Hubaux (2007) Securing vehicular ad hoc networks, *Journal of Computer Security* **15**(1): 39–68.

36. A. Wasef, Y. Jiang and X. Shen (2008) ECMV: Efficient Certificate Management Scheme for Vehicular Networks. *Proceedings of IEEE Globecom '08, New Orleans, USA, December 2008*, pp. 1–5.

37. A. Böhm and M. Jonsson (2009) Position-based data traffic prioritization in critical, real-time vehicle-to-infrastructure communication, *Proceedings of the IEEE Vehicular Networking and Applications Workshop (VehiMobil 2009) in conjunction with the IEEE International Conference on Communications (ICC), Dresden, Germany, June 14, 2009*, pp. 1–6.

5 智能交通系统和车载
网络的网络安全风险分析

5.1 概述

过去车辆是一个独立的系统，主要由机械系统组成。然而，现代车辆越来越依赖于将传感器、执行器和控制系统相连接的内部网络，以实现比独立子系统提供更多的功能。这些功能中的许多功都与安全相关，如防抱死制动、高级紧急制动、电子稳定控制和自适应巡航控制。因此，在车辆环境中，除了与信息系统攻击相关的隐私和财务影响之外，网络安全攻击还可能对车辆乘客和其他道路使用者造成重大安全隐患。这样的安全问题可能是一些网络安全攻击的无意副作用，但可以想象的是，造成死亡或伤害甚至可能是一些潜在攻击者的主要攻击目标。

同时，手机[1]和其他"移动"设备现在与车辆系统进行交互，为汽车应用开发了诸如远程诊断和无线"闪烁"软件的维护设施[2, 3]。此外，车载无线网络通常使用蓝牙实现，并且车载设备越来越能够访问互联网。这些功能为未经授权的车辆系统的访问提供了可能的机会。此外，相当多的研究工作专门用于开发 V2X（即车对车辆或车辆对基础设施）通信，以便允许车辆参与自组织移动网络。路边基础设施和智能交通系统（ITS）也预计将通过 V2X 通信与车载网络集成，这也是潜在的攻击目标。

因此，如果没有实施适当的对策，恶意个人和团体试图获得车辆系统和信息的机会可能会大大增加，预计通过 V2X 通信与车载网络集成的路边基础设施和智能交通系统（ITS）也是潜在的攻击目标。此外，信息修改后的车辆可能会成为攻击者的"武器"，传递虚假的警告和信息，以破坏车辆网络、ITS 和远程信息处理服务的运作。因此，确保针对这种威胁的适当安全性对于成功部署 V2X 和 ITS 技术至关重要。

这里介绍的统一的安全和安全风险分析方法是基于 EVITA 项目[4]期间开展的工作，其目的是为了建立技术和组件的工具包，以确保车载系统的安全性，包括安全硬件、软件和分析方法，以及相关法律方面的评估[5]。EVITA 项目的重点是车载网络，因为其他项目（例如 SeVeCom[6]）已经解决了 V2X 通信的安全性。尽管如此，在不考虑车辆需要与 ITS 和远程信息处理目的进行交互的外部网络的情况下，不可能调查车载网络的网络安全。

5.2　汽车网络安全漏洞

对车辆系统可能的网络安全攻击的发布调查包括使用无线中继技术来扩展无钥匙进入系统的范围，从而实现物理接入车辆[7-9]。还报道了对 FlexRay 协议[10] 和 CAN 总线[11] 的攻击模拟。文献 [12] 中概述的实验结论是，几乎任何子系统的访问可以提供几乎所有其他子系统的访问。通过利用轮胎压力监测系统（TPMS）使用的无线通信中的安全漏洞对车辆系统进行的攻击在文献 [13] 中有描述。TPMS 被攻击的脆弱性是值得注意的，因为自 2007 年以来，在美国，所有新型轻型车辆的安装已被授权使用 TPMS[14]。此外，自 2012 年 11 月以来，TPMS 已经成为欧盟乘用车和其他类似车辆的强制性设备[15]，并在世界其他地区也计划采取类似的措施。

随着越来越多的利用无线通信的新型安全系统成为强制性设备，汽车需求、技术和立法的持续变化将对汽车安全形势的演变产生了影响。在欧洲有人建议，从 2015 年 10 月起 e-Call（交通事故自动紧急呼叫）应成为强制性设备[16]。此外，美国国家公路交通安全管理局（NHTSA）和欧盟正在积极推进 V2X 通信系统的发展，但尚未制定实施的时间。对 V2X 通信可能的威胁都在参考文献 [17] 中讨论。网络安全关注的是保持系统数据的可用性、完整性和保密性。攻击车辆系统的方法大致可分为直接攻击系统信息和通过电磁方法实现远程攻击。

5.2.1　信息安全

未来汽车以及它们相互作用的交通运输管理系统，将遭受所有的目前或者将来困扰计算机系统和其他基于计算机的系统所遭受的网络安全威胁。包括下面这些：

• 恶意软件：可以被用来窃取信息或破坏系统正常运行的恶意软件（如蠕虫、木马、键盘记录器）；

• 系统资产的非法控制：控制车载硬件，通常是通过恶意软件实现；

• 后门：绕过认证措施，以实现访问计算机系统，通常通过恶意软件实现；

• 社会工程：人的心理操纵泄露机密信息或者执行危及网络安全的行为。

另一种相关的新兴技术是"云计算"，目前这对于如协作的智能交通系统的应用带来很大好处，但从网络安全的角度来看，它的分布和动态特性存在潜在的挑战。

5.2.2　电磁漏洞

车辆的移动特性以及对无线服务的越来越多地依赖导致了一些电磁漏洞，除了那些普遍困扰其他基于计算机系统的网络安全威胁。另一个重要的趋势是，为了尽量减轻重量，从而最大限度地扩大电动车辆的范围（或提高内燃机车辆的燃料效率），车辆构造正在远离传统的钢车身。尽管正在研究使用诸如碳纤维等替代材料来实现轻质底盘部件以及车身板，但目前的替代方案包括固定在钢架上的铝或非导电板等。这些变化将对车辆的电磁特性，包括安全性方面产生影响。

已经被验证的车辆的电磁安全漏洞包括：

• 全球卫星导航系统（GNSS）干扰：许多被提出的 ITS 功能依赖于精确可靠的位置数据，但是 GNSS 信号固有的低功率是简单低费用干扰系统的攻击漏洞（影响数据的可用性）；

• 微波武器：脉冲微波信号可以用来使那些应用电子发动机管理系统的车辆发动机瘫痪（影响数据完整性）；

• 窃听：无线电传输甚至是随意的电子电路的电磁发射都能被监控以获取信息（影响数据保密性）。

这些类型的漏洞可能被利用在直接攻击或间接作为更复杂的一系列攻击的发展的一部分。例如，通过有效的无线电信息窃听获得的信息可以立即使用去进行攻击，但也可以用来构建"恶搞"的消息，作为以后攻击的一部分。在后者，攻击目标可能包括：伪造危险警告通过车载网络传播，或改变交通灯的优先权（如冒充急救服务车）。

5.3 标准和准则

对于安全相关的控制系统，车辆是其中最常见的例子，一些网络安全威胁可能有安全隐患。这可能是体现在制造工业安全相关电子控制系统的功能安全标准 IEC 61508 [21]。但是，与安全相关的安全威胁（例如影响隐私或财务安全的安全威胁）超出了 IEC 61508 的范围。

标准和准则已经制定，以确保信息技术（IT）系统安全。然而，由于网络物理系统的一些网络安全威胁也可能影响功能安全性，因此需要确保其处理满足安全工程流程的要求。已经制定的关于安全相关控制系统（包括车辆）的功能安全的标准和准则，还需要适应 IT 安全评估方法，以解决汽车应用的特定问题，例如安全威胁也可能具有安全隐患的可能性。因此，本节总结了这两个学科的一些关键因素。

5.3.1 风险评估概念

在功能安全工程中，"安全隐患"是对生命、健康、财产或环境造成可能的"伤害"的根源。在安全领域，危害源通常被描述为"安全威胁"，并具有其他潜在的影响，例如未经授权的访问数据或隐私权。"严重性"是衡量在具体情况下可能由危害 / 威胁引起的预期伤害程度的量度。相关的"风险"是危害发生的"概率"和危害的严重程度的组合，使得风险以更大的概率和 / 或严重性增加。在某些应用中，有可能量化概率和严重程度，结果导出的风险也可以量化。然而，在其他应用中，只能以定性的方式对这些措施进行排序。这种定性排名通常采用基于数量级差异的分类。

风险分析的目的是识别危害 / 威胁，评估其相关的严重性和概率，从而评估其相对风险。这使得分析师能够确定并优先考虑降低风险的要求，从而确保剩余风险是可接受的。只有在确定了系统特性和预期的运行环境时才能进行这些活动。尽管如此，重要的是注意风险分析活动可以在概念阶段启动，并且应该是为了确保从开发生命周期开始考虑风险。随着设计的成熟，细节变得更加明确，初步风险分析可以逐步完善。

5.3.2　功能安全标准

风险分析是 IEC 61508 功能安全标准的关键要素，反映了以下有关安全风险的观点：

- 零风险是无法实现的；
- 开始就必须考虑到安全；
- 在风险被认为是不可接受的情况下，必须采取措施以降低风险到一个被广泛接受的等级。

后者导致了根据"安全功能要求"（即功能应该做什么）和"安全完整性要求"（即安全功能将被令人满意地执行的可能性）来描述的安全要求。与安全功能相关的安全完整性要求按照与安全完整性级别（SIL）的 SIL1 至 SIL4 的风险级别和范围相关的多个离散级别进行了规定。SIL 反映了越来越严格的流程要求，通过配置管理、测试、验证和独立评估等各种开发活动（包括规范和设计）应用于更重要的安全功能。这是为了提高对不适合穷举测试的复杂系统可靠性的更大信心。

虽然 IEC 61508 源于过程控制行业，但为其他行业提供了基本的功能安全标准。它还旨在为制定行业特定安全标准提供依据，如汽车解读 ISO 26262 [22]。这解决了整个系统开发过程的功能安全问题，并描述了一种基于风险的方法，用于确定与 IEC 61508 SIL 类似但并非直接等效的汽车安全完整性级别（ASIL）。ISO 2626 ASIL 和 IEC 61508 SIL 的主要区别在于后者采用定量目标概率值，而 ASIL 基于定性测量。汽车行业软件可靠性协会（MISRA）也开发了有关基于车载可编程系统的安全分析的相关指导 [23]。

对于汽车应用程序，应该考虑一个额外的参数，这个参数代表驾驶人影响输出严重程度的可能性。在 MISRA 指南和 ISO 26262 中，这种可能性是通过被称为"可控性"的定性措施（即通过及时反应的相关人员避免特定的伤害或损害）而被考虑的，这最初是由"安全驾驶"项目开发 [24]。

5.3.3　信息技术安全标准

IT 产品的安全评估被描述为 ISO / IEC 15408 [25]，但这对于在汽车应用中的使用有一些限制。特别是，它并没有明确地解决对于安全关键控制系统的安全漏洞可能产生的安全隐患，也没有为风险分析提供框架。评估成功攻击所需努力的方法（描述为"攻击潜力"）在 ISO / IEC 18045 [26] 中有所描述，但成功攻击的可能性和影响的严重程度未被评估，从而无法评估风险。

提到安全，零安全风险是一个无法实现的目标。因此，还需要基于风险的方法来评估潜在的安全威胁，并确定安全要求的优先级。IT 安全环境中的风险分析在 ISO / IEC TR 15446 [27] 中概述，并在其他地方更详细地描述（例如 ISO / IEC 13335 [28]、NIST IT 安全手册 [29]）。

在 ISO / IEC 15408 中，评估保证级别（EAL）的概念对于安全性中使用的 SIL 和 ASIL 类别的安全性具有类似的作用。EAL 类似地与逐渐增加的开发严谨程度相关联，从安全风险不被认为是严重的功能测试（EAL1）到正式（即数学上严格）验证的设计和测试中，风险被判定为非常高（EAL7）。

5.3.4　安全和信息安全综合分析

MISRA 协会需要保护车辆软件免受未经授权的访问，这可能危及安全相关系统的性能，以及需要检测到这种篡改 [30]。EAL 和 SIL / ASIL 概念之间的相似之处表明了开发统一的汽车安全和安全方法的潜力 [31]。在其他领域也有类似的观察，例如移动自组织网络 [32] 和国防应用 [33]。统一安全和安全工程流程通过分享证据和重复使用风险分析来降低开发成本，在安全性也可能产生的隐患方面提供了潜在的好处。

5.4　威胁识别

为了确定安全和安全要求，首先需要了解系统的预期行为和预期的操作环境。这可以通过分析一系列代表性用例来实现。虽然 EVITA 使用案例揭示了一些安全相关的用户要求，但也为调查所谓的"黑暗情景"提供了依据，旨在识别可能的网络安全攻击。为了促进这一点，首先需要确定各种"安全行为者"及其利益，包括"威胁源"（即攻击者）和"利益相关者"（即潜在的受害者）。

5.4.1　使用案例

EVITA 使用案例 [34] 作为通用的车辆网络结构（图 5.1），它来源于 EASIS 项目 [35]。一共有 18 个使用案例，大致可以分为六类：
- V2X：涉及车辆与路边基础设施之间的无线通信；
- e-Toll：有关收费交易；
- e-Call：有关急救电话；
- 移动设备：涉及车载无线通信链路或临时连接，如 USB 设备连接；
- 售后：安装售后模块或更换缺陷模块；
- 诊断：包括诊断和软件维护活动。

各种车载传感器、执行器、数据总线和电子控制模块构成车载网络资产。

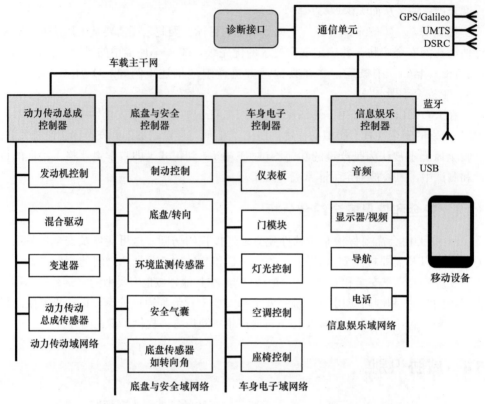

图 5.1 在 EVITA 用例开发中假设的通用车辆网络架构

5.4.2 安全行为者

评估网络安全可能的威胁时，有必要考虑可能涉及的人，包括"威胁源"（即攻击者）及其动机，以及"利益相关者"（即潜在的受害者）及其利益。

对于参与 ITS 和远程信息处理应用的网络车辆，未经授权的个人和／或车辆可能访问数据，而损坏的数据或软件可能导致车辆的功能、远程信息服务或交通行为的异常。因此，潜在的威胁因素从不诚实的驾驶人寻求个人利益到个别国家对社会造成了大规模的危害。在越来越多的网络安全攻击中，攻击者可以利用的金融和技术资源相差很大。

道路交通的未来愿景包括联网车辆和智能交通系统（ITS），这将提高驾驶人和其他道路使用者的安全，减少污染，最大限度地提高出行效率。因此，参与未来道路交通系统的利益相关者的范围从一个有简单出行需要的道路使用者到负责确保高效交通流动的政府主管部门。

各种威胁源和利益相关者的属性和利益在表 5.1 中进行了概述。

表 5.1　安全参与者及其利益 / 动机

利益相关者	利益相关者的利益	威胁源	攻击动机
车辆驾驶人	安全高效的驾驶，有效的金融交易 个人数据的隐私和保护	不诚实的驾驶人	避免财务义务，操纵交通流量
其他道路使用者	安全高效的交通	黑客	获得或提高作为黑客的声誉
车辆和子系统制造商	成功且经济地满足客户的期望 保护知识产权	罪犯和恐怖分子	经济利益对个人或团体的伤害 干扰 ITS 和远程信息 处理服务
ITS 系统运营商	安全高效的运行 有效的金融交易 保护用户数据	不诚实的组织	驱动程序分析 工业间谍 破坏竞争对手的产品
政府主管部门	安全高效的交通 可靠的金融交易 数据保护合规性	个别国家	对其他社会造成经济损害（例如通过干扰交通管理）

5.4.3　暗视场景（Dark-side 方案）和攻击树

Dark-side 方案是从使用案例和安全相关人员的假设中开发出来的。这个主要集中在车载网络，但也考虑到车辆信息可能被篡改而作为攻击者的武器（例如被使用与转发错误的警告或其他信息）的可能性。

构建 Dark-side 方案的主要目标是鉴定可能的安全威胁，为评价它们的相对风险提供基础。攻击树[36]类似于被使用于鉴定安全隐患的故障树，提供记录 Dark-side 方案的便利机制。随后分析和合理化这些攻击树以提取常见元素，并开发支持风险分析的方法。文献 [37] 提出了一个通用模型，并对此进行了解释说明。

在图 5.2 中，攻击树的根（0 级）代表了一个抽象的"攻击目标"，它与攻击者的某种利益相关。它的子节点（1 级）代表一个或多个可以满足这一攻击目标的"攻击对象"。攻击对象的重要性是它们能与利益相关者的负面影响联系起来，从而允许在此级别估计结果的严重程度。

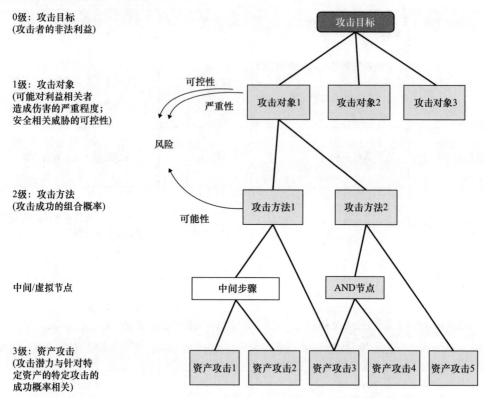

0级：攻击目标
(攻击者的非法利益)

1级：攻击对象
(可能对利益相关者
造成伤害的严重程度；
安全相关威胁的可控性)

可控性
严重性
风险

2级：攻击方法
(攻击成功的组合概率)

可能性

中间/虚拟节点

3级：资产攻击
(攻击潜力与针对特
定资产的特定攻击的
成功概率相关)

图 5.2　通用攻击树模型

攻击目标可以进一步分解成一个或多个用来实现攻击目标的"攻击方法"(2级)。每个攻击的方法在较低级别的攻击逻辑组合中描述，从而填充攻击树的分支。树的终端节点，这里描述为"资产攻击"(3级)，在这一级针对特定系统资产的特定攻击成功的概率可以被估计。中间节点可以根据需要添加为了描述不同的资产攻击相结合的逻辑，以实现特定的攻击方法。

个人资产攻击成功概率，然后可以使用攻击树逻辑结合，以评估每个攻击方式的整体概率(这里被称为"联合攻击成功概率")。因此，攻击树提供了一个方便的机制，从而确定可能性和严重性标准以评估可能攻击的风险，以及用于记录威胁识别和分析的过程。

18 EVITA 使用案例提出 10 种攻击树[37]，其中 44 种不同的资产攻击被确定，涉及 16 种系统资产。这个的重点是车载网络，但攻击的目标也包括了 ITS 和远程信息处理服务，以及车辆系统或驾驶人(或其他乘客)。虽然这种分析不详尽，它被认为是该项目样本用例范围内的代表。在 EVITA 中开发的攻击树在表 5.2 中进行了概述，这也表明这些攻击的对象以及相关的攻击者目标和攻击任务。

表 5.2 在 EVITA 项目中评估的攻击树

目标	攻击树	攻击者目的	攻击对象
ITS 服务	强行开绿灯	畅行无阻	篡改路边设备 冒充急救车
	操纵速度限制	避免速度限制 限制其他驾驶人的速度	修改路边设备强制执行的限制 向其他车辆发出虚假的限速通知
	操纵交通流量	获得交通优势	转移车辆 导致堵车
	模拟交通拥堵	造成交通拥堵	攻击基础设施到车辆的消息 攻击车辆到基础设施的消息 篡改路边设备
远程信息处理服务	e-Call 攻击	中断 e-Call 服务	触发虚假 e-Call 降低 e-Call 服务质量 拒绝 e-Call 服务
	电子收费攻击	获取驱动程序数据 避免财务义务 伤害驾驶人	访问受害者的私人数据 减少通行费 增加通行费 防止车辆 / 驾驶人通过收费
	篡改警告消息	伤害 / 刺激驾驶人	延迟警告信息 屏蔽警告消息 显示错误的警告信息
驾驶人 / 车辆系统	主动制动功能攻击	伤害驾驶人	延迟主动制动 防止主动制动 降级主动制动
	未经授权的制动	伤害驾驶人	底盘和安全域总线上的虚假制动需求
	发动机拒绝服务	损害车辆制造商的声誉 伤害 / 刺激驾驶人	无法访问发动机控制器 动力总成控制器未收到需求 发动机控制器收到警告信息 基本组件出现故障

5.4.4 确定安全要求

为系统确定的安全要求往往是一般安全功能，可能更准确地描述为实现机制，这个机制是为了满足没有明确规定的安全要求[38]。此外，如果系统的可能威胁（应考虑到其预期的操作环境）未被分析，则不考虑攻击者的角度。因此，在没有详细的威胁分析的情况下，安全性要求实际上不会具体到系统，并且也不可能是完整的。

识别安全要求的方法超出了本讨论范围，但 EVITA 中使用的方法在[37]中概述。然而，威胁识别当然是帮助确定特定系统在其预期操作环境中的特定安全性要求的一个基本要素。上述攻击树也有助于确定安全对策的可能要求。风险分析是需求工程过程的一个基本要素，因为它提供了一个客观的依据，用于判断可以解决从威胁分析中确定的安全性要求，安全功能的实现在感知风险方面是否合理。

5.5 意外安全风险与蓄意安全风险统一分析

风险分析对于具有成本效益的安全工程至关重要，因为它提供了一个客观的依据，用于判断安全特征的实施是否能够从威胁分析中确定的安全性要求在感知风险方面得到证明。因此，上述概述的功能安全分析技术和相关 IT 安全概念进行了调整和合并，以得出考虑到安全和安全相关方面的统一风险分析方法。

5.5.1 严重程度等级

安全工程的重点是由于安全隐患而可能持续的物理伤害。然而，在考虑网络车辆和 ITS 服务环境中的安全威胁时，物理安全只是可能受到"伤害"的一方面。其他类型的损害可能包括隐私暴露或欺诈性财务交易，以及知识产权受损，甚至破坏威胁竞争对手。此外，安全威胁的影响可能比单个车辆更为普遍，而且有更广泛的利益相关者被考虑可能会受到安全隐患的后果影响。

为了适应这种更复杂的情况，表 5.3 中展示给出了不同层面的可能安全漏洞潜在影响的严重程度等级分类。该方案的出发点是 ISO 26262 的安全严重性分类，可以使用诸如缩写伤害量表等尺度来表征 [39]。这些严重性类别已经调整和增加，以考虑可能涉及更多的车辆，以及可能对安全以外方面的影响。

表 5.3 提议的汽车安全威胁严重性分级

严重性级别	对利益相关者的伤害类别			
	安全（S_S）	隐私（S_P）	财务（S_F）	操作（S_O）
0	没有受伤	不得未经授权访问数据	没有经济损失	不影响操作
1	轻度或中度伤害	仅匿名数据（无特定驾驶人或车辆数据）	低水平的经济损失（10 欧元以内）	驾驶人无法辨别操作影响
2	严重和危及生命的伤害（可能存活）多辆车的轻/中度伤害	识别车辆或驾驶人多辆车的匿名数据	中等经济损失（100 欧元以内）多辆车损失低	驾驶人意识到性能下降对多辆车的操作影响难以分辨
3	危及生命（生存不确定）或致命伤害多辆车重伤	驾驶人或车辆跟踪识别多辆车的驾驶人或车辆	严重的经济损失（1000 欧元内）多辆车损失中等	对操作性能产生重大影响对多辆车的操作影响明显
4	多辆车造成生命危险或致命伤害	多辆车的驾驶人或车辆跟踪	多辆车造成重大经济损失	对多辆车的操作影响很大

在未来的公路交通，违反车辆信息安全或功能可能会导致以下四个领域的利益相关者的关注：

• 安全：对车载系统或 V2X 通信的不必要或未经授权的干扰，可能会影响车辆和 /

或 ITS 系统的安全运行；

　　·隐私：不必要的或未经授权的收购有关车辆 / 驾驶人活动的数据、车辆 / 驾驶人身份数据、车辆 / 子系统的设计与实施的数据；

　　·金融：欺诈性商业交易，或获得车辆；

　　·操作：对车载系统或 V2X 通信的不必要或未经授权的干扰，可能会影响车辆和 / 或 ITS 系统的运行性能（不影响物理安全）。

　　综合考虑这些方面的一个重要后果是，攻击目标的严重程度将是由四部分（S_S，S_P，S_F，S_O）组成的"严重程度向量"，分别涉及安全、隐私、财务和操作威胁。根据它们的影响，每个组件可能有不同的等级，而不是所有方面单一的严重程度的参数。例如，攻击可能对安全性几乎没有影响，但是在泄露驾驶人私人信息方面仍然存在重大风险。

5.5.2　概率等级

　　攻击潜力[25]是对 IT 系统成功攻击所需的努力的度量。一些攻击者如果有必要的资源，可能愿意作出更大的努力，他们认为所需的努力是正确的。如果攻击者的攻击潜力超过了系统能够承受的攻击强度，那么该系统将无法承受攻击。评估攻击潜力时要考虑的因素[26]包括识别潜在漏洞并开发利用其的方法所需的时间，可能需要的专业知识、设备、软件和系统知识以及机会窗口。在许多情况下，这些因素不是独立的，而是可以相互替代。例如，专业知识或设备可能会替代时间。基于文献 [26] 和文献 [40]，表 5.4 总结了 EVITA 项目采用的方法。

表 5.4　攻击潜力方面的评级

因子	级别	注释	值
所用时间	≤ 1 天	攻击者识别可能存在的特定潜在漏洞、开发攻击方法以及持续发起攻击所需的时间	0
	≤ 1 周		1
	≤ 1 月		4
	≤ 3 月		10
	≤ 6 月		17
	>6 月		19
	不切实际	在对攻击者有用的时间范围内不可利用	∞
专业知识	外行	对底层原理、产品类型或攻击方法没有详细了解	0
	精通	熟悉产品或系统类型的安全行为	3
	专家	了解底层算法、协议、硬件、结构、安全行为、所采用的安全原则和概念、定义新攻击的技术和工具、密码学以及产品类型的经典攻击方法	6
	多名专家	需要来自不同领域的多位专家的参与才能发起攻击	8

（续）

因子	级别	注释	值
系统知识	公开	可从互联网或现成的出版物中获得	0
	受限	由原始组织控制并仅根据保密协议与其他组织共享的知识	3
	敏感	由开发人员组织内的谨慎团队提供的知识，仅限团队成员访问	7
	严格	只有少数人知道的知识，在严格需要知道的基础上对其进行严格控制	11
机会窗口	不必要／无限制	在访问目标期间没有被检测到的风险，并且访问攻击所需数量的目标没有困难	0
	简单的	需要访问 ≤ 1 天，目标数量 ≤ 10	1
	中等	访问需要 ≤ 1 个月，目标数量 ≤ 100	4
	困难的	需要访问时间 > 1 个月或目标数量 > 100	10
	无	对目标的访问时间太短而无法执行攻击，或者攻击者无法访问足够数量的目标	∞
设备	标准的	攻击者容易获得	0
	专用的	攻击者不容易获得，但不需要过多努力即可获得。这可能包括购买适量的设备或开发更广泛的攻击脚本或程序	4
	定制的	不容易获得的设备，因为它非常专业以致其可用性受到限制，或者非常昂贵，或者可能需要由专家开发	7
	多种定制的	攻击的不同步骤需要几种不同类型的定制设备	9

已经提出攻击潜力是安全风险分析的概率测度[41]，尽管它实际上描述了成功攻击的难度而不是概率。"基本"攻击潜力表明攻击成功的可能性很高，因为许多可能的攻击者将拥有必要的资源。相反，假设"高"攻击潜力对应于成功攻击的可能性较小，因为预期具有必要资源的攻击者的数量相对较少。因此，表 5.5 提出了以更直观的方式将成功的相对概率映射到攻击潜力的比例。在这种方案中，"攻击成功概率"的数值排名（P）对于与较低攻击潜能相关的更容易的攻击而言较高，对于以较高的攻击潜力为特征的较为困难的攻击，攻击成功概率的数值排名（P）较高。

表 5.5 攻击潜力与攻击成功概率之间的映射

攻击潜力，反映发起成功攻击所需的努力		攻击成功概率，反映攻击成功的相对可能性	
值	描述	排名（P）	描述
0~9	基本	5	很可能
10~13	增强	4	可能
14~19	中等	3	不可能
20~24	高	2	渺茫
≥ 25	超高	1	非常渺茫

5.5.3 可控性等级

在严重性载体包括非零安全组件的情况下，风险评估应包括一个额外的概率参数，表示驾驶人影响结果严重程度的潜力。在 MISRA 准则和 ISO 26262 中，通过称为"可控性"的定性措施（即通过及时反应所涉人员避免特定伤害或损害），可以考虑这种可能性。

汽车应用的"可控性"概念最初是由欧盟的"驱动安全"[42] 开发的，现在被用作应用于车辆功能安全工程的安全风险分析方法的定性概率测度（即 ISO 26262 [22]）。表 5.6 中列出了 ISO 26262 中汽车安全隐患可控性分类。

表 5.6　汽车安全隐患可控性分类

可控性级别	意义
0	一般可控
1	简单可控
2	正常可控
3	难以控制或无法控制

5.5.4 风险等级

通常一个安全威胁的严重程度是有四个分量的向量（S），反映了涉及安全、隐私、财务和操作威胁（见第 5.5.1）。因此，风险水平（R）是一个有 4 分量的向量，有分量（R_S，R_P，R_F，R_O），因为它是由具体攻击目标的严重程度向量决定。但是，应该注意的是，可能存在与每个攻击的目标对应的风险向量，其中一些具有不同的联合攻击成功概率（A，标量）的攻击方法被运用以实现攻击目标。

使用"风险图"方法[43] 确定相对风险水平，其中"安全风险水平"随着严重性和 / 或组合攻击成功概率的增加而增加。此外，安全威胁的安全风险级别也会因为被认为具有对驾驶人不太可能控制的潜在后果的那些威胁而增加。表 5.7 中说明，其中将一系列风险级别映射到严重性、组合攻击成功概率和可控性的安全风险。对应于可控性等级 $C = 0$ 的风险图的部分还提供了与安全性无关的风险等级映射，因此其无可控性维度。

表 5.7 的风险等级范围从 $R_i = 0$（即没有安全风险）$R_S = 7+$，代表意外安全相关安全危害最严重的等级和概率级别，对应于低等级的驾驶人可控性。任何被判定为风险水平 $R_S = 7+$ 的安全隐患对应着被认为是不可以接受的。

表 5.7　将风险级别映射到严重性、组合攻击成功概率和可控性的安全风险图表

可控性（C）	严重性（S_i）	组合攻击成功概率（A）				
		$A = 1$	$A = 2$	$A = 3$	$A = 4$	$A = 5$
$C = 0$	$S_i = 1$	0	0	1	2	3

（续）

可控性 (C)	严重性 (S_i)	组合攻击成功概率（A）				
		A = 1	A = 2	A = 3	A = 4	A = 5
C = 0	S_i = 2	0	1	2	3	4
	S_i = 3	1	2	3	4	5
	S_i = 4	2	3	4	5	6
C = 1	S_i = 1	0	1	2	3	4
	S_i = 2	1	2	3	4	5
	S_i = 3	2	3	4	5	6
	S_i = 4	3	4	5	6	7
C = 2	S_i = 1	1	2	3	4	5
	S_i = 2	2	3	4	5	6
	S_i = 3	3	4	5	6	7
	S_i = 4	4	5	6	7	7+
C = 3	S_i = 1	2	3	4	5	6
	S_i = 2	3	4	5	6	7
	S_i = 3	4	5	6	7	7+
	S_i = 4	5	6	7	7+	7+

注：与安全无关的汽车信息安全威胁对应于 C = 0。

5.5.5 攻击树风险评估

为了评估风险级别，可以用扩充风险分析参数的表格（见表 5.8）描述攻击树的结构。其目的是通过专注于其中的"资产攻击"，更简洁地表示攻击树的信息（由表 5.8 中的 *a-g* 表示），从而评估攻击潜力（概率 *Pa - Pg*），以及如何将其组合起来以实现"攻击目标"（表 5.8 中的 *X* 和 *Y* 表示）。在攻击目标层面，可以评估攻击后果（S_X 和 S_Y）的严重性以及安全相关安全威胁（C_X 和 C_Y）的可控性。在这个过程中，保留"攻击方式"的结构（表 5.8 中的 *X1*、*X2*、*Y1* 和 *Y2*）是有用的，因为这些在资产攻击的逻辑组合中被描述，同时忽略了中间步骤的细节。攻击方法的构建提供了为确定相关风险级别，即 $R_{X1}(S_X, A_{X1}, C_X)$ 所需的"组合攻击成功概率"度量（即 A_{X1} 等）所需的信息。

如果一个攻击方式可以通过使用多个资产攻击中的任何一个实现（即 OR 关系），则联合攻击成功的概率应为可能的攻击选项中最高的攻击成功概率（即和最容易实现的选项相同）。在攻击方法需要资产攻击（即 AND 关系）连接的情况下，组合的攻击成功概率被认为是与贡献资产攻击相关联的攻击成功概率中最低的（即它与最难的必要步骤）。

当攻击方法涉及资产攻击的组合使用 OR/AND 关系，联合攻击成功的概率可以使用这些简单的规则，如表 5.8 所示（其中 OR 关系在"攻击方法构建"栏中用单独的线表示）。因此，与攻击潜在等级相关的数值概率排序（见表 5.5）为此提供了便利的基础，基于实施攻击所需的资产攻击与其成功概率的逻辑组合，评估给定攻击方法的整体成功概率（见表 5.8 的"组合攻击成功概率"列）。

在实践中，相同的资产攻击通常出现在给定攻击树以及其他攻击树中的不同点。尽管如此，根据具体的安全方面（即安全性、隐私性、财务和运营）、利益相关者和严重等级，并且与不同的攻击目标有关。

表 5.8　增加了风险分析参数的攻击树的压缩表格表示

攻击目标	严重性（S）	可控性（C）	攻击方法	攻击方法构建	资产攻击成功概率（P）	组合攻击成功概率（A）	风险等级（R）
X	S_X	C_X	X1	$a\&$ b	Pa Pb	$A_{X1} = \min\{Pa, Pb\}$	$R_{X1}(S_X, A_{X1}, C_X)$
			X2	d e f	Pd Pe Pf	$A_{X2} = \max\{Pd, Pe, Pf\}$	$R_{X2}(S_X, A_{X2}, C_X)$
Y	S_Y	C_Y	Y1	$a\&$ $b\&$ c $c\&$ h	Pa Pb Pc Pc Ph	$A_{Y1} = \max[\min\{Pa, Pb, Pc\}, \min\{Pc, Ph\}]$	$R_{Y1}(S_Y, A_{Y1}, C_Y)$
			Y2	g	Pg	$A_{Y2} = Pg$	$R_{Y2}(S_Y, A_{Y2}, C_Y)$

5.5.6　优先考虑安全功能要求

识别为减轻特定资产攻击的安全功能要求的特定子集可以通过资产攻击分类映射到安全风险。因此，风险分析结果可用于评估这些安全功能要求子集的相对重要性。表 5.9 显示了 EVITA 项目中获得的结果的几个例子 [37]。

从表 5.9 所示的说明性示例可以看出，保护无线通信免受腐败或假信息是一个高度的优先事项，因为与这种资产攻击相关的攻击树识别出几个高风险级别的实例。相比之下，与底盘安全控制器的拒绝服务攻击相关的仅有少数几个低风险级别被确定，因此被认为是较低的保护优先级。

表 5.9　将资产攻击映射到风险和安全要求

已识别的威胁		风险分析结果		安全功能需求
资产	攻击	风险等级	实例数	
底盘安全控制器	拒绝服务	1	3	子集 1
		2	1	
	利用实现缺陷	4	1	子集 2
		5	1	
无线通信	破坏或虚假的消息	2	5	子集 3
		3	5	
		4	4	
		5	1	
		6	4	
		7	3	
	干扰	4	3	子集 4
		5	2	

　　攻击树也为系统评估可能的攻击方法提供了一个方便的基础，从树上"切割树枝"是确定具体对策要求的可能机制。根据风险等级和攻击成功概率，可以根据以下方式优先选择待切分支：

　　• 如果一些可能的攻击目的可能达到攻击目标，具有最高感知风险等级的攻击目标是降低总体风险对策的优先事项。

　　• 如果一些可能的攻击方法可能导致相同的攻击目标，具有最高组合攻击成功概率的攻击方法是降低攻击目标风险级别的优先级。

　　• 如果一些资产攻击可能导致相同的攻击目标，则具有最高感知成功概率（即最低攻击潜力）的资产攻击是降低与攻击目标相关风险级别对策的优先级。

　　引入对策以防止被判定具有最高成功概率（即最低攻击潜力）的资产攻击降低了相关攻击方法的威胁级别，如果此攻击方法的组合攻击成功概率占主导地位，相关攻击目标的风险等级也将降低。

　　将风险分析结果映射到系统资产的一个重要结果是，自然地导致了"深度防御"方法[44]。EVITA 开发的基于资产的安全架构和对策[45] 提供了一种分布式和多层次的方法，旨在以成本效益的方式确保强大的安全性。

5.5.7　安全保证和安全完整性要求

　　确定适合于安全和安全功能要求的安全完整性和安全保证要求是必要的。为了实现这一目标，表 5.10 提出了一种从表 5.7 的风险水平到 ISO 26262 [22] 和 ISO / IEC 15408[25] 的 EAL 的映射，以及到 IEC 61508[21] 的 SIL 和 MISRA[23,30] 的映射。

表 5.10　建议的将 EVITA 风险映射到 EAL、ASIL 和 SIL（IEC 61508 和 MISRA）

EVITA 风险级别	IEC 15408 EAL	MISRA SIL	IEC 61508 SIL	ISO 26262 ASIL (C>0)
0	0	0	不适用	质量管理
1	1	1	1	A
2	2	1	1	A
3	3	2	2	B
4	4	2	2	B
5	5	3	3	C
6	6	3	3	D
7	7	4	4	不适用
7+	被认为超出正常可接受水平的风险			

• 基于安全相关的在航空航天、国防、核能、铁路和海洋石油产业方面的应用经验，建立复杂的电子控制系统的安全性的推荐方法是创建一个安全论证，以证明该系统对于预期的应用和操作环境是可以接受的。这里需要注意的要点是：

• 完整的安全是不可能实现的，但必须采取缓解措施，以确保任何残留的风险被认为是可接受的；

• 安全参数仅适用于预期的应用和操作环境；

安全论证和支持证据应以"安全案例"的形式予以记录，该文件应提供以下特征[46]：

• 明确要求系统属性；

• 确定支持证据；

• 承认并驳回"反证据"；

• 提供一组将要求与证据联系起来的安全参数；

• 说明潜在的假设和判断；

• 提供不同的观点和细节。

安全案件一般由独立的第三方进行评估和审计。以分层形式构建安全案例使主要参数更容易被理解，并对安全案例开发活动进行划分。通过使用独立证据和多个安全性论证来支持索赔，可以使索赔更加健全。实现特定 SIL[47] 的安全论据是，适用于所要求的 SIL 的标准中描述的过程已被应用，并且这样做的证据已被独立评估以确认。

对于网联车辆、智能交通系统和远程信息处理服务，业务环境已知包括黑客、罪犯和恐怖分子，这些黑客、罪犯和恐怖分子已经积极参与对现有计算机网络的网络安全攻击，并且将来可能会将注意力转向对车辆和路边基础设施的攻击。因此，车辆和道路交通应用的安全案例也应考虑与安全有关的安全威胁。

由于安全案例概念已在许多安全相关的工业部门得到广泛采用，所以考虑开发一个类似的"安全案例"[48] 来呈现安全相关应用程序的安全性论据似乎是合乎逻辑的，特别是在安全威胁可能也有潜在的安全隐患。安全案件的证据和论据可以与安全案例共享，并与安全案件一样，可以得到独立的第三方评估和审核。

5.6　网络安全风险管理

实现零安全风险是不切实际的，因为成本过高，并且威胁的性质也在不断变化。因此，建议采取更务实的"风险管理"方法，其中：

- 安全必须从一开始就考虑；
- 评估风险是不可接受时，必须采取措施减少这些风险的水平，直至被"广泛接受"；
- 安全分析必须是贯穿整个产品生命周期的一个持续过程。

分析安全风险的建议方法和安全功能要求的优先级包括：

- 研究系统及环境的描述；
- 相关用例的定义；
- 被保护资产的列表（如电子控制单元、应用程序、流程、传感器、数据、通信链路）；
- 确定可能的威胁源及其的目标，以及利益相关者；
- 使用诸如"攻击树"的方法，调查对每一种资产的潜在威胁；
- 安全相关威胁的鉴定及可控性评估；
- 评估成功攻击的可能性、结果的严重程度，以及由此产生的风险分类；
- 对风险分析中确定的关键威胁的安全功能要求进行优先级排序。

这种方法反映了目前采用的措施，以便根据 ISO 26262 实现汽车行业可实现的、可接受的功能安全水平。已经开发了许多与信息安全相关的国际标准，美国汽车工程师学会（SAE）最近推出了汽车网络安全指南[49]。然而，目前还没有专门针对汽车网络安全的标准。

5.7　结论

ISO 26262 和 MISRA 的基于 IEC 61508 的安全分析技术已经与 ISO / IEC 15408 和 ISO / IEC 18045 的相关 IT 安全概念相结合，以开发统一的方法来评估汽车应用中的安全威胁，包括具有可能安全隐患的安全威胁。其目标是确保对安全威胁引起的安全风险的评估将符合汽车功能安全工程流程，并将风险分析纳入不具有安全隐患的安全威胁的评估。

为了实现这一点，汽车功能安全分析中使用的严重性概念被扩展到涵盖广泛的利益相关者的安全威胁的非安全方面。攻击潜力概念用于评估攻击成功的可能性。此外，在评估安全相关的安全风险时，还考虑了车辆可控性的影响。使用基于攻击树的威胁模型记录可能的攻击并评估其相关风险。与安全一样，安全风险分析将需要一个持续的过程，以便考虑到在车辆的预期运行寿命以及车辆开发生命周期中安全威胁的可能演变。

EVITA 项目的目的不是要开发具有特定安全级别的特定车辆系统，或者提高现有系统的安全性。相反，该项目涉及原型分析方法和安全措施（软件、硬件和架构）的"工具包"，可以在未来的系统中进行进一步的开发和实施。因此，需求分析活动是基于代表性的用例范围和通用车辆网络架构，目的是确定可能出现什么样的安全需求，以及这些需求可能在车辆资产之间的流行程度和分布情况。

尽管如此，预计 EVITA 开发的安全工程流程可以适应未来车辆开发过程，以及开发安全可靠的 ITS 和远程信息处理服务。特别是，这里提出的风险分析方法可以与开发商的安全政策结合使用，以便决定是否接受或转移确定的安全风险，或采取措施减少或避免在认为必要时的具体风险。

鉴于网络安全攻击是不可避免的，其目标应该是开发能够在持续改变的环境中，在其生命周期内保持抵御这种威胁的弹性的车辆和交通管理系统。其中最重要的因素是认识到网络安全威胁存在，并采取对策来解决最重要的可预见的威胁。但是，应该认识到，网络安全环境正在迅速发展，不可预见的威胁将会出现。为了实现必要的弹性，需要设计措施来检测入侵和篡改，限制未经授权的访问机会，并恢复到"故障安全"操作模式

参考文献

1. R. Bose, J. Brakensiek, K.Y. Park and J. Lester (2011) Morphing smart-phones into automotive application platforms, *IEEE Computer* **44**(5): 53–61.
2. K. Amirtahmasebi and S.R. Jalalinia (2010) Vehicular Networks – Security, Vulnerabilities and Countermeasures, MSc Thesis, Chalmers University of Technology.
3. K. Bjelkstal (2008) *Exchange of Diagnostic Information between Car and Centralized Functions*, VINNOVA Information 2008-04l, ISSN 1650-3120, Vehicle-ICT Sweden.
4. EVITA project overview. Available online at: http://www.evita-project.org (last accessed 27 April 2015).
5. J. Dumortier, C. Geuens, A.R. Ruddle and L. Low (2011) *Legal Framework and Requirements of Automotive On-board Networks*, EVITA Deliverable D2.4, 19 September 2011. Available on-line at: http://www.evita-project.org (last accessed 27 April 2015).
6. SeVeCom project overview. Available online at: http://www.transport-research.info/web/projects/project_details.cfm?id=46017 (last accessed 8 May 2015).
7. A. Alrabady and S. Mahmud (2003) Some attacks against vehicles' passive entry security systems and their solutions, *IEEE Transactions on Vehicular Technology* **52**(2): 431–9.
8. A. Alrabady and S. Mahmud (2005) Analysis of attacks against the security of keyless-entry systems for vehicles and suggestions for improved designs, *IEEE Transactions on Vehicular Technology* **54**(1): 41–50.
9. A. Francillon, B. Danev and S. Capkun (2011) Relay attacks on passive keyless entry and start systems in modern cars, *Proceedings of 18th Annual Network and Distributed Systems Security Symposium, San Diego, CA, USA, February 2011*.
10. D.K. Nilsson, U.E. Larson, F. Picasso and E. Jonsson (2008) A first simulation of attacks in the automotive network communications protocol FlexRay, *Proceedings of 1st International Workshop on Computational Intelligence in Security for Information Systems (CISIS)*. London: Springer, pp. 84–91.
11. T. Hoppe and J. Dittmann (2007) Sniffing/replay attacks on CAN buses: a simulated attack on electric window lift classified using an adapted CERT taxonomy, *Proceedings of 2nd Workshop on Embedded System Security, October 2007*, pp. 1–6.
12. K. Koscher, A. Czeskis, F. Roesner, *et al.* (2010) Experimental security analysis of a modern automobile, *Proceedings of 31st IEEE Symposium on Security and Privacy*, Oakland, CA, USA, May 2010, pp. 447–62.

13. I. Rouf, R. Miller, H. Mustafaa, *et al.* (2010) Security and privacy vulnerabilities of in-car wireless networks: a tire pressure monitoring system case study, *Proceedings of 19th USENIX Security Symposium, Washington DC, USA, August 2010*, pp. 11–13.

14. US Department of Transportation, National Highway Traffic Safety Administration, Federal Motor Vehicle Safety Standard FMVSS No. 138, 49 CFR, Parts 571 & 585: Tire Pressure Monitoring Systems.

15. Commission Regulation (EC) No. 661/2009 of 13 July 2009 concerning type-approval requirements for the general safety of motor vehicles, their trailers and systems, components and separate technical units intended therefor, *Official Journal of the European Union*, L 200, July 2009, pp. 1–24.

16. COM(2013) 315, *Proposal for a Decision of the European Parliament and of the Council on the Deployment of the Interoperable EU-wide eCall*, 13 June 2013.

17. D.K. Nilsson and U.E. Larson (2009) A defense-in-depth approach to securing the wireless vehicle infrastructure, *Journal of Networks* **40**(7): 552–64.

18. R. Bauernfeind, T. Kraus, A. Sicramaz Ayaz, *et al.* (2012) Analysis, detection and mitigation of incar GNSS jammer interference in intelligent transport systems, *Deutscher Luft- und Raumfahrtkongress 2012, Berlin, 10–12 September 2012*, Paper 281260.

19. C. Vallance (2013) RF Safe-Stop shuts down car engines with radio pulse, BBC radio 4, 3 December. Available online at: http://www.bbc.co.uk/news/technology-25197786 (last accessed 27 April 2015).

20. S. Checkoway *et al.*, Comprehensive experimental analyses of automotive attack surfaces, *Proceedings of 20th USENIX Security Symposium, San Francisco, 10–12 August 2011*.

21. IEC 61508, *Functional Safety of Electrical/Electronic/Programmable Electronic Safety-related Systems*, 2nd Edition, April 2010.

22. ISO 26262, *Road Vehicles – Functional Safety* (9 parts), November 2011.

23. MISRA (2007) *MISRA Guidelines for Safety Analysis of Vehicle Based Programmable Systems*, MIRA Ltd.

24. *Towards a European Standard: The Development of Safe Road Transport Informatics Systems*, Draft 2, DRIVE Safely (DRIVE I Project V1051), March 1992.

25. ISO/IEC 15408, *Information Technology – Security Techniques – Evaluation Criteria for IT Security* (3 parts), December 2009.

26. ISO/IEC 18045, *Information Technology – Security Techniques – Methodology for IT Security Evaluation*, August 2008.

27. ISO/IEC TR 15446, *Information Technology – Security Techniques Guide for the Production of Protection Profiles and Security Targets*, Technical report, July 2004.

28. ISO/IEC 13335-1, *Information Technology – Security Techniques – Management of Information and Communications Technology Security*, November 2004.

29. NIST Special Publication 800-12, *An Introduction to Computer Security: The NIST Handbook*, October 1995.

30. MISRA (1994) *Development Guidelines for Vehicle Based Software*, MIRA Ltd, November, p. 43.

31. P.H. Jesty and D.D. Ward (2007) Towards a unified approach to safety and security, *Proceedings of 15th Safety-Critical Systems Symposium, Bristol, UK, February 2007*. London: Springer.

32. A. Clark, H.R. Chivers, J. Murdoch and J.A. McDermid (2007) *Unifying MANET Safety and Security*, International Technology Alliance in Network-Centric Systems, Report ITA/TR/2007/02, V. 1.0.

33. S. Lautieri, D. Cooper and D. Jackson (2005) SafSec: commonalities between safety and security assurance, *Proceedings of 13th Safety Critical Systems Symposium, Southampton, UK, February 2005*. London: Springer, pp. 65–75.

34. E. Kelling, M. Friedewald, M. Menzel *et al.* (2009) *Specification and Evaluation of e-Security Relevant Use Cases*, EVITA Deliverable D2.1, 30 December 2009. Available online at: http://www.evita-project.org (last accessed 27 April 2015).

35. EASIS project overview. Available online at: http://cordis.europa.eu/result/rcn/45019_en.html (last accessed 8 May 2015).

36. B. Schneier (2000) *Secrets and Lies – Digital Security in a Networked World*. New York: John Wiley & Sons, Inc., Chapter 21.

37. A. Ruddle, D. Ward, B. Weyl, *et al.*, Security requirements for automotive on-board networks based on dark-side scenarios, *EVITA Deliverable D2.3, 30 November 2009*. Available online at: http://www.evita-project.org (last accessed 27 April 2015).

38. N.R. Mead (2010) *Security Requirements Engineering*. Available online at: https://buildsecurityin.us-cert.gov/bsi/articles/best-practices/requirements/243-BSI.html (last accessed 27 April 2015).

39. *Abbreviated Injury Scale*, Association for the Advancement of Automotive Medicine, Barrington, IL, USA, 2005.

40. *Application of Attack Potential to Smartcards*, Common Criteria Supporting Document – Mandatory Technical Document, Version 2.5, Revision 1, April 2008, CCDB-2008-04-001.

41. M. Scheibel and M. Wolf (2009) Security risk analysis for vehicular IT systems – a business model for IT security measures, *Proceedings of 7th Embedded Security in Cars Workshop (escar 2009), Düsseldorf, Germany, November 2009*.

42. *Towards a European Standard: The Development of Safe Road Transport Informatics Systems*, Draft 2, DRIVE Safely (DRIVE I Project V1051), March 1992.

43. DIN V 19250, *Control Technology: Fundamental Safety Aspects to be Considered for Measurement and Control Equipment*, May 1994.

44. R. Anderson (2001) *Security Engineering: A Guide to Building Dependable Distributed Systems*. Chichester, UK: Wiley Computer Publishing, p. 296.

45. O. Henniger, L. Apvrille, A. Fuchs, *et al.* (2009) Security requirements for automotive on-board networks, *Proceedings of 9th International Conference on Intelligent Transport System Telecommunications (ITST 2009), Lille, France, October 2009*, pp. 641–6.

46. P. Bishop and R. Bloomfield (1998) A methodology for Safety Case development, In F. Redmill and T. Anderson (eds), *Industrial Perspectives of Safety-Critical Systems: Proceedings of 6th Safety-Critical Systems Symposium, Birmingham, UK, February 1998*. London: Springer, pp. 194–203.

47. F. Redmill (2000) Understanding the use, misuse and abuse of Safety Integrity Levels, *Proceedings of 8th Safety-Critical Systems Symposium, Southampton, UK, February 2000*.

48. G. Despotou and T. Kelly (2004) Extending the Safety Case concept to address dependability, *Proceedings of 22nd International System Safety Conference, Providence, RI, USA, August 2004*, pp. 645–54.

49. SAE Vehicle Electrical System Security Committee, J3061 – Cybersecurity Guidebook for Cyber-Physical Automotive Systems. Available online at: http://www.sae.org/works/documentHome.do?docID=J3061&inputPage=wIpSdOcDeTaIlS&comtID=TEVEES18 (last accessed 27 April 2015).

6 车辆与电磁场的相互作用及对智能交通系统（ITS）的影响

6.1 概述

现代车辆包含许多电子设备，为驾驶人和乘客提供通信、信息和娱乐服务[1]。所有无线设备经由天线在射频（RF）信道上通信。在车辆使用环境中，天线通常存在于车厢内或安装到车辆外部。由于外部安装的天线在本书的另一章中讨论，本章重点研究主要在车厢内的天线产生的电磁场（EM）。

对于放置在车厢内的天线，重要的是了解车辆结构如何与电磁场相互作用，因为车辆内部是一个局部腔，会引入多次反射和间接耦合，这可能降低通信信道的质量[2]。例如，对于实时车辆内控制应用，无线数据传输必须满足包括低延迟和高可靠性在内的严格要求。因此，本章的目的是概述在这种谐振环境中电磁场的行为以及对智能交通系统（ITS）的可能影响。本章还将讨论相关问题，如安装的天线性能和电磁兼容性（EMC）。为了强调 ITS 功能如何与汽车使用环境中的无线设备相关，将在本节中介绍对现有和未来技术的回顾。

信息和通信技术的快速发展已经改变了消费者对未来车载技术的期望。驾驶人和乘客经常携带便携式连接设备，如智能手机、平板电脑和互联网媒体通信设备，他们越来越期望在他们的车辆访问连接服务[3]。这样的服务的示例包括在驾驶时使用方向盘上的控制来操作智能电话的能力，以及将音乐从其自带设备传输到车载音乐系统的能力[4]。为了增强驾驶感和拥有体验，一些车辆已经具有内置设备，可以通过显示器浏览互联网，并能够在驾驶时阅读和处理电子邮件的能力[5]。在车辆制造商为便携式设备或中继器提供固定放置位置以增强车内无线通信的情况下，对车厢内的电磁场行为的良好理解可允许找到优化的天线放置位置。可以对便携式设备和外部基站之间的通信链路或者对于车载收发器执行优化。连接的车辆在 ITS 中起着关键作用，并且可以提供诸如远程诊断和车辆安全的先进服务[6]。这是一个快速增长的市场，现在是汽车工业的战略重点[7, 8]。

除了对连接设备的需求，车载传感器的数量也在增加。在 2020 年，每辆车有约 200 个传感器[9]。这些传感器中的大多数用于发动机管理和高级驾驶辅助系统（ADAS），对于这些系统，路况、车辆状态和甚至驾驶人疲劳均可被监测。这些事件或时间驱动传感器通过车内网络与车载电子控制单元（ECU）通信。当前车内通信基于有线解决方案，诸如 CAN（控制器局域网）、LIN（局部互联网络）和 MOST（面向媒体的系统传输）。随着传感器数量的增加，将传感器连接到 ECU 所需的电缆数量将相应增加，这也让车辆重量显著增加[10]。车辆线束对车辆簧载质量贡献已经高达 50kg，并且是车辆中最重的、最复杂的和昂贵的电气部件[11, 12]。用无线技术替换电缆可以减轻车辆的重量，同时实现更灵活的自组织网络架构，使得能够在没有有线互联技术的物理约束的情况下增加传感器。车辆重量的减轻可以通过提高常规内燃机中的燃料效率来有助于减少碳排放。对于电动车辆，重量减轻可以转化为增加的行驶里程。目前，无线传感器仅存在于电缆不能接近的位置，例如轮胎和方向盘部位。这种无线系统的一个示例是轮胎压力监测[13]，其自 2012 年 11 月以来已经成为用于乘用车和类似车辆的欧盟强制性设备。然而，目前无线通信主要用于非关键应用，因为车辆控制和监视系统对于延迟和可靠性具有严格的要求。由于汽车环境中存在复杂的通信信道，车内无线通信不能提供与有线通信相同的性能和可靠性特性[14]。然而，通过大量的研究和开发工作，考虑到通过更好地理解信道特性、改进的网络协议和引入冗余以改进延迟性和可靠性属性[15]。

需要识别无线技术的类型以便缩小需要优化通信信道的频带。在欧洲，表 6.1 列出了汽车环境中使用的无线技术的典型工作频率，频率范围相当宽。因此，本章介绍的调查集中在三个重要的通信频率：900MHz、1800MHz 和 2400MHz。

本章的概要如下：第 6.2 节将简要描述通道表征和车内电磁场研究的目前状态；第 6.3 节将介绍用于执行车内现场仿真的软件工具和技术；第 6.4 节将描述用于实验验证的新型低干扰扫描器的使用；第 6.5 节将调查由于源天线的布置位置不同而对车厢内场分布的影响；第 6.6 节将讨论人体暴露问题和可能的电磁场缓解技术。最后，第 6.7 节将对本章所述工作进行总结。

表 6.1 欧洲用于汽车环境中的无线技术频段

无线技术	频域 /MHz（欧洲）
动态频谱访问（DSA）—空白电视信号频段	470~790
无源射频识别标签	865~868
GSM	890~1880
蓝牙	2402~2470
ZigBee	868, 915, 2400
DSRC	5725~5875
超宽频（UWB）	3100~10 600
60GHz 毫米波	57 000~64 000

6.2 车载电磁场调查和通道表征

对于放置在车厢内的发射和接收天线的各种电磁场研究和传播特性的研究可以在公开的文献中找到。本节总结了可能对 ITS 有影响的相关文献。

通常进行信道表征实验以获得更好的传播特性。利用通道参数的基本知识，可以改进通信链路，并可以简化 RF 前端的设计[16]。通常，使用测量[17]或基于确定性射线跟踪方法[18]的模拟来获得这些重要参数。全波模拟也可用于获得车厢内的详细三维（3D）电磁场，但需要更大的计算资源。全波方法更常用于与 EMC 现象，人类暴露于电磁场和优化天线放置位置有关的调查[19]。然而，它们也可以用于提取重要的通信信道参数，如小规模或大规模衰落特性[20]。上述分析可能影响 ITS 性能。由于车辆外部的区域在本书的另一章中讨论，本章将更多地集中在使用全波电磁解算器和测量来获得车厢内的电磁场。为了完整性，还将简要描述不涉及 2D / 3D 车辆内场分布的研究。

基于统计模型的传播模型可以提供信号特性的初始估计，而没有光线跟踪或全波模拟所需的资源。如果传播域足够大，它们也对环境的几何形状较不敏感。用于表征无线信道的主要参数包括：

- 路径损耗；
- 衰退；
- 功率延迟分布；
- 延时扩展。

还有许多其他可能感兴趣的参数。在文献 [21] 中提供了用于表征传播信道的各种参数的定义、术语和测量方法的良好总结。上述特性通常用于描述在输入参数中具有微小变化的一对点之间的传播行为。输入参数的变化可以是 RF 源的位置或在环境中发生的变化。为了优化用于 ITS 系统的天线的布置，以及对于 EMC 问题，诸如在感兴趣的整个空间体积内的场振幅概率分布函数的统计测量可能是有用的。这涉及从车辆内的不同空间点收集场值的大样本，随后计算平均值、标准偏差和概率分布函数的绘图。需要大的数据集以便获得对概率分布函数统计的足够精确的估计。对于 EMC分析，极值也很重要，因为高场电平可能性的过高估计可能导致过度工程。对于乘员现场暴露分析，样本数量不足可能会低估平均现场电平，导致较低的安全裕度。

已经进行的许多研究以从测量或模拟数据导出车辆内传播模型。在一个示例中，通过评估使用全波场解算器获得的表面电流来发现辐射机制[22]。另一方面，光线跟踪模拟的结果与经验测量相结合，以获得 1.8GHz 的定向路径损耗模型，这只需要了解最少的车辆几何形状[23]。所得到的模型是分析性的，并且基于物理上可解释的边缘衍射的近似。在文献 [18] 中，对于 866MHz 和 5.8GHz 的频率，在光线跟踪模型、全波模拟和用于研究车辆环境中的路径损耗的测量之间进行比较。在较低和较高频率之间观察到的不同的路径损耗水平表明信道性能取决于无线系统的频率和收发器的位置。为了优化通信链路，应当选择适当的无线协议。

如表 6.1 所列，一系列不同的无线协议（如 DSA、RFID、蓝牙、ZigBee 和 UWB）用于车辆内的无线通信。已经在 915MHz 进行了使用 RFID 设备的详细信道特性研究[15, 24]。在这些研究中，一些收发器被放置在车厢外部以与放置在车厢内的收发器通信。车辆结构的存在导致高的传输损耗。然而，作者得出结论，信道仍然可用，因为在调查的 RFID 的工作频率（915MHz）下的相干时间较大。对使用蓝牙和 ZigBee 进行车内无线网络的可行性进行了许多实验。已经提出了适用于工业、科学和医疗（ISM 频带）中的车辆环境的信道模型[15, 25]。对 ZigBee 和蓝牙共存，以及优化渠道的方法也进行了研究[26]。然而，大多数这些实验没有评估通道容量。参考文献 [27，28] 的作者试图了解车厢内的信道的时间变化，以评估信道容量。观察到多普勒扩展随着载波频率而增加，但是由于车辆外壳中存在窗口和其他孔口，车辆的信道变化和内部内容的类型对多普勒扩展几乎没有影响。这是一个重要的属性，因为最佳通信取决于具有良好定义的相干时间的信道。

超宽带（UWB）是另一种无线协议，可在诸如车辆内部的恶劣环境中提供可靠和稳定的无线通信。为了评估 UWB 技术在车辆中使用的潜力，已经进行了各种车载通道测量[29-31]。利用位于底盘下方、轮拱附近和车厢内的收发器分析了车载 UWB 信道的小规模和大规模统计数据[14]，发现放置在轮拱下的收发器的信道特性与放置在底盘下的收发器的信道特性完全不同。这项研究表明，重要的是更详细地调查车辆提供的严酷通信渠道。因此，下面内容将调查现有的研究，这些研究集中在车辆的车厢空间内的空间场分布特性。

车辆内的空间场分布可以用数字模型和从测量获得[32]。大多数这些分析是在手机频带附近进行的，因为它们是 EMC 兼容性测试和评估人体暴露于电磁场所需要的。然而，对 TETRA（地面集群无线电）和 Wi-Fi（无线保真）频带也进行了全波模拟研究[33, 34]。

由于微带贴片天线在空车厢内产生的电场分布已经使用缩放的类似车辆的物体进行了描述[35]。测量数据和模拟数据之间的比较仅在单个 2D 平面上可用。测量设备和连接器的尺寸无法缩放，因此现场采样分辨率有限。然而，该论文表明，当使用光学探针进行电磁场测量时，可以在 2D 平面上的测量和模拟之间获得合理的相关性。

参考文献 [36，37] 研究了安装在车顶上的移动电话天线和放置在车厢内的移动电话产生的电磁场的模拟和测量之间的比较。两个研究都得出结论，电介质家具显著改变车辆内的电磁场分布。因此，当计算移动电话频率以上的电磁场分布时，车辆的内部物品应包括在仿真模型中。

为了验证移动电话发射的电磁场没有超过 EMC 兼容性测试的特定水平，使用了可以对车辆内外的电磁场进行 3D 测量的精细定位装置[38]。该扫描系统由增强塑料构成，扫描机构和支撑框架设置在车厢外部。因此，窗口必须打开以允许机器人臂插入车辆中。然而，打开在窗户上具有太阳能屏蔽的车辆窗户可以改变电磁场的水平和分布。为了在窗户具有太阳能屏蔽件的情况下测量车厢内的电磁场，需要使用可安装在车厢内的低干扰定位器。设计用于执行该任务的新型定位器将在 6.4 节中描述。

6.3 现场仿真工具和技术

车辆内的电磁场分布的评估是复杂的任务。这是由于车辆结构的几何复杂性和高反射表面。对于车厢内的电磁场的实验评估，将 RF 测量设备引入半共振结构可以改变由放置在车厢内的发射器发射的电磁场的 Q 因子和空间分布。此外，空间布局限制了可以测量的体积，并且存在显著的可移动部件（即前排座椅和方向盘）使得难以实现可重复的测量。

评估车载无线设备的电磁场行为和放置位置更实用的方法是使用数值模拟。数值模型可以提供可能存在于车辆内的场水平的初始估计。此外，模拟具有不受车辆内部配置的移动或由引入测量设备或执行测量的人员导致的 Q 因子变化影响的优点。

基于麦克斯韦方程的全波数值解的数值建模方法可以在时域或频域中进行。时域技术的一些示例包括有限积分技术（FIT），时域中的有限差（FDTD）和传输线矩阵方法（TLM）。频域方法包括矩（MoM）方法、多级快速多极方法（MLFMM）和有限元法（FEM）。诸如 CST、FEKO 和 HFSS 的商业软件套件提供这些类型的工具以及用于导入计算机辅助设计（CAD）数据的便利接口。因此，这些产品非常适合用于车辆电磁场模拟。这里给出的模拟技术列表并不详尽，并且存在许多其他适合执行所需任务的商业软件产品。CST 工具集[39] 提供了多种求解器（例如 FIT、TLM 和频域解算器），而 FEKO [40] 和 HFSS [41] 仅提供频域解算器。频域方法似乎更适合于具有高 Q 因子的谐振结构，但是由于车辆在主体外壳中包含孔隙并且有损耗的内部装备，谐振被衰减，并且时域解算器可以用于执行宽带模拟。在这里所考虑的频率下，在车辆中预期 102-103 级的典型 Q 因子[42]。具有相同体积、表面积和导电性但没有窗孔的空腔的 Q 因子将显著提高。

车辆 CAD 数据非常详细，包括焊接和固定件的级别，如螺钉和螺栓。此外，它通常包含诸如相交曲面、曲面之间的间隙或过于复杂的定义等缺陷。这些缺陷可能在尝试进行网格生成之前并不明显，或者可能由 CAD 不同格式之间的转换产生。因此，在可以执行数值模拟之前，通常必须去除车辆几何形状特征以去除不必要的元素，并且修复和简化剩余的 CAD 数据，以确保 CAD 模型包括拓扑相干和明确的 3D 几何形状。所得到的简化 CAD 模型应该为产生用于模拟目的的网格提供合适的基础。创建适合于数值电磁建模的车辆模型的典型工作流程如图 6.1 所示。需要去特征以创建可行的电磁模型的复杂车辆的代表性示例如图 6.2 所示。得到的简化模型如图 6.3 所示。

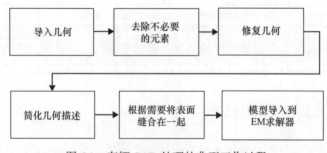

图 6.1　车辆 CAD 处理的典型工作过程

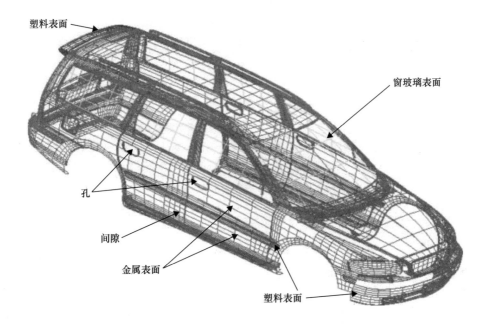

图 6.2 车辆外表面的复杂 CAD 几何体示例

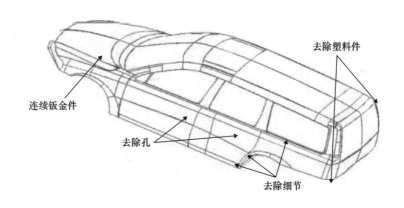

图 6.3 用于电磁建模的简化的车辆 CAD 模型

对于常用的时域方法，如 FIT、TLM 和 FDTD，几何通常离散为六面体体网络，如图 6.4 所示，而在频域中，三角形表面网格（图 6.5）或四面体体网格使用。对于网格化，推荐每个波长 10 个单元 / 段 / 三角形边缘的典型离散化水平，但是在具有精细特征或高空间场梯度的区域中，将需要更高的分辨率以确保模拟的精度。执行令人满意的模拟所需的数值模型的结构复杂性通常取决于感兴趣的频率。在较低频率范围（例如 400MHz）中，诸如门缝隙、薄的有损内部修剪和家具的特征可能不会对车厢内的场水平具有显著影响。然而，在较高频率（例如 2.4GHz），诸如微小孔径、窗口加热器阵列和有损内部装备的特征可对场水平具有显著影响。为此，重要的是包括适当的几何形状以获得满意的模拟数据。然而，由于可用的计算机存储器和处理速度的限制，车辆的内部结构的复杂几何形状可能必须被简化或去除，以便获得可行的运行时间。

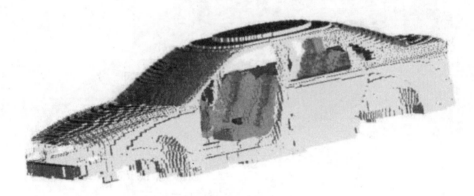

图 6.4 用于时域模拟的六面体体网络（去除了侧窗玻璃以显示内部结构）

图 6.5 用于频域模拟的三角形表面网格

表 6.2 列出了表示车辆中使用的常见材料的电气特性。材料测量在谢菲尔德大学使用波导法[43] 或圆形谐振腔法[44] 进行。应当注意，不同车辆之间的材料特性可能会有所不同。此外，由于在测量装置中的电介质样品的设计和放置困难，纤维材料（例如泡沫／织物）的损耗角正切测量被认为不如在更硬的材料上进行的测量可靠。

从表 6.2 可以看出，车辆通信的频率使用可以更高，并且可以跨越高达 60GHz。在这些频率下，包括整个车身的全波车辆模拟在数值问题大小方面可能是不可行的。可能需要渐近光线跟踪方法，例如均匀衍射理论（UTD）和几何光学（GO），以评估通道性能。这些方法在车辆通信中的使用将在别的章中讨论。

表 6.2 车辆中使用的常见材料的电气特性（在 3GHz 时）

车辆零件	材料类型	相对介电常数	损耗角正切
头枕 / 座椅	高密度聚乙烯	2.31	0.01
	热塑性橡胶 (PP4)	2.15	0.0006
	泡沫	1.12	0.001
	聚氨酯	3.12	0.04
座套	织物	1.74	0.02
	皮革	2.73	0.05
遮阳板	聚氯乙烯	3.22	0.04
	丙烯腈丁二烯苯乙烯	2.46	0.006
	泡沫	1.05	0.00005
门饰	聚氯乙烯（灰色）	2.86	0.006
支柱装饰	聚丙烯	2.12	0.0007
顶篷衬里	纤维板	1.31	0.007
	黑色绝缘板	1.41	0.01
	织物	1.53	0.006
地毯	织物	1.19	0.02
仪表板	聚碳酸酯	3.90	0.04
	聚丙烯	2.12	0.0007
	尼龙	3.1	0.01
安全气囊	织物	1.87	0.01
	聚对苯二甲酸丁二醇酯	4.00	0.002
车窗	玻璃	6.5	0.03

6.4 车内电磁场测量

前面的部分已经描述了用于建模车辆内部场分布的模拟技术。为了研究仿真模型是否能够在车辆中将电磁场水平预测达到令人满意的水平，必须执行测量以验证数据。本节将描述一种可以测量具有最小场干扰的 3D 电场分布的测量系统。1D 和 2D 结果通常足以用于简单环境中的验证活动，例如空矩形腔[45]。然而，在诸如车辆的复杂环境中，现场分布验证将需要更大的数据集以提供更可靠的现场总体统计，其可用于 ITS、EMC 分析和人类暴露于电磁场的评估中的传播研究。

在文献 [46] 中开发了一种自动定位系统，该系统可以提供足够的抗拉强度和刚度以支撑场探头并安装在车辆中。由于使用相对较大的结构可能在测量车辆内的场电平时引起显著的电场干扰，因此扫描框架大部分由 Perspex 制成，并且具有总共 12 个小型步进电机用于自动探针定位。用于测量的电磁场探头是激光驱动的，并且由光缆控制以使潜在的场干扰最小化。没有垂直定位器的扫描框架如图 6.6a 所示。通过使用夹层结构（图 6.6b）获得扫描框架的低干扰性质，该夹层结构由通过在优化位置处放置的间隔物隔开的两个薄片 Perspex 制成，从而产生气隙、RF 可见性的结构。夹层结构的厚度为 11mm，以保持刚性。当与相同厚度的固体有机玻璃块相比时，具有夹层结构的扫描器引起的场干扰在 2GHz 下在 0.6~1.4dB 的范围内，而固体有机玻璃扫描器产生 1.2~2.6dB 的场干扰。安装在车辆驾驶室内的扫描框架如图 6.6c 所示，附带垂直臂和光学探头。在 1800MHz 和 900MHz 处，采样的点数分别为 12852 和 3402。

a) 框架由塑料制成,无垂直臂

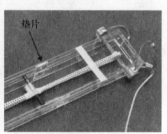
b) 闭式三明治结构

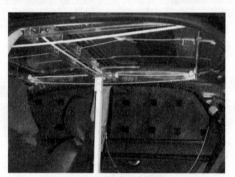
c) 框架安装在车辆上

图 6.6　低扰动扫描框架

为了比较通过模拟获得的场数据与测量的相关性，将放置在车辆行李舱上的源单极的测量场和模拟场的累积分布绘制在图 6.7 和图 6.8 中。两种不同的时域技术用于模拟，每种使用不同的模型。与 CST 微波工作室一起使用的型号包括电介质家具以及车辆的主要金属部件，而 Microstripes（CST TLM 求解器）模型仅限于金属部件。

在 900MHz 时，图 6.7 显示从 CST 微波工作室数据获得的模拟累积振幅分布曲线与从测量数据获得的曲线非常接近，并且在 DARE RSS1006A 激光电动探头的不确定度范围内，以及测量的扩展不确定度整体[47]。TLM 结果略差，但仍在不确定性界限内。由于行李舱上的源天线被放置得非常靠近诸如驾驶人和前乘客座位的大电介质结构，所以 TLM 模型中缺少电介质材料可能是导致模拟场与测量值偏差的原因。

在 1800MHz 的较高频率时，电介质部件对电场水平具有甚至更大的影响。如图 6.8 所示，其中来自 TLM 求解器的结果在扩展不确定度范围之外，而 CST 微波工作室数据虽然不像在 900MHz 那样接近测量结果，但仍然保持在不确定度范围内。使用分位数-分位数图[46]进行的进一步验证表明，在电场统计方面显示出良好的匹配性。

这表明模拟模型中的信道特性可以用于进一步的传播研究，因为它们与真实车辆的特性相当。

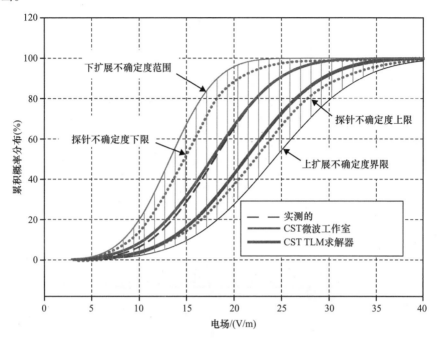

图 6.7　900MHz 车舱内实测和模拟场的累积分布

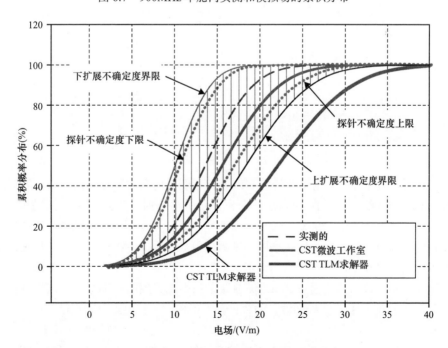

图 6.8　1800MHz 车舱内实测和模拟场的累积分布

6.5 场分布和天线的模拟放置优化

车厢内的空间场分布取决于工作频率和源天线的位置。因此，需要深入理解这种行为，以便优化放置在车厢内的通信设备的性能。此外，对场分布改进的理解可以帮助简化 RF 前端设计，从而降低设备成本。如果收发器被放置在存在高场强的区域中，则也可以降低功耗。此外，场分布数据可以用于评估乘员暴露在由车载发射器产生的电磁场，这在此类调查中经常被忽略。第 6.4 节中概述的结果表明，使用数值模拟获得与测量场相当的现场总体统计数据的可能性。本节说明使用模拟来评估不同频率下不同源天线位置的空间场分布的变化。

在 900MHz 模拟模型中使用车辆的主要金属部件来研究在两个典型位置发现的源天线在车厢内的场分布。在 1800MHz 和 2400MHz，包括电介质部分，因为它们对场分布具有影响。源天线的位置在图 6.9 中标记，其中位置"A"在风窗玻璃孔径的顶部，并且位置"B"表示安装在位于两个前座之间的储物箱上。为了简单起见，使用四分之一波长单极天线来表示 RF 源。

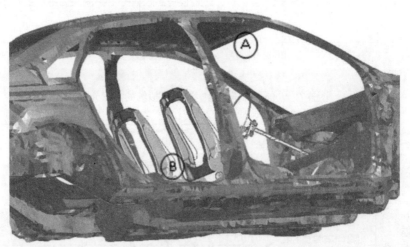

图 6.9 车内源天线位置

绘制 2D 场分布可以用于在特定高度处的车厢内的高或低场级的特定点和区域处可视化和定位场级。图 6.10 和图 6.11 分别显示了在位置 A 和 B 处的源天线在频率为 900MHz，1800MHz 和 2400MHz 的 2D 单水平切面上的场分布。放置 RF 源或接收通信设备的最佳位置可以通过比较场图来获得。例如，在 900MHz 时，位于风窗玻璃顶部附近的天线将在车厢内产生平均电场水平，其可以低于位于行李舱上的源天线的平均电磁场水平。这可以通过在图 6.10a 中在车厢中观察到的较小数量的高场峰值快速可视化。在 1800MHz，波峰和波谷的数目要大得多，并且更难以确定哪个源天线位置将在车厢内给出更高的平均场电平。然而，场电平较高的区域仍然可以清楚地识别。比较图 6.10a 和 6.11b，由于高场电平的较宽区域，将 RF 源放置在行李舱隔间将提供大量的接收器放置位置选择。在 2400MHz 时，2D 场图的视觉比较显示出了针对不同源天线位置的车厢内的场水平没有显著差异。在这种情况下，现场统计和车厢内平均场水平的知识可以有助于确定放置源天线的最佳位置。

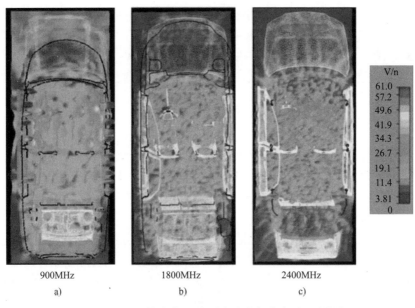

900MHz   1800MHz   2400MHz

a)   b)   c)

图 6.10 源天线在位置 A 时车内的场分布（见彩插）

900MHz   1800MHz   2400MHz

a)   b)   c)

图 6.11 源天线在位置 B 时车内的场分布（见彩插）

车厢内的平均电场显示在表 6.3 中，其显示当源天线放置在存储舱处时所有频率的较高值。在图 6.12 中显示了在三个感兴趣的频率处总结车厢中的场水平的直方图。这些曲线表明，当源天线位于驾驶人存储舱（前排座椅之间）上时，比安装在车顶前部时，采样点的稍大一部分处于较高的场级。

表 6.3　不同频率时车厢内的平均电场

天线位置	车厢内平均电场 / (V/m)		
	900MHz	1800MHz	2400MHz
存储舱	19.03	18.89	17.87
前车顶	13.79	14.53	15.07

所获得的结果的含义是更大比例的能量可以被引导到车辆外部，其中天线放置在前风窗玻璃上方。3D 场分布还可以用于了解车内电场分布如何随高度变化：图 6.13 比较了后座区 900 MHz 和 1800 MHz 区域的 3D 电场分布。

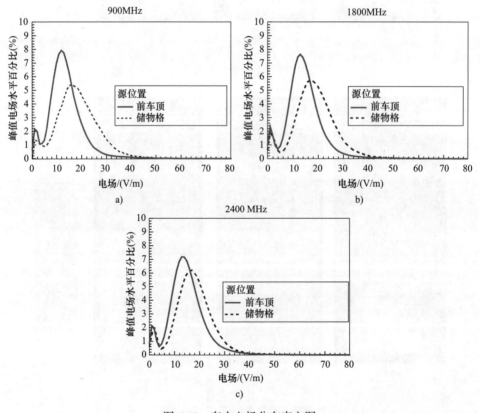

图 6.12　车内电场分布直方图

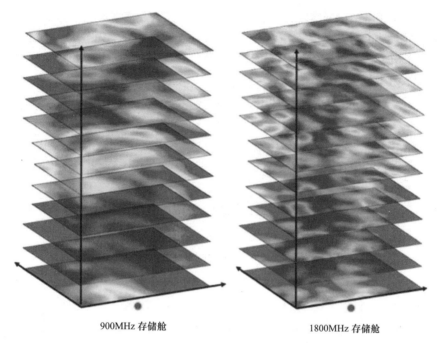

900MHz 存储舱   1800MHz 存储舱

图 6.13   因存储舱格上安装的单极子在车内激发的 3D 电场分布（以 2D 剖切面表示）（见彩插）

6.6   占用场暴露和可能的现场缓解方法

6.6.1   人体暴露于电磁场

在优化封闭区域内的通信系统时，一个经常被忽视的主题是与人类暴露于电磁场相关的问题。驻波由车辆中的无线通信系统产生，这是由于车辆的半共振性质。结果在结构内的场分布对于具有高电场水平的局部区域将是高度不均匀的，如在前面部分中的场图中所示。然而，提高车载发射器的输出功率以使得弱场强区域接收数据的简单解决方案将导致车厢内的场水平上升（场与辐射功率的平方根成比例），从而增加乘员暴露于电磁场的机会。因此，需要考虑车内现场暴露问题。

电磁场暴露指南[48]通常以“参考水平”和“基本限制”为框架。参考水平与感兴趣的空间中发现的电磁场强度等量有关，而基本限制根据局部电磁体在身体组织中引起的电流密度和比吸收率（SAR）水平等量来规定领域。参考水平是通过数学建模和实验室测量外推法的基本限制导出的。包括安全裕度在内，以允许个体之间的差异，以及由于环境反射引起的局部场增强。在文献[48]中注意到，场参考电平旨在作为在暴露个体的整个身体上的空间平均值，但是具有重要的条件是不超过对局部暴露的基本限制。因此，现场参考电平的使用不被认为适用于由非常接近身体的发射器产生的高度局部化的曝光。然而，对于位于车辆中但不与身体接触的射频源，期望使用现场参考水平用于初始暴露威胁评估。图 6.14 显示了评估车辆乘员暴露于电磁场推荐步骤的简要概述。

车辆驾驶室内的电磁场的示例用于针对场参考电平进行评估，如图 6.15 所示，该配置的源天线放置在存储舱上。2D 电场分布切面近似地表示乘员位置。最大场电平设置为 41.3V/m，这是在文献 [48] 中规定的一般公众曝光在 900MHz[46] 规定的电磁场参考电平。

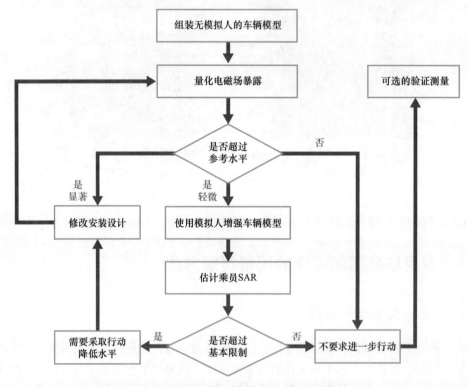

图 6.14　评估车辆乘员暴露于电磁场的步骤概述

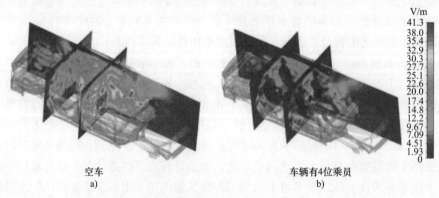

图 6.15　有人和无人车辆中 900MHz 电磁场水平比较（见彩插）

将图绘制为 1W 辐射功率。超出参考电平的字段值以红色显示。由于乘员位置的一些区域是红色的，人体模型被添加到模型中以估计乘员体内的 SAR。在本例中，使用四个均匀的人体模型用于 SAR 评估。从模拟数据发现，由于人体模型吸收功率，人体模型的引入使车辆内的平均场减少了高达 47.92%。场电平的减小取决于源天线位置、操作频率以及车辆乘员的数量和大小。SAR 评估包括头部和躯干的最大局部 10g SAR（即平均超过 10g 连续组织），肢体最大局部 10g SAR 和全身平均 10g SAR。针对多种不同的占用配置，获得了车辆模型中的每个人体模型的结果。

在这项研究中，发现峰值 SAR 在不同的乘员之间显著变化，并且还取决于在人体模型中使用的网格分辨率。发现峰值 SAR 在粗网格和细网格之间变化约 10%。全身平均 SAR 的变化较小，对网格分辨率不太敏感。

表 6.4 总结了在不同频率下对于两个不同源天线位置达到或超过 SAR 限制所需的估计功率电平。对于放置在车顶中心的源天线，在 1800MHz 处找到超过建议 SAR 限制所需的 21W 的最低功率电平。该功率水平不可能在公众使用的车辆中传输。

表 6.4　达到或超过 SAR 限制所需的功率电平

频率 /MHz	源位置	达到 SAR 限值所需的最低输入功率电平 /W	SAR 相对于 SAR 限值的最高百分比（%）
900	后行李架	51	1.94
	车顶中心下方	28	3.84
1800	后行李架	76	1.31
	车顶中心下方	21	4.63
2400	后行李架	69	1.21
	车顶中心下方	28	3.61

6.6.2　现场缓解方法

从表 6.4 可以看出，此处考虑的天线配置需要至少 21W 的输入功率，才能超过人暴露的 SAR 限制。然而，在某些情况下，可能需要场阻尼以通过减少或移动车内谐振来改善通信信道特性。通常，专门的场吸收材料可以用于减少空腔谐振和辐射威胁的影响。然而，所使用的许多材料昂贵或尺寸大，并且可能不总是适于在封闭环境中使用。

所选择的材料必须具有改变半谐振腔内的场模式和电平，并且具有足够的带宽以覆盖感兴趣的频带。此外，方法和材料必须具有成本有效。可以用作单个解决方案或组合以改变电磁场模式和电平的一些建议实施方式包括：

- 在重要位置使用吸收材料；
- 使用失谐导体；
- 使用频率选择表面或电磁带隙材料；

• 在重要位置使用电阻薄片；

• 改变现有结构中使用的材料（根据要求采用反射或吸收材料）。

在 2GHz 的频率下测量可用于场阻尼的阻抗片和有损耗材料的反射、透射和吸收特性（见表 6.5）。相对介电常数、损耗角正切和表面阻抗值可以根据测量数据进行插值用于模拟，以评估其场阻尼效应。

对于在车辆座椅上放置和不放置有损耗材料的配置，通过在 900MHz 和 1800MHz 的测量来评估车辆内的场缓解。6.4 节中描述的设备用于自动化电场测量。车辆中有损耗材料的位置如图 6.16 所示（粉红色）。对于场缓解评估，在 900MHz 使用 LS-24 [50]，在 1800MHz 使用 RFLS-5066 [51]。将源偶极放置在包裹架上。

表 6.6 总结了 900MHz 时的 LS-24 和在 1800MHz 时的 RFLS 5066 的平均和最大场电平随车内测量体积的变化。一般观察是平均场电平的降低。虽然存在平均场电平的降低，但是还观察到，在不接近有损耗泡沫片的一些区域中的平均场水平得到增强，并且对于一些测量点记录的最大场电平更高。这可能是由于这些材料的反射引起的场分布的变化（见表 6.5）。在接近有损耗泡沫的区域中，场电平显著降低。这表明，引入有损耗泡沫片材可以用于在车辆内提供高度局部化的场减少。

表 6.5　研究材料的射频特性以降低场电平（2GHz）

材料	反射	透射	吸收
Quilt wave[49]	48.16%	9.18%	42.66%
有损耗泡沫 5066（10mm 厚）	59.02%	0.23%	40.75%
橡胶（10mm 厚）	50.42%	43.16%	6.42%

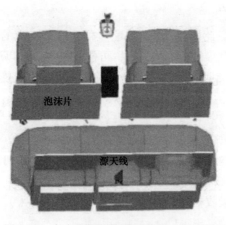

图 6.16　车内有损耗泡沫片位置（见彩插）

表 6.6　由于前排座椅上放置了一层有损耗泡沫导致的车内场电平变化

测试示例	车内场	材料配置	电场值 /（V/m）	变化率（%）
LS-24，900MHz	平均值	有材料	6.12	−17.5
		无材料	7.42	
	最大值	有材料	17.12	−12.25
		无材料	19.51	
RFLS 5066，1800MHz	平均值	有材料	4.47	−20.9
		无材料	5.65	
	最大值	有材料	15.56	6.8
		无材料	14.51	

　　还使用 RFLS 5066 在 900MHz 和 1800MHz 时研究了这种缓解材料对车载天线的远场辐射图的影响。从图 6.17 可以看出，在车辆内引入场缓解材料不会导致远场辐射模式的任何显著变化。因此，这些措施预计不会对已经安装的任何车载通信天线的性能产生重大不利影响。

　　上述发现表明，如果需要在车辆内进行电磁场缓解，用与 LS-24 损失类似的材料代替普通座椅泡沫可能是有用的。更换座椅泡沫对于减少电磁场暴露是理想的，因为人总是紧密接触座椅，并且泡沫材料的厚度足以引入所需的损失。如果需要高度局部化的电磁场降低，则可以使用有损耗的泡沫。它们可以实现场级的高度降低，在需要低场级（例如关键电子部件和乘员就座位置的位置）时产生阻尼，同时仍允许 ITS 应用所需的通信设备在具有较高场级的区域中工作。

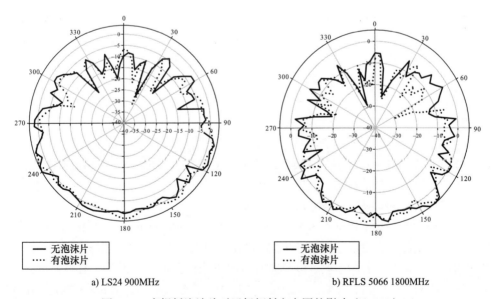

a) LS24 900MHz　　　　　　　　　　　　b) RFLS 5066 1800MHz

图 6.17　有损耗泡沫片对远场辐射方向图的影响（$\theta=90°$）

6.7 结论

本章提供了与车内通信系统和车载无线网络节点相关问题的概述。这样技术的采用使得新兴的 ADAS 和 ITS 应用能够实现持续增长。这其中的许多系统将需要可靠的无线通信来与安装在车辆内部和外部的系统通信。车身及其复杂的电子设备使无线通信的环境变得很差。在半谐振车辆内部中的驻波可以引起车内的电磁场电平的巨大变化，并且可能影响车内通信的可靠性。

对信道特性和车内电磁场研究的最新技术的调查强调了对传播信道的特性和电磁场的行为进行更详细研究的必要性，以便提高无线通信系统的可靠性。这些研究可以通过模拟或通过测量进行。由于整个车辆模拟的使用在现有文献中很少描述，本章给出了可用于评估车身对车辆电磁场的影响的适用电磁技术（例如 FIT、TLM、MLFMM、GO），以及构建这种模型的一些实践方面（例如 CAD、模型内容、材料性质）。

还需要测量场分布，以建立对模拟数据的置信度。一种可以测量电磁场的自动测量系统安装在车厢内，没有显著干扰电磁场水平，允许收集验证数据和量化不确定性。该系统可以用于获得电磁场统计，并且通过在车厢内的许多点处自动获取电磁场水平来生成电磁场分布的三维视图。使用低干扰扫描器对电磁场测量的模拟数据的验证表明，模拟电磁场统计在测量不确定性的界限内。

在仿真模型验证后，可以执行 ITS 相关通信设备的潜在布置选项的初始优化。模拟可以提供现场分布的可视显示并详细说明放置在车厢内的通信系统的网络参数。这提出了用于在车辆内放置 ITS 通信设备的方法。与执行繁琐的测量相比，它也更方便。使用本章中的模拟方法生成的电磁场图描述了优化过程的示例。然而，该示例并非详尽无遗的，并且可以从模拟数据来评估许多其他类型的传播分析，诸如短期和长期衰落。

最后，还描述了与车辆内的 ITS 通信设备的放置相关的人体暴露于电磁场的评估，以及可能的电磁场缓解方法。

致谢

感谢 Richard Langley 教授（英国谢菲尔德大学）、Jonathan Rigelsford 博士（英国谢菲尔德大学）和 Hui Zhang 博士（美国 Cohbam Technologies）的支持，因为本章的部分材料是他们在英国谢菲尔德大学总结的。

以上概述的一些工作是作为 SEFERE 项目的一部分进行的，SEFERE 项目是由英国技术战略委员会（技术计划参考 TP/3/DSM/6/1/15266）支持的合作研究项目。项目联盟包括 MIRA 有限公司（项目协调员）、ARUP 通信公司、BAE 系统有限公司、Harada 工业欧洲有限公司、捷豹汽车公司、英国国家警察改进局、谢菲尔德大学和沃尔沃汽车公司（瑞典）。

参考文献

1. S. Ezel (2010) *Explaining International IT Application Leadership: Intelligent Transportation Systems, The Information Technology and Innovation* Foundation, January.
2. E.M. Davenport (2007) SEFERE: Simulation of electromagnetic field exposure in resonant environments, *COMIT Community Day, Ilkley, UK, 27 September 2007*, pp. 1–24.
3. N. Lu, N. Cheng and N. Zhang (2014) Connected vehicles: solutions and challenges, *IEEE Internet Things Journal* **1**(4): 289–99.
4. M.J. Cronin (2014) Ford finds its connection. In M.J. Cronin, *Top Down Innovation*. London: Springer International Publishing, pp. 13–24.
5. B. Fleming (2013) Smarter cars: incredible infotainment, wireless device charging, satellite-based road taxes, and better EV batteries, *IEEE Vehicular Technology Magazine* **8**(2): 5–13.
6. OnStar [Online]. Available: https://www.onstar.com (last accessed 27 April 2015).
7. SBD (2012) 2025 every car connected: forecasting the growth and opportunity. SBD & GSMA, Feb. 2012.
8. *Accenture-Connected-Vehicle-Survey-Global*. Available online at: http://www.accenture.com/us-en/landing-pages/products/Documents/ivi/Accenture-Connected-Vehicle-Survey-Global.pdf (last accessed 27 April 2015).
9. M. Pinelis (2013) Automotive sensors and electronics: trends and developments in 2013, *Automotive Sensors and Electronics Expo, Detroit, MI, USA*, **2013**.
10. G. Leen and D. Heffernan (2001) Vehicles without wires, *Computing and Control Engineering Journal* **12**(5): 205–11.
11. M. Kent (1998) Volvo S80 electrical system of the future. Available online at: http://www.artes.uu.se/mobility/industri/volvo04/elsystem.pdf (last accessed 8 May 2015).
12. P.J. Van Rensburg and H.C. Ferreira (2003) Automotive power-line communications: favourable topology for future automotive electronic trends, *Proceedings of the 7th International Symposium on Power-Line Communications and its Applications (ISPLC'03), Kyoto, Japan, March 2003*, pp. 103–8.
13. R.M. Ishtiaq Roufa, H. Mustafaa, S.O. Travis Taylora, *et al.* (2010) Security and privacy vulnerabilities of in-car wireless networks. a tire pressure monitoring system case study, *Proceedings of 19th USENIX Security Symposium*, Washington DC, USA, *August 2010*, pp. 11–13.
14. C.U. Bas and S.C. Ergen (2013) Ultra-wideband channel model for intra-vehicular wireless sensor networks beneath the chassis: from statistical model to simulations, *IEEE Transactions on Vehicular Technology*, **62**(1): 14–25.
15. A.R. Moghimi, H.-M. Tsai, C.U. Saraydar and O.K. Tonguz (2009) Characterizing intra-car wireless channels, *IEEE Transactions on Vehicular Technology* **58**(9): 5299–5305.
16. C.F. Mecklenbrauker, A.F. Molisch, J. Karedal, *et al.* (2011) Vehicular channel characterization and its implications for wireless system design and performance, *Proceedings of IEEE* **99**(7): 1189–1212.
17. D. Balachander and T.R. Rao (2013) In-vehicle RF propagation measurements for electronic infotainment applications at 433/868/915/2400 MHz, *Proceedings of the 2013 International Conference on Advances in Computing and Informatics (ICACCI)*, Mysore, India, August 2013, pp. 1408–13.
18. P. Wertz, V. Cvijic, R. Hoppe, *et al.* (2002) Wave propagation modeling inside vehicle using a ray tracing approach, *Proceedings of IEEE 55th Vehicular Technology Conference, Birmingham, Alabama, USA, May 2002, Vol.* **3**, pp. 1264–8.
19. E.M. Davenport and M.E. Hachemi (2010) Simulation approaches for resonant environments, *Proceedings of the 4th European Conference on Antennas and Propagation*, Barcelona, Spain, April 2010, pp. 1–4.
20. A. Valcarce, D. Lopez-Perez, G. de la Roche, and J. Zhang (2009) Predicting small-scale fading distributions with finite-difference methods in indoor-to-outdoor scenarios, *Proceedings of IEEE 69th Vehicular Technology Conference*, Barcelona, Spain, *April 2009*, pp. 1–5.
21. T.K. Sarkar, J. Zhong, K. Kyungjung, *et al.* (2003) A survey of various propagation models for mobile communication, *IEEE Antennas and Propagation Magazine* **45**(3): 51–82.
22. H. Nagatomo, Y. Yamada, K. Tabira, *et al.* (2002) Radiation from multiple reflected waves emitted by a cabin antenna in a car, *IEICE Transactions on Fundamentals of Electronics, Communications and Computer Sciences*, Vol. **E85-A**, No. 7: 1585–93.
23. F. Harrysson (2003) A simple directional path loss model for a terminal inside a car, *Proceedings of IEEE 58th Vehicular Technology Conference*, Vol. **1**, pp. 119–22.
24. O.K. Tonguz, H.-M. Tsai, T. Talty, *et al.* (2006) RFID technology for intra-car communications: A new paradigm, *Proceedings of IEEE 64th Vehicular Technology Conference, Montreal*, Quebec, Canada, September 2006, pp. 1–6.

25. H.-M. Tsai, O.K. Tonguz, C. Saraydar, *et al.* (2007) Zigbee-based intra-car wireless sensor networks: a case study, *IEEE Wireless Communications* **14**(6): 67–77.

26. R. De Francisco, L. Huang, G. Dolmans, and H. De Groot (2009) Coexistence of ZigBee wireless sensor networks and Bluetooth inside a vehicle, *Proceedings of IEEE 20th International Symposium on Personal*, Indoor and Mobile Radio Communications, Tokyo, Japan, September 2009, pp. 2700–4.

27. S. Herbert, I. Wassell, T.H. Loh and J. Rigelsford (2014) Characterizing the spectral properties and time variation of the in-vehicle wireless communication channel, *IEEE Transactions on Communications* **62**(7): 2390–9.

28. S. Herbert, T.H. Loh and I. Wassell (2013) An impulse response model and Q factor estimation for vehicle cavities, *IEEE Transactions on Vehicular Technology* **62**(9): 4240–5.

29. I.G. Zuazola, J.M.H. Elmirghani, and J.C. Batchelor (2011) A telematics system using in-vehicle UWB communications. In B. Lembrikov (ed.), *Novel Applications of the UWB Technologies*, InTech, pp. 195–208. Available online at: http://cdn.intechopen.com/pdfs-wm/17463.pdf (last accessed 8 May 2015).

30. I.G. Zuazola, J.M. Elmirghani and J.C. Batchelor (2009) High-speed ultra-wide band in-car wireless channel measurements, *IET Communications* **3**(7): 1115–23.

31. W. Niu, J. Li and T. Talty (2009) Ultra-wideband channel modeling for intravehicle environment, *EURASIP Journal of Wireless Communications Networks*, Vol. **2009**, Art. 806209.

32. L. Low, H. Zhang, J. Rigelsford and R.J. Langley (2010) Measured and computed in-vehicle field distributions, *Proceedings of the 4th European Conference on Antennas and Propagation*, Barcelona, Spain, *April 2010*, pp. 1–3.

33. A.R. Ruddle (2007) Validation of predicted 3D electromagnetic field distributions due to vehicle mounted antennas against measured 2D external electric field mapping, *IET Science, Measurement and Technology* **1**(1): 71–5.

34. L. Low, H. Zhang, J. Riglesford and R.J. Langley (2009) Computed field distribution within a passenger vehicle at 2.4 GHz, *Proceedings of the 2009 Loughborough Antennas and Propagation Conference*, Loughborough, UK, *November 2009*, pp. 221–4.

35. S. Horiuhci, K. Yamada, S. Tanaka, *et al.* (2007) Comparisons of simulated and measured electric field distributions in a cabin of a simplified scaled car mode, *IEICE Transactions on Communications* **E90**(9): 2408–15.

36. M. Klingler and A. Lecca (2006) Comparison between simulations and measurements of fields created by mounted GSM antenna using a car body, *Proceedings of 6th International Electromagnetic Compatibility Symposium, Barcelona, Spain, September 2006*, pp. 732–42.

37. A.R. Ruddle (2008) Influence of dielectric materials on in-vehicle electromagnetic fields, *IET Seminar on Electromagnetic Propagation in Structures and Buildings*, London, UK, *4 December 2008*, pp. 1–6.

38. Y. Tarusawa, S. Nishiki and T. Nojima (2007) Fine positioning three-dimensional electric-field measurements in automotive environments, *IEEE Transactions on Vehicular Technology* **56**(3): 1295–1306.

39. CST Studio Suite. Available online at: http://www.cst.com (last accessed 28 April 2015).

40. FEKO. Available online at: http://www.feko.info (last accessed 28 April 2015).

41. HFSS. Available online at: http://www.ansys.com/Products/Simulation+Technology/Electronics/Signal+Integrity/ANSYS+HFSS (last accessed 28 April 2015).

42. A.R. Ruddle (2008) Validation of simple estimates for average field strengths in complex cavities against detailed results obtained from a 3D numerical model of a car, *IET Science, Measurement and Technology* **2**(6): 455–66.

43. HP Product Note 8510-3 – *Measuring Dielectric Constant with the HP 8510 Network Analyzer*, Hewlett Packard, January 1983.

44. N. Damaskos (2003) *General Cavity Material Measurement System Manual*, September.

45. H. Zhang, L. Low, J. Rigelsford and R.J. Langley (2008) Field distributions within a rectangular cavity with vehicle-like features, *IET Science, Measurement and Technology* **2**(6): 477–84.

46. L. Low, H. Zhang, J. Rigelsford, *et al.* (2013) An automated system for measuring electric field distributions within a vehicle, *IEEE Transactions on Electromagnetic Compatibility* **55**(1): 3–12.

47. UKAS (2002) *The Expression of Uncertainty in EMC Testing*, 1st edition, Middlesex, UK: UKAS.

48. ICNIRP (1998) Guidelines for limiting exposure to time-varying electric, magnetic and electromagnetic fields (up to 300 GHz), *Health Physics* **74**(4): 494–522.

49. S.M. Tsontzidis, L.C. Lai and N. Zeng (2005) Microwave packaging with indentation patterns, *US Patent* **7319213**.

50. Eccosorb LS-24, Laird Technologies. Available online at: http://www.lairdtech.com/products/eccosorb-ls (last accessed 9 May 2015).

51. RFLS-5066, Laird Technologies. Available online at: http://www.digikey.com/product-detail/en/5066/5066L-ND/4423228 (last accessed 9 May 2015).

7 新型车载集成和车顶天线

7.1 概述

最初用来无线电接收的汽车天线是一个简单的四分之一波长的单极天线，它是专为 FM 频率设计的。该天线长度通常为 75~80 厘米，是迄今为止性能最好的天线之一。它一般被安装在靠近车辆 A 柱或翼子板上方。

随着汽车信息娱乐系统的发展，引进许多附加的功能。在 20 世纪末，这些功能主要以电视、手机和卫星导航频率的形式出现。21 世纪初，随着移动通话频率、数字广播、卫星广播、Wi-Fi 技术以及最近兴起的紧急呼叫和车对车通信的使用，汽车使用的频率迅速增加。

20 世纪末和 21 世纪初，汽车的造型要求也对汽车天线的演变产生了重要影响。可见天线已经不受人们的欢迎，特别是欧洲的消费者。这导致隐藏天线的出现，通常放置在风窗玻璃上或隐藏的复合材料车身板下面。

随着半导体技术和数字信号处理技术的提高，交换的多样性和相位分集技术迅速发展，显著改善了隐藏天线的性能。现在，几乎所有的豪华轿车都采用了 FM 功能相位分集广播调谐器，不仅如此，随着技术的发展，这种功能的天线逐渐应用到中档和低档车上。

7.2 广播电台的天线

现在的广播电台由多个频段组成。长波（LW）频谱占用的频率从 148.5kHz 至 283kHz。中波（MW）的频谱占用的频率从 526.5kHz 至 1705kHz。FM 的频谱占用的频率范围通常是 87.5MHz 到 108MHz；然而，在日本 FM 频谱占用的频率范围是 76MHz 至 90MHz。

地面数字音频广播（DAB），主要使用从频谱占用的频率 174MHz 到 240MHz，有些传输在 1452MHz 到 1492MHz 的 L 波段。美国的数字无线电通过 SiriusXM 管理的卫星星座提供，频谱占用的频率范围在 2320 MHz 到 2345 MHz。

7.2.1 车顶天线

随着车辆美学变得越来越重要，80 厘米长的四分之一波长单极天线在长度上变得更短。长度减少是典型地通过用螺旋线圈代替单极天线单元实现，螺旋绕组的长度和匝数决定了工作频率。

刚性弹簧附连到螺旋绕组的底部，使得桅杆变得灵活。桅杆通常连接到天线的基座，可以包含也可以不包含放大电器，这取决于桅杆的长度。图 7.1 所示为一个放大电路的典型车顶安装的杆状天线。

图 7.1 所示的车顶安装的杆状天线通常是一个低成本的解决方案。AM 和 FM 功能是标准要求，数字音频广播（DAB）作为一个选项提供。

SiriusXM 无线广播需要一个光束形状的定向天线，方向朝着卫星而不是地面发射机。因此，美国的典型的车顶安装的多频段天线将包含具有更大面积的基座，如图 7.2 所示。

图 7.1　带有放大电路的典型车顶安装的　　图 7.2　美国典型的车顶安装多频段天线
　　　　　杆状天线

近年来，鲨鱼鳍形天线在广播电台中也很受欢迎。这些天线的角度限制为 70mm，是根据欧盟立法和车库可停放和洗车的实用性要求确定的。虽然这些天线的性能受到很大挑战，但是已被证明可以为汽车市场认可和接受。这些天线现在很常见，尤其是在日本汽车制造商制造的汽车上。图 7.3 介绍了用于实现 AM 和 FM 无线电功能的典型设计配置。

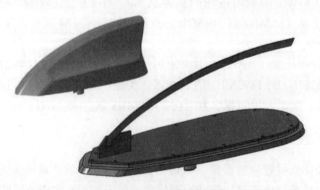

图 7.3　用于实现 AM 和 FM 无线电功能的典型设计配置

7.2.2　隐藏的玻璃天线

高档汽车上配置明显的外部天线是不被人们所接受的。目前发现，甚至中档车辆和某些低端车辆配置可见天线都是不被人们所接受的。对于车身较高的车辆，停车入库的性能一直都是一个问题。桅杆破碎和被盗也是一个问题。这些问题导致了隐藏天线的快速发展，在玻璃上印刷辐射元件是最流行的技术。

隐藏天线受欢迎的另外一个原因是天线分集的迅速发展[1]，这是大多数无线电调谐器支持的。分集依赖于多个天线，通常能够接收来自四面八方的相似的信号强度。在车顶上安装多个杆状天线是不切合实际的，因为这样会显著降低车辆美观。隐藏的设计，特别是在玻璃上，可以自如地支持多个天线。

对于设计师来讲，设计这种玻璃天线仍然是一个挑战，因为在原型车辆可用之前初始天线的模式已经被设计和开发出来。车体对天线性能有着重要影响，所以计算机建模方法被广泛使用。其中一个最常用的方法是距量法（MoM）[2]。用于隐藏天线的最常见的玻璃面板是后风窗玻璃。随着相位多集的发展，在理想情况下需要尽可能隔开放置，在车辆的后部使用侧窗逐渐变得流行。

如图 7.4 所示为典型的车辆后风窗天线配置。天线配置显示支持 AM、FM、DAB 和无钥匙进入功能。实现使用两个 FM 天线支持相位分集要求。

如图 7.5 所示为典型的用于相位分集的侧窗天线配置。所呈现的天线配置支持 AM、FM、DAB 和无钥匙进入功能。

　　图 7.4　典型的后风窗天线配置　　　　图 7.5　典型的用于相位分集的侧窗天线配置

如图 7.6 所示为典型的前风窗天线，它集成了 AM、FM、DAB、DVB 和无钥匙进入功能。在跑车通常使用前风窗天线，因为跑车的发动机安装在车辆的后部，而天线的安装位置通常安装在距离发动机尽可能远的地方以减少电磁干扰，尤其是在调幅频率下。

除了前风窗玻璃外，某些车辆如商业货车可能没有任何可用的固定玻璃面板，这些车辆也利用前风窗玻璃放置天线。任何来自噪声源的干扰都应该在前风窗玻璃的天线设计过程中特别考虑。

图 7.6 典型的前风窗天线，集成了 AM、FM、DAB、DVB 和无钥匙进入功能

一个典型的屏幕天线效率并不是很高。FM 频率的效率通常在 20%~40%。因此，需要一个前端放大器。这种放大器被安装在尽可能靠近天线的地方，以获得最佳性能。

7.2.3 隐藏和集成天线

一些车辆设计者更倾向于避免将天线放置在玻璃面板上。在这样的情况下，天线可以集成到车辆的复合车身面板上。这种复合车身面板的集成通常是以天线的形式印制在薄膜上，如图 7.7 所示。这些薄膜被集成在一个复合的行李舱盖或车顶板上。这些天线在良好的相位分集性能方面面临极大的挑战，因为元件的间隔比理想要求的更近。

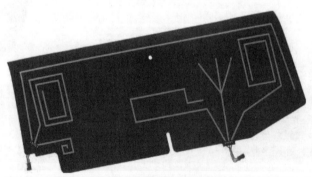

图 7.7 天线印制在薄膜上

目前比较流行的是将天线隐藏在后视镜上。天线接近度有利于相位分集功能的实现，但典型后视镜的尺寸较小，附近没有车身接地、缺乏理想的天线材料和水密封性的要求给设计者带来了很大挑战。商用车辆因为后视镜的尺寸较大，普遍使用后视镜天线。

为了减小天线的尺寸，在天线的设计中使用了多种技术。图 7.8 所示为 PCB 式天线设计，这种天线能够安装在具有复合材料车身（碳纤维除外）的车厢内。复合材料在跑车中比较常见的。电感负载回路和分形元件作为广泛使用的技术，用于设计集成在车内的小型安装天线 [3]。对于电磁信号，非金属车身是相对透明的。

图 7.8　PCB 式天线

7.3　天线的远程信息处理

远程信息处理天线的定义通常涵盖移动电话频率和卫星导航频率。

在汽车上，电话的频率要求已经为 4G，并在向 5G 发展。

汽车导航多年来主要依靠 GPS 系统。随着俄罗斯 GLONASS 系统的引入，欧洲的伽利略系统以及中国的第二代北斗系统的应用，都需要多个频段的覆盖。上述所有系统都统称为全球导航卫星系统（GNSS）。

GNSS 系统运营频率大致在 1561.098MHz、1575.42MHz、1598.0625MHz、1609.3125MHz。所有系统都使用右旋圆偏振（RHCP）的电磁波。

通常汽车上存在两种类型的远程信息处理解决方案。最常见的解决方案是在车顶安装天线。对于那些对美学要求很高的车辆，通常安装隐藏式天线。

4G 需要多个天线的支持。目前，4G 解决方案通常是基于在车辆上两个不同的位置安装两个天线，来实现元件之间所需的隔离。

7.3.1　车顶的远程信息处理天线

在车顶安装天线是远程信息处理最流行的解决方案。因为这种解决方案表现出良好的性能，即使是高档车也使用这种解决方案。车顶安装天线这种解决方案的另外一个好处是能够将产品从一个车辆平台转移到另一个车辆平台，从而降低开发成本。集成在车内的天线需要对每个车辆平台进行优化，因此增加了开发成本。

安装在车顶的远程信息处理天线通常短于 70mm，以满足欧洲法规的要求。如

图 7.9 所示为在车顶安装的 40mm 高的远程信息处理天线。这种设计涵盖了用于 GPS 功能和 3G 电话元件的常用陶瓷天线。

用于 3G 电话元件的天线技术称为印制平面倒 F 天线 [4]。传统的平面倒 F 天线如图 7.10 所示。图 7.9 中的基本元件是这种设计的印刷版本以实现更低的成本。

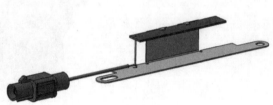

图 7.9　车顶安装的远程信息处理天线　　　　图 7.10　传统的平面倒 F 天线

汽车上典型的 GPS 系统一直依靠印制在陶瓷基板上的微带天线元件。根据基板材料的介电常数，在汽车市场上有多种天线的尺寸可以选择。典型的尺寸为 12~25mm^2。

随着 GNSS 的应用变得越来越普遍，用陶瓷天线的设计满足圆极化带宽要求变得极其困难。这就导致了如图 7.11 所示的使用两个馈电位置来激发元件的天线技术的发展。两个馈电点位置相差 90 度的相位差，因此提供了良好的轴向比。

另外一种比较流行的天线是具有低介电常数的解决方案。但是这种天线的尺寸通常大于 40mm^2。

一些设计还将无线电广播方案结合到远程信息处理方案中。如图 7.12 所示为一个具有独特的元件设计更能够为卫星广播和 GNSS 提供操作的方法。这种设计还使用专门模制的工程塑料，以获得三维天线的解决方案。

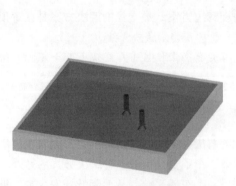

图 7.11　天线使用两个馈电位置来激发元件　　图 7.12　为卫星广播和 GNSS 提供操作的独
特元件设计

7.3.2 隐藏的远程信息处理天线

汽车生产商们为了获得更好的汽车美学，更倾向于采用隐藏的远程信息处理天线。敞篷车和跑车是隐藏的远程信息处理天线的普遍使用者。虽然天线被隐藏起来了，但是这种天线技术和安装在车顶的天线的方法是相似的。在大部分情况下，天线元件的尺寸都会被做得稍大一点，从而克服由于车身的影响而造成的天线的性能损失。

天线经常隐藏位置位于复合材料车身的后面（如行李舱盖或车顶）、仪表盘内部和前后风窗玻璃的后面。一些汽车也采用了安装在保险杠上、后视镜内部和扰流板内的天线。图 7.13 所示为安装在扰流板内的 3G 电话天线，这种天线再次采用了和在车顶安装天线方案同样的印制平面倒 F 天线技术。

在风窗玻璃后面安装天线可能会遭受玻璃中存在的介电损耗。理想的情况下，天线应位于距离玻璃几毫米的位置，但对于大多数应用，介电损耗是可以容忍的。图 7.14 所示的 GNSS 天线方案，将天线安装在前窗玻璃的最顶端。在这种情况下，玻璃的损失有助于实现回波损耗带宽规格。

图 7.13　安装在扰流板内的 3G 电话天线

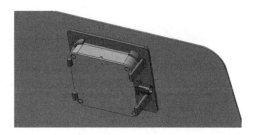

图 7.14　安装在前风窗玻璃顶端的 GNSS 天线方案

7.3.3 远程信息处理天线的未来发展趋势

目前，远程信息处理天线是汽车安全系统的一个重要组成部分。紧急呼叫，通常被称为 E-call，已成为欧盟汽车的强制性配置。E-call 依靠 GNSS 信号来获取车辆定位信息和 3G、4G 网络进行紧急服务通信。

GNSS 系统提供紧急服务，可以知道事故发生的确切位置，并且能够与运营商对话从而获得援助。

Car2Car 通信是另一种需要远程信息处理的应用。随着汽车越来越互联，从车上访问互联网变得很平常，汽车信息通信也在不断发展。Wi-Fi 和 Bluetooth 是车辆设施中的非常重要的组成部分。随着智能蓝牙技术的发展，各种可能性都可以实现。将智能蓝牙技术用于轮胎压力监测系统（TPMS）就是一个拥有巨大增长潜力的市场。

7.4 智能交通系统中的天线

目前，智能交通系统（ITS）是汽车市场的重要组成部分。许多技术都包含在智能交通系统领域。本节讨论的最常见的技术是 Car2Car 通信、E-call、4G 通信、Wi-Fi 和 Bluetooth 技术。

Car2Car 通信利用 5.9GHz 的频谱，通过创建一个包括相关基础设施在内的车用网络，为车与车之间和车与基础设施之间提供通信。这样的一个系统旨在通过共享实时信息，提供一个新的更加安全和高效的交通管理系统。

E-call 是智能交通系统的一部分，它主要是以一种有效的方式处理交通事故。随着其欧盟成员国负责任地提供必要的基础设施，欧盟从 2017 年起，将 E-call 系统强制性地安装在汽车上。当检测到碰撞时，一个语音呼叫通过移动电话网络和 112 服务被自动建立。其他的附加信息数据形式，如碰撞的位置信息、使用 GNSS 将把相关信息提供给相关部门。这些信息包括碰撞的时间、行驶的方向和车辆登记的信息。

7.4.1 Car2Car 通信天线

Car2Car 通信通常以各种不同的名称被提及。Car2Car、Car2x、Car2 Infra-structure、V2V、V2I, IntelliDrive 和 VANET 是经常被提及的。Car2Car 通信基于 IEEE802.11p 标准。

天线技术解决方案依靠于两个工作在 5.9GHz 频率的天线和一个单个的 GNSS 天线。5.9GHz 的天线组成 MIMO 系统，具有克服噪声、衰退和多径特性的优势。Car2Car 系统的天线设计者面临的最大挑战是在较低的仰角获得较高的增益，这对于良好的性能至关重要。

车顶会显著影响低仰角的增益。另外的问题出现在高侧面车辆，这将需要与具有在一个较低仰角的和具有 Car2Car 天线车辆进行通信。因此，实际应用需要低于车顶水平几度。

文献 [5] 展示了用作一个四元件 MIMO 结构的天线设计。本书介绍了一个直径大概 10mm 的圆形贴片天线元件，以及位于天线中心的短路柱，它可以在高阶模式下工作，因此可以在低仰角提供覆盖。同时讨论了四个天线放置在一个均匀的半个波长的空间的性能。文中还给出了能够在适当位置通过放置寄生元件实现的性能改进。

图 7.15 所示为馈源位于中心的圆盘天线设计。由于 5.9GHz 的频率，这些元件尺寸较小，允许多种天线被放置在一个典型的汽

图 7.15 馈源位于中心的圆盘天线设计

车远程信息处理天线的空间包络中。一个理想的天线提供了一个聚焦全向波束，如图 7.16 所示。除此之外，与基础设施通信的一些性能需要高于低仰角。由于天线的效率，基础设施通信可以接受稍微低的增益。

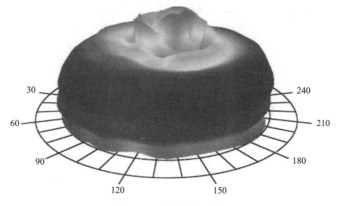

图 7.16　聚焦全向波束

虽然在一个典型的远程信息处理天线中用于 Car2Car 通信的多个天线的安装是已经应用到实际中，但是除了安装频段，对于如 4G 电话和 GNSS 仍然是一个挑战。文献 [6] 提及的研究已经成功克服了这种困难，作者利用三个单级轻微折叠的天线。此外，作者将多模式无线电平台集成到天线组件中，从而避免了被动解决方案的任何电缆损耗。

文献 [7] 展示了一个比较传统的没有集成电子器件的方法，通过一个具有印制单级天线的高阶模式的贴片天线组合，以提供改进的 Car2Car 功能。车顶安装天线的解决方案也集成了 3G 电话功能。其他的许多方法也已经被采取。图 7.17 所示的设计采用了一种方法，即具有多个臂的单极天线的高阶模式，这些臂被恰当地折叠以产生 Car2Car 的合适方向和增益要求 [8]。图 7.18 显现的是天线的辐射方向图。和目前的可用设计相比，该设计的最大挑战是尺寸要求。文献 [5] 用一个单一的元件展示了多频段天线的 3G、Wi-Fi 技术和 Car2Car 性能解决方案。文中还提出了利用人工磁导体来实现设计目标。

图 7.17　具有多个臂的单极天线的高阶模式

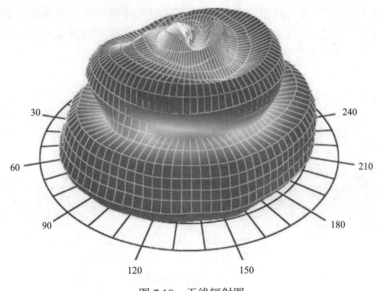

图 7.18　天线辐射图

7.4.2　紧急呼叫（E-call）天线

紧急呼叫（E-call）系统已在欧盟成员国强制使用。这个系统对天线技术的挑战是双重的。第一个挑战是确定一个专门用于紧急呼叫系统的天线方案是否可用。第二个挑战是确定天线的理想位置。

一种多个天线解决方案基于在碰撞中一个天线可能会因功能丧失而受损。经典场景是翻倒的车辆对车顶安装天线的损坏。因此，趋势是为车辆配备两个天线，至少用于电话功能。

GNSS 功能可通过使用 CAN 总线输出其位置数据的单个天线实现。然而，对这种天线的可能损坏也是目前正在讨论的热点。

确定天线的位置需要进行安装环境的调查，在这种环境下在碰撞中不易受损。这排除了大部分的外部表面，例如对于天线性能的比较理想的车顶面板，后视镜和保险杠在碰撞过程中都可能有很高的损坏风险。大家对于汽车仪表盘的安装位置基本一致，但是该位置对天线性能有很大影响。用加热前风窗玻璃的车辆的仪表盘作为安装位置也有挑战。

天线结构和 7.3 节中的传统的设计是相似的，因此这部分就不作介绍了。

7.4.3　其他的 ITS 天线

ITS 系统从根本上基于远程信息处理和定位的天线的使用。因此，目前对大部分系统的要求是通过 GNSS 天线和电话天线来满足的。

由于单个天线用于多个系统，也需要给多个系统提供信号。传统上，射频（RF）

分配器被用来实现这一目标。但是，随着 RF 信号在系统之间的分散，RF 功率变得越来越少。这是将相关电子设备与天线集成在一起，并将数字数据输出到车辆网络的一个关键因素。

当数字数据被输出到一个车辆网络中，没有信号衰减需要处理。总线上的数据对连接到车辆网络上的车辆上的所有系统都是可用的。这些架构允许未来系统的升级，而不用考虑安装另一组天线。

将接收器和发射器电子设备放置在天线旁边的最大优势就是系统性能。从连接天线到电子设备的同轴电缆的损耗被消除，而且噪声性能得到改善。靠近天线的电子元件的可用性允许在智能天线配置的基础上，优化基于接收和发送信号状态的天线。该体系结构还提供了整体的系统成本的改进。

7.5 智能天线

车辆远程信息处理的发展见证了车辆网络的发展。典型的系统，如 LIN 和 CAN 对于当今多媒体系统的要求是受带宽限制的。但是，CAN 系统是可以接受 GNSS 系统对运输典型数据要求的。

对频带的更宽要求导致了诸如面向媒体的交通运输系统（MOST）和 Flexray TM 的出现。然而，对于目前日益增长的要求，即便是这些系统仍然有所限制。近年来，汽车以太网（Ethernet）的快速发展主要集中在 BroadR-Reach 方面，近期已经被纳入 IEEE 标准 802.3bp 体系。

未来很可能看到这些有线系统将被无线系统取代。对于音频和简单的控制应用，经典的蓝牙系统在这方面扮演着很重要的角色。蓝牙低能耗预计会在诸如胎压监测系统（TPMS）和遥控车门开关系统（RKE）中扮演着不可或缺的作用。从一个更长远的角度来看，需要更快的数据速率，而 Wi-Fi 技术很可能是一个主导技术。

车载网络的发展使得靠近天线的电子设备模块输出的数字数据集成成为现实。

7.5.1 用于无线广播的智能天线

天线旁边的电子设备集成有其自身的挑战，其所产生的噪声是设计者需要克服的挑战。对于如面向媒体的系统传输（MOST）的光学系统，在由电到光的转化过程中产生的开关噪声仍然是最大的挑战之一。对于如 AM 等广播系统，这种噪声会导致甚至是最强的广播电台信号的损失。

通常情况下，天线模块的尺寸较小。一个典型的例子是安装在车顶的天线。从车辆美学的角度考虑，电子元件被要求以最小尺寸集成到天线的基座上。这些要求导致对密集电路的需要，这可能进一步会增加噪声问题。

智能天线需要比传统天线放大器更大的电流消耗，对散热器的需求也是设计考虑的一个重点。车顶天线有助于解决这个挑战。

图 7.19 展示的是用于广播电台接收的车顶天线的电路。天线提供 AM 和 FM 无线电功能，将以光学形式输出的数字音频传送到车辆网络。该设计包含了获得最佳噪声性能的多层电路板。为获得最佳导热性能，电压调节器直接安装在天线单元的金属部件上，而天线单元又直接安装在车顶上。

7.5.2 全球卫星导航系统智能天线

图 7.19 用于广播电台接收的车顶天线电路

之前讨论了目前车辆上的许多系统，这些系统需要从车辆上获取位置数据。这些要求通常局限于车辆导航系统，因此全球卫星导航系统（GNSS）接收器设置在导航电子元件中里是合理的，导航电子元件通常是由用户界面和显示器组成。目前的系统，如紧急救援系统（E-call）、车辆跟踪系统和利用置于车内的应用程序系统需要获得车辆位置数据。

这些系统通常需要多个分离器支配全球定位导航系统的信号，或需要多个天线设置在车内或车顶。

图 7.20 中展示的模块中的电路板，能够克服这个挑战。这个模块包含全球卫星导航系统（GNSS）天线，这种天线能够与低噪声放大器连接后，还与全球卫星导航系统接收器连接。模块的输出是与车辆CAN 总线连接在一起的。

CAN 总线有两个用途。第一个用途是将从车辆传感器获取的数据提供给天线模块，用于航位推算。航位推算是 GNSS 接收器中的计算程序，该程序根据从车辆陀螺仪、车轮传感器、转向、车辆速度、

图 7.20 克服这一挑战的模块的电子电路板

行驶方向和其他的传感器收到的数据来计算车的位置。当全球卫星导航系统（GNSS）信号不强，或者是变弱、失真的时候，GNSS 接收器利用航位推算程序输出计算的车辆位置。

第二个用途是传输由天线模块输出的车辆位置信息数据，这些数据可用于 CAN总线上的所有系统。当程序数据被输出到 CAN 总线，在质量上没有任何下降的情况下，多个系统能够接收这类数据。

7.6 结论

在过去的几十年里，汽车天线已经从简单的设计发展到复杂的解决方案。在 20

世纪，传统的拉杆天线演变成电动天线，再变成短波段天线。车辆美学的高需求见证了完全隐藏式天线的发展，尤其是以在玻璃上印制图案或完全隐藏的薄片天线的形式。

由于天线的多样性，隐藏式天线逐渐成为可能。隐藏式天线的发展见证了其比单个天线提供的更优越性能。目前，天线正在以有史以来最快的速度发展。车载网络和智能交通的发展已经为天线设计者引入了许多新频率。更宽的频带和越来越小的天线尺寸以及在某些情况下多个天线的使用要求，意味着需要新的解决方案。

许多挑战是通过在天线旁的引入电子设备克服的。电子设备的可靠性导致许多智能解决方案的产生，因为天线的性能是基于传播条件和用于接收或来自当时发射机所需信号的特性，这些方案在性能方面可被不断优化。

预计在未来几年，随着可用的天线半导体设备越来越智能，天线也将变得越来越智能化。

参考文献

1. H. Lindenmeier, J. Hopf and L. Reiter (1992) Antenna and diversity techniques for broadcast reception in vehicles, *Antennas and Propagation Society International Symposium, AP-S. 1992 Digest,* **2**: 1097–1100, July.
2. U. Jakobus, N. Berger and F.M. Landstorfer, Efficient techniques for modelling integrated windscreen antennas within the method of moments, *Proceedings of Millennium Conference on Antennas and Propagation, Davos, Switzerland, April 2000,* pp. 102–5 (last accessed 9 May 2015).
3. R. Breden and R.J. Langley (1999) Printed fractal antenna, *Proceedings of the IEE National Conference on Antennas and Propagation, 1999,* pp. 1–4.
4. R. Leelaratne and R. Langley (2005) Multiband PIFA vehicle Telematics antennas, *IEEE Transactions on Vehicular Technology* **54**(2): 477–85.
5. A. Thiel, O. Klemp, A. Paiera, *et al.* (2010) In-situ vehicular antenna integration and design aspects for vehicle-to-vehicle communications, *Proceedings of the 4th EUCAP, April 2010,* pp. 1–5.
6. T. Smits, S. Suckrow, J. Christ and M. Geissler (2013) Active intelligent antenna system for Car2Car, *International Workshop on Antenna Technology, iWAT 2013,* pp. 67–70 (last accessed 9 May 2015).
7. M. Gallo, S. Bruni and D. Zamberlan (2012) Design and measurement of automotive antennas for C2C applications, *6th European Conference on Antennas and Propagation, EUCAP 2012,* pp. 1799–1803.
8. D.R.V. Leelaratne, Harada Industry Co., Ltd, *Radiation Antenna for Wireless Communication,* US 20130033409, August 2011.
9. N.A. Abbasi and R. Langley (2010) Vehicle antenna on AMC, *Antennas and Propagation Society International Symposium (APSURSI), 2010,* pp. 1–4.
10. M. Merrick, D.R.V. Leelaratne, A. Nogoy, D. Simmonett, Harada Industry Co., Ltd., *Multiband Antenna with GPS Digital Output,* US 20110109522, May 2011.

第三部分　ITS 传感器网络和监视系统

8 基于物联网的视觉传感器网络中支持 ITS 服务的中间件解决方案

8.1 概述

在过去的几年里，已经实施了大量的工程项目，旨在创建有效的智能交通系统（ITS），从而为终端使用者提供经济高效的服务。欧盟（EU）在这方面的研究活动上做出了越来越多的贡献，这些研究活动的主要目的在于：1）充分利用道路、交通和旅游数据；2）确保在智能交通系统服务中，交通和货运管理的连续性；3）创建智能交通系统的道路安全和保障应用程序。这些要求欧盟在 2010/40/EU 的指令中已经有明确说明。

为了创建能够满足欧盟要求的、有效的智能交通系统的解决方案，发展分层体系结构是必要的，在体系结构中，数据收集基础设施能够在监控区域收集数据。尽管普适性对于智能交通系统收集层来说很关键，但是只有当使用低成本硬件的解决方案，并且它们之间可以通过标准协议进行无线通信时才能达到这个要求。使用以低复杂性的微型控制器为基础的嵌入式设备可以达到低成本的要求，同时可以为它们提供能够支持知名的基于互联网协议的先进的通信能力。在这个方向上最合适的技术解决方案是基于视觉传感器网络（VSN），该网络基于最新开发的为了支持资源受限的设备的、被用于无线传感器网络（WSN）的物联网（IoT）范式的通信标准。使用来自基于物联网的无线传感器网络且具有视觉功能（如基于物联网的视觉传感器网络）的低复杂度设备，一方面需要发展先进的低复杂度的计算机视觉算法，使它能够提取和移动相关的数据（如交通流量、停车场占用水平）。另一方面，它极大地减少了 ITS 场景的安装成本。视觉传感器（VS）可以安装在已有的电杆上，从而避免了最先进的解决方案需要安装侵入式的昂贵基础设施（如感应线圈）的状况。此外，由于标准协议的使用源于因特网世界，适用于视觉传感器网络场景，使系统的普遍性、创建开放的、相互协作的 ITS 作为更大的物联网网络一部分的成为可能。把视觉传感器网络和物联网研究领域的先进解决方法融合在一起，就能创建 ITS 的创新的具有成本效益的且被优化过的收集层。举例来说，采集数据的基础设施的每个节点可以提取与移动性相关的数据，同时利用车载对捕获图像进行处理，然后分享它们，使得它们能被其他节点或更高层次的实体使用去生成复杂事件（例如，通过融合多节点的特征进行交通队列检测），或者用来运行应用程序（例如，通过向云中的控制中心发送原始数据进行交通流量预测）。

　　根据上述愿景，整个系统的信息被分散全球网络的所有节点上：视觉传感器网络内部执行物联网协议，外部在高远程终端能够得到视觉传感器提供的详细资源。在基于物联网的视觉传感器网络内部，网络节点暴露的资源既可以是标量特征也可以是矢量特征，它们通过车载对捕获图像的处理获得。在这种方式中，每一个视觉传感器提供基于其视野的反映环境认识的特征。这些特征进行组合、细化、聚合的网内处理都是必要的，这些操作可以委托给中间件解决方案，它能够：1）管理节点之间的网络交易；2）通过与公开的操作系统接口进行交互来管理节点功能；3）为运行时改变内部资源处理引擎（RPE）提供足够灵活性，因此可以在不改变节点固件的情况下，使得视觉传感器的网络处理重构。图 8.1 所示为公开流动数据资源的基于物联网的视觉传感器网络。图中三个节点监控同一车位。由于经过的汽车暂时遮挡了它们的视野，其中的两个节点认为停车位有车的概率分别是 50% 和 40%，而另一个节点公开的信息表明所监视的停车位是空的。所有这三种资源可以被整合在网络的任意节点，在那里 RPE 收集所有的占用水平和其他可能的信息，从而做出正确的决策。

图 8.1　视觉传感器网络将停车位占用水平作为资源来公开

　　本章我们首先介绍 VSN，它专注于能够支持基于物联网协议的通信和开发在智能交通系统场景下计算机视觉的硬件设备。接着，作者描述了物联网实现的协议解决方案和基于物联网的 WSN 和 VSN 设计的 REST 范例。所提出的中间件架构，能够在基于物联网的 VSN 中支持网内处理重构，这些内容在本章的第三部分介绍。而在本章的最后一部分，中间件的工作原理将与停车场监控的用例结合进行详细介绍。通过在 Seed-Eye 板 [4] 运行的 Contiki 操作系统 [3] 之上真正实施的中间件，证明基于微控制器的低成本的 VSN 设备所提出的解决方案的可行性。在接下来的章节中，通过把 VSN 看作 WSN，认为所有的节点都嵌入了视觉功能，使得基于物联网的 WSN 和 VSN 具有相同的意义。

8.2 视觉传感器网络和物联网协议

本节的第一部分，作者通过介绍基于嵌入式平台的最先进的硬件解决方案和已开发的针对智能运输系统场景的应用程序引入 VSN，嵌入式平台能够支持基于物联网的通信。在第二部分，介绍了启用协议的物联网，并且讨论了在基于物联网的 VSN 中 REST 范例的使用。

8.2.1 视觉传感器网络

VSN（又称智能摄像头网络，或 SCN）的理念是创建能够在本地处理视觉信息，以提取通过网络传送的信息的一系列特征的网络节点，从而避免了原始图像的全部传输。每一个 VS[5] 都将视觉传感、图像处理和网络通信结合在一个单一的嵌入式平台，这种嵌入式平台可以将传统摄像头转换成智能传感器。简单来说，VSN 的主要组成部分是嵌入式 VS 和进行特征提取的计算机视觉算法。接下来，我们首先介绍 VS 硬件解决方案，然后介绍针对智能交通领域的 VSN 的应用程序。

8.2.1.1 视觉传感器节点解决方案

近年来，一些研究举措已经生产了视觉传感器的实时原型，这些传感器能够进行图像处理，并且可以根据 IEEE 802.15.4[6] 标准进行无线通信，第一个主要要求是能够基于物联网通信。由于接下来介绍的所有方案都嵌入了 IEEE 802.15.4 的收发器，因此，只详细介绍它们的视觉功能和主要应用场景。

在展示的设备中，首次被引用的是 NXP 半导体研究团队开发的 WiCa[7] 平台。这个装备配有基于 SIMD 架构的 NXP Xetal IC3D 处理器，其中，SIMD 架构有 320 个处理元件，能够在 VGA 分辨率（640 × 480）下承载两个 CMOS 摄像头。它主要被应用于基于图像的本地处理和协作推理的程序。MeshEye 项目[8] 是另一个研究方案，它旨在开发一种基于 ARM7 处理器的节能的视觉传感器，并且能够运行智能监控应用程序。关于视觉功能，MeshEye mote 有一个有趣的特殊双目视觉的系统，它包含两个低分辨率、低功耗摄像头和一个高分辨率 VGA 彩色摄像头。值得注意的是，立体视觉系统能够连续地确定进入视野的移动物体的位置、活动范围以及大小。这些信息可以触发彩色摄像头获取含有兴趣目标的高分辨率图像子窗口，这样信息就可以被高效处理。

低成本的嵌入式视觉系统的另一个有趣的例子是由 CITRIC[9] 平台展示的。这样的一个装置集成了 130 万像素的摄像头传感器、XScale PXA270 的 CPU（频率最高可扩展到 624MHz）、16MB 的闪存和 64MB 的存储器。CITRIC 性能通过三个示例应用程序说明：图像压缩、通过减少背景进行的对象跟踪以及在网络中自我定位摄像头节点。最新的设备项目是 Vision Mesh [10] 和 Seed-Eye 板 [4]。Vision Mesh 集成了 Atmel 9261 ARM9 的 CPU、128MB 的 NandFlash、64MB SDRAM 以及在 VGA 分辨率下的 CMOS 摄像头。安装的 CPU 的快速计算能力允许针对水利工程应用执行高级计算机视觉技术操作。在传感器网络中 Seed-Eye 板专门被设计用于基于图像的应用程序。事实上，增加了一个功能更为强大的微处理器，由 Microchip 公司制造的 PIC-32MX795F512L 和能达到 130 万像素的低成本摄像头，它就和微型传感器网络设备非常相似了。Seed-Eye 板已经被用于 ITS 中，通过执行车载图像处理程序，进行来往车辆的计数和停车场占用水平的监测。

　　在所有上述视觉传感设置中，图像处理任务都是通过软件应用程序执行的。文献[11]中提出了一个新的基于硬件的解决方案，这个方案主要目的在于提高 VSN 的处理能力。在这样一个原型解决方案中，一个基于 FPGA 的 VS 被设计出来，它有一个可重构的架构，能够将优化的硬件处理模块与执行高级视觉任务的最终目标联系在一起。接着，软核通过控制内部数据流结构和处理模块参数来掌握系统管理。外部微控制器或者嵌入在 FPGA 中的另一个软核可以要求有通信功能。所有介绍过的视觉传感器如图 8.2 所示。

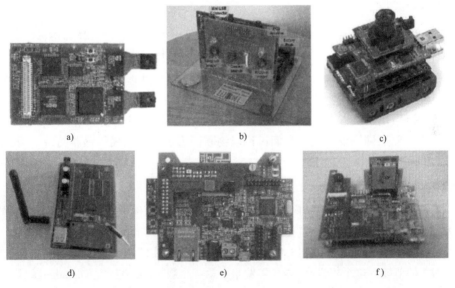

a)　　　　　　　　　　b)　　　　　　　　　　c)

d)　　　　　　　　　　e)　　　　　　　　　　f)

图 8.2　从左上到右下：WiCa、MeshEye、CITRIC、Vision Mesh、Seed-Eye、FPGA-based VS

8.2.1.2　视觉传感器网络在 ITS 场景中的应用

　　虽然无线传感器网络已经被证明是用于支撑下一代 ITS 的有效工具，但是在这样的一个场景下视觉传感器网络的功能仍然没有被充分利用。事实上，尽管基于标量传感器（例如声音传感器、超声波传感器、磁强计等）的传感器网络的几个实际部署可以在文献中找到（例如：VTrack [12]、ParkNet [13]、WITS[14] 项目），视觉传感器网络的测试平台却是不常见的。在这个方向上最新的一个例子是 IPERMOB 项目 [15] 开发的测试平台：一个实时的 VSN 已经安装在比萨机场陆侧去实时监控城市交通流。针对 ITS 开发实时 VSN 的主要困难在于将已开发的计算机视觉应用于新的资源受限的场景。正如文献 [16] 中所提出的，事实上使用低成本的硬件，限制了它的计算能力和板载内存，使它不能利用先进的计算机视觉应用，必须针对新的应用场景重新设计或者修改。

近年来，很多以嵌入式 VS 为基础的与 ITS 相关的应用被提出。例如：在文献 [17，18] 中提出为了检测停车位的状态，开发了两个嵌入式低复杂度的计算机视觉的应用程序，文献 [19，20] 中提出使用 VS 来计数过往车辆和测量车速。展望未来应用，使用普适的 VSN 将允许一组能够解决 ITS 领域的几个开放性问题的交互操作系统的实现。虽然一方面，一个能够提取流动性相关参数的 VS 的普及部署将能够生成开放数据，供市政部门用于交通规划目的；但是另一方面，为了在所谓的智能城市创造先进的服务，可以改造旧的道路照明系统。此外，在同一个方向，更复杂的分布式应用程序可以被部署，用来开发以 VS 为基础的 FPGA 的计算能力以及无线网络的灵活性：一个真实的例子就是在行人过马路时的跟踪，从而提高未来道路的安全性。

8.2.2　物联网

拥有通信能力的新的小型化和低成本的嵌入式设备的发展，并与全球范围内普及的互联网的结合，推动了物联网愿景的发展。物联网概念背后的主要思想是有全球互联的对象，每个对象作为网络中的资源被单独发现和处理。物联网设备可被远程访问，从而可获得大量与物理世界有关的数据。此外，通过使用普遍收集的数据以及利用由物联网启用解决方案提供的新的控制可能性，可以开发创新应用程序。在下面我们首先介绍物联网协议，然后我们讨论以物联网为基础的无线传感器网络中的 REST 范式。

8.2.2.1　物联网协议

基于物联网的通信依赖于涵盖知名的互联网协议套件的所有层的标准协议的解决方案。第一个制定 ISO/OSI 通信模型的物理（PHY）和介质访问控制（MAC）的子层的标准协议是 IEEE 802.15.4[6]，目的是保证通信在低速率无线个人区域网（LR-WPAN）的节能，这个标准在 2003 年发布了第一个版本。2007 年，Kushalnagar 等人 [21] 提出 IPv6 对低速无线个域网（6LoWPAN）有适应性，因此为基于 IEEE 802.15.4 网络的网络通信指定一个网络（NET）层。6LoWPAN 的概念来自于"即使是最小的设备，互联网协议也可以 / 应该适用" [22] 的观念，同时，具有有限的处理能力的低功耗设备应该能够参与到设想的物联网中。6LoWPAN 定义了 IPv6 数据包的传输帧格式、报头压缩机制，也描述了如何在 IEEE 802.15.4 网络上创建 IPv6 全局地址。除了标准的无线传感器网络中的基于 IPv6 的通信的定义，另一个要考虑的主要问题是路由协议。对于 6LoWPAN，由于这种网络的低功耗特性，需要管理的多跳网状拓扑以及节点移动性导致的拓扑结构变化，路由问题就变得非常具有挑战性。成功的解决方案应考虑到具体的应用需求以及 IPv6 的行为与 6LoWPAN 机制。低功耗有损网络路由协议（RPL）[23] 是由网络社区开发的最先进的路由算法。作为一个标准的 6LoWPAN 路由协议，由于现有的路由协议不能满足低功耗和有损网络（LLN）所有的要求，所以 IETF 路由针对低能耗和有损网络工作组（ROLL）提出了一个标准的 6LoWPAN 路由协议 RPL。引用最后一个协议使物联网解决方案是受约束的应用协议（CoAP）[24]，这是一个在应用程序（APP）层工作的标准的解决方案，目前被定义于 IETF 工作组核心内。它的目的是通过设计一个能够处理有限的数据包大小、低能耗的设备和不可靠信道的协议栈，为面向资源的应用程序提供一个基于 REST 的框架。CoAP 设计用于与 HTTP 进行简单的无状态映射，并提供机器与机器交互。通过保持相同的交互模型来获得 HTTP 的兼容性，但使用的 HTTP 方法的子集。任何 HTTP 客户端或服务器可以通过简单地在两个设备之间安装转换代理与 CoAP 准备端点进行交互操作。基于物联网的 WSN 的 REST 范式将会在后面详细的介绍，在图 8.3 中显示了物联网的协议栈，并且将它和经典互联网协议套件进行了比较。

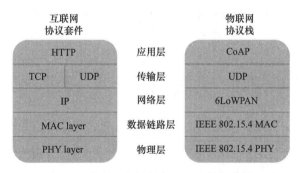

图 8.3 物联网协议栈与互联网协议套件

8.2.2.2 物联网无线传感器网络中的 REST 范式

2000 年，Fielding 在他的博士论文中介绍和定义了状态迁移（REST），这是一种分布式系统的架构风格。REST 架构基本由客户端和服务器组成。客户端向服务器发送请求，服务器给予客户端相应的响应。请求和响应是建立在资源转移的基础上，本质上是任何连贯和有意义的概念的资源都会被强调。资源的表示通常是捕获资源的当前或预期状态。和 REST 架构风格的系统整合最相关例子是万维网，它的资源使用 HTTP 协议操控。

REST 范式可以成功地应用于基于物联网的无线传感器网络中，其中，资源通常表示传感器、执行器或其他可能的信息。然后，正如前面所介绍过的，用 CoAP 协议来取代 HTTP，因此，允许传感器节点运行嵌入式 Web 服务，通过这些服务可以操纵其资源。具体而言，CoAP 提供了四种方法来操纵资源：1）PUT，要求更新或创建，通过传输表示在请求中指定的 URI 标识的资源；2）POST，要求在请求中的传递过；3）GET，它要求检索在请求中指定的 URI 标识的资源的表示形式；4）DELETE，要求删除在请求中被指定的 URI 标识的资源。CoAP 还提供了一个资源监测机制[26]（OBSERVE），它允许节点接收有关先前订阅的资源更改的通知。

图 8.4 描绘了一个简单的例子：用基于物联网的具有视觉能力的无线传感器网络作为 ITS 的采集层。在图中，网络由两个节点组成：一个是能对车辆计数和通过分析车辆的速度来检测可能的交通拥堵的视觉传感器（左图），另一个是能够控制可变信息标志（VMS）的信息的执行器。通过 REST 的工作原则，每个资源被节点 IPv6 的地址一个符号名称标识，通过 PUT、POST、GET 和 DELETE 操纵。举例来说，CAM 节点可以发送"queue"资源，它可以通过向 URI 协议发送 GET 请求被检索到：//［aaaa∷1］/trafficdata/queue。同样，VMS 发送一个"message"资源，它可以通过向 URI 协议发送 PUT 请求被控制：//［aaaa∷2］/trafficdata/message，这里面包含在有效载荷中显示的信息。使用这种方法，可以创建一个收集交通拥堵通知的应用程序（向"queue"资源发送 GET 请求），然后使用它们给驾驶人提替代路线的建议（向"message"资源发送 PUT 请求）。

使用标准的协议（即 6LoWPAN 和 CoAP）使得节点可以在许多不同的应用中被使用。然而，一旦节点为特定任务安装和配置时，这些协议不提供改变设备应用逻辑的方法。如前所述，必须满足这些特征：中间件解决方案在视觉传感器上运行、在运行时改变内部资源处理引擎，以及管理网络交易和资源时能够提供足够的灵活性（即中间件必须能够从运行的计算机视觉算法获得数据，以更新发送的资源）。

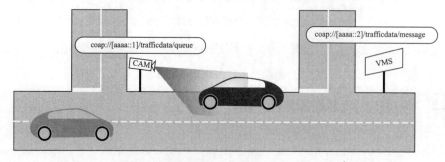

图 8.4　一个支持 ITS 服务的基于物联网的无线传感器网络的例子

8.3　基于物联网的视觉传感器网络中的中间件架构

中间件基本上是一个能够与高级应用程序和操作系统（OS）交互的软件解决方案。它的主要目的是通过隐藏特定异构系统的复杂性和提供一个常见的统一软件抽象来统一异构系统。除此之外，中间件通常提供通用的配置和维护服务，从而使复杂系统更容易管理。在无线传感器网络场景，中间件系统通常被设计成一个工具，以弥补应用程序高层次的要求和低层次的硬件复杂度之间的差距。无线传感器网络中间件应该提供足够的系统抽象帮助程序员，并允许他们把重点放在高层次的应用逻辑，而不关心低层次的实施细节。

在基于物联网的视觉传感器网络中，低复杂度的计算机视觉算法在传感器上执行以提供标量和矢量资源（即通过处理后的图像来提取标量和矢量特征）对于其他的网络节点，中间件必须能够：1）通过利用物联网协议同时使用 REST 范式来管理节点间的网络交易；2）管理视觉传感器的功能，允许通过公开操作系统接口去配置车载计算机视觉算法；3）为运行时间内改变视觉传感器的资源处理引擎提供足够的自由度。最后的要求是最关键的，它允许组成、阐述和聚集图像相关资源，同时使其能在视觉传感器的网络处理中重构。这种中间件的高层次的要求，可以很容易地映射到中间件组件，它们能够通过常见的接口进行交互。在系统级设计中，可以识别三个主要的中间件组件：

1）RESTful 网络服务（RWS）；

2）配置管理器（CM）；

3）资源处理引擎（RPE）。

图 8.5 用图形展示了这三个组件，而它们的功能将在剩下的部分详细介绍。前两个被标识为 OS 组件，因为它们主要与 OS 接口交互去配置嵌入式视觉逻辑，并使用网络服务启用 REST 范式。最后一个组件被标识为虚拟机组件，因为它提供了一个运行在操作系统之上的与平台无关的运行环境，这些将在下文中更好地阐明。根据文献 [27] 中提出的分类，这种方法被认为是一个基于虚拟机的设计。

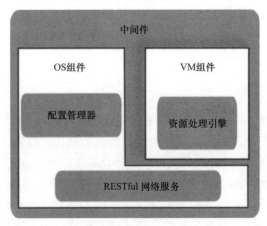

图 8.5　中间件组成

8.3.1　RESTful 网络服务

RESTful 网络服务组件通过 CoAP 交易处理所有网络数据的输入和输出；除此之外，它充当资源目录服务。事实上，每个由某个节点向其他网络实体提供的资源通过这些组件和 RESTful 接口内部登记。除此之外，组件具有内部公开资源的知识，包括简单的（像车载运行算法的输出）和复杂的（通过资源处理引擎得到的资源聚合过程的结果）。在基于物联网的视觉传感器网络中，由节点通过 RESTful 网络服务组件公开的内部资源可以是从处理后的图像中提取的标量和矢量特征。如图 8.5 所示，组件主要与 OS 网络通信栈以及其他两个具有通用应用编程接口（API）的组件交互。事实上，除了向资源处理引擎模块提供收集和发布资源的服务，它可以代表配置管理器组件管理网络事务，然而配置管理器的配置参数会作为资源再次公开。

8.3.2 配置管理器

配置管理器组建是一个运行在 OS 之上的，并以 OS 为基础的应用程序。该组件负责部分平台的配置。它通过改变资源处理引擎逻辑来负责资源处理引擎的配置以达到资源处理的目的。在基于物联网的视觉传感器网络中，这个组件必须有的一个主要特点是能够改变运行的计算机视觉应用程序的配置参数的可能性。在基于嵌入式处理器的视觉传感器中（例如：WiCa、MeshEye、Seed-Eye 等），简单的参数可以很容易地在运行时配置，如所获得的图像的分辨率、帧速率、车载计算机视觉应用程序使用的感兴趣区域。在这样一个类别的视觉传感器中，配置管理器甚至可以用来改变运行的计算机视觉算法，即使这需要固件更新策略。在基于 FPGA 和内部可编程逻辑的视觉传感器（例如：以 FPGA 为基础的视觉传感器，这个在上一节中介绍过）中，配置管理器可以用来配置和组成整个计算机视觉管道，从而改变运行时的整个车载处理应用程序。此外，因为和 RESTful 网络服务组件的交互，计算机视觉管道中任意单一步骤的输出可以抽象为一个资源，从而使在网络中运行的多个分布式应用程序共存（即一个步骤的输出可以被一个节点的资源处理引擎在某一应用中使用，而另一个节点可以使用相同的值进行进一步阐述）。

8.3.3 资源处理引擎

所有的输入源资（/is）和输出目标资源（/od）包含 URI（即参考其他资源）。T-Res 通过使用 CoAP 的资源监测机制来检测输入资源的新值。处理功能资源（/pf）包含执行所需的处理的代码。这样的代码仅仅是一个函数，每次调用新的输入值时，都会产生输出到输出资源的输出值。如前所述，任务资源的处理功能包含在接收到新输入时执行的代码。为了彻底地将任务处理功能从传感基础设施中分离出来，以及允许在无需固件更新的情况下通过另一个实体（如：配置管理器组件）来改变它们，处理功能必须与平台无关。因此它们不能用语言编写而必须被编译成本机代码（如：C、C++ 等）。另一种方法是采用可以被编译成字节码或者解释器直接执行的语言。为此，T-Res 使用 Python 定义处理功能。因为 Python 的字节码运行在由操作系统管理的 Python 解释器上，T-Res 被认为是虚拟机组件，同样的分类可以应用于提出的中间件的资源处理引擎组件。

8.4 停车场监控案例中的中间件

本节中，通过考虑每个中间件组件的视觉传感器资源以及详细介绍 Python 代码在资源处理引擎中进行资源处理的过程，中间件的工作原理在案例"停车场监控"中详细介绍。除此，在基于物联网的视觉传感器中提出的中间件解决方案的可行性通过在 Seed-Eye 板上的真正实施被证明。

8.4.1 案例场景、公开资源及其交互

考虑这样一个例子：在一个基于以物联网为基础的视觉传感器网络的 ITS 的采集层中部署视觉传感器去评价几个停车位的状况。通过参考图 8.1，可以看到我们有三个节点去监测总的四个停车位（为了简单起见），其识别号码是 23、25、26 和 27。因为部署在现场，所有的三个节点的视野中都能看到停车位 25。此外，每个视觉传感器运行一个车载计算机视觉算法，将每个停车位的占用水平作为输出，它的取值范围从 0 到 255。对于停车位的状态，这样的数值本质上反映了决策的不确定性。实际上，考虑到（0，128）的范围内与空状态相关的值，接近于 128 的值可以表示更大的不确定性。对于完全状态，这么考虑依然是有效的，它的占用水平在（128，255）之间。在安装阶段，每个视觉传感器可以通过一个可能的网关实体设置为每个停车位，即算法所考虑的感兴趣区域（ROI），以及一个固定的权重，即算法用来评估的占用水平的值进行远程配置。例如，在部署期间，每个摄像头的视野范围内仅有部分停车位：在这种情况下，该算法可以在使用低权重在配置过的 ROI 上运行，它对应于一个与占用水平相关的较大的不确定性。考虑到前面描述的中间件运行在每个视觉传感器上，每个组件公开的资源是：

（a）通过 RESTful web 服务组件的停车资源

- /space_xx_level；

（b）配置管理器组件

- /space_xx_roi；
- /space_xx_weight；

（c）资源搜索引擎组件

- /tasks/parking/is；
- /tasks/parking/pf；
- /tasks/parking/od；
- /tasks/parking/lo.

图 8.6 中详细地说明了三个节点公开的资源，以及一个执行网络处理可能的交互模型在停车位 25 上做全局决策。

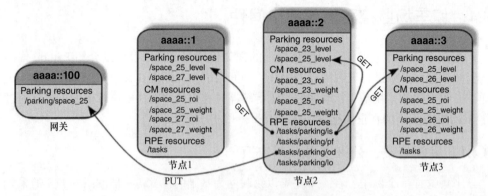

图 8.6　公开的资源和交互模型

　　如图 8.6 所示，节点 1 公开了停车场 25 和 27 的停车资源以及和它们相关的配置管理器的资源。在这个例子中，这样一个节点没有公开资源处理引擎的资源因为它没有对它们进行任何处理。节点 3 和节点 1 一样，只公开了停车场 25 和 26 的停车和配置管理资源。而节点 2，除了公开了停车和配置管理资源，也公开了和它们相关的资源处理引擎的资源。事实上，节点 2 执行了与停车位 25 的资源相关的处理任务。配置阶段之后，节点 2 上的资源处理引擎监测所有的 /space_25_level 资源，每次视觉传感器向节点 2 发送通知，处理任务就被激活（ /tasks/parking/pf ），停车位 25 的占用水平的决定（例如：对获得的值进行平均评价）被发送到网关并可能传送到停车控制中心。为了进行处理，资源处理引擎 /tasks/parking/is 资源包含以下 URI：

```
coap://[aaaa::1]/space_25_level
coap://[aaaa::2]/space_25_level
coap://[aaaa::3]/space_25_level
```

/tasks/parking/od 资源设置为：

```
coap://[aaaa::100]/parking/space_25
```

/tasks/parking/lo 是只读资源，它可以查询检索处理函数产生的最后一个输出值。/tasks/parking/pf 资源，与此相反，它包含字节码编译后生成的 Python 脚本。

```
from rpe import *
isInputs = rpe_getInputs()
sum = 0
for input in isInputs:
        sum += input
avg = sum / len(isInputs)
if avg < 128 :
        rpe_setOutputs("empty")
else:
        rpe_setOutputs("full")
```

rpe_getinputs（）是返回输入资源表示的函数，rpe_setOutput（）对输出资源执行 PUT 操作。在一个真实的场景中，Python 的字节码必须通过编程模块在外部设备上运行转移到视觉传感器，同时能够与中间件的配置管理器组件交互。在介绍的用例中，编程模块可以在网关上轻松运行，一旦新的 Python 是可行的，它所产生的字节码会转移到节点上。除此，设想一个更复杂的情况下，它甚至可以生成脚本将处理的复杂性分散在多个节点上。

8.4.2 中间件的实现

为了证明所提出的中间件解决方案的可行性，我们通过在 Contiki OS 上运行其组件，考虑将 Seed-Eye 板作为目标设备，评估了它对代码大小（闪存占用）和内存（RAM 占用）的要求。第一步，我们移植 Seed-Eye 的 T-RES 和 PyMite [29]。PyMite 是一个适合嵌入式系统的简化的 Python 虚拟机，它被 T-Res 用来运行处理函数。第二步，我们执行简化功能的基本配置管理器的组件。由于它内部的 6LoWPAN 和 CoAP 的支持，RESTful web 服务本质上是由 Contiki OS 提供的。

我们在提出的 Seed-Eye 平台上测试执行结果，这是一个配备有 128kb 的内存和 512k 闪存的 PIC32MX795F512L 单片机。表 8.1 显示了内存和闪存占用的百分比，这些值通过它们占用总的单片机资源的百分比得出。对于低复杂度和低成本的视觉传感器，所提出的中间件是一个可行的解决方案。在 Seed-Eye 板上，只需要有 13% 可用的内存和 34% 可用的闪存。因为占用内存的限制，更多的处理任务（Python 的字节码）可以在资源处理引擎组件中实例化，因此使网络处理功能更加复杂。举例来说，一个节点可能会用一些资源组合逻辑，去评估得到可能更好的组合策略。此外，由于所需的闪存量减少，可以开发比现在正在使用的更加复杂的配置管理器组件，从而在下一代基于 FPGA 的视觉传感器出来之前要全力支持更加灵活的配置策略的发展。

表 8.1 Seed-Eye 设备的代码大小和内存要求

设备	RAM/bytes	闪存 /bytes
Seed-Eye	16 120 (13%)	171 832 (34%)

8.5 结论

基于物联网技术的 VSN 是发展低成本、普及和可互操作的 ITS 收集层的解决方案，它能够给最终用户提供具有成本效益的服务。根据这样的愿景，VS 运行车载计算机视觉算法去提取和流动性相关的特征，由于物联网协议和 REST 范式的使用，这些特征可以表示为网络资源。在基于物联网技术的 VSN 中，无论何时，当必须在网络上处理公开的资源时，一个中间件系统可以被实例化，隐藏所有的复杂和抽象的网络功能。在这一章中，我们呈现了一个适用于以物联网为基础的 VSN 的中间件解决方案，它能够：1）使用 IOT 协议和 REST 范式去管理节点间的网络事务；2）通过公开的操作系统接口管理 VS 的允许去配置车载计算机视觉算法的功能；3）在运行时，提供足够的灵活性使用基于虚拟机的解决方案去改变内部资源处理引擎。在本章中，在详细介绍"有很多 VS 监控重叠停车位的停车场的监控"案例的工作原理之前，主要中间件组件已被提出。通过基于 Contiki 操作系统实际执行所获得客观的数据报告，并在 Seed-Eye 板上运行，证明了所提出的中间件的可行性。

参考文献

1. European Parliament, Directive 2010/40/EU on the framework for the deployment of intelligent transport systems in the field of road transport and for interfaces with other modes of transport, *Official Journal of European Union,* 2010.

2. P. Pagano, M. Petracca, D. Alessandrelli and C. Salvadori (2013) Is ICT technology mature for an EU-wide intelligent transport system?, *Proceedings of IET Intelligent Transport Systems* **7**(1): 151–9.

3. A. Dunkels, B. Gronvall, and T. Voigt (2004) Contiki – a lightweight and flexible operating system for tiny networked sensors, *Proceedings of IEEE International Conference on Local Computer Networks*, pp. 455–62.

4. Seed-Eye: an advanced multimedia Wireless Sensor Network node for ITS applications, http://noes.sssup.it/index.php/hardware/seed-eye (last accessed 28 April 2015).

5. B. Rinner and W. Wolf (2008) An introduction to distributed smart cameras, *Proceedings of the IEEE* **96**(10): 1565–75.

6. IEEE Computer Society (2003) *Wireless Medium Access Control (MAC) and Physical Layer (PHY) Specifications for Low-Rate Wireless Personal Area Networks (LR-WPAN)*, The Institute of Electrical and Electronics Engineers.

7. A.A. Abbo and R.P. Kleihorst (2002) A programmable smart-camera architecture, *Proceedings of Advanced Concepts for Intelligent Vision Systems*.

8. S. Hengstler, D. Prashanth, S. Fong, and H. Aghajan (2007) Mesheye: a hybrid-resolution smart camera mote for applications in distributed intelligent surveillance, *Proceedings of International Symposium on Information Processing in Sensor Networks,* pp. 360–9.

9. P. Chen, P. Ahammad, C. Boyer, *et al.* (2008) Citric: A low-bandwidth wireless camera network platform, *Proceedings of International Conference on Distributed Smart Cameras*, pp. 1–10.

10. M. Zhang and W. Cai (2010) Vision mesh: A novel video sensor networks platform for water conservancy engineering, *Proceedings of International Conference on Computer Science and Information Technology*, pp. 106–9.

11. L. Maggiani, C. Salvadori, M. Petracca, *et al.* (2013) Reconfigurable FPGA architecture for computer vision applications in smart camera networks, *Proceedings of ACM/IEEE International Conference on Distributed Smart Cameras*, pp. 1–6.

12. A. Thiagarajan, L. Ravindranath, K. LaCurts, *et al.* (2009) VTrack: accurate, energy-aware road traffic delay estimation using mobile phones, *Proceedings of ACM Conference on Embedded Networked Sensor Systems*, pp. 85–98.

13. S. Mathur, T. Jin, N. Kasturirangan, *et al.* (2010) Parknet: drive-by sensing of road-side parking statistics, *Proceedings of International Conference on Mobile Systems, Applications, and Services*, pp. 123–36.

14. W. Chen, L. Chen, Z. Chen and S. Tu (2006) WITS: A wireless sensor network for intelligent transportation system, *Proceedings of International Multi-Symposiums on Computer and Computational Sciences*, pp. 635–41.

15. The IPERMOB Project (2009) A Pervasive and Heterogeneous Infrastructure to control Urban Mobility in Real-Time. http://www.iit.cnr.it/en/node/2534 (last accessed 9 May 2015).

16. C. Salvadori, M. Petracca, J.M. Rincon, *et al.* (2014) An optimisation of Gaussian mixture models for integer processing units, *Journal of Real-Time Image Processing*, pp. 1–17.

17. M. Magrini, D. Moroni, C. Nastasi, *et al.* (2011) Visual sensor networks for infomobility, *Pattern Recognition and Image Analysis* **21**: 20–9.

18. C. Salvadori, M. Petracca, M. Ghibaudi and P. Pagano (2012) On-board image processing in wireless multimedia

sensor networks: a parking space monitoring solution for intelligent transportation systems. In *Intelligent Sensor Networks: Across Sensing, Signal Processing, and Machine Learning*, London: CRC Press.

19. M. Chitnis, C. Salvadori, M. Petracca, *et al.* (2012) Distributed visual surveillance with resource constrained embedded systems. In *Visual Information Processing in Wireless Sensor Networks: Technology, Trends and Applications*. IGI Global Press, Pennsylvania: IGI Global.

20. C. Salvadori, M. Petracca, S. Bocchino, *et al.* (2014) A low cost vehicles-counter for next generation ITS, *Journal of Real-Time Image Processing*, pp. 1–17.

21. N. Kushalnagar, G. Montenegro and C. Schumacher (2007*)* IPv6 over Low-power Wireless Personal Area Networks (6LoWPANs): Overview, Assumptions, Problem Statement, and Goals, RFC 4919.

22. G. Mulligan (2007) The 6lowpan architecture. In *Workshop on Embedded Networked Sensors*, New York: ACM, pp. 78–82.

23. T. Winter, P. Thubert, A. Brandt, *et al.* (2012) RPL: IPv6 Routing Protocol for Low-Power and Lossy Networks, RFC 6550.

24. Z. Shelby, K. Hartke, C. Bormann, and B.Frank (2013) Constrained Application Protocol (CoAP), IETF Draft Version 18.

25. R.T. Fielding (2000) Architectural styles and the design of network-based software architectures, PhD dissertation, University of California, Irvine.

26. K. Hartke (2012) *Observing Resources in CoAP*, IETF Internet-Draft.

27. S. Hadim and N. Mohamed (2006) Middleware: middleware challenges and approaches for wireless sensor networks, *IEEE Distributed Systems Online* **7**(3): 1–54.

28. D. Alessandrelli, M. Petracca and P. Pagano (2013) T-Res: enabling reconfigurable in-network processing in IoT-based WSNs, *Proceedings of IEEE International Conference on Distributed Computing in Sensor Systems and Workshops*, pp. 1–54.

29. PyMite, http://code.google.com/p/python-on-a-chip (last accessed 28 April 2015).

9 城市环境下用于
智能交通系统的智能摄像头

9.1 概述

交通监控摄像头的全自动视频和图像分析是一个基于计算机视觉技术快速发展的新兴领域。对智能交通系统的影响越来越大。

因此，硬件成本的降低和摄像头与嵌入式系统的日益发展，为城市与高速公路场景下的视频分析打开了新的应用领域。可以设想，摄像头可以监测多个目标，例如交通拥堵、违反交通规则以及车辆相互作用，最初安装这些摄像头是用于人类操作的[1]。

在高速公路上，用于车辆检测和分类的系统已经成功地应用经典视觉监控技术，例如在一段时间内进行背景估计和运动跟踪。目前现有的方法在恶劣天气下也有不错的表现，并且能够每天 24h 运营。相反地，城市区域很少被研究，并且考虑到交通密度和较低的摄像角度会更具有挑战性，这就导致了道路的高度闭塞和道路使用者的多样性。对象分类和 3D 建模方法，激发了对这些挑战的更先进的技术。此外，由于可扩展性问题和成本效益，城市交通监控不能持续性地基于高端采集和计算平台；嵌入式技术与普适计算的出现可以缓解这个问题：部署普适和不受限制的诸如无限传感器网络的技术，对于解决城市交通监管问题的确是具有挑战性的，同时又是绝对重要的。

基于这些考虑，本章的目的是介绍在城市场景中用于支撑与智能交通系统有关的可伸缩技术；特别是我们调查用于实现智能摄像头的解决方案，板载视觉逻辑智能摄像头能够用于检测、了解和分析与交通相关的情况与事件。实际上，为了恰当地解决在城市环境下的可扩展性问题，我们提出使用一种分布式的普适的系统，该系统存在于智能摄像头网络中，智能摄像头网络是无线传感器网络中的一种，在无线传感器网络中每个节点都配备一个图像感测装置。出于这个原因，智能摄像头网络（SCN）也称为视觉传感器网络（VSN）。显然，从零散摄像头的网络中收集的信息有可能覆盖一个大面积的区域，这种方法是许多视频监管和环境智能系统的共同特点。然而，大多数传统的解决方案是基于一个集成的方法：而实际上，视频处理是在单个单元中实现的，仅有传感是分布式的。在这些配置中，来自多个摄像头的视频流被编码和传送（有时采用复用技术）到一个中央处理单元，来解码并且处理视频流。相对于这些配置，以下几方面是引入分布式智能系统的动力，分别为[2]：

1）车速：网络内部分布式处理本质上是平行的；除此之外，模块的专业化允许在更高水平的网络中减少计算负担；通过这种方式中央处理器的作用被解除，实际上它可能在一个完全分布式的结构中被省略。

2）带宽：节点内处理更能够减少传输数据量，这种方式通过传送所观察到的场景的仅是信息丰富的参数而不是冗余的视频数据流。

3）冗余：在一些组件故障的情况下，分布式系统可以重新配置并且仍然能够保持整体功能。

4）自主：每个节点都可以异步处理图像，并且可以自主地对场景中的感知变化做出反应。

特别是，这些问题暗示着可以向摄像头节点移动一部分信息。在这些节点，人工智能和计算机视觉算法都能够自主适应内部条件（例如硬件和软件故障）和外部条件（例如天气和照明状况的变化）。可以说，在视觉传感器网络（VSN）中节点不仅仅是传感器的信息收集器，它们还必须协调来自视频流中的大量原始数据的场景中显著和紧凑的描述符。这自然需要计算机视觉问题（例如图像序列的检测变化、目标检测、目标识别、跟踪和用于多视点分析的图像融合）的解决方案。事实上，不了解场景可能在不涉及上述的一些任务下完成。众所周知，对于每一个这样的问题，都存在着由计算机视觉和视频监控区提供的已经实施算法的广泛资料库。然而，由于算法的高计算复杂度或过度苛刻的存储要求，目前大多数的可用技术均不适合在视觉传感器网络（VSN）中应用。因此，特设的算法应该为视觉传感器网络（VSN）设计，所以我们将在接下来的部分章节探讨。

在本章中，我们首先设想智能摄像头的应用和将视觉传感器网络（VSN）应用到城市场景下，从而突出具体的挑战和特点。接着，介绍嵌入式视觉节点，并且提供了现有硬件解决方案的一个简短的调查；然后，介绍了在智能摄像头上使用普遍的计算机视觉算法和视觉传感器网络（VSN）。我们会进一步描述两个智能交通系统的示例应用程序，即交通状态分析和停车场监控。在第一个示例应用程序中，一个车道上的车流量估计是通过使用一个稍微不同于应用在标准结构的传统轻质计算机视觉管道实现的。在第二个示例应用程序中，提出了一种监控停车场的方法；这里的视觉节点相互合作以运行出更为精确和全面的结果，例如，通过采取由 Petracca 等提出的在第 8 章展示的用于视觉传感器网络（VSN）的中间件。为智能交通系统应用程序设计构思的智能摄像头的原型将在 9.5 节呈现，在 9.6 节我们会介绍其应用场景和实验结果。

9.2 城市场景中的应用程序

根据文献 [1]，用于城市交通活动的自动分析的范围不断增大。部分原因是摄像头和传感器数量的增加，基础设施的性能增强和数据的可访问性。此外，用于处理视频流的分析技术的进步和计算能力的提升，已经使得智能交通系统的新应用出现成为可能。

实际上，摄像头已经被应用于交通和其他监测目的很长一段时间了，因为它们为人们的理解提供了丰富的信息资源。现在视频分析可以通过自动提取相关信息，为摄像头提供附加值。通过这种方式，计算机视觉和视频分析对于智能交通系统来说日益重要。

在公路交通场景下，目前摄像头已被广泛使用，而且现有的商业系统也表现出优良的性能。摄像头固定在特设的基础设施上，有时加上可变信息标志（VMS）、路侧单元（RSU）和智能交通领域的其他典型设备。交通流分析通常是通过使用特殊的宽带连接、编码、复用和传输协议将数据发送到中央控制室，其中专用的有效硬件技术用于处理多个输入视频流。[3] 通常的监测方案由在车道和车辆类别之间估计交通流量，这项技术和更为先进的分析技术例如检测停车车辆、事故和威胁安全、法律效力目的异常事件。

相反地，在城市环境下进行交通流量分析比在高速公路上更具有挑战性。另外，在城市环境中若干额外的监测目标在原则上可以通过应用计算机视觉和模式识别技术得到支持，这些技术包括检测复杂的交通违法行为（例如非法转弯、单行道、限行）[4,5]、识别道路使用者（例如汽车、摩托车以及行人）[6] 和他们之间的相互作用，即人与车之间或车与车之间的时空关系 [7]。由于这些原因，将无线传感器网络应用到城市场景中是很有价值的。

总的来说，我们可以判别针对 4 个不同的场景的基于系统的视频检测，分别是①安全、②执法、③计费、④交通控制与管理。尽管本章我们主要集中在后者，但是我们都简要地介绍了它们。

安全涉及预防和及时警示交通事件和路侧事件尤其是城市环境中出现的事件。一方面，检测类似车祸、停滞车辆、普通障碍物、隧道交通事故、洪水和山体滑坡是极其重要的：实时检测能够及时响应，从而挽救生命。大多数情况下，由于视觉节点，大部分获得的信息都能够得到其他探测器的有效补充。举个例子，烟雾检测器在涉及火灾上的危险隧道事故中扮演着比视频传感器更为重要的角色。一般情况下，当理解有效语义的复杂场景时，视觉信息变得很重要。例如，在检测山体滑坡和障碍物的情况下，基于雷达的技术或许能够提供更大的可靠性和全面运作，在不利的气象条件下（如雨雪）和能见度低的情况下也是这样。然而，同样是在这种情况下，视频信息的集成通过使用目标识别方法在降低错误情报方面非常有用，从而提高了系统的整体性能。城市环境的交通安全认为应该检测路边事件比如犯罪和严重的破坏行为。例如，商业上可用的解决方案 [8] 包括用于网络检测停车场的方法，即行人作为乘客从一辆车下来转移到另一辆车。这的确是偷车贼的捕猎行为。

执法时基于检测到的非法行为和用于罚款的文件。此外，公认的和成熟的技术，例如，对于交通指示灯违规行为，基于视觉的系统能够识别更为复杂的诸如违法转弯或者擅入高承载车辆（HOV）车道上的行为。以 Xerox 公司为例，其最近生产的利用几何算法检测座椅是空置的还是被占用了的车辆乘客检测系统，没有使用面部识别[9]。违法行为的文件通常是通过获取许多足够代表违法行为的图像结合自动车牌识别

（ANPR）来执行的，从而判别违法车辆。

ANPR 也是基于视频计费和收费共同组成的。此外，在这种情况下，有许多由供应商提供作为商业方案的成熟技术。城市计费系统相对于公路的一个特点是非侵入性的要求：改变正常车流是不可能的，但是自由流收费必须实施。满足这些要求的技术已经可用并被应用到伦敦、斯德哥尔摩和新加坡，但是它们的实际成本阻止了其在中等城市或低资源型城市的大规模部署应用。然而，这种低成本的计费技术的可用性可以为车流、道路使用和交通拥堵的精细化数据分析的收集铺平道路，从而允许自适应交通需求管理（TDM）政策的实施，该政策旨在将更加可持续、有效且被社会普遍接受的可动性应用到城市和大都市。其他不基于视频而是基于 NFC 的技术，在不久的将来在填补这一空白方面将成为普遍。

最终，交通控制与管理与获取可能在若干背景环境下的城市观测场景的信息有关。例如，实时车辆计数可以被用于评估道路服务水平和检测道路拥堵水平。这些实时信息可能会被用于交通线路规划；或通过直接提供建议给用户（例如，通过 VMS）以使旅行者可以根据这些数据获取最佳路径。最后，关于车流量的统计数据可被用于了解流动模式，并且帮助利益相关者改善城市可达性。通常情况下，车辆计数是通过提供精确的测量方法和车辆分类的感应线圈执行的。感应线圈的主要缺点是，它们需要安装在路面上，因此需要一个相当长期和昂贵的安装过程。此外，维护和保养线圈也需要破坏道路路面，所以在大部分城市场景下感应线圈是不可持续的。基于雷达的传感系统也可用于车辆计数和进行一些简单的分析，但是在交通拥堵的情况下，它们一般表现极差。最近几年，人们对基于视频的技术系统非常感兴趣，这种系统是基于嵌入的图像处理装置。诸如 Traficam[11] 的解决方案已被商用，并且能够在交叉口计数若干车道。除了车辆计数，交通管理可以获取其他交通流参数，比如识别由不同车辆类别（汽车、轨道车辆、公共汽车、自行车和摩托车）组成的交通流的组分，评估每个检测车辆的机动速度。

另一个有趣的话题是停车位的监控。事实上，尽管有一些商用的停车位监控的解决方案，但是大部分都是只适用于固定结构的和封闭的停车场，而且它们通常需要很大的安装成本以适应已经存在的停车设施。与之相反，视觉节点可以灵活地应用到多个场景包括路边停车位。其次，视觉节点还可以提供关于是不是单一停车位可用的信息。这可能是有用的，例如，监控的特殊的空间，例如禁用空间或设有电动汽车充电站的空间。

从城市场景应用简短的调查中，我们认为基于视觉技术的普及逐渐成为人们的兴趣，尤其是以下情况出现的时候：①需要掌握一些不能仅仅依据标量传感器单独获取的语义信息时；②不能完成驱动安装技术，比如受干扰的传感器、高端设备，或者没有足够的财政支持时；③需要一个可扩展能够覆盖大都市区域的架构时。由于计算机视觉不是一个特定的应用，所以视觉传感器网络（VSN）的一个附加特征通过以下事实表现出来：它可以重新适应不断变化的城市环境，甚至可被重新设定以支持通过更新在每个传感器配置的视觉逻辑完成新的场景识别任务。相反地，标量传感器（如感应线圈）和雷达专用传感器提供的信息没有灵活性，这和它们构建的信息是不同的。

综上所述，更传统的智能交通系统（ITS）能够适应多种甚至非结构化的场景并且已经采用了先进的低成本的技术。但它局限于封闭和丰富的系统中，而基于视觉传感器网络（VSN）的普遍技术可以提供一个具有内在可伸缩性的共享的经济合算的传感设施，因为该架构是出于逻辑领域与视觉传感器网络（VSN）片段相呼应制作出来的。因此，视觉传感器网络（VSN）可在多个层面进行开发应用，从而影响交通系统在小型、中型和大型城市以及非结构化的道路网络的建立。

9.3　嵌入式视觉节点

跟随低功率处理、无线网络和分布式传感的趋势，视觉传感器网络（VSN）正逐渐成为人们的研究热点，正如最近的文献 [12] 所述。视觉传感器网络（VSN）包括被称作摄像头节点的微小视觉传感器节点、摄像头节点集成图像传感器、嵌入式处理器和无线 RF 收发器。大量的摄像头节点形成一个分布式系统，其中，摄像头节点能够局部处理图像数据（即节点内部处理）、获取相关信息、与其他摄像头协同甚至自主地应用于特定任务，并且能够为系统用户提供捕获图片的丰富的场景信息的描述。

9.3.1　可用视觉节点的功能

在过去几年中，一些研究项目创造了嵌入式视觉平台的原型，原型可用于部署建立视觉传感器网络（VSN）。其中的第一个经历，Panoptes 项目 [13] 旨在开发视觉传感器网络应用的可扩展结构。Panoptes 传感器的主要功能是相对较低的功率且高品质的视频采集装置、节电的优先次序缓冲区管理算法和用于高效查询和视频数据映射的算法。传感器的尺寸、功率损耗和其相对较高的计算能力和储存能力，都使得 Panoptes 相比较不受限制的低功率和低保真度的传感器更接近高级智能摄像头。Cyclops 项目 [14] 为传感器网络提供了另一种有代表性的智能摄像头。摄像头节点都配备有一个低性能的 ATmega128 8 位的 RISC 微控制器。从存储记忆的角度来说，该系统是很受限制的，128KB 的闪存程序存储中只有 4KB 的 SRAM 数据存储。CMOS 传感器支持在 CIF 分辨率（352×288）下 8kB 单色、24kB RGB 颜色和 16kB 的 YCbCr 颜色的三种图像格式。在 Cyclops 板，摄像头模块包含用于执行去马赛克、缩放图像尺寸、校正色调和转换空间色彩的完整图像处理流水线。

在 MeshEye 项目 [15] 中，设计了一个高效节能的智能摄像头遥控架构，主要是把智能监控作为目标应用程序。MeshEye 具有一个有趣的特殊视觉系统，该系统是基于两个低分辨率低功率的摄像头和高分辨率的彩色摄像头的立体结构。特别地，立体视觉系统连续地确定进入其视野的位置、范围和尺寸大小。这些信息触发色彩摄像头获取含有兴趣目标的高分辨率的图像子窗口，随后会被高效处理。低成本的嵌入式视觉系统的另一个有趣的案例是 CMUcam 系列[16]在卡耐基梅隆大学展示的。更确切地说，第三代 CMUcam 系列已经被专门设计，以提供一个开源的、灵活且易于开发的平台，把机器人技术和监控技术作为目标应用。硬件平台相对于其前辈变得更强大，可被用于装备有简单视觉能力的低成本嵌入式系统，以获得智能传感器。硬件平台是由 CMOS 相机、ARM7 处理器和用于 MMC 卡的插槽构成的。标准的 RF 收发器（例如 TELOS 遥控）可以轻松集成。CMUcam4 目前已经上市，它采用了 Parallax P8X32A 和 Arduino 兼容屏蔽。

最近，CITRIC 平台[17]在一个装置中集成了摄像头传感器、CPU（频率最高可扩展到 624MHz）、16MB 的闪存存储和 64MB 的 RAM。这种装置，曾经配备标准的射频（RF）收发器，对于视觉传感器网络（VSN）的发展非常适用。CITRIC 系统的设计允许执行网络内部的中度图像处理任务，该任务是分布在网络的节点上。通过这种方式，与集中解决的办法，传输带宽存在更少的严峻问题。这些结果通过以下三个示例说明，分别是①图像压缩；②通过背景消除追踪目标；③在网络中进行摄像头节点的自我定位。上述电子项目是现有设备的示例展示，这些设备能够转化为视觉无线传感器网络的传感器节点。在 9.5 节中，我们会展示另一种智能摄像头的原型。

9.3.2 嵌入式节点的计算机视觉

配备图像传感器的嵌入式节点需要专门的计算机视觉算法转化为实际的智能摄像头。事实上，对于大部分的计算机视觉任务，如变化检测、目标检测、目标识别、跟踪和用于多视点分析的图像融合，已经实施的方法中存在 arsenal（见文献 [18] 中用于调查变化检测的算法）；然而，目前的大多数可用的技术并不适合于视觉传感器网络（VSN）的应用。实际上，如前述章节示例所示，嵌入的节点通常只有有限的存储空间和计算能力。微控制器偶尔也被应用，但是浮点运算本身不被支持。此外，对于耗电量经常被限制在自供电和电池供电的传感器，密集型操作可能会减少自主权至可接受水平之下。由于这些原因，应用在集中设施的标准中的传统计算机视觉传递途径不能用于视觉传感器网络（VSN），但是重新设计所采用的算法却是必要的。为了开展一个更轻级别的方法，重新设计的范围可以从优化嵌入式架构（使用查询表格、近似计算和引进启发式）到传递途径翻天覆地的变化。对视觉传感器网络（VSN）已经尝试使用一些特殊的图像分析方法。

以文献 [19] 为例，文章展示了能够支持查询一组图像的视觉传感器网络（VSN）以搜索场景中的特定目标。为了实现这一目标，该系统使用由尺度不变特征变换算法（SIFT）描述符[20]给出对象的表示法。事实上，由于描述符尺度、方向和仿射失真的不变以及光照的部分变化，SIFT 描述符甚至在复杂背景下和在部分遮挡的状况下都可以支持鲁棒辨识对象。特别地，无论图像规模如何，使用 SIFT 描述符都可以恢复场景中感兴趣的目标。CMUcam3 视觉系统也提供有趣的计算机算法。除此之外，无论是基于颜色的异质性还是框架的不同，基本的用于实时跟踪斑点的图像处理过滤器（比如卷积）方法都是可用的。定制的人脸检测也包括在内。这种检测是基于 Viola-Jones 检测 [21] 的一种简化，通过启发式算法进一步减少计算负担。例如，检测器不在呈现低方差的图像区域搜索人脸。机器学习分类器用于在嵌入式节点部署以提供所述场景的语义解释是非常有用的，比如 Viola-Jones detector 检测。实际上，在视频和图像中自动检测语义概念是克服人与机器之间的语义距离的一个尝试，这种语义距离可以被定义为人们可以从传感器数据获取和在给定情况下同样的数据能够提供给用户的信息之间缺少一致性 [22]。用能够自动检测某些语义概念（如汽车、人或障碍物）的视觉逻辑可以缩小差距（bridging the gap）。

基本概念的检测可以通过使用监督学习方法实现，在这种监督学习方法中，一组充足的标签数据（注释：以便使它们包含或不包含被检测的概念）在训练阶段被用来学习概念模型。以监督的形式学习的系统（例如支持向量机 SVM[23]）提取图像的一些特征和它们的标签作为输入，并学会在这些视觉特征和概念之间的关系模型。然后我们能够分类不用于使用学习模型的训练过程的新图像。通常使用的低级视觉特征是描绘图像或图像的某些部分的彩色直方图、梯度直方图、感兴趣的点 [20]、边缘、运动和深度。

在更复杂的情况下，被要求检测事件而不是简单的对象；事件作为一组在时间和空间相互作用的目标（包括人）能够被正式表示和识别，比如一组通过街道的行人、车祸和停车场。在视频序列的图像区域是通过目标对象和作为相互作用的结果的图像的目标变化的空间关系做标签的 [24]。机器学习算法需要一个初步的（和一般计算密集型）学习阶段来产生训练分类。显然，当这些方法被应用于视觉传感器网络（VSN）中，初步学习阶段可异地完成，而只有已经训练的检测器需要移植到视觉节点。在机器学习的方法中，一个共同且有效的方法是基于滑动窗的方法，因而称作图像的矩形子窗口是通过应用能够区分它们是否包含目标对象类的示例来测试的。

关于场景的先验知识，如果可用的话，或者已经通过网络内的其他节点收集的信息可被用于减少寻找范围，既可以通过在图像中忽略某些区域，也可以在一定的比例范围内搜寻矩形区域（如覆盖少于整个图像区域的 30% 的矩形区域）。例如，由于车牌具有标准尺寸，如果我们大致知道图像的规模，我们可以期望仅当尺寸在区域的像素与实际的物理尺寸兼容时来观察车牌。在各种可能中，Viola-Jones 方法在视觉传感器网络（VSN）中尤其受到关注。事实上，这样的分类器是基于使用所谓的排斥反应级联。在级联的一些阶段不能满足接受准则的窗口会被立刻拒绝而且不进行进一步的处理。同样在动力学方式中，为了更好地对内部与外部条件做出反应，级联还允许根据网络输出的特定用途调整探测器的反应。首先，在检测的可靠性与需要的计算时间之间折中，可以通过整体网络的自适应实时要求来控制。实际上，检测器可能在级联的早期阶段被中断，从而产生一个快速甚至不太可靠的输出，这在任何情况下都可能足够用于解决当前的决策问题。以同样的方式，通过控制在级联的最后阶段的阈值，视觉传感器网络（VSN）可以动态地选择在特定情况下的误报率与所需的检测率的最佳折中。

相对于单目系统，视觉传感器网络（VSN）的一个优点是它们可以固有地利用多视点信息。但是由于带宽和效率的考虑，图像不能常规地在网络上共享，从而使3D属性（如视差图和深度）的无密实计算能够被用于视觉传感器网络（VSN）。然而，现场观察的静态几何实体在建立采集系统的期间可被适当地编入。此外，专门设计的参考可被引进到场景中用于获得由每个摄像头获取的信息的初始校准，从而使我们能够找到在不同节点看到的感兴趣的点和区域的几何对应关系。为此，知道这样的校准步骤的结果的一个协调器节点可被考虑在内，以从图像坐标到物理世界坐标翻译事件。这样的方法可以产生更稳健的结果和更丰富的场景描述。这些想法通过使用多个摄像头和一个特殊的用于复杂事件比较的中间件层被用于检测停车场监控问题（9.4节）。

9.4 在智能交通系统的嵌入系统实施计算机视觉逻辑

本节介绍了两个基于视觉传感器网络（VSN）的计算机视觉的智能交通系统的实例应用。第一个实例应用涉及车流量的估计，而且它是基于与应用于标准架构的传统计算机视觉不同的轻量级计算机视觉传递途径。在第二个示例应用程序中，展示了对停车场的监控方法；视觉节点之间相互协作以输出更为准确和健全的结果，就停车位占用状态做出节点间的决策。节点间的判断逻辑可以以IoT的框架实施，例如，通过使用由Petracca在第8章提出的视觉传感器网络（VSN）的中间件。所提出的应用是基于并延伸了之前的工作 [25, 26]。

9.4.1 交通状态和服务水平

交通状态的分析和服务水平的评价通常是通过获取车流中通过的车辆速度和车型信息进行的。传统的传递途径开始于：①背景减除和前向移动；②车辆检测；③车辆分类；④车辆跟踪；⑤最终数据提取。相反的，在视觉传感器网络（VSN）中，采取轻量级的方法是方便的；尤其是，仅处理在感兴趣区域（RoI）的数据，可以检测到车辆的出现位置。然后，在这些检测的基础上，车流信息并不是来自明确使用的经典跟踪算法。

详细地讲，背景减除仅仅是在小四方形的RoI进行的。这样的形状足够用于透视偏斜下建模物理矩形。通过这种方式，当低视角可用时（如普通城市场景），处理偏斜的场景甚至不进行直接图像整流都是可能的，直接图像整流可在嵌入式传感器密集计算。四边形的RoI也可被用于建模图像上的线条（即一个像素粗线）。

在这样的RoI，轻巧的检测方法被用于像素分类，一个是变化的（在这种情况下像素被分配给前景），另一个是不变的（在这种情况下像素被认为属于背景）。这种决定是通过模拟背景获得的。有几种方法是可行的，最简单的一种是由简单的框架差分表示的。在这种方法中，之前的帧到正在处理的帧之间的图像被作为背景。如果帧差分值大于阈值，那么像素被认为是改变的。帧差分是最快的方法之一，但在智能交通系统的应用方面存在一些缺点；例如一个像素被认为改变了两次：第一次是车辆进入的时候，第二次是车辆从像素区域退出的时候。此外，如果车辆是均匀分布的并且多于一帧成像，那么它有可能无法在第一帧之后检测到。

另一种方法是由静态背景给出的。在这种方法中，背景被作为一个固定的图像不包括车辆，可能归因于光照变化。由于天气、阴影和光线的变化，背景应该更新以在户外环境产生有意义的结果。然而，背景更新策略可能是复杂的；当背景更新的时候的确应该确保没有车辆出现。为了克服这些问题，具有自适应背景的算法被使用。事实上，这类算法在不受控制的室外场景中使用是最稳妥的。背景不断更新融合旧的背景模型和新的观测图像。根据不同程度的计算复杂性，获得适应有多种方式。最简单的方式是使用平均图像。在该方法中，背景被建模为时间窗中的平均帧，该平均帧进行在线计算。然后，如果一个像素的阈值不同于平均图像的相应像素的阈值，那么这个像素就被认为改变了。所有像素中的阈值都是均匀的。将像素强度的标准差包含在内的可能性很大，而不仅仅是建模平均值，因此把背景的统计模型作为单一高斯分布。在这种情况下，无论是平均值还是标准差都是通过基于已经观察的帧在线计算的。通过这种方法，使用一个恒定的阈值而不是不同图像的均匀阈值，来观测像素是从背景分布中抽取的示例的概率，背景分布是通过把像素模拟为高斯分布的像素。高斯混合模型（GMM）是高斯分布的延伸。背景图像中的每一个像素被建模为高斯混合分布，而不是高斯分布。混合分布中高斯分布的个数是算法中的固定参数。当其中一个高斯分布对整个概率密度函数有边际贡献时，它就被忽略了，并且一个新的高斯分布被实例化了。高斯混合模型（GMM）以其能够模拟变化的背景甚至在有诸如晃动的阴影和树叶的情况下而著名。事实上，在这些情况下，很明显像素呈现多峰分布。可是，高斯混合模型（GMM）与高斯分布相比计算更加密集。码本[28]是另一个自适应背景建模技术，与高斯混合模型（GMM）相比较，呈递出实时建模背景的计算优势。在该方法中，每个像素样本背景值都被量化到码本，它表示长序列图像的压缩背景模型。我们甚至可以捕捉到在有限储存记忆下的以长短时间的复杂结构的背景变化（比如阴影和晃动的树叶）。

一些特定程序可被设想和上述方法一起启动。特别是，一个重要的问题涉及背景是否更新的政策。如果一个像素在某些帧被特殊地标记为前景，我们可能不希望该像素有助于更新背景或者说在较小程度上做出贡献。同样，如果我们正在处理 RoI，我们可能想要完全更新场景除非 RoI 没有任何改变被检测到；如果变化被检测到，我们可能决定不要更新背景中的任何像素。

数据提取过程开始为通过上述方法对每个车道适当地划分的前景或背景接收输入或更多的 RoI。当处理在时间 t 内获得的帧时，算法决定 RoIR_k 是否被车辆占用。该决定基于与像素总数相比变化的像素比率，例如 $a_k(t) = \#（R_k$ 变化的像素）$/\#（R_k$ 变化的像素）。那么 $a_k(t)$ 被用于和阈值 τ 相比，以便估计车辆是否有效通过。如果 $a_k(t)>\tau$ 并且在时间 $t-1$ 没有车辆被检测，那么一个新的交通事件就产生了。相反，如果一辆车在时间 $t-1$ 内被检测到，那么就不产生新的交通事件，但是最后发生的事件的时间长度会一帧一帧地递增。最终，当在时间内没有车辆被检测到（例如 $a_k(t)>\tau$），那么交通时间就会声明已经完成不需要进一步更新。假定车速在检测时间内是均匀分布的，在帧的数量内被观测到的车辆，帧的数目正比于车辆长度且反比于车辆速度。以同样的方式，使用两个处于同一车道但由一个距离 Δ 隔开的 RoIR_1 和 R_2 估计车速是可能的（见图 9.1）。

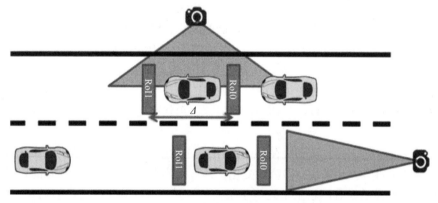

图 9.1　RoI 交通流分析配置

事实上，如果有 δ 帧的延误，车速可通过 $v = \Delta/(\delta v)$ 计算，其中 v 为帧的速率。车长可被依次估计为 $l = k/v$。显然，这些估计值的质量相对于几个因素变化很大，并且尤其是因为帧的速率和有限的 RoI 长度。实际上，帧的速率产生量化误差，该误差导致速度范围的估计；因此，该方法不能用于计算即时速度。在有限的 RoI 长度情况下，理想的检测区域是由检测线表示的，检测线长度为零。否则，定位误差影响任何检测。例如，不能确定在检测时刻车辆在 RoI 的确切位置。采用 1 像素厚的 RoI 缓解问题，但是这种方法会使得检测结果不可靠。这个问题既介绍了有关车辆长度计算的问题，又介绍了有关车辆速度计算的问题，因为在这两个公式中我们都使用公称距离 Δ 和检测之间的未知距离。然而，这是在传递途径中不使用恰当跟踪算法的缺点，这一缺点要求在嵌入式装置中计算资源不可用。但提供每一辆车的速度和大小类别是可能的。对于每一辆车的速度和大小类别，计数器用于积累检测的数目。计数器的时间分析对于估算车辆类型、平均速度和识别可能拥堵的道路的服务水平是足够的。

9.4.2　停车监控

作为第二个示例应用，适用于视觉传感器网络（VSN）部署的算法已经被用于研究和设计分析停车场占用状态分析。相对于背景参考图像，为了突出 RoI 的变化，紧随其后的方法基于帧差分。接下来变化检测算法的细节将被给出，然后，关于检测一个停车位的占用率的方式规范会被介绍。此后，为了提高检测性能，在视觉传感器网络（VSN）中的节点协同会被描述。

为了提高计算效率，检测变化的帧差分被呈现在获取帧的预先决定的 RoI。每个 RoI 对应一个特定的停车位，每个区域绝对积累的像素明显差异被展示；为了就环境的灯光变化改正和提高算法的鲁棒性，这样的差异被动态衡量。

为了实施这一改进，相对于全部的照明参数（当前和参考图像的平均值和方差），图像的归一化版本被计算和使用。相对于 RoI 的大小，差异之和被缩放，最终它被储存在缓冲器中。在这一点上，为了检测最终的变化验证出现。特别是储存的实际值和历史值之间的比较能够过滤出可能的杂散值（例如超过阈值），如阴影的存在。以相同的方式，相对于参考图像，为了检测可能的变化，储存值和另一阈值相比较。在这一点上，算法产生的第一输出结果，是一个相对于特定停车位占用状态的值。

一旦算法计算出关于每个停车位的占有率（相应于 RoI），就会产生一个节点内占用率检测的过程。为了避免过渡事件（例如，走动的人和由外部目标引起的阴影），只有在被连续观察获得的特定的帧的数目后，占用状态变得有效且被发送到视觉传感器网络（VSN）。

对于每一个停车位，该算法在 [0，255] 范围产生一个置信度的值，这意味着接近零代表相对于参考值几乎没有检测到变化，并且因此停车位有可能是免费的；另一方面，较高的值显示在观测场景中发生了很大的变化，因而停车位可能被占用。图 9.2 给出了该算法的流程图。

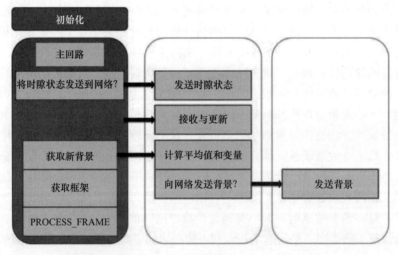

图 9.2　代表停车场占用算法的流程表（见彩插）

在视觉传感器网络（VSN）的一个更高的水平，由单一节点产生的置信度值作为一个 256 级的数目应该被转化为对应于空闲或繁忙的停车位相应的值，因此考虑到停车可用性做出最后的决定。

为此，由于中间件的存在，局部置信度将通过视觉传感器网络（VSN）传播。特别是当一个停车位空间被一个以上的传感器节点监督时，在考虑到停车位占用率时最后决定在节点间的级别获得。

详细来讲，最终决定是通过聚集由不同节点（这些节点是静态错位的并且具有监督停车位的静态表）产生的所有的置信度值获得的。如果一个停车位 k 通过 $n = n(k)$ 个传感器节点监督，并且成为来自每个单个的传感器节点在时间 t 内，$v_1^k(t),\cdots,v_n^k(t)$ 置信度值的测量方法，那么聚集的方法通过以下公式计算

$$v^k(t) = \sum_{i=1}^{n} w_{i,k} v_i^k(t) \tag{9.1}$$

式中，$w_{i,k}$ 是非消极的权重，并且

$$\sum_{i=1}^{n} w_{i,k} = 1 \tag{9.2}$$

因此，最终决定 $st^k(t)$ 通过关于停车位 k 和阈值 ε 的比较获得

$$st^k(t) = \begin{cases} 1 & 若 v^k(t) > \varepsilon_2 或 (v^k(t) > \varepsilon_1 和 st^k(t-1) = 1) \\ 0 & 若 v^k(t) \leqslant \varepsilon_1 或 (v^k(t) < \varepsilon_2 和 st^k(t-1) = 0) \end{cases} \tag{9.3}$$

为了实施一个更为全面的算法，避免无意义的波动，上述决定通过两个层次的阈值 $\varepsilon_1 < \varepsilon_2$ 进一步改善，并且考虑到之前在时间 $t-1$ 的获得停车位的状态。

权重 $w_{i,j}$ 被启发式地决定视觉传感器网络（VSN）的每一个物理配置，而阈值 ε_1、ε_2 被设定为对所有节点、传感器和停车位均适用的常数值。

9.5　传感器节点的原型

本节展示基于视觉传感器网络（VSN）概念的传感器节点原型的设计和开发。这个原型尤其适合于城市场景。特别是原型是一个传感器节点，该节点具有完成计算机视觉任务的足够计算能力，这种设想应用在城市场景视觉任务在之前的章节描述过。通过一个基于事件的部署中间件，原型在联网板上已经完成，以便它被包括在传感器网络内，以及调度和接收数据。最终，一个实现保持节点自治的能量收集块被涵盖在内。

接下来给出原型实现的概述，以实施原型的框架的描述为开端，其次是单个硬件组件的特征，分别是示例板、联网板、获得的传感器的特性和能量收集块。此后，展示设计和实施板的布局。

为了设计这个原型，随后的一个重要的问题是低成本技术的使用。特别地，节点使用低成本的传感器和电子元件，以便一旦改造，该装置能够低成本大批量制造。在设计和规划方面，一个重要的问题是通过轻松地安装设备表示的；因此，已经考虑用于传感器节点的保护罩式紧凑的，但能够容纳该装置的所有部件。详细地说，单个传感器节点被划分为两个主要部分：配备有摄像头传感器和用于图像分析逻辑的视觉板

和连接无线通信模块（RF 收发器）的联网板。

它们分别具有以下任务：①获取和处理图像；②控制装置以协调场景所有信息的传输过程。

传感器节点的其他部件是由控制充电的电源供给系统和最佳节能政策的选择给出的。电源供给系统包括电池组和用于收集能量的模块，例如，通过光电板。如图 9.3 所示，展示了传感器节点架构的连续设计过程。

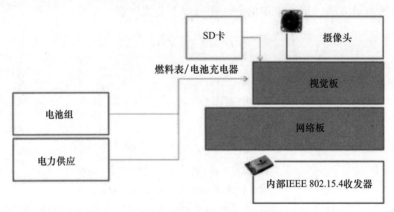

图 9.3　传感器节点的架构

9.5.1　视觉板

为实现视觉板，嵌入式 Linux 架构在设计阶段已经被选择用于提供足够的计算能力和轻松的编程环境。选择现成的基于原型板的 Linux 在计算能力、灵活性 / 可扩展性、性价比和支持方面已经被评估。例如，下面的 Raspberry Pi Model B（ARM11、700 MHz）[29]、Phidget SBC（ARM9，400 MHz）[30] 和 BeagleBone – TI Sitara AM3359（Cortex A8，720 MHz）[31]。

所有这些候选系统都有普遍的缺点，即高能耗和对未知任务没有益处的电子零件的出现。

因此，通过设计、印制和生产一个新的印制电路板（PCB），设计和实现一个定制的视觉组分已经被决定。为了使其使用的灵活性最大，同时最大限度地提高性能 / 功耗比，新型 PCB 必须重新设计。一个很好的平衡通过使用基于 ARM 框架的飞思卡尔 CPU，与 MMU-like 操作系统 GNU/Linux 的支持已经被实现。

这种架构除了众多的外设接口具有整合电源管理单元（PMU）的优势，从而最大限度地降低了电路板的复杂性。同样地，TQFP128 型号的 CPU 包帮助我们将布局的复杂性降到最低，因为使用多层 PCB 技术进行路由是没有必要的，因此，可在少数情况下印制电路板。这种选择有助于降低开发成本。实际上，CPU 只需要一个外部 SDRAM、一个 24MHz 的石英振荡器和用于 PMU 的电感。在最高速度（454MHz）测定条件下，它具有小于 500mW 的平均消耗。

该系统包括一个型号为 LM2576 的板上降压调节器，该调节器的高效率确保了 6~25V 范围内的电压，使得电池供电系统更理想，尤其是锂电池（7.2V 包）和铅酸电池（6 V、12 V、24 V 包）。

视觉板具有包含用于和网络板、SPI、I2C 和 USB 通信的 RS232 串行端口在内的多种通信接口。

多亏了 GNU/Linux 操作系统，软件开发依靠已经与主板连接装置的接口可用的设备库得到部分缓解。例如，没有必要知道特定硬件摄像头的特征属性，但是与标准的 UVC（USB 视频族）兼容是足够的；通过 UVC API，那么配置所有可用的参数是可能的。

9.5.2   网络板

为实现联网板，已经决定使用基于 32 位架构的微控制器设备。对于无线通信，符合 IEEE 802.15.4 的收发器已经被要求，还要和解决 IoT 的现代方法相一致。至于软件部分，已经决定采用 Contiki [32] 作为操作系统。Contiki 提供能够处理 IPv6 网络的 IPv6 协议栈。IPv6 栈还包括用于 IEEE 802.15.4 链接的 6LoWPAN 报头压缩和适配层。因此，操作系统能够很好地支持基于事件的 VSN 中间件。市场上对可用板的分析已经表明存在满足上述所有要求的设备。特别地，已经选择 Evidence SEED-EYE board [33]，它是特别适合用于实现低成本的多媒体 WSN。

9.5.3   传感器

对于视觉板上的摄像头的集成，一些具体的要求在设计阶段被定义，通过它提供连接的难易程度以及和板本身与管理的连接，而且能够在艰难的可视化条件下（例如夜视）至少具有最低的性能。因此，最小的制约因素是符合 USB 视频族装置（UVC）和删除 IR 滤波器的可能性或获取 NearIR 的能力。不仅如此，选择低成本设备是考虑到整个传感器节点原型的隐性要求。在一系列 UVC 兼容设备 [34] 中，易于购买且价格便宜的摄像头是被选择的 TRUST SpotLight Webcam[35]。此外，该摄像头配备 IR 滤波器，用来减少来自 IR 光源的噪声，甚至是对于我们获得图像光强较弱的情况下的意图也是容易抽取的。

9.5.4   能源收集和存储

前面介绍的电路板和摄像头被安置在 IP66 防护罩中。节点的另一重要组分是电源供应和能源收集系统，能源收集系统控制充电和允许选择最佳能源政策。电源供电系统包括铅（Pb）酸电池组和通过光电板收集能量的模块。

在图 9.4 中展示了与所涉及的电器组件连接在一起的单个节点的一般布局。值得注意的是，为了落实节约能源政策，视觉板也已经被用于测量电池的充电状态。为此，ADC 调理模块已被用于电源供电系统的电压级别适应视觉板 ADC 输出的电压范围。

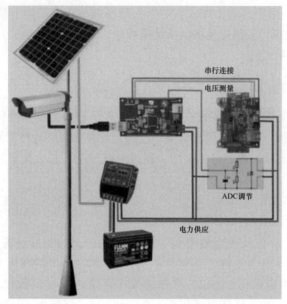

图 9.4　VSN 传感器节点原型和能量收集系统的一般设置

9.5.5　电路板布局

　　介绍完所选硬件的主要特征后，本节主要介绍视觉板的布局。建立具有之前所述基本特征的视觉板的确已经要求提供设计示意图，在示意图中分配和组织操作所需的所有模块和组件。因此，图 9.5 展示了视觉板的布局，分别通过视觉板的 3D 透视和样本打印。

图 9.5　视觉板的 3D 透视和样本打印

9.6　应用场景和实验结果

　　如今，大多数用于交通监控的可用传感器通常集中在结构化环境中，并基于系留传感器。此外，因为成本效益比是不利的，它们的费用通常阻止了它们用于覆盖大型区域的大量使用。已经提出并开发的嵌入式系统和低成本的摄像头传感器使得以图像数据为中心基于传感器的普适智能系统的设想成为可能。根据这一概念，识别城市区域案例研究的应用场景能够覆盖几种不同情况，它们通常出现在这类区域：交通限制区、生态区、联运节点服务、联运停车场、汽车共享服务、电动汽车充电站。特别地，对于不同场景停车场和交通流的评估已经被建立。对于停车场场景，这一建立包括一系列配备有部分重叠区域的摄像头的 VSN 节点。我们的目标是观察和判断停车位的可用性和位置。对停车场的几何结构做一个基本假设：每一个摄像头都知道在其监督下的停车位的位置。此外，为了恰当地整合它们的结果，我们假设协调器节点知道停车场的全几何和所涉及的摄像头的校准参数。

对于交通流，建立包含一个更小系列的 VSN 节点，它们负责观察和估计动态实时交通相关信息，特别是关于交通流和车辆的数量和方向，以及对交通流中的汽车的平均速度给出粗略估计。

至于实验结果，来自停车场的原始数据被展示和分析。图 9.6 给出了停车场图像的示例，随后图 9.7 展示了传感器值和记录停车场的样本采集的地面真值之间的差异，结果表明不同事件之间获得的良好分离。

图 9.6　车辆检测和停车场占用率状态分析

Slotld 6007 (2011年5月16日周一11:40:00—14:00:00)

图 9.7　为研究站点上的停车位收集的数据。蓝色为传感器置信度值，红色为地面实况，圆圈表示变化事件（见彩插）

关于交通流量监测，算法的两个版本都被用到 VSN 中。第一个版本的解决方案使用三个不同的帧（使用帧差分）获得参考帧中的移动目标的二进制表示。分析连接的组件、检测斑点，然后验证这些是否能被称为通过预定的 RoI [25] 的移动目标。最终的目的是使用 9.4 节所示的算法消除连接组件的分析。

图 9.8 中展示了用于交通流分析所获取和处理的图像样本，而且表 9.1 给出了交通流案例的分析，显示出在初步版本和最终实施方案之间的性能改善。

图 9.8　在城市道路检测车辆用于交通流分析

表 9.1　初步（V1）和最终（V2）版本的交通流性能比较

	序列	命中	失效	假阳性	真实事件总数	敏感率	假阳性率
V1	S1	204	24	9	228	89.0%	4.0%
	S2	234	2	10	236	99.2%	4.2%
	TOTAL	438	26	19	464	94.3%	4.1%
V2	S1	226	2	3	228	99.1%	1.3%
	S2	234	2	2	236	99.2%	0.8%
	TOTAL	460	4	5	464	99.1%	1.1%

9.7　结论

本章介绍了一个可扩展的技术解决方案，以支持城市场景中与 ITS 有关的问题。该调查主要针对用于实现智能摄像头的嵌入式解决方案进行说明。多亏了板载视觉逻辑的集成，智能摄像头能够用来检测、理解和分析与交通相关的情况和事件。这一嵌入式解决方案可以是更广泛的 VSN 元件和配备图像感测装置的每个节点。

几个问题表明从一个集中式解决方案到一个分布式智能解决方案，从处理用于传输的可用带宽的速度以及从在分布式解决方案中的冗余能力到授予每个分布式节点的自治功能。在这些节点中，人工智能和计算机视觉算法能够提供既适应内部条件又适应外部条件的自主性。

　　更智能的部分是这些节点不只是来自摄像头的信息采集，它们还能从视频流获取的数据中提取重要且紧凑的场景描述符。然而，目前可用的技术不适合被用于这些视觉网络中，由于算法的复杂性和过渡的硬件要求；因此，专用算法需要被设计和实施。

　　引进开发的嵌入式视觉节点后，计算机视觉算法的智能摄像头的实现已经得到解决。特别是，在两个样本 ITS 应用中，交通流状态的分析和停车场监督被展示。设计并实现的智能摄像头的原型被提出，设想的应用场景和可能获得的结果一起被描述。

参考文献

1. N. Buch, S.A. Velastin and J. Orwell (2011) A review of computer vision techniques for the analysis of urban traffic, *IEEE Transactions on Intelligent Transportation System* **12**(3), 920–39.
2. P. Remagnino, A.I. Shihab and G.A. Jones (2004) Distributed intelligence for multi-camera visual surveillance. *Pattern Recognition* **37**(4): 675–89.
3. J. Lopes, J. Bento, E. Huang, *et al.* (2010) Traffic and mobility data collection for real-time applications, *Proceedings of the IEEE Conference. ITSC*, 216–23.
4. H. Guo, Z. Wang, B. Yu, *et al.* (2011) TripVista: triple perspective visual trajectory analytics and its application on microscopic traffic data at a road intersection. *Pacific Visualization Symposium (PacificVis), 2011 IEEE*, 163–70.
5. Z. Wang; M. Lu; X. Yuan, *et al.* (2013) Visual traffic jam analysis based on trajectory data, visualization and computer graphics, *IEEE Transactions on Visualization and Computer Graphics*, **19**(12): 2159–68.
6. N. Buch, J. Orwel and S.A. Velastin (2010) Urban road user detection and classification using 3D wire frame models, *IET Computer Vision* **4**(2): 105–16.
7. J. Candamo, M. Shreve, D.B. Goldgof, *et al.* (2010) Understanding transit scenes: A survey on human behavior-recognition algorithms, *IEEE Transactions on Intelligent Transportation System* **11**(1): 206–24.
8. Ipsotek. Available at: http://www.ipsotek.com (last accessed 29 April 2015).
9. Xerox Technology Showcase at 21st ITS World Congress, Detroit, 2014. http://itsworldcongress.org/events/xerox-vehicle-passenger-detection-system (last accessed 29 April 2015).
10. Digital Recognition. Available at: http://www.digital-recognition.com (last accessed 29 April 2015).
11. Traficam. Available at: http://www.traficam.com (last accessed 29 April 2015).
12. D. Kundur, C.-Y. Lin and C.-S. Lu (2007) Visual sensor networks. *EURASIP Journal on Advances in Signal Processing*, Article ID 21515, 3 pp.
13. W. Feng, B. Code, E.C. Kaiser, *et al.* (2003) Panoptes: scalable low-power video sensor networking technologies, *Proceedings of the Eleventh ACM International Conference on Multimedia, Berkeley, CA, USA, 2–8 November 2003*, pp. 562–71.
14. M.H. Rahimi, R. Baer, O.I. Iroezi, *et al.* (2005) Cyclops: in situ image sensing and interpretation in wireless sensor networks, *Proceedings of the 3rd ACM Conference on Embedded Networked Sensor Systems (SenSys), 2005*, pp. 192–204.
15. S. Hengstler, D. Prashanth, Sufen Fong and H. Aghajan (2007) Mesheye: a hybrid-resolution smart camera mote, *Proceedings of the 6th International Conference on Information Processing in Sensor Networks, ACM, 2007*, pp. 360–9.
16. CMUcam. Available at: http://www.cmucam.org (last accessed 29 April 2015).
17. P. Chen, C. Boyer, S. Huang, *et al.* (2008) Citric: A low-bandwidth wireless camera network platform, *Proceedings of the ACM/IEEE International Conference on Distributed Smart Cameras, September 2008*, pp. 1–10.
18. R.J. Radke, S. Andra, O. Al-Kofahi and B. Roysam (2005) Image change detection algorithms: a systematic survey, *IEEE Transactions on Image Processing* **14**(3): 294–307.
19. T. Yan, D. Ganesan and R. Manmatha (2008) Distributed image search in camera sensor networks, *Proceedings of the 6th International Conference on Embedded Networked Sensor Systems, SenSys 2008, Raleigh, NC, USA, 5–7 November 2008*, ACM, pp. 155–68.
20. Lowe, D.G. (2004) Distinctive image features from scale-invariant keypoints, *International Journal of Computer Vision* **60**(2): 91–110.

21. P.A. Viola and M.J. Jones (2004) Robust real-time face detection. *International Journal of Computer Vision* **57**(2): 137–54.
22. A.W.M. Smeulders, M. Worring, S. Santini, *et al.* (2000) Content-based image retrieval, the end of the early years, *IEEE Transactions on Pattern Analysis and Machine Intelligence*, pp. 1349–80.
23. C. Cortes and V. Vapnik (1995) Support-vector networks, *Machine Learning*, **20**: 273–97.
24. D. Ayers and R. Chellappa (2000) Scenario recognition from video using a hierarchy of dynamic belief networks, *Proceedings of the 15th International Conference on Pattern Recognition*, pp. 835–8.
25. M. Magrini, D. Moroni, G. Pieri and O. Salvetti (2012) Real time image analysis for infomobility, *Lecture Notes in Computer Science* **7252**: 207–18.
26. M. Magrini, D. Moroni, C. Nastasi, *et al.* (2011) Visual sensor networks for infomobility. In *Pattern Recognition and Image Analysis*, vol. **21**. London: Springer, pp. 20–9.
27. C. Stauffer and W.E. Grimson (1999) Adaptive background mixture models for real-time tracking, *Proceedings of the Conference on Computer Vision and Pattern Recognition, Fort Collins, CO, USA, 1999*, **2**: 246–52.
28. K. Kim, T. Chalidabhongse, D. Harwood and L. Davis (2004) Background modeling and subtraction by codebook construction, *IEEE International Conference on Image Processing (ICIP), 2004*, pp. 2–5.
29. Raspberry Pi. Available at: http://www.raspberrypi.org (last accessed 29 April 2015).
30. Phidgets board. Available at: http://www.phidgets.com (last accessed 29 April 2015).
31. Beagleboard. Available at: http://beagleboard.org (last accessed 29 April 2015).
32. Contiki OS. Available at: http://www.contiki-os.org (last accessed 29 April 2015).
33. SEED-EYE Board. Available at: http://www.evidence.eu.com/it/products/seed-eye.html (last accessed 29 April 2015).
34. UVC devices. Available at http://www.ideasonboard.org/uvc/ (last accessed 6 May 2014).
35. Trust Spotlight. Available at: http://www.trust.com/it-it/all-products/16429-spotlight-webcam (last accessed 29 April 2015).

第四部分　ITS 中的数据处理技术

10 通过模糊逻辑和遗传算法预测拥堵

10.1 概述

交通拥堵造成了能源浪费，公共基础设施的投资，并且威胁城市环境质量。如果运输增长的预测也被考虑进来，那么这些挑战变得更加紧迫。根据交通行业白皮书（欧洲委员会，2011 年 3 月），截至 2050 年由拥堵造成的企业成本将增加大约 50%。智能交通系统（ITS）考虑缓解公路交通拥堵，将对这一显著问题进行调查。因此，交通拥堵的预测和识别在智能交通系统（ITS）中扮演着一个重要的角色，它意图使智能交通系统（ITS）更高效、更安全和长久可持续。精确的交通预测报告既可被驾驶人采纳以避免交通拥堵，又可被交通管理系统采纳以提前采取措施确保交通流通畅。

在过去的几十年中，交通预测最常用的技术是基于卡尔曼滤波器（KF）[1, 2] 和 ARIMA 模型 [3, 4]。虽然这些技术能够取得良好的结果，但是还是存在一些缺点。例如，当交通状态发生很大变化的时候，卡尔曼滤波器（KF）通常会产生减弱预测精确性的高估或低估；另一方面，ARIMA 主要针对单个可变的时间序列数据，而不使用多个输入变量。

对于多变量的数据集 [5-8]，包括交通流、占有率和速度在内的影响因素已经被认为适合于交通状况预测。特别是，文献 [9] 的研究发现结果表示交通流的精度和占用率预测高于速度预测。文献 [10] 的研究结果表明了基于交通流的预测通过分析真实的交通数据更可靠这一现象，占用率的使用意味着交通状况更精确。尽管如此，仍然存在许多相互矛盾的结果，其中速度信息比交通流信息和占用率信息更加可靠，因为对第一手用户来说它是更有效和有意义的 [6]。

在所有基于高速公路场景的丰富数据集的研究中，适合用于诊断和预测交通状况的四个输入变量占据了大部分文献：主线流量、占用率、速度和斜坡流。在最近的文献中，软计算技术已被认为是交通预测的强大工具。这些技术主要包括支持向量机（SVM）[11-13]、神经网络（NN）[14-17]、基于模糊规则的系统（FRBS）[18, 19] 和遗传算法（GA）。此外，混合算法也表现出了良好的效果，例如神经网络的遗传优化 [21] 和其他的一些算法组合 [22, 23]。

在缺点方面，由于适当的核函数的选择，过多的输入变量可以通过支持向量机（SVM）提出不可靠的预测 [12]。神经网络在交通状况预测方面已经获得了很好的效果。然而，局部优化和泛化能力限制了它的功能 [15]。此外，数据集和参数的质量对其性能有着特殊的影响。

模糊逻辑经常被用来处理复杂的交通状况[24, 25]。它可以处理具有简单规律的不确定数据。交通状况信息，例如速度、占用率和流量被分为有限的类别，如高、中和低。然后，与交通状态有关的拥堵检测输出规则被制定。在模糊逻辑系统，FRBS 是最具代表性的案例。

遗传算法（GA）是众所周知的启发式算法，它被广泛用于探索合适解决方案的大型搜索空间[26, 27]。除了它们在复杂搜索空间找到近似最优解的能力，遗传算法（GA）的通用代码结构和独立的性能特性使得它们适于参入先验知识。在基于模糊规则的系统（FRBS）的案例中，这一先验知识可以是语言变量、模糊从属函数的参数、模糊规则、规则序号等。这些能力在过去的几年里，扩大了遗传算法（GA）在学习和协调基于模糊规则的系统（FRBS）发展的功能，因此通常被称为基于模糊规则的遗传系统（GFRBS）[25, 29]。

基于模糊规则系统（FRBS）的设计通常是耗时和复杂的过程。当传统的基于模糊规则系统（FRBS）面临着大量的输入变量，规则的数量呈指数增加而获得的基于模糊规则的系统（FRBS）勉强准确和可解释。一个可行的改进是将模糊系统分解成一个分级结构，这被称为基于模糊规则的分层系统（HFRBS）[30, 31]。结果表明规则的总数增长仅与输入变量的数量呈线性关系。

关于这些系统的实施有许多提议[30, 32-35]。其中有一些识别这些规则中的共同部分，通过生产子模块生成它们[32, 36]。在其他研究中，每个模块的分级层处理输入变量的粒度增加[33]。文献 [34] 中的研究，学者提出了一种清晰分层的模糊系统，目的是克服中间层的输出不具有物理意义的缺点。文献 [35] 介绍了使用进化算法的分层模糊控制系统。文献 [30] 中的研究，学者提出使用多目标进化算法（MOEA）优化基于模糊规则的分层系统（HFRBS），目标是减少规则的大小和提高精度。然而，维数问题仍是模糊逻辑控制理论的一个未解决的难点[37]。

这项工作是通过以下情况驱动的，以前的方法有各种弊端并且不能解决在持续的预测期内大量输入变量的交通拥堵预测。为了实现更精确和稳定的交通预测，我们提出了能够在多个预测视野预测交通拥堵的遗传分层 FRBS（GHFRBS）。

本章的主要贡献是：①具有层次结构，这种模型可以在大量输入变量时允许系统识别变量和对变量排序；② GHFRBS 明显降低模糊规则的复杂性；③ GHFRBS 执行模糊系统数据库的横向调整以提高精度。

10.2 基于规则的分层模糊系统（HFRBS）

在 HFRBS 中，规则的数量是通过将 FRBS 分解为一组分层链接的简单模糊子系统来减少的。在这种分层结构中，FRBS 的第一层获得近似输出，然后通过第二层 FRBS 被协调。这个程序可以在后续层中被迭代。

为了预测期望点的拥堵，串行分布的 HFRBS[30, 38] 在这一研究中被用于方法的开发和讨论。

图 10.1 展示了 HFRBS 的 4 个输入变量的示例，和左图中经典的 FRBS 中的输入变量相比较。假设使用的三个成员函数（MF），以使每个输入变量模糊化，并且一个完整的规则在覆盖变量的每个组合的基础上，我们观察到：

常规 FRBS（图 10.1 左图）必须由 3^4=81 条规则和 4 个来路组成。

但是，使用 HFRBS（图 10.1 右图），每个低维的模糊系统包括 3^2=9 条规则。因此，总规则数是 $3 \times 3^2 = 27$。

这表明系统由于分层结构在规则总数上显著减少。

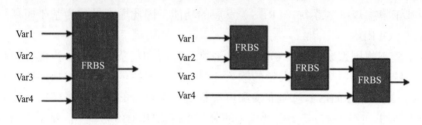

图 10.1　模糊系统示例：（左）非分层 FRBS 和（右）分层 FRBS

以这种方式，假设有 N 个输入变量以及每个变量有 M 个 MF 的模糊系统；在传统的结构化 FRBS 中，规则库将由 M^N 条规则组成，而在分层结构化的 FRBS 中，规则库由 $M^2 \times (N-1)$ 条规则组成。因此，考虑到在这项研究中的 26 个输入变量，在非分层的 FRBS 中，会有 3^{26}（ $=2.5419 \times 10^{12}$ ）条规则是重要的；而在 HFRBS 中仅 $9 \times (26-1)$（ $=225$ ）条规则会被使用。除此之外，在分层结构中，典型的是最有影响力的输入变量被选择作为第一级的系统变量，而次重要的变量被选择在第二级中，其他的以此类推 [12, 38]。

在许多交通拥堵的研究中，不同的变量，例如交通流、占用率、速度和它们的导数等，已经被用在许多预测模型中。但是，经常被讨论的是哪些变量更适合于此目的。因此，HFRBS 用于交通预测的另一巨大优势是对数据集的可用性获得一个更好的理解和决定它的哪些属性是最宝贵的。

10.3　基于规则的遗传分层模糊系统（GHFRBS）

本节解释了为定义和协调优化 HFRBS 提出的算法。正如 10.2 节所述，模块的串行分布将在本章被介绍，每个 FRBS 在每层中仅用两个输入变量。第一层的 FRBS 采用两个外部变量，其余的使用一个外部变量和一个内部变量（如图 10.1 右图所示）。

在这一提案中，演变为 HFRBS 的一个渐进的过程合并了一系列功能，这些功能允许我们解决由大量变量的交通预测问题。这些功能是：①分层结构的演变，包括变量选择和排序；②横向调整用于编纂在 HFRBS 中每个模糊系统输出变量的 MF；③优化在每层中的模糊系统的规则库。

在下面的小节中，介绍算法的重要层面。然后，对该算法框架的机制和具体特征进行说明。

10.3.1　三重编码方案

用于分层结构（C_H）、调整（C_T）和规则库序列优化（C_R）的三重编码方案被使用。

在分层结构部分（C_H），置换编码被用于表示系统。N 个变量的分层结构被编码成 $N+1$ 个元素的置换。具体表示如下：$C_H = \{h_1, h_2, \cdots, h_i, \cdots, h_{N+1}\}$，其中 $h_i \in \{0,1,\cdots N\}$。通过这种编码，在第 i 个位置的值 j 是指在某层的第 i 个位置使用第 j 个变量。此外，0 表示在这一点上没有使用变量。

假设 $C_H = \{4,1,5,2,0,3\}$（$N = 5$），图 10.2 所示为分层模糊模型的排列示意图。

至于横向调整部分（C_T），在提出的模型中采用 $I \times N \times M$ 维的实际矩阵，其中 I 是每个模块输入变量的个数，M 是 MF 编纂每个输入变量的个数，N 是数据集中变量的总数。用公式表达如下 $C_T = \{t_{1,1,1}, \cdots, t_{1,1,M}, \cdots, t_{1,N-1,M}\}$，其中 $t_{(i,j,k)} \in [-1,1]$ 被用于编纂在分层中的第 j 个模块的第 i 个变量的第 k 个成员函数。

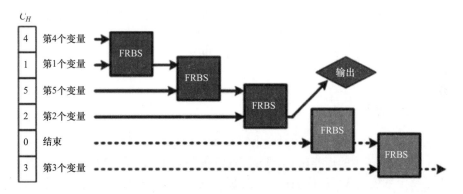

图 10.2　具有 {4，1，5，2，0，3} 的分层模型的排列表示

文献 [39] 提出的遗传横向调节过程被采用，而不是使用 MF 核心的绝对位置。具体而言，对于每一组 MF，一个真值使得 MF 的核心在一个预定范围内移动，围绕这一位置进行同样的分布式配置。图 10.3 展示了一个说明编纂是如何工作的示例。初始的均匀分布的标签和 MF 能够移动的范围被展示在灰色细胞中。用于个体的编码为 {0.5,1,−0.5} 的最终分布通过灰线呈现。每个值表示沿 MF 移动范围的位移。

一个真正的编码矩阵被用于规则库序列部分（C_R），在这里我们考虑每个变量 M

的标签的数量，变量 N 的总数，以及在 I 级的每个 FRBS 的输入变量的数量。编码为实数码染色体的一部分的完整序列集 C_R 为 $C_R = (r_{1,1}, r_{1,2}, \cdots r_{M^I,N-1})$，其中 $r_{(i,j)} \in [0,1]$ 表明该值是用作分层中的第 j 个模块的第 i 条规则的结果。无规则选择是在本章中进行的，出于这个原因，规则库是由 M^I 和组成的规则组成的。

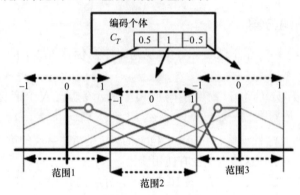

图 10.3　横向调谐编码示例

在本章中，$I = 2$ 被用于每一个模块中，$M = 3$ 被用于每个输入变量中，输入变量总数为 $N = 26$。所以，我们有：

C_H 是这些值 $\{0,1,2,3,\cdots,26\}$ 的排列。

C_T 被编码为 6（$I \times M$）行和 26（N）列的矩阵。每列设置层次结构中的一个模块的 MF。

C_R 是一个 9（M^I）行 26（N）列的矩阵。再次，第 i 列表示规则库由分层中的第 i 个模块实现。

10.3.2　遗传算子

构成初始群体的染色体是随机产生的。每个个体在 C_H 部分都被随机序列初始化，数值在 [−1，1] 范围的矩阵在 C_T 部分，数值在 [0，1] 范围的矩阵在 C_R 部分。

对于整个系统，选择程序通过轮盘完成，其中每个染色体都是通过一个对应于其本身特性比例的空间表示的。通过这种方式，更好的个体获得更高的机会。有序的两点交叉[40] 被用于分层部分 C_H 的交叉功能。交换突变用于变异操作。

有序亮点交叉的工作原理如下。首先考虑到两个亲染色体，两个任意交叉点被选择将亲染色体切成左中右三部分。一个后代继承亲本中的左右部分，中间部分用于填充第二代的基因序列。第二代通过另一种方法产生：使用第二代的左右部分和第一代的中间部分。这是处理排列的最流行和最有效的交叉方法之一[41]。交叉操作后，突变的实现通过交换操作完成。在特定范围内（相对小的间隔）随机选择两个基因，以通过微调染色体得到进一步改善。

对于个体（C_T 和 C_R）的真正的编码部分，BLX-α 交叉[42] 和 BGA 突变[43] 被使用。

两者都被广泛用于实际编码 GA 中 [46]。

考虑到母本 $X = (x_1 \cdots x_m)$ 和父本 $Y = (y_1 \cdots y_m)$，对于每一个 i，BLX-α 交叉通过产生区间 $[\min(x_i, y_i) - \alpha|x_i - y_i|, \max(x_i, y_i) + \alpha|x_i - y_i|]$ 内的随机值繁衍两个后代，其中 $\alpha \in [0,1]$。

对于上述同样的假设 $X = (x_1 \cdots x_m)$，从 BGA 突变算子获得的 x_i 是 $x'_i = x_i \pm range_i \cdot \sum\limits_{k=0}^{15} \alpha_k 2^{-k}$，其中 $range_i$ 定义了突变的范围：在本章被设定的范围是 $0.5 \times (b_i - a_i)$。+ 或 − 的概率分别是 0.5，$\alpha_k \cdot \{0,1\}$ 是随机产生的，且 $p(\alpha_k = 1) = \dfrac{1}{16}$。

10.3.3 染色体评估

在本章中，我们使用著名的均值绝对误差（MAE）：

$$MAE = \frac{1}{N_t} \sum_{i=1}^{N_t} |O_i - E_i| \tag{10.1}$$

式中，E_i 和 O_i 是数据集中第 i 个样本期望获得的输出变量；N_t 代表训练数据的个数。为了在交叉选择的过程中应用轮盘算子，值（1−MAE）是被使用的。

10.3.4 算法框架的机制和属性

所提出的进化算法框架是基于公认的稳态 GA[47]，如算法 10.1 所示。稳态 GA 从精英更替战略中受益。具体来说，如果两个新个体能比总数中最差的两个个体更好地适应，那么最差的两个就会被两个新个体取代。因此，使用稳态 GA 允许更快地收敛和更小的评价数量。

算法10.1 Steady‐state genetic algorithm used in the present work.

Input： N_p (population size), M_E (maximum number of evaluations)
Output： Best individual from P

$e \leftarrow 0$
$P \leftarrow$ Initial population
Evaluate individuals in P
$e \leftarrow e + N_p$
While ($e < M_E$)
  Select two individuals P_1 and P_2 from P
  Apply crossover and mutation over P_1 and P_2
  Evaluate P_1 and P_2
  $e \leftarrow e + 2$
  Find the two worst individuals $Worst_{(1,2)}$ from P
  $P_{(1,2)}$ are better than $Worst_{(1,2)}$
  Replace $Worst_{(1,2)}$ by $P_{(1,2)}$
Return best individual in P

10.4 数据集配置和简化

交通数据是由性能测试系统（PeMS）收集的。交通系统收集在美国加利福尼亚州超过 30000mile 公路的数据，这些数据被用来收集站点中每个线圈监测站的历史测试。该系统支持多种公开访问的 Web 应用程序，可用于统计和学术目的。

这项研究是在加利福尼亚州的圣迭戈的高速公路 I-5 路段进行的，路段长10.07mile，在北行方向车道由四车道变为六车道。线圈检测器被安装在高速公路主线大约每隔 1/3mile，以及上下坡道段。为了抑制交通数据中的噪声信息，通过检测站每5min 收集一次平均速度、占用率和车流量。该数据是连续 30 天收集的（2013 年 4 月1 日至 2013 年 4 月 30 日）。

从主道路起点、中间点和终点传感器收集的数据中，中间点的拥堵预测是所期望的，或是感兴趣的点（PoI）。此外，收集的上坡道和下坡道的报告值取决于匝道在兴趣点上游还是下游。

需要注意的是，位于主路上的线圈探测器显示三个不同的值：车流量（每一时间段的车辆数）、占用率（探测器被接通的时间百分比）和速度（测量的平均车速）。另一方面，位于上下坡道的线圈探测器值显示车流量。另外，变量的导数也被涉及。这些导数被作为由时间步在连续两个样本之间的差计算。通过这种方式，最终将考虑 26个变量。它们被以图形的方式在图 10.4 中表示为研究所使用的道路示意图。

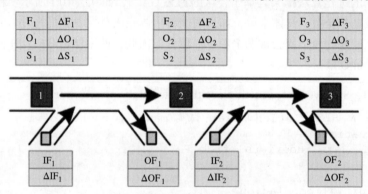

图 10.4　简化变量后公路的图形表示

变量被总结为以下方面：

$\{F_1, F_2, F_3\}$ 分别表示在点 1、2、3 的平均车流量。

同样的方法被分别在用车速和占用率的测量，变量名分别 $\{S_1, S_2, S_3\}$ 和$\{O_1, O_2, O_3\}$。

至于上下坡道，在 PoI 上游和接近 PoI 的地方，匝道的车流量值被收集，结果为$\{IF_1, IF_2, OF_1, OF_2,\}$。

之前这些变量的导数也被计算和包含在数据集中。它们被表示为 $\{\Delta F_1, \Delta F_2, \Delta OF_1,\Delta OF_2\}$。

总之，所获得的 26 个变量被展示在图 10.4 中加以说明，它们可被用于在兴趣点预测下一时刻的高速公路拥堵。

因此，拥堵预测问题通过以下建模：$C(t + h) = f(F_1(t), F_2(t), \cdots, \Delta OF_2(t))$，其中表示在时间 t+h,h={5,15,30} 的预测拥堵状态。

正如许多研究作品所述，比如 CoTEC [49]，通过表征美国多个城市的公路交通拥堵，车速为 30 ~ 50mile/h 交通状态被认为是轻度交通拥堵。此外，为了更有效地测试交通系统，我们通过分析收集的数据集中的拥堵案例，对预处理的数据集中的拥堵事件的分布率做出合理解释。鉴于上述考虑，低于 45mile/h 的平均速度在本研究中被认为是拥堵状态。

10.5 实验

为了评估已提出方法即 GHFRBS 的可行性，开展了实验研究，本节具体安排如下：10.5.1 节介绍了实验装置、数据集，相关技术和参数也包括在内；10.5.2 节阐述了获得的实验结果；10.5.3 节详细地分析了得到的实验结果，包括模型的精度和复杂性。

10.5.1 实验装置

这部分介绍了在实验期间用到的所有数据集、技术和参数，目的是验证实施的 GHFRBS 的性能。

为了测试实施系统的拥堵预测。每一个数据集都被设计为预测拥堵是否会发生在 5min、15min、30min 后，它们分别简称为 TRAFFIC$_5$、TRAFFIC$_{15}$ 和 TRAFFIC$_{30}$。

为了研究 GHFRBS 的表现是否可比于最常用的软件技术，其性能是否能够和以下技术的各个方面进行比较：模糊 AdaBoost [50] 是升压算法 AdaBoost [41] 的提高版，它能够处理模糊规则。模糊 LogitBoost [51] 采用遗传算法提取迭代的模糊规则，然后将它们合并来决定输出。模糊 Chi-RW [52, 53] 识别问题变量之间的关系，并且在特征空间和类别空间之间建立联系，目的是产生规则库。上述所有方法都是通过 KEEL（www.keel.es）运行的，而且参数值根据推荐设置配置的。

所提出的算法运行时的参数值为：M_E=100 000 是估计的最大数，N_P=100 是总尺寸，$p_c = 0.8$ 是交叉概率，$p_m = 0.2$ 是每个染色体的突变概率。为了不使规则库过度增加，我们对所有的问题和方法设定每个变量 $M = 3$ 个标签。本章所述的所有实验已经通过 5×2 的交叉验证模型实现。

10.5.2 实验结果

在这种情况下，该模型最终产生二进制输出：拥堵和不拥堵。它可以被看作是一个二进制分类任务。为了评价 GHFRBS 的分类精度以及和其他技术进行比较，MAE（公式 10.1）的测量方法被采用。

图 10.5 集聚了实验结果以在训练（顶部）和测试（底部）的数据集得到的 MAE 的平均值和标准差的形式表示。此外，表 10.1 展示了获得的模型的复杂性的比较，其中 #R 和 #V 分别表示模糊规则的平均数和系统使用的输入变量的平均数；#V/R 是每条规则的变量数。在展示的 GHFRBS 中，变量数（#V）也给出了系统中模块的数量，它能被作为 #V−1 计算（见图 10.1 右图所示）。

此外，图 10.6 展示了 26 个变量的重要因素，它们组成了 TRAFFIC 数据集。由此，能够在数据集中识别最重要的变量是被期望的。

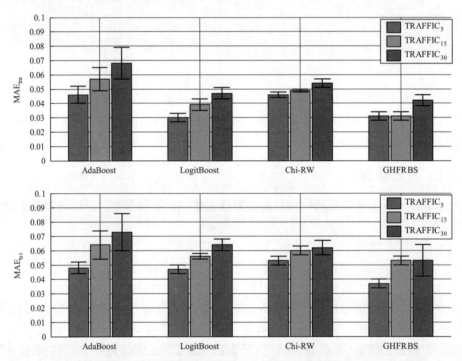

图 10.5　AdaBoost、LogitBoost、Chi-RW 与 GHFRBS 的性能比较（见彩插）

表 10.1　Fuzzy AdaBoost, Fuzzy LogitBoost 和
Fuzzy Chi-RW 与 GHFRBS 在 #V、#R 及 #V/R 方面的复杂度比较

数据集	$TRAFFIC_5$			$TRAFFIC_{15}$			$TRAFFIC_{30}$		
	#V	#R	#V/R	#V	#R	#V/R	#V	#R	#V/R
Fuzzy AdaBoost	26	8	18.93	26	8	19.38	26	8	18.93
Fuzzy LogitBoost	26	25	19.94	26	25	19.46	26	25	19.84
Fuzzy Chi-RW	26	511.4	20	26	506.2	26	26	503.6	26
GHFRBS	10	81	2	11.8	97.2	2	11.4	93.6	2

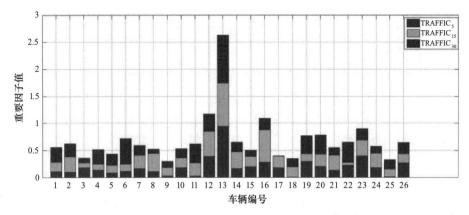

图 10.6 GHFRBS 从三个 TRAFFIC 数据集获得的可变重要性因子值（见彩插）

10.5.3 分析实验结果

本节从获得的规则集的预测精度、尺寸和复杂性方面详细分析了实验获得的结果。更重要的是，给出了交通问题结果的多角度分析。

相对于算法的精确性（在图 10.5 中的 $1 - MAE$ tra | tst），结果清楚地表明所提出的方法能够以高精度（94% ~ 96%）预测 5 ~ 30min 后甚至更长的时间的交通拥堵状况，这一点可以和交通数据集（26 个变量）一起被突出显示。同时，与其他技术相比，该技术在三个交通案例中都已获得最高精度。

总之，所提出的 GHFRBS 在所有情况下，均获得能够与常用技术相当的水平，在交通问题上获得最佳效果。

值得注意的是，当分析所得到的模型的大小和复杂性时，考虑到使用时所建议的参数，模糊 AdaBoost 和 LogitBoost 使用一个固定的规则数，而模糊 Chi-RW 使用变化的规则数，GHFRBS 则使用具有固定规则数的变化模块数（使用变量）。

通常情况下，由 GHFRBS 参入的可变选择机制允许在原始数据集中仅使用少于一半的变量数减少数据集的复杂性。特别是，变量数减少到约 40%。

具体来说，考虑到模型的复杂性，以下几点是值得关注的：

模糊 AdaBoost 和 LogitBoost 总是比 GHFRBS 获得更少的规则，因为规则数是作为该方法的一个参数预先设定的。

不仅如此，获得的规则数的复杂性远高于 GHFRBS。升压方法的规则是由大约 19 个语句组成的。

特别地，对于交通数据集，模糊 Chi-RW 获得 500 多个规则且具有较高精度，而 GHFRBS 则少于 100。

同样值得注意的是，模糊 Chi-RW 规则使用先行部分的所有变量，而 GHFRBS 中的则仅使用两个。

总的来说，应该指出，当输入变量减少时，对于具有少量的变量的问题，精度没有显示明显优势。然而，对于具有较高数量的变量以及实际交通数据问题，其中，它们中间具有较高的相关性，分层结构和较少的输入变量有利于提高分类精度和减少模糊系统的复杂性。

在系统中变量具有重要性的情况下，原则上，重要性因子正相关于被选择的频率，负相关于它们在 GHFRBS 中每个执行步骤的分层结构的排序。表示分类问题中第 i 个变量的重要因子，如公式（10.2）所示。表示在分层变量中的第 k 个属性的排序，设置的第 i 个 n 层执行结果为 θ_i，$|\theta_i|$ 表示选择变量的数目。

$$\delta(k) = \sum_{i=1}^{n} \frac{Pk_i}{|\theta_i|} \qquad (10.2)$$

为了分析拥堵预测问题中涉及的每个输入变量的重要性（编号从 1 到 26）。图 10.6 展示了 GHFRBS 中从交通数据集获得的变量重要性因子。

通过分析图 10.6，可以得出结论：Q_2、ΔQ_2、Q_3、ΔF、S_2、ΔS_2 和 ΔOF_2 是在目标点和交通拥堵具有最高相关性的变量，而 IF_2、OF_2、S_3 和 ΔF_3 与交通拥堵的相关性最小。从输入变量的角度来看，结果表明占用率的预测性能好于速度和流量。速度和流量的相同水平可以对应于两个不同的交通状态（自由流和拥堵状态）。最可能是因为它是被交通组合物和车辆长度影响的。从位置角度来讲，在感兴趣的点输入变量最容易被选中，因为交通条件大部分和它们的过去值相关联。

10.6 结论

本章我们基于模糊逻辑和遗传算法提出了一个新颖的方法，从多个输入变量建立交通拥堵预测系统。

所提出的 GHFRBS 由以下新特征：①产生较少的输入变量，选择的输入变量分布在一系列串联模块中；②因为每个模块的输入变量被设定为 1~2，大大降低了模糊规则的复杂性；③稳态遗传算法和 MF 的横向调整过程被用于自动建立 FRBS。

为了测试新方法的性能，我们将它应用到了交通拥堵的预测问题中，通过使用从 PeMS 手机的实际交通数据。取得的结果是很有前景的，证明了获得模块的模糊规则的简单性和 GHFRBS 预测时间间隔为 5min、15min、30min 的交通拥堵的有效性。

最后但同样重要的是，GHFRBS 从其自动排名和选择输入变量获益，可以更好地掌握交通数据集。这将作为我们将来的研究重点。

致谢

作者感谢欧盟提高运输效率的智能协作感知（ICSI）项目（FP7-ICT-2011-8）对本研究的支持。

参考文献

1. Jin, S., Wang, D.-H., Xu, C. and Ma, D.-F. (2013) Short-term traffic safety forecasting using Gaussian mixture model and Kalman filter, *Journal of Zhejiang University Science* **A14**(4): 231–43.

2. Okutani, I. and Stephanedes, Y. (1984) Dynamic prediction of traffic volume through Kalman filtering theory, *Transportation Research Part B: Methodological* **18**(1): 1–11.

3. Ahmed, M. and Cook, A. (1979) Analysis of freeway traffic time-series data by using Box–Jenkins techniques, *Transportation Research Record* **722**: 1–9.

4. Williams, B.M. and Hoel, L.A. (2003) Modeling and forecasting vehicular traffic flow as a seasonal ARIMA process: Theoretical basis and empirical results, *Journal of Transportation Engineering* **129**(6): 664–72.

5. Fung, R.Y., Liu, R. and Jiang, Z. (2013) A memetic algorithm for the open capacitated arc routing problem, *Transportation Research Part E: Logistics and Transportation Review* **50**, 53–67.

6. Samoili, S. and Dumont, A.-G. (2012) Framework for real-time traffic forecasting methodology under exogenous parameters, *Proceedings of the 12th Swiss Transport Research Conference*, pp. 512–22.

7. Stathopoulos, A. and Karlaftis, M.G. (2003) A multivariate state space approach for urban traffic flow modeling and prediction, *Transportation Research Part C: Emerging Technologies* **11**(2), 121–35.

8. Vlahogianni, E.I., Geroliminis, N. and Skabardonis, A. (2008) Empirical and analytical investigation of traffic flow regimes and transitions in signalized arterials, *Journal of Transportation Engineering* **134**(12): 512–22.

9. Dougherty, M.S. and Cobbett, M.R. (1997) Short-term inter-urban traffic forecasts using neural networks, *International Journal of Forecasting* **13**(1): 21–31.

10. Balke, K.N., Chaudhary, N., Chu, C.-L., *et al.* (2005) Dynamic traffic flow modeling for incident detection and short-term congestion prediction: Year 1 progress report. Tech. rep., Texas Transportation Institute, Texas A&M University System.

11. Sapankevych, N. and Sankar, R. (2009) Time series prediction using support vector machines: A survey, *IEEE Computational Intelligence Magazine* **4**(2): 24–38.

12. Wang, J. and Shi, Q. (2013) Short-term traffic speed forecasting hybrid model based on chaos–wavelet analysis-support vector machine theory, *Transportation Research Part C: Emerging Technologies* **27**, 219–32.

13. Wu, C.-H., Ho, J.-M. and Lee, D., 2004. Travel-time prediction with support vector regression, *IEEE Transactions on Intelligent Transportation Systems* **5**(4), 276–81.

14. Chan, K., Dillon, T., Singh, J. and Chang, E. (2012) Neural-network-based models for short-term traffic flow forecasting using a hybrid exponential smoothing and Levenberg–Marquardt algorithm, *IEEE Transactions on Intelligent Transportation Systems* **13**(2): 644–54.

15. Hodge, V., Krishnan, R., Jackson, T., *et al.* (2011) Short-term traffic prediction using a binary neural network. In: *43rd Annual UTSG Conference*, Open University, Milton Keynes, UK.

16. Karlaftis, M. and Vlahogianni, E. (2011) Statistical methods versus neural networks in transportation research: Differences, similarities and some insights, *Transportation Research Part C: Emerging Technologies* **19**(3), 387–99.

17. Smith, B.L. and Demetsky, M.J. (1994. Short-term traffic flow prediction: Neural network approach, *Transportation Research Record* **1453**, 98–104.

18. Dimitriou, L., Tsekeris, T. and Stathopoulos, A. (2008) Adaptive hybrid fuzzy rule-based system approach for modeling and predicting urban traffic flow, *Transportation Research Part C: Emerging Technologies* **16**(5), 554–73.

19. Zhang, Y. and Ye, Z. (2008) Short-term traffic flow forecasting using fuzzy logic system methods, *Journal of Intelligent Transportation Systems* **12**(3), 102–12.

20. Abdulhai, B., Porwal, H. and Recker, W. (2002) Short-term traffic flow prediction using neuro-genetic algorithms, *Journal of Intelligent Transportation Systems: Technology, Planning, and Operations* **7**(1), 3–41.

21. Vlahogianni, E.I., Karlaftis, M.G. and Golias, J.C. (2005) Optimized and meta-optimized neural networks for short-term traffic flow prediction: A genetic approach, *Transportation Research Part C: Emerging Technologies* **13**(3), 211–34.

22. Quek, C., Pasquier, M. and Lim, B. (2006) Pop-traffic: A novel fuzzy neural approach to road traffic analysis and prediction, *IEEE Transactions on Intelligent Transportation Systems* **7**(2): 133–46.

23. Zheng, W., Lee, D.-H. and Shi, Q. (2006) Short-term freeway traffic flow prediction: Bayesian combined neural network approach, *Journal of Transportation Engineering* **132**(2): 114–21.

24. Liu, K. and Fei, X. (2010) A fuzzy-logic-based system for freeway bottleneck severity diagnosis in a sensor network, *Transportation Research Part C: Emerging Technologies* **18**(4): 554–67.

25. Onieva, E., Milanés, V., Villagra, J., *et al.* (2012. Genetic optimization of a vehicle fuzzy decision system for intersections, *Expert Systems with Applications* **39**(18): 13148–13157.

26. Holland, J.H. (1992) *Adaptation in Natural and Artificial Systems.* Cambridge, MA: MIT Press.

27. Konar, A. (2005) *Computational Intelligence: Principles, Techniques and Applications.* Berlin: Springer-Verlag.

28. Badie, A. (2010) Genetic fuzzy self-tuning PID controllers for antilock braking systems, *Engineering Applications of Artificial Intelligence* **23**(7): 1041–52.

29. Cordon, O., Gomide, F., Herrera, F., *et al.* (2004) Ten years of genetic fuzzy systems: Current framework and new trends, *Fuzzy Sets and Systems* **141**(1): 5–31.

30. Benítez, A.D. and Casillas, J. (2013) Multi-objective genetic learning of serial hierarchical fuzzy systems for large-scale problems, *Soft Computing* **17**(1): 165–94.

31. Raju, G., Zhou, J. and Kisner, R. (1991) Hierarchical fuzzy control, *International Journal of Control* **54**(5): 1201–16.

32. Cala, S. and Moreno-Velo, F.J. (2010) XFHL: A tool for the induction of hierarchical fuzzy systems, *IEEE International Conference on Fuzzy Systems*, pp. 1–6.

33. Cordón, O., Herrera, F. and Zwir, I. (2003) A hierarchical knowledge-based environment for linguistic modeling: Models and iterative methodology, *Fuzzy Sets and Systems* **138**(2), 307–41.

34. Lee, M.-L., Chung, H.-Y. and Yu, F.-M. (2003) Modeling of hierarchical fuzzy systems, *Fuzzy Sets and Systems* **138**(2): 343–61.

35. Stonier, R.J. and Mohammadian, M. (2004) Multi-layered and hierarchical fuzzy modelling using evolutionary algorithms, *International Conference on Computational Intelligence for Modelling, Control and Automation, University of Canberra, Canberra, Australia*, pp. 321–44.

36. Torra, V. (2002) A review of the construction of hierarchical fuzzy systems, *International Journal of Intelligent Systems* **17**(5): 531–43.

37. Zajaczkowski, J. and Verma, B. (2010) An evolutionary algorithm based approach for selection of topologies in hierarchical fuzzy systems, *IEEE Congress on Evolutionary Computation*, pp. 1–8.

38. Zajaczkowski, J. and Verma, B. (2012) Selection and impact of different topologies in multi-layered hierarchical fuzzy systems, *Applied Intelligence* **36**(3): 564–84.

39. Alcalá, R., Alcalá-Fernández, J. and Herrera, F. (2007) A proposal for the genetic lateral tuning of linguistic fuzzy systems and its interaction with rule selection, *IEEE Transactions on Fuzzy Systems* **15**(4): 616–35.

40. Goldberg, D.E. (1989) Genetic Algorithms in Search, Optimization and Machine Learning, *Boston, MA: Addison-Wesley.*

41. Freund, Y. and Schapire, R.E. (1996) Experiments with a new boosting algorithm, International Conference on Machine Learning. pp. 148–56.

42. Herrera, F., Lozano, M. and Verdegay, J. (1998) Tackling real-coded genetic algorithms: Operators and tools for behavioural analysis, *Artificial Intelligence Review* **12**(4): 265–319.

43. Schlierkamp-Voosen, D. (1993) Predictive models for the breeder genetic algorithm, *Evolutionary Computation* **1**(1): 25–49.

44. Goldberg, D. and Lingle, R. (1985) Alleles loci, and the traveling salesman problem, *Proceedings of the 1st International Conference on Genetic Algorithms. Lawrence Erlbaum, Hillsdale, NJ, USA*, pp. 154–9.

45. Hadavandi, E., Shavandi, H. and Ghanbari, A. (2010) Integration of genetic fuzzy systems and artificial neural networks for stock price forecasting, *Knowledge-Based Systems* **23**(8): 800–8.

46. Lacroix, B., Molina, D. and Herrera, F. (2012) Region based memetic algorithm with LS chaining, *IEEE Congress on Evolutionary Computation*, pp. 1–6.

47. Whitley, D. and Kauth, J. (1988) *GENITOR: A Different Genetic Algorithm.* Colorado State University, Department of Computer Science.

48. Chen, C. (2003) *Freeway Performance Measurement System (PeMS).* California PATH Research Report.

49. Bauza, R. and Gozalvez, J. (2013) Traffic congestion detection in large-scale scenarios using vehicle-to-vehicle communications, *Journal of Network and Computer Applications* **36**(5): 1295–1307.

50. del Jesus, M. J., Hoffmann, F., Navascués, L. J., Sánchez, L., 2004. Induction of fuzzy-rule-based classifiers with evolutionary boosting algorithms. *IEEE Transactions on Fuzzy Systems* **12** (3), 296–308.

51. Otero, J. and Sánchez, L. (2006) Induction of descriptive fuzzy classifiers with the LogitBoost algorithm, *Soft Computing* **10**(9): 825–35.

52. Chi, Z., Yan, H. and Tuan, P. (1996) *Fuzzy Algorithms: With Applications to Image Processing and Pattern Recognition*, Vol. **10**. Singapore: World Scientific.

53. Ishibuchi, H. and Yamamoto, T. (2005) Rule weight specification in fuzzy rule-based classification systems, *IEEE Transactions on Fuzzy Systems* **13**(4): 428–35.

11　ADAS 应用下的
车辆控制

11.1　概述

高级驾驶辅助系统（ADAS）的目的主要是在危及驾驶人安全的情况下协助他们驾驶而不是代替他们进行驾驶。然而，最近几年，许多研究进展已经在这一领域开展，这表明完全自主驾驶更加接近现实了。在文献中，自主驾驶车辆的控制被划分为横向运动控制和纵向运动控制两个方面。

发展判断、控制策略与算法这项工作的目的是，分析现有车辆的控制解决方案，以在未来实现车辆的自主驾驶和半自主驾驶。纵向和横向控制都会被处理并且会在控制回路中从这些方面去为驾驶人考虑。

本章的结构如下：11.2 节描述在 ADAS 应用程序中的车辆控制方案。11.3 节给出了不同控制水平的定义。之前的一些比较相关的研究成果（研究水平）将在 11.4 节展示。在市场中车辆控制应用（基于 ADAS）关键因素的一般说明将在 11.5 节中呈现。11.6 节则介绍了相关的一些应用和实验平台。最后，在 11.7 节中给出了本章的结论。

11.2　应用 ADAS 的车辆控制

来自世界各地的研究团队和车辆生产商已经准备提供完全的无人驾驶技术[1]。然而，交通场景的复杂性、一些法律约束和驾驶人的认证等因素为我们在手动驾驶和完全无人驾驶之间增加了一个软性过渡期。在这样的背景下，ADAS 的控制能力就显得尤为重要了。

作为与控制功能自主和半自主平台最相关的层面的分类和说明会被提及。它们都是基于 interactIVe 和 DESERVE 项目中提及的基础控制模块。三个主要的模块或平台分别是感知、应用和信息预警干预（IWI）平台[2]。

感知平台负责分析不同采集模块的所有信息。这些采集模块分别包括：外部设备，包括摄像头、激光、雷达、全球定位系统（GPS）、惯性测量单元（IMU）、生物传感器等；内部总线，包括测距和区域网络控制器（CAN）信息，即速度、角位置和操作信号。大多数这些功能都和不同的感知源、目标识别和车道保持有关。由感知软件模块提供的信息对于车辆控制来说是非常重要的，它允许定义控制功能的用例。

感知模块在文献 [2] 中有详细说明。其中的一些模块是：正面感知对象（FOP）、ADASIS 地平线（ADA）、道路使用者中的弱势群体（VRU）、摩托车监测驾驶（DMM）、车辆轨迹计算（VTC）。

推断驾驶人的意图对在 ADAS 应用中开发车辆的控制功能越来越重要，因为驾驶行为（例如注意力分散或注意力集中）是大多数突发事故发生的因素之一 [3]。一些研究学者致力于发展以人为中心的智能驾驶辅助系统，该系统可能是以认知信息为基础的。通常这些技术使用来自专业驾驶人的数据库信息，然后把先前验证过的驾驶模型与当前的驾驶行为作比较 [4]。应用平台基于车辆性能和车辆传感器来推测驾驶人的意图和评估与当前形势相关的风险。

此外，需要考虑在完全无人驾驶和仅由驾驶人驾驶车辆之间的判定。驾驶过程的判断涉及了基于下文描述的不同水平的共享车辆的必要性。由自主驾驶车辆提供给驾驶人的辅助水平可能会根据驾驶人的状态和驾驶人临危时的处理情况而改变。

最终，IWI 平台在警告条件的状况下通知驾驶人，同时激活横向或纵向运动系统。每个模块的功能性描述分别是：人机界面、灯光、横向运动和纵向运动。大部分的运动是警告信号和控制功能。

11.3　控制水平

现代 ADAS 的功能是在驾驶过程中在不同任务或情况下帮助驾驶人。一些研究表明，如今许多因素对驾驶人产生干扰，导致多任务负载（例如 GPS、面板识别、安全警报等）[5]。

其中最普遍的一个驾驶人分心的原因就是疲劳驾驶。它造成了驾驶人精神萎靡，从而降低了其在道路上的警惕性，随即便产生了危险的情况。不仅如此，心理压力过大和高度复杂的交通状况也是定义驾驶人与完全自主驾驶相互作用时需要考虑的重要因素。

HAVEit 项目为了提高汽车上的协助和自动化水平而制定了一套实用方案。这个方案综合考虑了驾驶行为和完全自主汽车的功能，在方案中还定义了五个自动化水平 [6]。驾驶任务的逐步转移形成了完全自主驾驶系统的优化任务重新分配的基础。这些水平定义如下：

只由驾驶人驾驶：驾驶人在没有来自车辆的任何警告和帮助的情况下完全控制车辆，例如没有安装 ADAS 的车辆。

辅助驾驶人驾驶：驾驶人仍处于完全控制车辆的状态，但是有一个通过灯光或音响协助的共同系统，例如变换车道行驶。

半自动化：其可以在某些特定的场景、条件下部分控制车辆，例如自适应巡航控制系统（ACC）（仅限于加速和制动踏板）或者停车辅助系统（特定配置）。

高度自动化：共同系统作用于大部分驾驶中，但是驾驶人仍然是局内人并且随时可以掌控驾驶任务，例如车道偏离预警系统。

完全自动化：车辆处于完全自主状态，甚至在恶劣条件下。到目前为止，大部分的系统是高度自动化的，因此驾驶人总是需要做最后的决定。

11.4　已有的研究成果

近年来，许多对安全性和舒适性的改善通过 ADAS 在商用车上的应用已经得以实现，这也是智能交通（ITS）领域经常被研究的系统之一[1, 7]。大多数应用都集中在限定场景下（例如智能泊车辅助系统）、预警系统（例如盲点预警系统和夜视系统）和一些部分控制系统，例如自适应巡航控制系统（ACC）、预碰撞系统和低速防撞系统（LSCAS）等。到目前为止，只有部分执行机构可以在无人驾驶车辆上使用。

在所谓的高级车辆控制系统（AVCS）之前，ITS 领域的第一个发展出现在 20 世纪 60 年代初，是由通用汽车研究团队研发的。这种原始的 ACVS 为控制车辆提供了安全警告和援助，包括扩展到完全控制车辆运动。通用公司（GM）的研究人员在测试轨道时开发了一种自动车辆（横向转向控制、速度和纵向制动控制）[8]。后来，其他研究小组开始改善自主车辆的横向和纵向控制。20 世纪 60 年代末，美国俄亥俄州立大学和麻省理工学院致力于将新的控制技术，如纵向（间距）的控制、转向控制等用于解决城市的交通问题上[9]。

首次大规模对自动驾驶技术的应用对解决城市交通问题的调查出现在麻省理工学院的项目 METRAN（大城市部署）[10] 中。该项目致力于在城市地区用全自动汽车发展出一体化和创造性的交通系统。

美国技术的早期发展也同时在欧洲和日本进行。例如，英国的道路研究实验室在 20 世纪 60 年代末进行了自动转向控制实验，日本国际贸易和工业部（MITI）则进行自主驾驶的研制。这些也最后出现在不同高级安全车辆（ASV）项目中，例如其中对外部气囊或者风窗玻璃保护系统的开发得以实现。

由于电子和计算机科学的快速发展，AVCS 现代史的发展开始于 1986 年，欧洲和美国同时起步。欧洲最重要的项目（或规划）是 Prometheus[12]。EUREKA Prometheus 项目（欧洲最高效的交通和前所未有的安全规划）是欧洲无人驾驶车辆领域（1987—1995）有史以来最大的 R&D 项目之一。它是由德国慕尼黑联邦国防军大学和戴姆勒 - 奔驰共同合作的。

在自主驾驶和辅助驾驶领域的其他重要研究成果是由加利福尼亚州合作伙伴的高级交通（PATH）项目开展的，该项目始建于 1986 年（至今仍在进行）。他们研究的主要动机是交通拥堵越来越成为公众关注的焦点。初始的 PATH 研究话题是：导航（增强交通信息）、自动化（ITS 影响）和道路电气化（电动汽车）[13]。

过去十年是自动车辆领域最有活力的十年。解释已经开展的所有项目和研究已经超出了本章的范畴。然而，一些最为相关的研究和欧洲的发展倡议如下：

VIAC 项目（2007—2010）：从帕尔马到上海（帕尔马大学实验室 Vislab）的自动驾驶汽车国际交通。

SPITS 项目（2008—2011）：智能车通信；100 多辆车参与了最后论证（TNO，赫尔蒙德，荷兰）。

HAVEit 项目：（2008—2011）能源效率、驾驶舒适性和控制；一些合作伙伴正在为 DESERVE 努力工作（第七框架计划）。

Cybercars-2 和 CityMobil（2005—2008 和 2008—2011）：自主车辆、手动汽车和区域智能车辆之间的合作；已经在亚洲（Inria）地区开始进行的其他项目。

电子安全倡议（2012—2013）：发展智能车辆安全，这一提议致力于快速发展智能道路和环保驾驶技术。

GCDC 竞赛（2009—2011）：这是欧洲的第一个自主车比赛，来自不同国家的超过 10 个参赛队伍参加该比赛。

其他倡议已经在美国开展，如 2005 年的 DARPA 大挑战和 2007 年的 DARPA 城市挑战，以及最近的谷歌无人驾驶车辆 [14]，自主车辆最具传播性的实验之一 [15]。另一个重要的示范是由 Vislab 组（帕尔马大学）在 PROUD 车测试 2013 事件的框架下开展的。自主汽车在混合道路交通中（乡村道路、高速公路、城市道路）引领公共交通 [16]。

由于现在的国际法不允许完全自动驾驶，最近的一些研究项目已经开始将驾驶人作为控制局内人考虑。这意味着驾驶人可以掌握控制，从而避免发生事故。第七框架计划（FP7）HAVEit 项目介绍了高度自动驾驶的下一步将朝着舒适、安全和高效运输旅客和货物的方向长远发展 [6]。该项目的开发，验证和展示了面向高度自动化驾驶的轿车、客车和货车的重要中间步骤。该架构在安全性方面是可扩展的。该项目是辅助自动驾驶中把精神过载和精神萎靡纳入考虑范围的先驱之一。

然而，一些常见的问题仍无定论，例如手动和完全自主驾驶的管理。出于这个原因，其他的概念和问题，如纵向和横向的控制策略，在同一平台的整合以及判断和控制模块，都必须包括在 DESERVE 项目的控制框架之内。

自动驾驶研究也开始被汽车公司（Tier1 供应商和原始设备制造商）考虑。例如博世开发了一个在城市和高速公路场景下解决每个问题的自主汽车。车辆具有在自动和手动之间切换的能力。他们利用在同一个平台的 ADAS，例如车道保持辅助、自适应巡航控制和变道辅助，这些功能在实际的城市场景下都得到过验证。

11.5 车辆控制市场的关键因素

ADAS 与智能基础设施和自动驾驶发展一起，是 ITS 的目标之一。绿色、安全和支持性的交通，特别是无事故的交通场景），是发展 ADAS 的主要动力。

最近，ADAS 更加被消费者所接受。文献 [18] 中对车辆驾驶人辅助系统和主动安全配置的研究描述如下：驾驶人预警、辅助和勘察系统，人机界面的喜好和当前安全系统的用户友好性，整合底盘和动力装置以及其他未来的安全系统和技术（V2V 和 V2I 通信等）的预期效益。

一些最需要 ADAS 的系统是：驾驶人警示系统、辅助驾驶和防撞系统、车身稳定系统和外部照明控制等。

发展和改善这些系统的其他动机如下：

立法：诸如欧洲的新型车评估计划（Euro NCAP）的不同倡议已经被提出。最相关的先进安全技术被授予 Euro NCAP，例如盲点监控、车道保持系统和紧急制动等 [19]。

成本：研究表明比起其他 ADAS，消费者更愿意在车辆避撞系统上花费更多 [18]。

市场指向：其中一些表明 ADAS 在未来几年将对市场产生重大影响。例如，在 2016 年，车道偏离警告系统的整个年度总市场达到 2200 多万台 / 年（相当于 143 亿美元）。

安全：电路板上的电子系统已经成为现代汽车运作的关键。

ADAS 的每个功能在设计之初就可以在一个共同的环境中运行。不同的 ADAS 功能不仅仅是单纯地聚在一起，而是共存并相互合作同时为驾驶人提供辅助。其中的一些可用技术为：

互联：电子系统彼此连接并与设备和网络外部的车辆互联，以提供给车辆所需的功能 [20]。

融合：新型车的性能必须在驾驶过程中适应人们的行为，而且电子、感知系统信息和人机输入界面相互关联，以在各种情况下做出最佳决定。

新建基础设施：来自欧盟委员会最近的研究报告解释了自动驾驶对车辆和基础设施系统的需要 [21]。

传感器技术：正变得更加复杂和多样化，尤其是与方便、舒适和安全相关的电子系统的支持。应用在 ADAS 中的传感器技术有：

1）超声波（停车辅助……）。

2）惯性传感器（稳定操控、气囊展开……）。

3）雷达和激光雷达技术（ACC、AEB……）。

4）摄像头（车道保持、ACC……）。

5）GPS（高级 ACC、速度建议……）。

6）人机界面（HMI）：人们和 ADAS 功能之间的交互界面。它必须容易被理解和使用，否则其优势就会被消费者误解。

最近不同的生产制造商和 ARTEMIS 子项目都已经做出了很大努力，ARTEMIS 子项目和有安全相关的嵌入式系统的方法和过程有关系 [3]。

此外，人机界面（HMI）的发展需要引起人们的注意。最近智能手机和通信系统的流行使得消费者对触摸屏和交互式人机界面更熟悉。新一代汽车的图像处理能力对实时信息的要求最高。其中最引人注目的是梅赛德斯 - 奔驰提出的人机界面解决方案，主要集中在两个点：安全操作和显示器的可读性最佳，这些都是为了在重中之重的驾驶任务中将额外的驾驶压力降到最低。

驾驶人在驾驶车辆的过程中，管理信息（面板、智能手机、GPS、道路面板等）是所有制造商正在处理的一个挑战。例如，Continental Automotive 正在开发监测集成系统，以选择不同的驾驶状况。然而，涵盖大部分 ADAS 解决方案的判断机构是需要的。

更广泛的扩散 ADAS 系统是超声波辅助泊车[18]。它跟随在自适应巡航控制和 Stop & Go 之后。在这些系统中，纵向控制仅仅是通过加速踏板管理的。在其他的低速安全系统中，如低速防撞系统中制动行为被实施。到目前为止，ACC 不考虑转向盘的动作。

11.6　控制角度的 ADAS 应用

本节介绍了目前在不同 ADAS 应用中的车辆控制方案。

十组 ADAS 是被定义的。这些应用是目前正在使用的或者即将被引入汽车市场。这些会从控制角度在每一小节中描述（如果可用，因为有时这些仅是警告功能）。

11.6.1　换道辅助系统

换道对驾驶人来讲是最危险的情况之一。仅在 2009 年，德国高速公路上 13% 的交通事故（造成人员伤害）是由车辆在同一方向的横向驾驶引起的，而这些是由换道动作造成的[22]。许多制造商已经开发出了车道变换辅助决策系统（LCDAS）。当转向指示器被车外镜的视觉元素、转向盘上的触觉警告信号或声音信号激活时，系统会警告驾驶人危险的换道情况。

实现的一些 LCA 系统是车道偏离警告系统（LDW）和盲点警告系统（BSW）（见图 11.1）。LDW 辅助系统通过提醒驾驶人任何意外的车道偏离来帮助驾驶人保持在原来车道。BSW 系统在车辆变道过程中，通过提醒驾驶人在他的盲点区域不可见车辆的潜在危险状况。车道保持辅助系统（LKAS）已经在实验平台上开发出来，是制造商的短期和中期目标。

从车辆控制的角度来讲，横向和纵向控制器都需要考虑。这些系统依靠传感信息（环境感知）和基于驾驶人行为的仲裁控制。

11.6.2　行人安全系统

行人检测系统被广泛应用在城市环境中。行人被认为是道路使用者的弱势群体，因为他们没有任何保护甚至意识不到危险的情况。

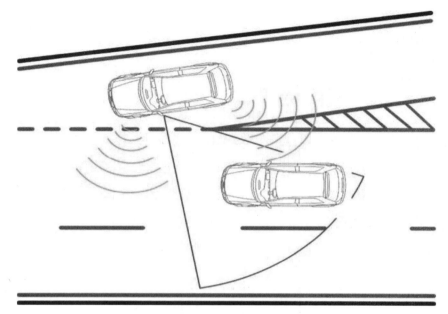

图 11.1　用于安全变道的盲点辅助超声波传感器

第一个行人检测系统是基于立体视觉摄像头的 [25, 26]。不同的技术被应用于基于运动的目标检测和行人识别，这提供了测量碰撞时间（TTC）的合适时机。行人检测可被分为类似碰撞预警系统（CWS）。然而，由于驾驶人的反应时间比较慢（约 2s），这些系统通常访问制动系统（纵向控制）。

沃尔沃已在很多车型中实施了这一系统：全新沃尔沃 V40、S60、V60、XC60、V70、XC70 和 S80。当行人或骑自行车的人在机动车道前方被检测到，机动车就会停下。

这些系统在作用于踏板之前，使用信息警告干扰平台来警告驾驶人。

11.6.3　前瞻性系统

这些系统都涉及前向检测，主要是利用雷达、激光、摄像头、红外传感器，并且在一些情况下融合不同的传感器。尽管大部分系统具有自动动作，但却不是强制性的。前瞻性系统至少涉及三个主要模块：目标检测、决策和驱动控制 [75]。第一个是和感知相关的任务，也就是分析由一个或多个传感器获得的环境信息。决策系统估计何时和如何避免冲突，或者检测到什么样的目标。最后，驱动阶段适应由前一阶段产生的目标命令并且变换这些命令来控制由相应的制动器需要的信号。在一些 ADAS 应用中，最近已经将转向装置的作用考虑进来。然而，大多数人只使用制动系统。

最著名的已经实施的前瞻性系统是碰撞警示系统（CWS）和低速防撞系统（LS-CAS）。文献 [18] 中已对其进行了简要介绍。市场上可用的 LSCAS 通常限速 30km/h。其他的前瞻性系统如下：

1）预碰撞安全系统。

2）防撞系统。

3）提前紧急制动。

4）电子紧急制动灯。

5）智能交叉口（紧急车辆检测）。

6）后方接近车辆（尽管后视摄像头是最常见的停车辅助系统）。

7）排队提醒。

环境感知是车辆控制的前瞻性系统中最重要的方面之一。

11.6.4 自适应照明控制

最近这些系统已被用于商用车辆。主要优点是灯光可以适用于不同场景（直线和曲线道路）。例如，自适应远光灯可以改变曲线感，预测可能产生的不良障碍物（例如自行车和行人）（图 11.2）。

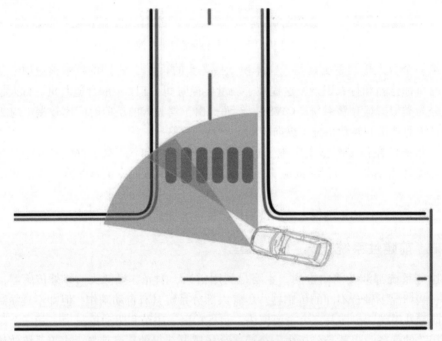

图 11.2 自适应灯光控制示例

支持地图的正面照明根据环境条件和 GPS 信息，依赖于动态适应的前照灯来转变反射器。大陆公司推出一个更新的集成摄像雷达模块，SRLCAM400。根据前风窗玻璃 ADAS 功能的数量（自适应前照灯系统、距离警告或者 AEBS、LDWS 和交通标志识别），可以分为三个等级：入门、基本和高级。

这些自适应照明是一个新的车载控制系统，以防止危险的情况。

11.6.5　停车辅助

ADAS 是当今最常用的（也是最被需要的）停车辅助系统。超声波停车辅助系统近些年来已经从高级车辆普及到普通车辆。这些系统通过提醒驾驶人后方的障碍物和其与车辆的距离，有助于在狭窄空间内停车。

智能停车辅助通过验证足够的停车空间而后引导车辆进入从而使停车变得简单。该系统一直处于驾驶人的监督下，驾驶人能够通过踩踏加速踏板或制动踏板对汽车进行控制。其他停车辅助系统使用后视镜摄像头代替超声波传感器。它们提供车辆后方区域的视频图像。在这些系统中，横向和纵向控制器被同时使用。

11.6.6　夜视系统

夜视系统（NVS）让驾驶人在低照度条件或视觉困难情形下可以看清周围事物。当天气恶劣的情况下，这些系统可以看到超出车辆前照灯照射范围的事物。该技术基于近红外和远红外摄像头，此摄像头可以用一条人眼看不见的光谱识别前方的道路。

许多制造商正在使用这些技术（奔驰、丰田、奥迪、宝马等）。近日，夜视系统排在了欧洲汽车消费者第二喜欢的汽车配件的位置 [27]。

夜视系统有四个基本功能：行人检测、行人碰撞警告、图像显示和声音警告。这些系统使用的信息来自于可以看见物体热辐射的图片。

许多高档汽车品牌提供不同的夜视系统。最新一代夜视系统增加了行人检测功能来帮助驾驶人避免潜在的碰撞。根据电磁光谱的区域这些光线被分类为近红外（NIR）和远红外（FIR）[28]。

环境感知是在紧急情况下车辆控制的夜视系统最重要的方面之一。

11.6.7　巡航控制系统

巡航控制（CC）系统能够自动地维持车辆的速度。第一巡航控制的实现仅仅基于控制加速踏板（纵向控制）。

自适应巡航控制系统（ACC）是 ADAS 最传统的形式之一。它作用于车辆的纵向控制，它遵循一个机制，在自主加速和制动踏板上进行，并保持与前车的预定距离。在这项技术的下一步发展是为了减少车辆和交通拥堵中折叠效果间的间隔，这要根据不同车辆之间的协作而实现。这就是所谓的协作 ACC（CACC），并基于车辆对车辆（V2V）以及在一些情况下车辆对基础设施（V2I）的通信。

最近，一些制造商（例如沃尔沃）的许多模型中实现了 ACC。这一系统的目的是维持设定时间内对前方车辆的间隔（或速度）。它主要用于交通平稳的长直道路上，如高速公路和其他主要道路。该系统在低于 18mile/h 的速度下有一定的局限性。对车辆前方（在同一车道）的距离由一个雷达传感器监测。车辆速度由加速和制动踏板（图 11.3）调节。

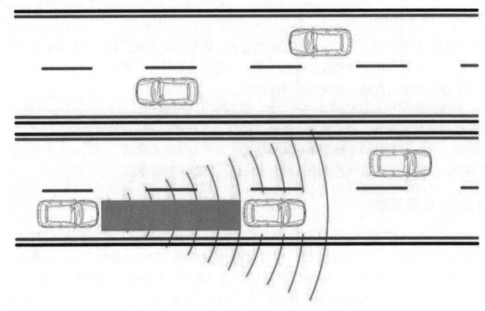

图 11.3 沃尔沃 S60 全速范围自适应巡航控制系统、碰撞预警和缓冲系统

11.6.8 交通标志和交通灯识别

用交通标志和交通灯识别来处理户外图像，考虑使用不同的技术在日光条件下处理和分割图像（即色彩分析或形状分析）来识别交通标志与实际场景[29]（环境感知）。

人工智能技术（例如：如神经网络和模糊逻辑）在交通标志的识别和分类过程中已经广泛使用了。其他一些技术，如模板匹配或比较经典的基于学习技术使用的分类（Adaboost 或 Support Vector Machines）也已经使用了。道路和交通标志识别是 ITS 中重要的领域之一，由于驾驶人可以在道路上理解视觉语言。但有时，这些信号可能被其他物体所遮挡，并且也可能会遇到在夜晚、雨天和晴天条件下的图像颜色褪色、定向障碍和形状尺寸的变形等问题[30]。

自 2008 年宝马 7 系应用了基于视觉系统、GNSS（全球导航卫星系统）或是两者融合的产品以来，各种交通标志识别（TSR）产品就已经开始应用了。该系统可帮助驾驶人保持合法的速度，遵守当地的交通法规或城市法规。典型的已获信息包括：限速、不超车、禁止进入等。这些信息显示在车辆的控制面板上。

11.6.9 地图支持系统

近年来，另一个趋势就是在行车中数字地图的使用。支持地图的 ADAS 结构在文献 [32] 中有描述，并解释了数字地图数据可以分为三个等级：Nonmap ADAS、Map-Enhanced ADAS 和 Map-Enabled ADAS。第一个等级的一个例子就是超声波停车距离控制，而第二个等级来说例子就是 ACC 和速度限制信息（SLI）。这些系统的工作不依靠数字地图信息，但它们的功能可以通过添加数字地图数据而加以改善。曲线速度预警（CSW）和动态通过预测（DPP）是输入了数字地图的系统例子。

一个商业化的应用是支持地图的高级前照明系统（AFLS）。这些都是根据当前驾驶情况使用存储在地图数据库中的数据而以动态适应前照灯为基础的能力，并且要借助于转动反射器。另一种是 CC 自适应地图，其参与了自动化速度和距离控制，这个系统依赖于同一车道的前车和来自导航系统的预测信息。最后，受地图支持的车道保持系统（偏离警告系统）基于车载传感器输入以及导航系统，允许车辆留在现有车道内。

11.6.10　驾驶人睡意探测系统

驾驶人困倦是道路交通事故的主要原因之一。出于这个原因，一些驾驶人睡意探测系统已经应用在危险情况下警告驾驶人。部分系统是基于虹膜（眼睛）检测，也有凝视检测（方向）[33]。

以视力为基础的眼跟踪是最常用的技术之一。其他的研究用眼电（EOG）替代基于视频的系统来检测由睡意[34]引起的眼睛变化。EOG 的问题是在驾驶时每一次检测脸部（或头部）时都需要进行安装，所以很麻烦。

出于这个原因，在市场上可用的驾驶人睡意探测系统是基于视觉（照相机）系统，其监测驾驶人的眼睑，检测疲劳或睡意的迹象并提醒驾驶人。

其他制造商所使用的生物医学信号（例如 FICOSA）允许在驾驶过程中，依赖驾驶人特征来设置不同的疲劳和睡意警报。

11.7　结论

本章从功能要求的角度对先进驾驶辅助系统（ADAS）的应用领域中现有车辆控制解决的方案进行了概述。

特别是主要车辆控制软件模块已经在基础软件架构中划分了三个层次：感知、应用和信息警告干预（IWI）平台。根据驾驶人的操作和完全自主车辆的功能进行不同控制级别的分类。

在汽车控制应用方面的进展已有描述，考虑了 10 组 DAS 的 33 个应用日前已可用或即将在汽车市场上推出。

下一步是定义一个能够在不同平台上使用的通用 ADAS 控制架构。横向和纵向控制器必须考虑判定和车辆控制。大多数解决方案考虑把驾驶人当成局内人；因此，未来的发展将集中在车辆和驾驶人之间的模块共享控制（半自动化和高度自动化的控制水平）。

参考文献

1. B. Ulmer (1992) VITA – an autonomous road vehicle (ARV) for collision avoidance in traffic, *Proceedings of the Intelligent Vehicles '92 Symposium, 29 June–1 July 1992*, pp. 36–41.
2. M. Lu, K. Wevers, R. van der Heijden and T. Heijer (2004) Adas applications for improving traffic safety, *Proceedings of the IEEE International Systems, Man and Cybernetics Conference, vol. 4*, 2004, pp. 3995–4002.
3. S.E. Shladover (2006) *PATH at 20 – history and major milestones, Intelligent Transportation Systems Conference, 2006. ITSC '06. IEEE, 17–20 Sept. 2006*, pp. 1.22–1.29.
4. HAVEit (Highly automated vehicles for intelligent transport) project Deliverable D61.1, Final Report, 2011.
5. http://archive.darpa.mil/grandchallenge (last accessed 10 May 2015).
6. http://www.google.com/about/jobs/lifeatgoogle/self-driving-car-test-steve-mahan.html (last accessed 30 April 2015).
7. Annual Work Programme 2011 section 3.2: ASP1: Methods and processes for safety-relevant embedded systems.
8. Statistisches Bundesamt, Fachserie 8 – Reihe 7 – Verkehr – Verkehrsunfälle, 2010, p. 65.
9. F. Sugasawa, H. Ueno, M. Kaneda, *et al.* (1996) Development of Nissan's ASV, *Proceedings of IEEE Intelligent Vehicles Symposium, 19–20 Sept. 1996*, pp. 254–9.
10. S. Habenicht, H. Winner, S. Bone, *et al.* (2011) A maneuver-based lane change assistance system, *Intelligent Vehicles Symposium (IV), IEEE, 5–9 June 2011*, pp. 375–80.
11. D.F. Llorca, V. Milanes, I.P. Alonso, *et al.* (2011) Autonomous pedestrian collision avoidance using a fuzzy steering controller, *IEEE Transactions on Intelligent Transportation Systems* 12(2): 390–401.
12. K. Gardels (1960) *Automatic car controls for electronic highways, General Motors Research Lab.*, Warren, MI, GMR276.
13. H. Fleyeh and M. Dougherty (2005) Road and traffic sign detection and recognition, *10th EWGT Meeting and 16th Mini-EURO Conference, 2005*, pp. 644–53.
14. Thum Chia Chieh, M.M. Mustafa, A. Hussain, *et al.* (2005) Development of vehicle driver drowsiness detection system using electrooculogram (EOG), *1st International Conference on Computers, Communications, & Signal Processing with Special Track on Biomedical Engineering, 14–16 Nov. 2005*, pp. 165–8.
15. A. Puthon, F. Nashashibi, B. Bradai (2011) A complete system to determine the speed limit by fusing a GIS and a camera, *IEEE International Conference on Intelligent Transportation Systems (ITSC), 5–7 October 2011*, Washington DC, USA, pp. 1686–91.
16. S. Leekam, S. Baron-Cohen, D. Perrett, *et al.* (1997) Eye-direction detection: A dissociation between geometric and joint attention skills in autism. *British Journal of Developmental Psychology*, pp. 77–95.
17. S. Durekovic and N. Smith (2011) *Architectures of map-supported ADAS, Intelligent Vehicles Symposium (IV), 5–9 June 2011, IEEE*, pp. 207–11.
18. http://gossip.libero.it/focus/25516094/anche-bosch-testa-l-auto-che-si-guida-da-sola/bosch-auto/?type= (last accessed 10 May 2015).
19. European Commission (2010) *Definition of Necessary Vehicle and Infrastructure Systems for Automated Driving: Study Report*, SMART 2010/0064.
20. Transportation Research Board (2014) *The Safety Promise and Challenge of Automotive Electronics, Insights from Unintended Acceleration*, National Research Council of the National Academies, Special Report 308.
21. L. Bi, X. Yang and C. Wang (2013) Inferring driver intentions using a driver model based on queuing network, *2013 IEEE Intelligent Vehicles Symposium (IV) 23–26 June 2013, Gold Coast,* Australia, pp. 1387–91.
22. Euro NCAP, *Moving Forward, 2010–1015 Strategic Roadmap*, December 2009.
23. *D12.1 – Development Platform Requirements, SP1, DESERVE Project*, 2013.
24. F. Beruscha, K. Augsburg and D. Manstetten, D. (2011) Haptic warning signals at the steering wheel: A literature survey regarding lane departure warning systems, *Haptics-e, The Electronic Journal of Haptic Research* 4(5): 1–6.
25. M. Miyaji, K. Oguri and H.K. Kawanaka (2011) Study on psychosomatic features of driver's distraction based on pattern recognition, *11th International Conference on ITS Telecommunications (ITST), 23–25 Aug. 2011*, pp. 97–102.
26. http://vislab.it/proud-en (last accessed 30 April 2015).
27. S. Lee and Y. Yu (2012) Study of the night vision system in vehicle, Vehicle Power and Propulsion Conference (VPPC), *IEEE, 9–12 Oct. 2012*, pp. 1312–16.
28. M.A. Garcia-Garrido, M.A. Sotelo and E. Martin-Gorostiza (2006) Fast traffic sign detection and recognition under changing lighting conditions, Intelligent Transportation Systems Conference, ITSC '06. *IEEE, 17–20 Sept. 2006*, pp. 811–16.

29. Yun Luo, J. Remillard and D. Hoetzer (2010) Pedestrian detection in near-infrared night vision system, *Intelligent Vehicles Symposium (IV), IEEE, 21–24 June 2010*, pp. 51–8.
30. D. Barrick (1962) Automatic steering techniques, *IRE International Convention Record* **10**(2): 166–78.
31. M. Hanson (1966) *Projest Metran: An Integrated, Evolutionary Transportation System for Urban Areas.* Cambridge, MA: MIT Press.
32. Frost & Sullivan (2010) *2009 European Consumers' Desirability and Willingness to Pay for Advanced Safety and Driver Assistance Systems*, Frost & Sullivan.
33. C.G. Keller, Thao Dang, H. Fritz, *et al.* (2011) Active pedestrian safety by automatic braking and evasive steering, *IEEE Transactions on Intelligent Transportation Systems* 12(4): 1292–1304.
34. European Commission (2007) *Green Paper: Towards a New Culture for Urban Mobility*, Com (2007) 551.
35. P. Hrubes, J. Faber and M. Novak (2004) Analysis of EEG signals during micro-sleeps, *IEEE International Conference on Systems, Man and Cybernetics, 10–13 Oct. 2004*, vol. 4, pp. 3775–80.

12　与先进驾驶辅助系统相关的法律方面审查

12.1　概述

智能交通系统（ITS）技术的采用预计将给社会带来许多在交通安全、流动性和可持续性等领域的好处。然而，使用越来越复杂的技术解决方案来提升道路使用者的安全性的同时也伴随着相当大的风险，因为由于这个系统的缺陷（例如：故障或失灵）而导致的人员受伤和其他的损失，那么最终的法律责任谁来承担是不明确的。同时，越来越多的个人数据在智能移动系统（例如自动紧急呼叫系统和道路收费计划）的利用引起了对相关数据的保护的关注，也提升了对个人隐私保护的需要。此外，为了满足因不同国家不同法律框架的需要，加剧了这些不确定性，以及技术变革的步伐和合适的立法速率不匹配问题也进一步加深了不确定性。例如，2008 年在欧洲进行的一次咨询表明，61% 的受访者认为有关责任和数据保护方面的不确定性是智能交通系统的主要问题，只有 15% 的受访者认为这些问题对智能交通系统的发展来说是不重要的。

ITS 这一词涵盖了各种各样的应用，覆盖范围从交通信息系统、交通信号、道路收费系统和交通管理系统直到车辆控制系统。此外，新兴的车与车之间和车与路侧基础设施之间的双向通信能力将会提高相关车辆的状态、位置以及当地环境（道路和交通条件）等数据的质量和可靠性。这将会让更复杂的协作 ITS 应用得到发展，这个应用的发展预计会为道路使用者和交通管理局提供新的和更完善的服务，进一步提高运输效率和安全性。EC 支持的合作研究项目 EVITA 的工作通常包含一个关于 ITS 的法律方面的审查。然而本章的范围仅限于关于车辆控制的 ITS 函数的一部分，关注车辆驾驶功能的自动化和相关法规的影响的快速增长趋势。这个关注点主要是从欧洲人的角度来看待的。本次审查更新并扩展了关于之前报道过的高级驾驶辅助系统的法律方面的分析。

12.2　车辆类型认证

车辆对社会来说是如此的重要，因此长期以来道路上的车辆就受制于具体的认证和批准系统。在欧洲，EC 整车类型批准（ECWVTA）指令（2007/46 / EC [4]）规定了整车、车辆系统和部件的类型认可。此指令引用了其他 EC 指令和由联合国欧洲经济委员会（UNECE）制定的条例，这一条例定义了有关车辆安全性能方面的具体技术要求（包括照明、制动、电磁兼容性等方面）。

ECWVTA 的目的是避免可能的贸易壁垒，同时确保服从车辆和其子系统及其部件的监管安全要求和环境要求。如果生产产品的初始样车通过了测试同时生产的计划也通过了检查，则可以认为相同类型的其他车辆、子系统或者零部件能够在欧洲境内生产和销售。这显著降低了认证的成本和时间，为制造商、进口商和消费者都带来了好处。虽然 ECWVTA 最初只应用于客车（从 2009 年 4 月 29 日起），但是其最终目的是从 2014 年 10 月 29 日起应用于所有新上路的汽车和拖车上。此外，尽管不同的指令适用于不同的车型，如农用车辆、四轮车及履带式车辆等，但是指令 2007/46 / EC 还是涵盖了国家对小型系列车辆（有限生产）和个体认证的计划。

2007/46 / EC 范围内的车辆被划分为不同的类别和子类别。例如，类别 M 的范围是有至少四个车轮的客车，不超过八个座椅的客车（除了驾驶人的座位）被划分为类别 M1（例如，小客车）。进一步划分客车（类别 M）的子类别，把超过 8 个座位的客车（即公共汽车和长途客运汽车）划分为 M2（质量不超过 5t）和 M3（质量超过 5t）。

2007/46 / EC 中定义的其他车辆类别包括货车（N 类，有三个基于独立质量的子类别）、拖车、半挂车（类别 O，有四个基于独立质量的子类别）和越野车辆（G 类，没有子类别）。后者包括车辆的 M 类和 N 类的子集，同时也满足许多关于质量、特定设计和性能特点等的其他标准。

不同子类别的详细定义总结在表 12.1 中，包含车辆类别 M、N 和 O。

表 12.1　EC 指令 2007/46 / EC [4] 的车辆子类别定义汇总

车辆类别特性	车辆子类别特性			
	1	2	3	4
M：至少四个轮子的客运机动车辆	乘客座位 ≤ 8	乘客座位 >8 质量 ≤ 5t	乘客座位 >8 质量 >5t	未用过
N：至少四个轮子的货运机动车辆	质量 ≤ 3.5t	质量 >3.5t 质量 ≤ 12t	质量 >12t	未用过
O：拖车和半挂车	质量 ≤ 0.75t	质量 >0.75t 质量 ≤ 3.5t	质量 >3.5t 质量 ≤ 10t	质量 >10t

ECWVTA 的要求侧重于多年来一直存在的比较关键的安全和环境问题。在 2007/46 / EC 中定义的不同类型车辆的具体类型认证要求各不相同，这个指令的第 1 部分附件 4 表格中指出了反映这些车辆类别的不同的操作角色。

车辆类型认证是一个正式的过程，通常要由一个指定的第三方类型认证机构认可的技术服务和认证部门进行测试认可的技术服务。此外，型式认证包括以建立好的质量系统准则（例如 ISO 9001[5]）为基础的生产要素的一致性。由一个机构签发的 EC-WVTA 认证将被 EC 的所有其他成员国接受。

WVTA 的主要步骤是：

1）由汽车或零部件制造商提出申请。

2）由认可的技术服务商进行适当的测试。

3）由权威的认证机构进行认证。

4）制造商与认证机构达成一致后建立一致性生产。

5）制造商为最终的顾客提供相符合的证书。

有很多合适的方法来进行类型认证。对于所有汽车来说，制造商可以从下面选择一种方法来进行认证：

1）逐步类型认证：一辆车的认证过程是这样的，逐渐收集整套 EC 类型认证证书，用于有关车辆的系统、部件和独立技术单元且在最后阶段促成整车的认证。

2）单一步骤类型认证：通过一个单次操作的方法将车辆作为一个整体来进行认证的一个过程。

3）混合类型认证：一个逐步类型认证程序在整车认证的最后阶段认证一个及以上的系统，而不需要为这些系统发出 EC 类型认证证书。

4）多级类型认证：一个或多个成员国都认可的规程，取决于完成的状态和满足本指令相关的行政规章以及技术要求的完全或不完全的车辆类型。

多级类型认证方法可以用于由另一制造商转换或修改的完整车辆。

12.3　车辆自动化的趋势

12.3.1　欧盟政策

未来汽车政策的方向由 CARS 21 高级小组进行调查，该小组主要由利益相关者（包括成员国、工厂、非政府组织和 MEP）在 2005 年组成，以测试主要的政策区域对欧洲汽车工业的影响为目的，并为未来的公共政策和监管框架提出建议。

由 CARS 21 高级小组确定的与车辆自动化相关的具体目标包括以下几点 [6]：

调查在车辆（特别是重型车辆）中引入"紧急制动系统"（EBS）的成本，优点和可行性。

建议将"电子稳定控制"（ESC）纳入强制性标准，从重型车辆上开始实施，然后再推广到客车和轻型车辆上。

继续努力在 i2010 智能汽车主动性计划的框架内促进车载安全系统和车辆 - 基础设施合作系统的开发、部署和使用。[7]

道路部门对保障道路安全有最佳做法项目的社区投资条件进行鼓励和支持。

呼吁成员国进一步禁止酒后驾驶，实施限速，实施摩托车头盔使用以及促进和强化安全带使用的禁令的执行。

追求这些目标促使了对指令 2007/46/EC 的修订，在未来预计还有更多的修改。

特别是，欧盟条例 78/2009 [8] 中引入了制动辅助系统（BAS），以加强对行人和其他容易受到伤害的道路使用者的保护。此外，欧盟条例 78/2009 的附则 V 还修订了 2007/46 / EC 指令，将欧盟第 78/2009 号条例的要求列为"行人保护"标题下的一个附加类型认证专题。

12.3.2 制动辅助系统

为了支持欧盟条例 78/2009 的实施，BAS 的规范和测试方法在欧盟条例 631/2009[9] 中有所定义。后者定义了三种稍微不同的 BAS 类别，其定义如下：

类别 A：根据驾驶人施加的制动踏板力以检测紧急制动条件。

类别 B：根据驾驶人施加的制动踏板速度以检测紧急制动条件。

类别 C：根据多个标准来检测紧急制动状况，其中一个标准应为施加制动踏板的速率。

类别 A 的 BAS 所需的性能特性是，当通过相对较高的踏板力感测到紧急状况时，使得 ABS（即防抱死制动系统）完全循环的附加踏板力相比于没有 BAS 在操作系统中所需的踏板力更少。对于 B 类和 C 类，当检测到紧急情况时，至少可以通过飞快地踩踏制动踏板，BAS 将提高压力以提供最大可实现的制动率或引起 ABS 的完全循环。

所有三个 BAS 类别都要求驾驶人参与制动动作，并且只有异常的制动踏板需求才能激活 A 类和 B 类的 BAS 操作。虽然 C 类的定义提供了包括来自其他来源的输入的机会，类别 C 的 BAS 功能的激活必须由驾驶人活动引起（因为驾驶人仍然需要产生不寻常的制动踏板需求）。因此，驾驶人仍然是制动动作的发起者，尽管他的制动踏板需求的性质（以及对于类别 C 的 BAS 的可能的其他信息源）可能导致制动系统提供不同于在制动踏板需求下相对更不极端条件下产生的性能特性。

欧盟条例 78/2009 的规定包括了对所有 M1 类新车辆（即装载不超过 8 名乘客的车辆）的要求，以及 M1 车辆中 N1 车辆（即 3.5t 以下的货车）的要求，并且从 2009 年 11 月 24 日起开始给这些车辆提供 BAS 功能。

在欧盟条例 661/2009[10] 的条文中，注意到：

"先进车辆安全系统领域的技术进步为减少人员伤亡提供了新的可能性。为了尽量减少伤亡人数，引进一些相关的新技术是很有必要的。"

"为车辆类型认证引入具体新要求的时间表时应考虑到这些要求的技术可行性。一般来说，这些要求最初应该只应用于新型车辆。现有类型的车辆应允许其在另外的时间段来服从此要求。此外，强制安装轮胎压力监测系统最初应该仅仅应用于客运车辆。强制安装其他先进的安全设施，最初应该只应用于重型货车。"

欧盟条例 661/2009 的新要求包括了这样一些新技术的规定。特别是关于"先进车辆系统"（AVS）的第 10 条要求 M2、M3、N2 和 N3 类车辆（即能够载客超过 8 人的公共汽车和质量超过 3.5t 的货车）应该配备"先进紧急制动系统"（AEBS）和"车道偏离警告系统"（LDWS）。此外，第 12 条要求装备"电子稳定性控制系统"（ESC）

的车辆类型范围广泛，包括更多的 M1 和 N1 型车辆。最初针对 M1 类车辆而制定的"轮胎压力监测系统"（TPMS）的要求在欧盟第 661/2009 号条例第 9 条中有所规定。

这种发展不是欧盟特有的。自 2007 年 9 月起，美国国家高速公路交通安全管理局（NHTSA）对所有新型轻型汽车实施了 TPMS 安装[11]。NHTSA 还发布了 ESC 系统的要求[12]，该系统于 2012 年实施，用于包括客车和公共汽车在内的多种车辆类别。一些其他的国家，例如澳大利亚、加拿大、日本、韩国和新西兰等也宣布了类似的措施。

对于 M1 和 N1 车辆，从 2011 年 11 月 1 日起，需要符合欧盟条例 661/2009（关于 ESC）第 12 条的要求。在其他类型车辆中引入 ESC 的时间（见欧盟条例 661/2009 附件 V）不是固定的，时间范围大概从 2011 年 11 月 1 日起到 2016 年 7 月 11 日。与第 10 条有关的系统（即 AEBS 和 LDWS）类型认证的具体程序、测试和技术要求的详细规则要求在 2011 年 12 月 31 日前执行，要求从 2015 年 11 月 1 日起把系统强制安装到 M2、N2、M3 和 N3 类新车辆（文献[10]13.13）上。自 2012 年 11 月 1 日起，欧洲需要符合欧盟第 661/2009 号条例第 10 条关于用于 M1 类车辆（即客车）的 TPMS 的要求的规定。

12.3.3 先进车辆系统

欧盟第 661/2009 号条例中特别提到的先进车辆系统的定义如下：

高级紧急制动系统（AEBS）：能够自动检测紧急情况并激活车辆的制动系统以使车辆减速，以避免碰撞或减轻碰撞程度的系统。

电子稳定控制系统（ESC）：提高车辆动态稳定性的电子控制系统。

车道偏离警告系统（LDWS）：用于警告驾驶人车辆意外偏离其行驶车道的系统。

这些定义的含义不同于欧盟条例 631/2009 中 BAS 的定义，驾驶人不一定需要亲自启动 AEBS 或 ESC。用于轻型车辆（如 M1 和 N1 类）的 ESC 系统的技术要求和试验方法已经写在了联合国欧洲经济委员会第 13-H 号条例附件 9 中（在第 13-H[13] 号修正案第 1 版中引入了修正案 2 中的内容）。但是，这些规范不包括安全防范恶意干扰的措施。联合国欧洲经济委员会已经制定了与 AEBS 和 LDWS 系统有关的法规，并被 EC[14] 采用。

欧盟委员会关于自动紧急制动系统的报告[15] 把这类系统分为了三类：

1）防碰撞系统（CAS）：传感器检测到可能会发生的碰撞后，由驾驶人进行控制并采取相应的行动来完全避免碰撞的发生。

2）碰撞减轻制动系统（CMBS）：传感器检测到可能会发生的碰撞，但是直到碰撞变得不可避免时才采取行动，此时自动制动系统会启动（不由驾驶人控制），以降低车速减轻碰撞的严重程度。这种系统还可以触发附加的指令，例如乘员约束的预优化。

3）前方碰撞预警（FCW）：传感器检测到可能会发生的碰撞并采取行动警告驾驶人。这种系统也可以用于乘员约束的优化。

具有前方碰撞预警功能的系统自 1999 年以来用在了一些欧盟车辆上。然而，上文所述的"防碰撞系统"和"碰撞减轻制动系统"符合 EC 条例 661/2009 中 AEBS 的定义。尽管如此,为了避免违反有关汽车控制的其他法规,"前方碰撞预警"可能是安装"防碰撞系统"的必要前提(见下文第 12.4 节)。

12.3.4　先进驾驶辅助系统

关于 2011—2020 年道路安全政策方向的建议[16]还要求通过将现有的商用和 / 或私人车辆的"先进驾驶辅助系统"(ADAS)进行改进,从而扩大其部署以进行进一步的评估。此外,还讨论了车辆技术在实施限速措施中的作用,因为似乎这是出于对环境[17]和道路安全的考虑,所以仅讨论了轻型商用车中限速的情况。因此,目前似乎没有积极推动部署"智能速度适应"系统的计划,并且似乎并不打算在不远的将来将现有的 ECWVTA 立法范围扩大到包括这种系统。

"防碰撞系统"(CAS)的未来部署已经在欧盟第 78/2009 号条例中予以考虑,该条例规定,经委员会评估,配备 CAS 的车辆可以免除类型认证中的某一子集的测试要求。所提及的要求旨在确定车辆结构特征的性能,以帮助减少由于可能的意外事故造成的对行人和其他容易受到伤害的道路使用者的受伤程度。这里的含义是,可以预期的是至少有一些 CAS 能够检测并避免与行人和其他易受伤的道路使用者(即骑自行车的人、摩托车骑士、马和马夫,以及体弱和残疾的低速私人车辆使用者)的潜在冲突,因此避免了采用结构设计措施来减少车辆和人体之间的撞击的严重程度的需要。然而,这些结构措施主要目的是减少对行人的伤害,所以实际上可能对骑自行车的人和其他易受伤的道路使用者不起作用。

欧盟条例 661/2009 未来还将进一步发展,其中指出:

"委员会应评估将轮胎压力监测系统、车道偏离预警系统和先进紧急制动系统强制安展到其他类型车辆上的可行性,并在适当情况下提出本条例的修正案。"

"委员会应继续评估其他先进安全设备的技术经济的可行性和市场的成熟度,并在 2012 年 12 月 1 日之前及之后每三年提交一份报告,内容包括在适当情况下对本规章进行修订的建议。"

这种立法的目的是促进在未来的车辆中安装更先进的安全设备(被认为已经足够成熟),强制安装这种设备将增加市场渗透的速率,这可能导致成本的降低,从而确保社会更早而不是更晚地获益于道路安全的改善,提高了运输效率并减少了新技术可能带来的对环境的影响。然而,存在着这样一种忧虑,依赖这种技术也可能催生出更鲁莽且不怕承担更大风险的驾驶人,这可能会对这种设备提高的公路安全性带来一些异议。

12.3.5　车辆自动化水平分类

为了响应越来越复杂的驾驶人辅助系统的出现,由美国 NHTSA 提出了对车辆自动化水平的系统分类[19]。表 12.2 总结了这一策略,考虑了主要驾驶活动的责任分配,包括系统故障情况下的后备手段。定义了五个级别的自动化水平,从"无自动化"到

"完全自动化"，其中"无自动化"是驾驶人负责所有的驾驶任务和进行环境监测活动，"完全自动化"是车辆系统对所有驾驶任务和相关活动的负责。

在 SAE J3016 [20] 中提出了一种类似但更具结构的方法。其在表 12.3 中总结，考虑了主要驾驶活动的责任分配，包括系统故障情况下的后备手段。定义了六个级别的自动化水平，从"无自动化"到"完全自动化"，其中"无自动化"是驾驶人负责所有的驾驶任务和进行环境监测活动，"完全自动化"是车辆系统对所有驾驶任务和相关活动的负责。

另一种这样的分类方法 [21] 由德国公路运输机构 BASt（Bundesanstalt für Strassenwesen）建立的专家组开发。这个方案总结在表 12.4 中，不仅分类了自动化程度，而且还区分了不同的应用类别。然后可以通过将特定应用放置在反映其自动化和应用特性的模型中来对其进行分类。

这些车辆自动化水平的分类对于考虑不同自动化水平如何与这些车辆可能要遵守的其他相关法规（例如关于道路交通的国际条约）有关的问题是很有用的。

表 12.2　车辆自动化水平（总结 NHTSA 的定义 [19]）

程度	属性	定义
0	无自动化	驾驶人完全和唯一地执行主要车辆控制（即制动、转向、节气门和动力） 驾驶人完全负责监控道路环境和用于所有车辆控制的安全操作
1	特殊功能自动化	涉及一个或多个特定控制功能的自动化；如果多个功能是自动的，它们的操作是独立的 驾驶人总体控制并负责安全操作，但可以选择放弃对主要控制的有限权限（如自适应巡航控制） 车辆可以自动承担对主要的有限权限控制（如在电子稳定控制中），或自动化系统可以提供附加的控制以辅助在某些正常驾驶或碰撞即将发生的情况下驾驶人的操作（例如紧急情况下的动态制动器支持） 车辆具有组合个体驾驶人支持和崩溃避免技术等多种能力，但不会替代驱动程序警惕，不承担驾驶人的驾驶责任 车辆的自动化系统可以辅助或增强驾驶人的一个主要控制，转向或制动/加速控制（但不是两者） 没有车辆控制系统的组合一致工作使得驾驶人可以脱离车辆的物理操作，比如双手放开转向盘的同时，脚离开踏板
2	复合功能自动化	至少两个主要控制功能的自动化，其被设计为共同工作以减少驾驶人对这些功能的控制 处于这种自动化水平的车辆可以在某些有限驾驶情况下与驾驶人使用共同的权限 驾驶人仍然负责监测道路环境并确保安全操作，并且预期是可以随时和在短时间内获得控制 系统可以在没有预先警告的情况下放弃控制，并且驾驶人必须准备好进行控制并安全地操作车辆

（续）

程度	属性	定义
3	限制性自驾自动化	车辆使得驾驶人能够在某些交通或环境条件下完全控制所有安全关键功能，并且在那些条件下严重依赖车辆来监视那些需要转换回驾驶人控制条件的变化 驾驶人预计可以采取偶尔的控制，但有着充分的过渡时间 车辆设计用于确保自动驾驶期间的安全操作
4	完全自动化	车辆设计用于执行所有安全关键的驾驶功能，并监控整个行程的路况 驾驶人提供目的地或导航输入，但不期望在旅行期间的任何时间可用于控制 此类包括占用和未占用的车辆 根据设计，安全操作的责任完全在于自动化车辆系统

表 12.3 车辆自动化水平（总结 SAE J3016[20] 定义）

自动化等级		责任分配			系统能力（驾驶模式）
等级	属性	转向、加速和制动	监控驾驶环境	驾驶任务的分配	
0	无自动化	驾驶人	驾驶人	驾驶人	不适用
1	驾驶人辅助	驾驶人和系统	驾驶人	驾驶人	某些模式
2	部分自动化	车辆系统	驾驶人	驾驶人	某些模式
3	有条件自动化	车辆系统	车辆系统	驾驶人	某些模式
4	高级自动化	车辆系统	车辆系统	车辆系统	某些模式
5	完全自动化	车辆系统	车辆系统	车辆系统	所有模式

表 12.4 BASt 提出的车辆自动化和应用类别的特点[21]

自动化等级	特点	应用类别	特性
部分自动化	驾驶人必须随时进行监督 不得进行非驾驶活动	低速操作	低速（<10km/h），风险最小
高度自动化	系统知道它的性能限制，在充分警告的情况下要求驾驶人进行操作 非驾驶活动也可能达到相同程度	限期操作	在短时间内完成的功能
完全自动化	驾驶人的监督是不必要的，非驾驶活动是可能的	永久驾驶	功能可以持续较长

12.4 维也纳陆路交通公约

1968 年颁布的"维也纳陆路交通公约"[22] 是一项旨在促进国际道路交通并通过采用统一的道路交通规则来加强道路安全的国际条约。在签署国，它取代了以前的道路交通公约，最著名的是 1949 年的"日内瓦公路交通公约"[23]。然而，一些国家（最明显的是澳大利亚、中国、印度、新西兰和美国）并不是 1968 年"维也纳公约"的签署国，因此 1949 年"日内瓦公约"仍然适用于这些地区。

提到车辆自动化，应当列出"维也纳公约"要求（见文献 [22] 第 8 条）：

"每一辆行驶的车辆或带半拖车的牵引车都应该有驾驶人。"

"每个驾驶人在任何时候都应能够控制车辆。"

"任何车辆的驾驶人在任何时候均须尽量减少除驾驶以外的任何其他活动。"

1949 年"日内瓦公约"也有类似规定（见文献 [23] 第 8 条）。

尽量避免驾驶人分心的目标额外还规定了在驾驶时禁止使用手机，这项法案（以及一些其他修正案 [24]）在 2005 年得以通过。

其他相关定义（来自文献 [22] 的第 1 条）如下：

"带半挂车的牵引车组合意味着在道路上这是作为一个耦合单元行驶的车辆。"

"驾驶人是指驾驶汽车或其他车辆（包括自行车）的人"。

因此，就"维也纳公约"而言，驾驶人必须是一个人，而不是一个系统，并且必须始终能够控制车辆。

12.4.1　驾驶辅助系统的影响

ABS 和 BAS 系统提供增强的制动支持，但是这两种功能都需要驾驶人通过运用制动踏板来启动它们。因为驾驶人占据控制权，所以它们可以被认为是"驾驶辅助系统"（DAS）。对于用于维持固定速度的"巡航控制"（CC）系统和通过雷达系统跟踪前方车辆的速度的"自适应巡航控制"（ACC）系统情况类似。驾驶人可以在继续驾驶车辆时手动控制这些系统，并且可以手动分离或自动分离（例如，如果踏板被踩下，或者如果前方车辆的速度低于门槛速度）这些系统。因此驾驶人保持对车辆的完全控制，而且在必要时能够操控这些系统。

然而，根据定义在碰撞已经变得不可避免的情况下，驾驶人不能够再进行控制。因此，使用 ADAS 可以在一定程度上减少这种不受驾驶人控制的情况发生，这种做法应当是合理的，因为这没有违反"维也纳公约"的要求。

汽车应用的"可控性"概念（见表 12.5）最初是由欧盟项目"DRIVE Safely"[25] 提出的，随后被 MISRA 用于车载软件的开发 [26, 27]，现在被用于在车辆功能安全工程的安全风险分析方法中进行定性概率测量（文献 [28] 的第 3 部分）。在欧盟项目"RE-SPONSE 3"[29] 制定的实践规章中提出了评估可控性及进行驾驶人辅助系统开发的风险评估的方法。

有人建议 [30]，在这个驾驶人可控性标准方面，虽然 CMBS 没有违反"维也纳公约"，但 CAS 违反了，CAS 系统的目标是让驾驶人在碰撞变得不可避免时进行控制（即仍然判断情况是可控的）。为了避免 DAS 违反"维也纳公约"，还建议 [31]：

"如果驾驶人不能进行控制（例如意识丧失），则该系统必须"越过"驾驶人权限而对车辆进行控制，并且应从驾驶人未能对系统提供的某些信息进行反馈而明显判断出驾驶人失去了对系统进行控制的能力。在加速情况下由制动辅助启动的自动即时紧急制动可能影响车辆的操纵并导致系统做出错误的响应。"

表 12.5 汽车安全隐患的可控性

可控等级	含义
0	大体可控
1	简单可控
2	正常可控
3	难以控制或不可控

为了遵守这一立场，CAS 要警告驾驶人即将发生的危险，并且只有当驾驶人未在合理的时间段内做出反应（因此证明驾驶人失去对情况的控制，这是由于驾驶人漫不经心或某种形式下身体运动能力的丧失）时才采取行动。这将给予能够掌控情况变化的驾驶人越过 CAS 权限的机会。

然而，ESC 系统可以在其他动作（不是像在 ABS 中那样仅仅减小制动压力）中应用增加或减小的制动压力的目的是在车辆速度超过 20km/h 时无须直接驾驶人的启动而进行自动操作，除非驾驶人已经禁用了系统或车辆正在倒车。这样的系统仍然遵守了"维也纳公约"，如果像 CMBS 一样，只有当车辆不再能由驾驶人控制时，或者在驾驶人已被警告威胁但仍未采取能够越过 ESC 系统执行命令的行动之后，它们才被激活。

12.4.2 拟议修正案

联合国欧洲经济委员会提出了可能对"维也纳公约"进行修正的建议，目的是确保根据联合国欧洲经济委员会条例认证的类型的系统也符合"维也纳公约"。这些建议 [32] 包含了对驾驶辅助系统的定义，如下：

"驾驶辅助系统是一个内置系统，其目的是帮助驾驶人执行驾驶任务并且对车辆行驶方式产生影响，特别的是它可以预防道路交通事故的发生。"

此外，下一段的提议 [32] 被作为是第 13 条（关于车辆之间的速度和距离）的补充：

"驾驶辅助系统不得视为违反了本条第 1 款和第 8 条第 1 款和第 5 款的原则，条件是：

这些系统在任何时间都是可以覆盖的或者可以被关闭；

或者它们仅在技术水平上进行优化，一些功能还仅仅依赖驾驶人；

或者它们在驾驶人失去了或将要失去对车辆的控制的紧急情况下进行操作；

或在这些系统参与后，机动车（例如限速装置）的性能还是和平常一样。"

联合国欧洲经济委员会内陆运输委员会道路交通安全工作组建议，在确定一个给定的 DAS 设计规则时应遵守这些标准。上述第 8 条第 1 款和第 5 款规定每个行驶车辆或车辆组合应有驾驶人（第 8.1 条），并且每个驾驶人应始终能够控制其车辆（第 8.5 条）。所提及的第 13 条第 1 款规定：

"所有车辆的驾驶人在任何情况下都应当使汽车处于自己的控制下，以便于适时地对汽车进行适当操作，并在任何时候都能进行他所需要的一切行为。驾驶人在调整车辆的速度时，应不断关注周围环境的变化，特别是道路所处地点、路况、汽车状态及负载情况、天气好坏和交通拥挤程度，以便于能够在他的前视范围内和任何可预见的障碍物之外将车停下。特别是在能见度不好的时候。他应该放慢速度甚至在必要的情况下停车。"

许多车辆制造商现在提供自动停车系统，其将借助于能够识别附近障碍物所处位置的车载传感器自动地操控车辆到选定的停车位。在大多数这样的系统中，驾驶人仍然利用加速踏板和制动踏板控制车辆的速度，但是任何转向过程的干预都将会让驾驶人重新对汽车进行完全控制。因此，这种系统将符合联合国欧洲经济委员会为 DAS 提出的第一个标准，以便于"维也纳公约"能够接受。具有自动停车能力（取决于电力转向系统的适用性）的车辆还可以提供主动车道保持支持的能力，就是如果车辆被确定为正在离开当前行车道的路线同时没有激活相关指示器（而不是仅仅向驾驶人发出警告，如在 LDWS 中），系统将会调整行驶方向。在驾驶人干预下的自动暂停和关闭该特定功能的选项也将使得这样的系统能够可以符合 DAS 标准中的第一个提议。

提供"智能速度适应"（ISA）的系统已经被广泛地研究（包括在实用领域的试验），安全组织例如英国皇家预防事故协会[33]和欧洲运输安全委员会[34]认为其具有显著可以减少道路事故的发生率和严重程度的潜力。联合国欧洲经济委员会提出的列入"维也纳公约"的最后一项 DAS 标准也将允许采用 ISA 系统，根据当地限速的规定主动限制车辆的最高速度（其他 ISA 系统只向驾驶人提供警告）。但是在调查中的其他类型的系统可能仍在这些拟议修正案的讨论范围之外。

最近更多的提议[35]包含了在第 13 条第 5 款中增加以下要点 a）和 b）：

"5. 每个驾驶人在任何时候都能够控制车辆。

a）当符合关于轮式车辆、关于可安装和 / 或用于轮式车辆的设备和部件的国际法律规章规定的制造、装配和使用条件时，影响车辆行驶方式的车辆系统应符合本段第一句和第 13 条第 1 段的规定。

b）影响车辆行驶方式但不符合上述制造、装配和使用条件的车辆系统，如果此类系统可以被驾驶人越过或关闭，那么其仍然符合本段第一句和第 13 条第 1 段的规定。"

对于 1949 年的"日内瓦道路交通公约"，也提出了相应的修改[36]，因为尚未签署"维也纳公约"的一些国家也许仍是 1949 年公约的缔约国。

这些修订法案的目的是消除发展更多自动化驾驶系统的法律障碍，允许汽车自动驾驶，前提是驾驶人可以越过或关闭该系统。因此，驾驶人必须在车上并且能够随时对车进行控制。

12.4.3 自动驾驶的影响

据报道一辆改进的丰田普锐斯[37]已在加利福尼亚州的公共道路上进行自动驾驶，尽管前排乘员侧有一个人在不断监测其行驶状况，并准备好了在有需要的情况下进行手动控制（据报道，当 2005 年一辆自动驾驶的车辆意外地偏离道路时，驾驶人对其进行了手动控制 [38]）。因此，在这种情况下，驾驶人在情况明显可控的情况下不对车载系统进行控制，但是会在行驶过程中保持监督。

然而，这样的方案给驾驶人带来的实际利益有限，因为监督活动所需的注意力水平与实际驾驶中所需的注意力水平一样，但是它可能更难以维持，因为监督人员并不主动参与到驾驶任务中。更可能的是使用监督人员仅仅是为实现完全自主驾驶最终目标的垫脚石，而不依赖于人的监督（即，第 12.3.5 节中所述的最高自动化水平）。在美国，自 2012 年起在加利福尼亚州、佛罗里达州和内华达州生效的法律允许使用自动驾驶汽车 [39]，即使驾驶人仍然需要进行观测和为突发事件的发生做准备。瑞典已经启动了涉及 100 辆此类车辆的试验 [40]，各国政府正在寻求修改交通法案，以允许在其他国家进行类似的示范活动。已经开发出了没有转向盘和没有制动器或加速器控制器的自动驾驶实验车 [41]，但是目前出于最高速度 25mile/h 的限制，所以还未准许其在公共道路上进行试验。

在欧盟和政府拨款资助的一些合作研究项目中，研究了"队列"这一概念，这一概念就是许多车辆作为一个整体行驶了一段时间（也称为"公路列车"）。这种方案可预见的好处包括改善交通的流通性，提高道路上的车辆密度，减少发动机排放和改善道路安全。在欧盟项目 SARTRE [41, 42] 中，设想该队列为由训练有素的专业驾驶人驾驶的"前车"，以及一个或多个自动驾驶的后车（但是通过无线通信与前车进行连接交流），从而允许"后车"的驾驶人执行除了驾驶他们自己车辆之外的其他任务。因此，尽管事实上驾驶状况预期是可控的，但"后车"不是由他们的驾驶人进行控制的，而是由前车进行控制从而作为队列的一部分。尽管如此，他们确实有权利选择加入或离开该队列，因此他们可以越过"前车"的驾驶人所施加的外部控制。然而，在某些情况下，可能需要限制每辆"后车"驾驶人的越控能力，以避免危及队列中其他车辆的安全。

上述的队列概念与驾驶人辅助系统只有在驾驶人不能进行控制的情况下才能越过驾驶人进行控制的理念不符。虽然自动驾驶系统通过无线通信连接到"前车"上，但是在队列中"后车"驾驶人已经选择放弃对自己车辆的直接控制权，而让汽车进行自动驾驶。它也可能不完全符合联合国欧洲经济委员会提出的修正案，这些修正案要求汽车无论何时都能越过 DAS 的权限。此外，"前车"还可能遇到车载系统受到驾驶人控制的情况。在这种情况下，"后车"的驾驶人不能期待他们能够立即恢复对自己车辆的操控，原因是他们已经放弃了操控汽车以便于队列中其他行动的执行，因此"前车"的自动驾驶系统也将有效地控制队列中的"后车"。

尽管"维也纳公约"确实允许组合车辆作为一个整体在道路上行驶，但前提是驾驶人能够控制它们，本文提到的"组合"清楚地表明这是可预见的机械组合（例如拖车和铰接车辆）。此外，甚至"维也纳公约"提出的修正案也不允许完全的自动驾驶。因此为了确保修正案可以考虑到最近和将来的技术发展，所以有必要对"维也纳公约"进行持续的修订和阐述。

12.5 责任议题

历史上，交通事故和不遵守交通规则的责任通常归因于人为错误。典型示例包括：
- 未能在驾驶时充分注意。
- 不遵守既定的规则。
- 无法正确维护车辆。
- 未能充分考虑当地交通和 / 或环境条件。

其他原因包括特定车辆部件或系统的故障或缺陷，或者是道路管理中存在的一些不足（例如，不适当的道路标志或不良的交叉点设计）。然而，ADAS 的引入却让这种情况变得更加复杂。

12.5.1 明确责任

随着车载传感器、制动器和更精密的控制算法的研发和组装，基本的手动制动系统近年来已经取得了长足的发展，通过增加由驾驶人（即 ABS 和 BAS）引发的制动动作的性能从而自动地对驾驶过程予以补充（即 ESC）。这些系统提高了安全性，因此被强制性地用于新车辆。然而，目前驾驶人仍然是驾驶活动的控制者，负责观察和处理从车辆外部接收的信息（例如本地交通和天气状况、主要速度限制等）。因此，如果驾驶人错误地认为可以依赖该系统来减轻不良驾驶的问题，那么即使用户完全了解驾驶支持功能的特性和限制，也可能导致事故发生率增加。

据报道，许多不同的驾驶人支持系统中已经观察到了这种行为适应[43]。然而，产品的"展示"是涉及一般产品安全的欧盟指令 2001/95 / EC[44] 和关于有缺陷产品责任的指令 85/374 / EEC[45] 提及的重要因素。例如，不充分的说明或误导性广告对 ADAS 设备使用可能被认为是通过对客户期望的不适当影响而使系统"有缺陷"。因此用户必须正确地理解这些系统的操作特性和限制，以确保它们能够以安全的方式使用。尽管如此，警告并不能减轻安全限制的影响，而安全限制本可以通过经济上可行的替代设计来避免[46]。

对于产品安全和产品责任指令的进一步考虑包括"产品使用的合理预期"见文献 [45] 第 6.1（b）条和"正常或合理预期的使用条件"[44] 第 2（b）条。因此，产品生产商有义务在开发其产品时考虑到可能的误用和非理想操作条件带来的影响。通过互联网对计算系统进行恶意干扰是广泛存在的，包括对个人家庭计算机以及机构网络的攻击。因此，对于产品安全和产品责任指令的需要将导致 ADAS 生产者预测车内装置遭受安全攻击的可能性，也许会利用在现代车辆中使用的无线网络。如果未能解决车载网络的安全性，可能会对车辆造成危害，也可以被认为是产品缺陷。

所以，ADAS 生产商应对因为此类缺陷的存在而可能造成的任何死亡或伤害负责，然后对其他产品（尽管不是有缺陷的产品本身）所造成的相关物理损坏进行补偿，但前提是它们用于私人使用（见下文：产品责任范围一般限于私人使用）。其他类型的损害（即非物质损失类型，例如财务损失或声誉损失）不在产品安全和产品责任指令范围内，需要根据相应的国家法律进行。

欧盟支持的项目 RESPONSE 3 将 ADAS 产品分为三种通用类型[47]，得出关于相关责任问题的结论如下：

• 信息和警告系统：驾驶人在车内处于控制地位时责任一般仍由驾驶人负责，尽管系统可能提供了不正确或不准确的信息而导致 ADAS 生产商或分销商也有责任。

• 在任何时候都可以使用驱动程序越控的干预系统：根据情况，驾驶人是整体责任人，因此可能会承担责任，但系统故障也可能导致 ADAS 生产商或经销商需要负责。

• 因驾驶人不能控制而导致 ADAS 生产商和分销商可能承担责任的不能越控或越控不可行的干预系统（超出人的反应时间）。

为未来车辆系统构想的功能将越来越依赖于来自各种外部系统的输入信号（例如，定位和导航信号，以及来自其他车辆或路边基础设施的消息），还有车载传感器的加宽阵列、执行器和电子控制功能。这样的系统可以减少驾驶人当前的参与，并且最终可能用完全自动的驾驶系统来替换驾驶人。在这些情况下，从汽车外部接收的信息的质量，无线通信信道的可靠性以及车载系统的可靠性将是成功和安全操作越来越重要的因素。因此，事故责任可能会从驾驶人转向车辆制造商或者其车载系统供应商以及外部信息提供者。

在完全自动没有驾驶人参与的操作下，责任是否在于车载系统或外部信息源仍是难以确定的。然而，在驾驶人仍然参与的情况下，却难以确定除驾驶人之外的行为者的责任。这一情形在由 NHTSA 最近对丰田车辆的非预期加速的调查中得到了证明。这些行为异常的原因相当广泛，可能为驱动程序错误、电磁兼容性、机械问题或软件缺陷[48]。美国航天局的相关报告[49]得出结论，虽然意外加速事件不太可能是由电子系统引起的，但也并不是不可能的。美国航天局的调查未能证明意外加速事件是电子系统的意外行为导致。

然而，由于系统输入的可能组合非常多，所以完全的评估是不可行的。因此，没有这种影响的证据不代表它们就不在其中起到作用。同样地，也不能基于可用数据排除电子系统缺陷导致非预期加速事件的可能性。

12.5.2 事故数据记录仪

机械部件断裂后很可能导致安全相关功能（例如制动系统）的故障。然而，确定车辆控制系统以非设定的方式对瞬态输入的特定组合做出响应却是非常困难的。为此，有人建议，当 ADAS 应用得更广泛时，有必要安装一个事故数据记录仪（类似于在飞机上使用多年的所谓"黑盒子"）[46]。这种设备的第一个标准是由 IEEE 在 2004年（IEEE 1616[50]）开发的，称为"机动车辆事故数据记录仪"（MVEDR），并于2010 年修订[51]以解决与 MVEDR 相关的潜在的安全问题，包括：

• 数据篡改：修改、移除、擦除或以其他方式呈现操作的任何设备或元件，包括

MVEDR。

• VIN 偷窃：重复和传输唯一的车辆识别号码，使被盗的汽车能够作为无人驾驶汽车传递。

• 里程表欺诈：回滚车辆里程表，减少报告的车辆行驶的总距离。

• 隐私：防止滥用与车主有关的数据。

MVEDR 数据的可用性可能会造成一些可能的隐私和责任问题。例如，保险公司可能有兴趣使用这些数据来改变车辆保险费。在发生事故的情况下，他们可能会尝试使用 MVEDR 数据，以试图将责任转移到：

• 驾驶人，如果数据表明驾驶人行为草率。

• ADAS 生产商，如果数据表明事故可能是电子系统的性能缺陷造成的。

• 向车辆提供信息的组织，如果数据表明错误的信息导致或促成了事故。

美国 NHTSA 和联邦汽车运输安全管理局（FMCSA）都采取的立场是 MVEDR 及其数据属于车主[52]，表明没有私人方可以强迫车主不经同意放弃该数据。然而，可以想象到的是，保险公司可能将此作为车主同意保险单的条件，或者通过减少保险费等替代和激励的方式来实现这一行为。后一种方法已经在美国开始出现[53]。安装在汽车上的监控设备不跟踪人们驾驶的位置，而仅跟踪他们的驾驶模式。最近在英国发起了类似的形式（记录速度和加速度），主要是针对年轻和缺乏经验的驾驶人，但是因此汽车保险的费用变得令人望而却步[54]。

自 1996 年以来，美国的车辆制造商已经自愿地将安装 MVEDR 作为汽车和轻型货车安全气囊模块的一部分。这些装置由诸如车辆速度快速变化的条件触发，以在碰撞和危急事件期间收集各种数据。收集的数据通常包括撞击时的速度、转向角、是否施加制动以及碰撞期间的安全带使用。美国 NHTSA 要求自愿安装 MVEDR，以满足轻型车辆 2010 年 9 月[55]的特定数据收集标准。此外，NHTSA-NASA 对丰田车辆意外加速的调查结果[56]提出了这些建议（除其他外）：

• 考虑启动规则制定。

• 需要制动越控系统（以确保制动优先于加速）。

• 标准化无钥匙点火系统的操作（使驾驶人知道如何快速停止发动机）。

• 需要在所有客车上安装 MVEDR。

• 通过检查现有的行业和国际标准的最佳实践与汽车应用的相关性，开始广泛研究车辆电子控制系统的可靠性和安全性。

在这项拟议的可靠性和安全研究中，NHTSA 计划充分考虑了 NASA 的建议，即应基于目前铁路、航空航天、军事和医疗行业的经验，考虑对车辆安全关键功能进行控制。

12.6　复杂系统开发的最佳实践

开发和展示 ADAS 的可靠程度存在困难，因为其自身有着内在的复杂性。以下产生于防御系统领域的定义[57]，就说明了这个问题。

• 简单：一个硬件的设计如果适用于大量复杂的模拟和测试则可被分类为"简单"的。

• 复杂：一个系统或者一个组件有着难以理解和验证的设计或者难以实现。因此"复杂"这种分类是用于定义"不适用于数量级测试的方式"。

• 数量级测试：全面地测量和分析一个组件需要基于它终端应用的数值。目的是能够找出所有可能的组合方式。100% 的测试是不可能达到的，因为如果考虑所有的物理特性，测试可以是无穷无尽的。因此，值得进行的分析需要是在安全案例中相对合理的。

复杂性的后果是，用于建立符合 WVTA 要求的传统的基于测试的方法已经被开始用于验证相对简单和大部分独立的机械以及电气系统的安全性能，但却不太适合于日益复杂的机电一体化车辆系统，因其具有重要的软件内容和广泛的相互依赖性。数量级的测试对于如此复杂的系统是不适用的，因为可能存在的系统状态（即，输入量的组合数）是相当多的。

另外，从复杂程度来说，软件系统是系统性的而不是随机的，可能会产生大量的错误，导致检测概率故障率同样是难以实现的。

12.6.1 安全案例

根据在航空航天、国防、核产业、铁路和离岸石油工业中发现的安全关键应用的经验，建立复杂电子控制系统安全的推荐办法是建立一个安全论证，以表明该系统对于一定的应用和操作环境是可接受的。重要的是，绝对的安全是无法达到的，但是我们还是要采取必要的措施，以确保危险是在可控范围内的，而且，安全论证只适用于既定的应用和操作环境中。对于交互型车辆来说，操作环境已知包括黑客和犯罪分子，他们活跃于对现有计算机网络的攻击当中。因此，对这样的应用的安全例子还应该考虑安全相关的威胁。

在一个"安全案例中"，安全论证和支持的证据都应记录下来，具体如下[58]：

• 对系统的属性做出明确的说明。

• 确定支持性证据（即事实、假设或来自次级论据的从属权利）。

• 提供一套将说明与证据联系起来的安全论点。

• 明确论证的假设和判断。

• 允许添加不同的观点和细节层次。

安全案例应由合格的第三方进行独立评估和审核。以相对简单的顶级安全声明的形式构建安全案例，再由次级声明的层次结构支持，从而使得主要论点更容易理解，安全案例开发活动的划分也更简便。

EC WVTA 法律也正朝着基于复杂电子控制车辆系统的安全案例方向发展。

联合国欧洲经济委员会关于制动[60]和转向[61]的法规已经增加了新的条例，其中详细说明了复杂电子车辆控制系统在安全方面的特殊要求。

最终，预计类似的条例将被添加到可能涉及复杂电子控制系统的车辆系统的所有规定当中。

12.6.2　安全开发进程

关于电气、电子或可编程电子系统的安全性的国际标准 IEC 61508 [62] 提供了适用于各种工业的基本功能安全标准。它起源于过程控制行业，而且也同时在为制定特定行业的安全标准提供基础。其中，IEC 61508 特别提到了关于安全风险的以下观点：

- 零风险是不可实现的。
- 必须从一开始就考虑到安全问题。
- 不可接受的风险必须降低到"合理可行的范围"（ALARP）。

因此，IEC 61508 规定的关键要素就是：危险识别、安全风险分析和评估降低这些风险的措施是否是有必要的。

IEC 61508 方法的另一个重要方面是要求越来越严格的开发过程被应用于更关键的安全功能上，从而提高对不能进行数量级测试的复杂系统可靠性的信心。

"安全功能性要求"（即功能应该做什么）和"安全完整性要求"（即安全功能将被令人满意地执行的可能性）中提及了安全要求。安全功能的安全完整性要求是根据多个离散级别（称为"安全完整性级别"（SIL））指定的，与从 SIL1 到 SIL4 的风险级别和范围相关。SIL 反映了越来越严格的过程已经被应用于一系列的开发活动中，从规格、设计，通过配置管理，测试、验证和核实到独立评估的整个过程。实现特定的 SIL 的安全论证应如下 [63]：

对于 SIL X 系统来说，要求就是遵守了 SIL X 系统标准过程的良好实践性。通过这样做，我已经生成了适合于 SIL X 系统的证据，并且评估证据时会发现我已经遵守了定义的过程。

ISO 26262 [28] 提供了专门为汽车行业颁布的 IEC 61508 方法的解释：

- 提供汽车的安全生命周期（管理、开发、生产、操作、服务、报废），并在这些阶段保证必要活动变更的支持。
- 涵盖整个开发过程的功能安全方面（包括需求规范以及系统设计、实施、集成、验证、核实和配置等活动）。
- 提供一种汽车专用和基于风险的方法，用于确定类似于 IEC 61508 SIL 的风险等级（"汽车安全完整性等级"，ASIL）。
- 使用 ASIL 为必要的安全目标指定必要的安全完整性要求，以达到可接受的残余风险水平，其中 D 类表示最高完整性类别，A 类最低。
- 提供验证和确认以达到充分和可接受的安全水平措施的适当要求。

ISO 26262 的 ASIL 和 IEC 61508 的 SIL 之间的主要区别是，后者使用定量目标概率值，而 ASIL 是基于定性测量。

有关汽车可编程系统安全分析的相关指南也在由汽车工业软件可靠性协会（MIS-RA）[29] 开发中。

这是基于一个迭代过程，从初步安全分析（PSA）开始执行的系统概念阶段。随着系统设计和开发活动的进展，随后通过更全面的详细安全分析（DSA）活动进一步完善。因此，MISRA 安全工程过程将是一个迭代活动，并随着系统的发展和成熟而开发和完善。

12.6.3 ECWVTA 要求

ECWVTA 指令 [4] 还包含与"复杂电子系统"相关的要求。与本节开头所述的复杂性的定义不同，在这些规章中提及的复杂性是指控制的层次，其中驾驶人对车辆的基本控制功能（例如制动和转向）的命令可以被越控或通过电子系统修改。属于法规范围内的系统包括汽车上的配置，诸如 ABS 和 ESC 以及驾驶人辅助功能，例如 LDWS、AEBS 和自适应巡航控制。这些要求是联合国欧洲经济委员会关于制动的条例 13 [64] 和 13-H [13]，关于转向的第 79 条 [65] 以及 EC 第 661/2009 号 [10]，强制商用车辆装配 AEBS。

"复杂电子系统"要求实际上是对配置安全状况的高级别后台监测。申请者必须提交一份信息资料，包括软件开发过程的定义和指示系统在故障发生时执行的安全策略（安全概念）。然后，批准机构进行测试，将故障传送入系统中，并根据安全概念验证性能。

这些要求目前没有提及 ISO 26262，但是如果遵循了 ISO 26262 开发流程，则不需要再表明符合了该规定。

目前对这些要求有很多种解释，因为一些审批机构接受了法规的要求作为最低文件要求，而另一些审批机构坚持则要求应用 IEC 61508 或 ISO 26262。

12.6.4 网络安全问题

出于对与 ADAS 相关的网络安全问题的考虑，促使了很多欧洲合作研究项目（例如 EVITA [2]、SeVECom [66]）开展，并在 NHTSA 的自动车辆政策 [19] 中被确定下来。与安全性一样，零安全风险实际上是不可实现的，需要采用类似的基于风险的方法来评估潜在的安全威胁，并确定被认为是不可接受的威胁风险等级是否应该降低。

标准 IEC 15408 [67] 涉及 IT 产品的安全评估，但没有明确指出安全关键控制系统中存在安全漏洞可能带来的隐患。另一个缺陷是它不提供风险分析的框架。在 IEC 18045 [68] 中定义了评估成功攻击概率（定义为"攻击可能性"）的方法，但是没有评估攻击的严重程度以此允许评估风险。IT 安全中的风险分析在 ISO / IEC TR 15446 [69] 中有所概述，并在其他地方（例如 ISO / IEC 13335 [70]，NIST IT 安全手册 [71]）有更详细的定义。

在 IEC 15408 中，"评估保证级别"（EAL）的概念在与对于安全相关的因素 SIL

和 ASIL 的安全考虑中具有相似的作用。类似地，EAL 与不断增加的开发严格性的级别相关联，从安全威胁不被认为是严重的功能测试（EAL1），到安全风险被判断为极高的情况下的正式（数学上）验证设计和测试（EAL7）。EAL 和 SIL / ASIL 概念之间的相似之处表明了开发汽车安全和保障的通行方法的潜力[72]。在移动自组织网络应用的安全性和保障性方面也有类似的情况[73]。

统一安全和保障工程的流程通过对同样有着可能的安全隐患应用的共享资料和风险分析降低成本，从而提供了潜在的好处。

MISRA "基于软件的车辆开发指南"[26, 74] 认为保护车辆软件免受未授权访问的威胁和检测软件是否被篡改是相当必要的。该指南指出，车辆控制系统的未授权重编程（所谓的"碎片化"）可能导致车辆制造商在一些国家中承担法律责任。

IEC 61508（第 2 版[75]）的 2010 版本包括对于安全问题的考虑以及它们对于安全的潜在影响。在危害和风险分析期间，还需要处理可能的入侵和未经授权的行为。如果安全威胁被看作可合理预估的，则应进行安全威胁分析，如果已经识别出安全威胁，则应进行弱点分析（即安全风险分析），以便明确相应的安全要求。但是与安全无关的安全威胁，例如影响隐私或金融安全的安全威胁，则超出了 IEC 61508 的范围。

为了推进 EVITA 项目的发展，一种风险分析方法产生了，该方法是根据 IEC 61508 的概念延伸出的 ISO 26262 和 MISRA 而制定的[76]，这些方法以一种通行的方式扩展到安全威胁的非安全方面，还有通过使用 IEC 15408 和 IEC 18045 的攻击概念来进行安全相关的评估（参见第 5 章）。鉴于安全案例概念已经在许多安全相关的工业部门中广泛采用，因此考虑开发类似的"安全保证案例"[77] 似乎是合乎逻辑的，为安全相关的应用特别是那些安全性有着潜在安全影响的应用提出安全论证。此外，这种安全案件也应像安全案例一样由合格的第三方进行独立评估和审计。

12.7 结论

ADAS 的运用，特别是完全自动驾驶系统的发展，目前受到法律框架不确定性的制约。其中，国家立法之间最显著的问题是责任明确和重大的差异。

此外，由于提供 ITS 职能和服务的不同利益相关者构成了复杂的网络和相互依赖性，导致了进一步的复杂性。

为未来车辆系统构想的功能将越来越依赖于各种外部系统的输入信号（例如定位和导航信号，以及来自其他车辆或路侧基础设施的消息）、车载传感器的加宽阵列、执行器和电子控制功能。这样的系统可以减少驾驶人当前的操作，并且最终可能使用完全自动驾驶系统来替换驾驶人。

在这些情况下，从汽车外部接收的信息的质量、无线通信信道的可靠性以及车载系统的可靠性将是成功和安全操作的举足轻重的因素。因此，事故责任可能会从驾驶人转向车辆制造商及其车载系统的供应商以及外部信息提供者。

在完全自动驾驶的操作下，不会有驾驶人参与，但责任是否存在于车载系统或外部信息源可能是不容易确定的。此外，在驾驶人仍然参与操作的情况下，会难以确定驾驶人以外行为者的具体责任。车辆控制系统以非预期的方式去响应瞬态输入的特定组合可能是非常困难的。出于这个原因，建议当 ADAS 实现高度自动驾驶被更广泛地应用时，有必要安装事故数据记录仪（类似于飞机中使用的广为人知的"黑盒子"）。

考虑到 ADAS 的技术复杂性和可靠地验证这种系统的性能的困难度，在复杂电子控制系统的设计和分析中采用最佳的系统设计过程将变得越来越重要。这就要求更多地考虑可能的网络安全威胁，以及发展更成熟的车辆安全工程。

尽管"维也纳公约"允许在道路上行驶的耦合车辆作为一个单元，前提是它们由驾驶人控制，本章中其他地方提及的耦合车辆清楚地表明应该是预期的机械耦合（例如用于拖车和铰接车辆）。此外，目前对"维也纳公约"提出的修正案也不支持完全自动驾驶。因此，有必要对"维也纳公约"进行持续的修订和阐明，以确保其考虑到了近期的技术发展。

汽车安全要求和技术的持续变化也将对车辆类型的认证立法产生影响，因为逐渐复杂的 ADAS 将成为未来车辆中的强制性设备。因而，需要进一步制定必要的联合国欧洲经济委员会条例，明确技术要求和适当的验证程序。

致谢

部分研究得到了拨款协议 FP7-ICT-224275（EVITA）下属的欧洲共同体框架计划的（FP7 / 2007-2013）资助。

作者感谢来自 EVITA 项目的其他参与者，包括 BMW Group（德国）、Continental Teves（德国）、Escrypt（德国）、EURECOM（法国）、Fraunhofer Institute for SECure Information Technology（德国）、Fraunhofer Institute for Systems and Innovation Research（德国）、Fujitsu（瑞典、奥地利和德国）、Infineon Technologies（德国）、Institut Telecom（法国）、Katholieke Universiteit Leuven（比利时）、MIRA（英国）、Robert Bosch（德国）和 Trialog（法国）。

参考文献

1. European Commission (2008) *Results of Consultation ITS, 26/03/2008.* Available online at: http://ec.europa.eu/transport/road/consultations/doc/2008_03_26_its_results.pdf (last accessed 1 May 2015).
2. EVITA project overview. Available online at: http://www.evita-project.org (last accessed 1 May 2015).
3. J. Dumortier, C. Geuens, A.R. Ruddle and L. Low (2011) *Legal Framework and Requirements of Automotive On-board Networks*, EVITA Deliverable D2.4, 19 September 2011. Available online at: http://www.evita-project.org (last accessed 1 May 2015).
4. Directive 2007/46/EC of The European Parliament and of the Council of 5 September 2007 establishing a framework for the approval of motor vehicles and their trailers, and of systems, components and separate technical units intended for such vehicles, *Official Journal of the European Union*, L 263, 9 October 2007, pp. 1–160.

5. ISO 9001:2008, *Quality Management Systems – Requirements*.
6. COM (2007) 22, *Communication from the Commission to the European Parliament and Council: A Competitive Automotive Regulatory Framework for the 21st Century – Commission's position on the CARS 21 High Level Group Final Report*, 7 February 2007.
7. COM (2006) 59, *Communication from the Commission to the Council, the European Parliament, the European Economic and Social Committee and the Committee of the Regions: On the Intelligent Car Initiative – Raising Awareness of ICT for Smarter, Safer and Cleaner Vehicles*, 15 February 2006.
8. Commission Regulation (EC) No 78/2009 of the European Parliament and of the Council of 14 January 2009 on the type-approval of motor vehicles with regard to the protection of pedestrians and other vulnerable road users, amending Directive 2007/46/EC and repealing Directives 2003/102/EC and 2005/66/EC, *Official Journal of the European Union*, L35, 4 February 2009, pp. 1–31.
9. Commission Regulation (EC) No. 631/2009 of 22 July 2009 laying down detailed rules for the implementation of Annex I to Regulation (EC) No 78/2009 of the European Parliament and of the Council on the type-approval of motor vehicles with regard to the protection of pedestrians and other vulnerable road users, amending Directive 2007/46/EC and repealing Directives 2003/102/EC and 2005/66/EC, *Official Journal of the European Union*, L 195, 25 July 2009, pp. 1–60.
10. Commission Regulation (EC) No. 661/2009 of 13 July 2009 concerning type-approval requirements for the general safety of motor vehicles, their trailers and systems, components and separate technical units intended therefor, *Official Journal of the European Union*, L 200, 31/7/2009, pp. 1–24.
11. US Department of Transportation, National Highway Traffic Safety Administration, Federal Motor Vehicle Safety Standard FMVSS No. 138, 49 CFR, Parts 571 & 585: Tire Pressure Monitoring Systems.
12. US. Department of Transportation, National Highway Traffic Safety Administration, Federal Motor Vehicle Safety Standard FMVSS No. 126, 49 CFR, Parts 571 & 585: Electronic Stability Control Systems.
13. UNECE Regulation No. 13-H, Uniform provisions concerning the approval of passenger cars with regard to braking, Revision 1 – Amendment 2, 11 November 2009.
14. Ares(2014)818137, Status of EU accession to UN ECE regulations in the area of vehicle approval as of 31 December 2013, 20 March 2014.
15. C. Grover, I. Knight, F. Okoro, *et al.* (2008) *Automated Emergency Braking Systems: Technical Requirements, Costs and Benefits*, TRL (UK), Report PPR 227, April.
16. COM (2010) 389, *Communication from the Commission to the Council, the European Parliament, the European Economic and Social Committee and the Committee of the Regions: Towards a European Road Safety Area – Policy Orientations on Road Safety 2011–2020*, 20 July 2010.
17. COM (2009) 593, *Proposal for a Regulation of the European Parliament and of the Council Setting Emission Performance Standards for New Light Commercial Vehicles as Part of the Community's Integrated Approach to Reduce CO2 Emissions from Light-duty Vehicles*, 28 October 2009.
18. SWOV Fact sheet R-2003-33, *Fietser-autofront*, 4 July 2004.
19. US Department of Transportation, National Highway Traffic Safety Administration, *Preliminary Statement of Policy Concerning Automated Vehicles*, 30 May 2013.
20. SAE J3016, *Taxonomy and Definitions for Terms Related to On-Road Motor Vehicle Automated Driving Systems*, 16 January 2014.
21. J. Schwarz (2012) Designing safe automated driving functions – challenges from the legal framework, *EC ITS Workshop on Liability Aspects Related to ITS Applications*, 13 June 2012. Available online at: http://ec.europa.eu/transport/themes/its/events/doc/2012-06-13-workshop/8-schwarz_daimler_highly_automated_driving_legal_aspects_2011_06_13.pdf (last accessed 1 May 2015).
22. *Convention on Road Traffic*, Vienna, 8 November 1968, as amended on 3 September 1993 and 28 March 2006.
23. *Convention on Road Traffic*, Geneva, 19 September 1949. Available online at: http://en.wikisource.org/wiki/Geneva_Convention_on_Road_Traffic (last accessed 1 May 2015).
24. UNECE Inland Transport Committee Working Party of Road Traffic Safety (2004) *Proposals for amendments to the Vienna Convention on Road Traffic*, TRANS/WP.1/2003/1/Rev.4, 23 April 2004.
25. *Towards a European Standard: The Development of Safe Road Transport Informatics Systems*, Draft 2, DRIVE Safely (DRIVE I Project V1051), March 1992.
26. MISRA (1994) *Development Guidelines for Vehicle Based Software*, MIRA Ltd, November 1994.
27. *MISRA Guidelines for safety analysis of vehicle based programmable systems*, MIRA, 2007.
28. ISO 26262-1:2011, *Road Vehicles – Functional Safety* (10 parts).
29. *Code of Practice for the Design and Evaluation of ADAS*, Deliverable 11.2, RESPONSE 3 (a sub-project of the 'PREVENT Integrated' Project. Available online at: http://citeseerx.ist.psu.edu/viewdoc/download?doi=10.1.1.1

74.4717&rep=rep1&type=pdf (10 May 2015).

30. J. Schwarz (2007) Legal problems and suggested solutions in connection with the development of Driver Assistance Systems, *German Presidency eSafety Conference*, Berlin, June 2007.

31. W. Botman (2007) Potential benefits of active driver assistance systems and the legal context, *German Presidency eSafety Conference*, Berlin, June 2007.

32. UNECE Inland Transport Committee Working Party of Road Traffic Safety (2011) Consistency between the Convention on Road Traffic, 1968, and the vehicle technical regulations, Informal document No. 1, March 2011.

33. Royal Society for the Prevention of Accidents (UK) (2007) *Cars in the Future*, Policy Paper, January 2007.

34. European Transport Safety Council (2011) *ETSC MEP Briefing: European Parliament Own Initiative Report on Road Safety*, 4 March 2011.

35. UNECE Inland Transport Committee Working Party of Road Traffic Safety (2014) *Consistency between the Convention on Road Traffic, 1968, and the Vehicle Technical Regulations*, ECE/TRANS/WP.1/2014/1, March 2014.

36. UNECE Inland Transport Committee Working Party of Road Traffic Safety (2014) *Consistency between the Convention on Road Traffic, 1949, and the Vehicle Technical Regulations*, ECE/TRANS/WP.1/2014/4, March 2014.

37. J. Markoff (2010) Google cars drive themselves, in traffic, *New York Times*, 9/10/2010. Available online at: http://www.nytimes.com/2010/10/10/science/10google.html?pagewanted=1&_r=2 (last accessed 1 May 2015).

38. J. Markoff (2010) Guided by computers and sensors, a smooth ride at 60 miles per hour, *New York Times*, 10/10/2010. Available online at: http://www.nytimes.com/2010/10/10/science/10googleside.html?ref=science (last accessed 1 May 2015).

39. B. Walker Smith (2014) Automated vehicles are probably legal in the United States, *1 Tex.* A&M L. Rev. 411.

40. Volvo Press Release, *Volvo Car Group's first self-driving Autopilot cars test on public roads around Gothenburg*, 29 April 2014. Available online at: https://www.media.volvocars.com/global/en-gb/media/pressreleases/145619/volvo-car-groups-first-self-driving-autopilot-cars-test-on-public-roads-around-gothenburg (last accessed 1 May 2015).

41. L. Gannes (2014) *Google's new self-driving car ditches the steering wheel*, 27 May 2014. Available online at: http://recode.net/2014/05/27/googles-new-self-driving-car-ditches-the-steering-wheel (last accessed 1 May 2015).

42. T. Robinson, E. Chan and E. Coelingh (2010) Operating platoons on public motorways: an introduction to the SARTRE platooning programme, *17th World Congress on Intelligent Transport Systems, October 2010*, Busan, Korea, pp. 1–11.

43. K. van Wees and K. Brookhuis (2005) Product liability for ADAS; legal and human factors perspectives, *European Journal of Transport and Infrastructure Research* 5(4): 357–72.

44. Directive 2001/95/EC of the European Parliament and the Council of 2 December 2001 on general product safety, *Official Journal of the European Communities*, L11, 15 January 2002, pp. 4–17.

45. Council Directive 85/374/EEC of 25 July 1985 on the approximation of the laws, regulations and administrative provisions of the Member States concerning liability for defective products, *Official Journal of the European Communities*, L210, 7 August 1985, pp. 29–33.

46. R. van der Heijden and K. van Wees (2001) Introducing advanced driver assistance systems: some legal issues, European Journal of Transport and Infrastructure Research 1(3): 309–26.

47. J. Schwarz (2005) Code of practice for development, validation and market introduction of ADAS, *5th European Congress on ITS, Hannover, Germany, 3 June 2005*. Available online at: http://www.ftm.mw.tum.de/uploads/media/09g_schwarz.pdf (10 May 2015).

48. F. Ahrens (2010) Why it's so hard for Toyota to find out what's wrong with its vehicles, *The Washington Post*, 4/3/2010. Available online at: http://voices.washingtonpost.com/economy-watch/2010/03/i_wont_lie_to_you.html (last accessed 1 May 2015).

49. NASA Engineering and Safety Centre (2011) *National Highway Traffic Safety Administration: Toyota Unintended Acceleration Investigation*, NESC Assessment Report TI-10-00618, January 2011. Available online at: http://www.nhtsa.gov/staticfiles/nvs/pdf/NASA-UA_report.pdf (last accessed 1 May 2015).

50. IEEE 1616:2004, *Standard for Motor Vehicle Event Data Recorder (MVEDR)*.

51. IEEE 1616a:2010, *Standard for Motor Vehicle Event Data Recorders (MVEDRs) – Amendment 1: Motor Vehicle Event Data Recorder Connector Lockout Apparatus (MVEDRCLA)*.

52. T.M. Kowalick (2005) *Fatal Exit: The Automotive Black Box Debate*, Hoboken, NJ: IEEE Press, p. 277.

53. J. Lendino (2008) *Progressive uses 'black box' to monitor drivers*, 31/07/2008. Available online at: http://www.pcmag.com/article2/0,2817,2326909,00.asp (last accessed 1 May 2015).

54. N. Lyndon (2011) Black box technology to monitor young drivers, *The Telegraph*, 18/07/2011. Available

online at: http://www.telegraph.co.uk/motoring/columnists/neil-lyndon/8458515/Black-box-technology-to-monitor-young-drivers.html (last accessed 1 May 2015).

55. US Department of Transportation, National Highway Traffic Safety Administration, 49 CFR, Part 563: *Event Data Recorders – EDRs in Vehicles*. Available online at: http://www.nhtsa.gov/DOT/NHTSA/Rulemaking/Rules/Associated%20Files/EDRFinalRule_Aug2006.pdf (last accessed 1 May 2015).

56. US Department of Transportation, National Highway Traffic Safety Administration, *Technical Assessment of Toyota Electronic Throttle Control (ETC) Systems*, February 2011. Available online at: http://www.nhtsa.gov/staticfiles/nvs/pdf/NHTSA-UA_report.pdf (last accessed 1 May 2015).

57. Def Stan 00-54 (1999) *Requirements for Safety Related Electronic Hardware in Defence Equipment*, UK Ministry of Defence.

58. P. Bishop and R. Bloomfield (1998) A methodology for safety case development. In F. Redmill and T. Anderson (eds), *Industrial Perspectives of Safety-Critical Systems: Proceedings of the 6th Safety-critical Systems Symposium, Birmingham, UK, February 1998*. New York: Springer.

59. R. Palin and I. Habli (2010) Assurance of automotive safety – a safety case approach, *Proceedings of the 29th International Conference on Computer Safety, Reliability and Security, Vienna, Austria, September 2010*, pp. 82–96.

60. UNECE Regulation No. 13, *Uniform Provisions Concerning the Approval of Vehicles of Categories M, N and O with Regard to Braking: Annex 18 – Special Requirement to be Applied to the Safety Aspects of Complex Electronic Vehicle Control Systems*, Revision 5, 08/10/2004.

61. UNECE Regulation No. 79, *Uniform Provisions Concerning the Approval of Vehicles with Regard to Steering Equipment: Annex 6 – Special Requirement to be Applied to the Safety Aspects of Complex Electronic Vehicle Control Systems*, Revision 2, 21/10/2005.

62. IEC 61508: 1998–2005, *Functional Safety of Electrical/Electronic/Programmable Electronic Safety-related Systems* (8 parts).

63. F. Redmill (2000) Understanding the use, misuse and abuse of Safety Integrity Levels, *Proceedings of the 8th Safety-critical Systems Symposium, Southampton, UK, February 2000*. Available online at: http://www.csr.ncl.ac.uk/FELIX_Web/3A.SILs.pdf (last accessed 1 May 2015).

64. UNECE Regulation No. 13, *Uniform Provisions Concerning the Approval of Vehicles of Categories M, N and O with Regard to Braking*, Revision 8 – Amendment 1, 9 October 2014.

65. UNECE Regulation No. 79 (2014) *Uniform Provisions Concerning the Approval of with Regard to Steering Equipment*, Revision 2 – Amendment 1, 13 February 2014.

66. SeVeCom project overview. Available online at: http://www.transport-research.info/web/projects/project_details.cfm?id=46017 (10 May 2015).

67. ISO/IEC 15408:2005, *Information Technology – Security Techniques – Evaluation Criteria for IT Security* (3 parts), 2nd Edition, 01/10/2005.

68. ISO/IEC 18045:2008, *Information Technology – Security Techniques – Methodology for IT Security Evaluation*, 2nd Edition, 15/08/2008.

69. ISO/IEC TR 15446:2004, *Information Technology – Security Techniques Guide for the Production of Protection Profiles and Security Targets*, Technical report, 01/07/2004.

70. ISO/IEC 13335, *Information Technology — Security Techniques — Management of Information and Communications Technology Security*.

71. NIST Special Publication 800-12, *An Introduction to Computer Security: The NIST Handbook*. October 1995. Available online at: http://csrc.nist.gov/publications/nistpubs/800-12/handbook.pdf (last accessed 1 May 2015).

72. P.H. Jesty and D.D. Ward (2007) Towards a unified approach to safety and security in automotive systems, *Proceedings of 15th Safety-critical Systems Symposium, Bristol, UK, February 2007*, pp. 21–35.

73. J.A. Clark, H.R. Chivers, J. Murdoch and J.A. McDermid, *Unifying MANET Safety and Security*, International Technology Alliance in Network-Centric Systems, Report ITA/TR/2007/02 V. 1.0, 06/11/2007. Available online at: http://www.usukita.org/papers/3155/ITA-TR-2007-02-v1.0_0.pdf (last accessed 1 May 2015).

74. MISRA (1994) *Development Guidelines for Vehicle Based Software*, MIRA Ltd, p. 43.

75. IEC 61508:2010, *Functional Safety of Electrical/Electronic/Programmable Electronic Safety-related Systems*, 2nd Edition, 30/04/2010.

76. A.R. Ruddle, D. Ward, B. Weyl, *et al.* (2009) *Security Requirements for Automotive On-board Networks Based on Dark-side Scenarios*, EVITA Deliverable D2.3, 30 November 2009. Available online at: http://www.evita-project.org (last accessed 1 May 2015).

77. I. Ibarra and D.D. Ward (2013) Cyber-security as an attribute of active safety systems and their migration towards vehicle automation, *Proceedings of the 8th IET International System Safety Conference incorporating the Cyber Security Conference 2013* Cardiff, UK, October 2013, p. 2.2.

第五部分　用户和交通管理者的应用和服务

13 交通管理系统

13.1 概述

这一章是关于现代智能交通系统中最重要组成部分之一的交通管理系统（TMS）。交通管理的最主要动力就是有效管理道路网络、最优化交通流量，同时最大化驾驶人的安全和舒适度。这些系统很少涉及利益相关方面，但主要针对道路使用者，能够帮助他们在道路上行驶。这个目标的实现是通过不同的交流、分析和分享信息的应用和服务来实现的。

我们用一个基于运行的不同环境来描述的交通管理系统定义来开始这一章。之后提出交通管理系统概念框架的建议，在此基础上，实现数据收集（输入）、数据加工和分析（平台）以及数据的分散和驱动（输出）。

虽然 ITS 涉及多种交通模式，但本章的重点将在道路上。在整篇文章中，交通管理中心（TMC）和交通控制中心（TCC）将被提及，尽管这两者意义非常相似，但第一个术语指的是更通用的管理设施，而第二个通常是指由道路特许经营商和市政府使用的实际控制中心。

13.1.1 目标

我们在本章中的目标是显示不同内容和道路环境下的交通管理系统的相关性，提出一个概念框架来应对不同的问题挑战，并展示典型交通控制中心的几个方面，而交通控制中心的通常是交通管理系统核心体现。

13.1.2 交通管理

关于交通管理的几个定义可以在现代文献和标准中找到。

ITS[1] 的国际标准 ISO 14813-1 将交通管理描述为"在交通网络中管理整个道路上的车辆、旅行者和行人的运动。"

虽然广泛，ISO 定义充分定义了交通管理的主要目标：车辆、旅客和行人及其在公路运输网中的运动。

关于实际的管理行为，重要的是进一步理解驱动交通管理工作的目标。在这种情况下，我们已经说明了交通管理旨在构建道路网络的高效管理和运营，在优化交通流量的同时最大限度地提高道路使用者的安全性和舒适度。为此，管理部分将被分解成跨越几个阶段的交通管理服务并创建一个循环。

交通管理服务有三个主要阶段：

• 规划：包括比如定义道路网络布局和结构（或其演变）的服务，规划多模态界面，确定固定信号元素、路边交通管理系统和实际交通管理程序或公共交通路线。

• 运行：包括比如监测和巡逻，解决交通事故或紧急情况，管理需求，预期或预测未来情况，提供信息和对驾驶人的帮助，修复基础设施的损害，管理公园和其他设施，执行和监督或管理多式联运公共交通等活动。

• 分析：评估运行活动的结果，如有需要，确定这些是否可以通过应用改变计划积极影响。

这些阶段将交通管理循环定义为连续增强的正反馈循环。在从分析到规划阶段的反馈方面，尽管改变基础设施建设是困难的，当我们在规划服务清单上进一步前进，直到我们达到最后程序和路线，对规划阶段的其他资产的改变变得更容易采用，这是规划阶段最灵活和容易改变的结果。

受益于交通管理的主要利益相关者是驾驶人、公共交通用户和行人，部署交通管理系统的主要客户是地方和中央交通管制机构、公路特许公司和市政当局。

通常情况下交通管理服务有一些优势，这就要求我们做到以下几点。

• 通过有效监测公路运行条件确保道路使用者的安全。

• 通过优化交通流量和通过不同速度限制来协调车速来降低平均旅行时间和碳排放。

• 通过自动化信息系统控制来优化交通维护人力。

• 通过协调和整合跨单位交通信息交换，促进实时交通信息流，提高交通系统性能。

• 通过影响驾驶人行为和及时解决情况，使整个网络流量分布在拥塞或事故情况下恢复到平衡状态。

• 对不同的车辆类型，根据实际需求提供适当和有效的交通控制策略。

13.1.3 交通环境

一些交通类别由流量管理系统管理，可以在不同的方面被集群。在目前的方法中，我们选择围绕道路网络下的环境这样做，因为在不同的广泛场景之间这一分类突出了最显著的差异。这些交通环境可以被列举为如下情况：

• 城市交通环境：这种环境存在于城市、大都市地区。它的特点是街道和道路网络，具有不同的道路容量和典型密度的交通。通常它包括具有一个或多个车道的路口、单向街道、不同级别的垂直旁路、隧道和桥梁、行人交叉路、受限进入区域、停车场和地段、多模式交通界面、数量正在增长的自行车道等。在此环境中，从如流量计数器和分类器多个源，越来越多的智能手机应用和车载服务[2]、闭路电视（CCTV）/摄像机、自动车牌识别、停车系统和气象与空气质量监测站收集数据。信号灯、准入控制系统、战略性可变信息标志（VMS）和可变速度限制标志是最多用于控制城市环境中交通流量的通用系统。在当地，城镇和地区控制中心下的城市环境中，市政当局是主要交通系统运营商。这些交通控制中心通常也参与多模式运输管理。

• 城际交通环境：这个环境的典型特点是高速公路和连接城市之间的道路网络（图 13.1）。高速公路的主要特点是为车辆交通的专用车道，某些类别的机动车辆的排他车道，没有行人和道路交叉口，为道路使用者提供最有效的基础设施。另一方面，城际道路的交叉口或行人少于城市道路，但可能穿越村庄，通常由单个车道组成，也让重型货车或农用车辆以使恒定速度行驶变得不可能。而在城市间的道路上没有很多交通管理系统，除了在村庄或高风险道路上偶尔有限速系统，高速公路通常更依赖交通管理系统。许多国家沿着高速公路强制安装电子电话亭（ECB），使 ECB 成为在全球高速公路上应用最广泛的和数量最多的 ITS 装置。电话亭允许道路用户与交通控制中心通信。城际交通使用许多类型的传感器，一些传感器类似于在城市环境中使用的，收集高速公路的交通数据。最常用的是交通计数器和分类器、闭路电视和气象站。

图 13.1　城际交通环境中的两高速路间的交叉路口

提供影响高速公路交通的方式的多个执行器包括可变信息标志、可变速度和车道控制信号或旅行者咨询服务（例如无线电或智能手机应用程序）。而在城市环境中，这些执行器可用于提供多样化的交通管理服务，例如事故警告和管理、动态车道管理、可变速度限制、斜坡计量、硬肩运行或特定超车禁止。

通常，高速公路交通控制中心由道路特许经营商（公共或私人）运行，跨度从数十到数百或数千公里都可在单个控制中心运行。

有时高速公路是直接或间接收费的。对于这种情况，具体收费可通过 ITS 实现，从手动收费站到全自动和透明解决方案如 geotolling、影子收费或自由流动电子收费。

• 长途（城市间 / 国际）交通环境：虽然城市间交通环境处理了某些特许经营商经营某些特定高速公路的观点，但长途需要超越这一观点，重点关注不同高速公路和高速公路走廊的网络，有时跨越几个国家。这需要对这些网络和走廊进行战略性管理，实施交通管理计划如在道路封闭或紧张的交通的情况下有替代路线。虽然数据收集和执行器系统与城市间环境中使用的数据收集和执行器系统几乎相同，但是在这些环境中交通管理服务变化很大，将变成几个交通控制中心之间的复杂交互。这些交互基于交通控制中心之间的数据交换，以及关于实施战略交通管理计划的请求和响应[3]。

当涉及不同的交通控制中心和组织跨越不同的管辖区时，这些情况是特别有挑战性的，经常有不同的法律、交通规则、语言甚至信号。

在欧洲，旨在整合交通控制中心以管理国际走廊的项目可追溯到 1993 年[4]。目前跨欧洲网络终于成为一个基于战略的现实，以协调的方法管理现有的基础设施逐渐从公路推进到铁路和水运，这主要是出于环境原因[5]。

在美国，走廊的概念更多地与物理多式联运走廊相关联，这是相当有争议的[6]。

13.2 交通管理框架

要在交通管理指标上达到足够的水平必须有一个适当的框架。"交通管理框架"被理解为是一组实现所需的效率目标的工具。一般来说，交通管理框架可以被系统化为包括在一个或多个平台上的输入、数据处理和输出，如图 13.2 所示。

概念框架本质上代表了一个特定的实施出现的理论基础。这个原则对于目前的问题特别重要，因为交通管理场景通常对其范围和重点提出差异，尽管通常具有类似的目标，例如增加的移动性或改善的道路安全性。因此，在考虑实施交通管理中心时，一个管理中心必须能定位本身以便评估最佳方法，例如，如果是道路运营商或自治区，路边方法最有可能不仅限于提供数据收集，而且也影响用户行为；如果是一些车队经理或某种服务提供商，与外部实体相连获得更广泛的相关性。说明这些元素和接口具有强烈的动态性质也是很重要的 —— 它们已经发展得非常快速，伴随着在过去几十年中有几项技术突破（尤其是在网联方面的技术，但不仅如此），路边技术和互联网的出现使连续快速信息可达性可以实现；目前，全球导航卫星系统（GNSS）和通信设备特别是智能手机广泛应用。大量浮动数据（源自车载单元）证明是评估交通状况和多种商业模式的主要资产。围绕这个概念，多种商业模式已经发展起来，这些模型通常与"网联汽车"概念并列存在，范围涉及从交通信息服务、保险和行为服务或甚至信息娱乐。在接下来的几年里，随着车辆和基础设施中协作系统的预期部署，潜在的规则变革飞跃可能即将到来：考虑到改善道路安全性，以更低的成本进行更准确的交通流量评估和为用户提供新的服务。

在一个简单的方法中，框架图（图 13.2）说明了需要的输入，其通过集成层或数据交换网关接口，根据其性质、目的和平台的需要进行加工，并存储在数据存储库中。然后，这个数据存储库将提供两个主要元素：业务加工（操作）和交通建模，这通常用于预测和未来规划，虽然有时交通建模也可以提供业务加工。从业务加工和规划，然后执行对输出的行动，执行者可能是采取行动的路边手段、第三方或向恰当的行为者提供警示数据。

任何系统的一些关键要素被故意排除在这一范围之外，例如监测系统、维护管理 / 票务系统或特定业务规则和高速公路或城市环境的功能。

本节将重点介绍图 13.2 所示的概念性交通管理框架的主要潜在因素，确保详尽无遗。

13.2.1　输入

关于在给定的交通管理框架内可能的输入，可以结构化这些要素为两组：路侧（部署）和（其他）接口。

13.2.1.1　路侧输入

路侧输入通常由单个实体管理，可能最终通过特定接口向外部各方提供已经采集的数据，经过适当的改造，如果适用，从而成为第二组输入用于其他交通管理实现。

• 交通流量计数器：交通流量计数器（图 13.3）是交通流量测量方法中最古老和最普遍的计数器之一。这些系统部署用于多种目的，其范围从为适当规划和预测的实际交通量的测量到基于收入基于体积和类模式的影射收费模型。受到几十年的进化和伴随不同的精度要求多种目的，基于不同技术的交通流量计数器在市场上都可获得，最常见的是基于感应回路的一侧。事实上，几乎每一个交通流量计数器设计涉及至少一个感应回路，并且一些设计仅仅依赖于回路。通常，这些系统使用车辆的磁性签名来评估它们的类别，在给定的模式中，使用额外的传感器来测量其他功能，比如轴计数。它可以考虑动态称重（WIM）站作为这类路侧系统的子集（除了体积和类别评估，WIM 站可以测量每个轴重，从而获得车辆的总重量）。交通流量计数器仍是最好的执行器和准确的方法之一，当涉及评估在一个离散的实际交通点，尽管在其部署（传感器安装）是入侵性的和进行维护时成本根据传感器布局而变化。伴随用于离散交易的系统获取的公共数据元素是车辆类别、速度、车轴数量、车辆长度、方向和时间间隙（来自前一车辆）；当一个时间段内考虑数据聚合时，可以获得其他度量，诸

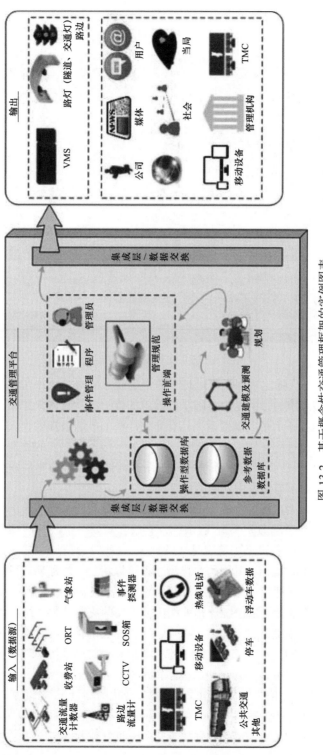

图 13.2 基于概念性交通管理框架的实例图表

如体积（作为整体和 / 或每个类别）、平均速度、平均车辆长度、（车辆之间的）平均间隔或占用空间。

图 13.3　交通流量计数器

· 收费系统：当特定基础设施运行下的特定业务模式需要并允许时，收费系统将会被部署，收费系统的目的是为补贴基础设施的维护提供收入，并确保足够的（有时是合同规定的）服务水平。收费系统具有非常严格的机制来提供收入保证，并且这些机制总是涉及对经过的车辆的严格控制，并且通常涉及对它们的类别评估（取决于所应用的收费模型）。因此，这些系统提供了用于评估交通量的非常好的数据输入，虽然它们不是好的对于道路占用度的测量点。

例如，由于收费广场的存在，通常影响在评估路段时考虑的若干相关度量，这个原则的例外是开放道路收费系统（ORT），它放弃需要一个收费广场作为收费点。最近，正在部署新的收费模型（特别是在欧洲），这些收费模型通常涉及使用 GNSS 机载单元和路由数据收集。在其中一些模型中，可以将这个（浮动车辆）数据馈送到交通管理系统，丰富其评估道路网络的大部分的交通状况。

· 流量计：流量计是指仅统计相关性比较重要的交通计数系统，例如：交通量不需要准确评估，车辆类型也不需要；相反，统计相关的样本必须能够被测量并且从其获得几个度量，例如，平均速度、能进行拥塞检测。这些系统呈现在各种各样的技术和测量方法上，其中可以找到一些示例：雷达站、蓝牙信标网络、基于磁力计的传感器（对通过的车辆产生的地球磁场的轻微局部变化的测量）、自动车牌识别（ANPR）系统或甚至基于图像的计数器。

这些系统中的一些可以最终实现接近交通流量计数器的精度性能水平。

• 气象站：天气对道路条件和安全有着深远的影响[7]。一些天气现象是相对明显的（例如雨、雪、雾），但是其他天气现象对驾驶人是不可见的（例如冰层 / 黑冰、水积聚）。在交通管理中，即使是最明显的情况，也需要通知并提醒驾驶人通过适当的驾驶人行为来改进安全。

天气通常使用标准天气站（WS）和具有用于收集道路路面状况（路面温度、状态和水或雪积累水平）信息的特定传感器的天气传感技术来监测。

气象站为交通管理中心提供相关的气象信息，因为它们能够在路段的离散点评估天气和路面状况。利用这些输入，交通管理中心能够识别危险天气，并且在确认之后，通过适当的传播媒体传播这样的信息，例如，通过附近的 VMS 直接通知道路上的用户。从气象站获得的公共数据元素是能见度、空气温度、空气湿度、路面温度、风速和风向、降雨强度、积雪、结冰、气压、露点或地下温度。许多这些气象站也能够针对特定危险条件发出警报，例如黑冰、极低的可见度或其他极端天气条件。这样的数据的收集还提供用于后期分析和与其他度量和事件的相关性的有用数据库。

• CCTV 和自动事故检测器：视频摄像头是交通管理的一个非常有价值的工具，可能是任何 ITS 安装设备中最通用的设备。

视频摄像头通过不断提高的图像质量和附加功能逐渐获得额外的相关性，这些改进通过不断升级的计算机处理（特别是图像处理）和更高的可用带宽成为可能。视频摄像头是评估交通事故和整体交通流条件的关键，以及在事件触发时（例如，当路侧系统的交通流量计数器检测到错误方向的驾驶人或呈现流量拥塞匹配的度量）立即评估。此外，视频摄像头可以与针对识别特定模式的图像处理算法相关联，例如高速公路中的固定车辆，城市中的双停车场或交通违规，大多数这些自动事故检测中应当始终由操作者验证，因为假阳性可以是常见的，这取决于特定的检测情况。

• 紧急呼叫箱：紧急 / SOS 呼叫箱（ECB）沿着高速公路放置，并且是紧急险情呼叫的重要输入，尽管它们的使用随着移动电话的渗透而下降。然而，这些路侧系统在高速公路网络中普遍存在并且几乎在路侧系统中无处不在的存在可能在不久的将来被证明是有用的，因为它代表了对于任何种类的路侧系统的基本需求的许多点：电力和通信。

13.2.1.2　其他输入

作为"其他输入"，我们指的是除了所拥有的路侧信息之外的所有外部信息来源。这些输入通常由外部实体生成或管理，外部实体可以是私营公司、公共组织甚至是用户本身。由于在这些方面有一些特殊性，一些较为常见的简化集合将被说明。

• 热线：热线代表非路侧系统的紧急呼叫箱。在过去几十年中，由于移动电话的广泛使用，热线作为事件检测的来源的重要性不断增加，提供关于其他自动化装置不能或者难以报告的一些事件的信息，例如高速公路中的动物。对越来越多的用户通过热线提供的信息的充分处理对于高效的交通管理操作至关重要。

• 其他交通管理平台和服务：作为人，没有交通管理系统是"一个孤岛"，在交通管理平台之间有多个接口，一些是制度性的（例如，高速公路特许经营商有义务向决策者或监管者提供交通信息），其他在法律框架内是强制性的（例如，向当局提供即时信息），而其他则由业务要求或决定驱动（如道路经营者之间的交通信息交换以优化过程和服务水平）。在这一层面，信息交换标准发挥着关键作用。任何类型的信息都可以交换，尽管最常见的是交通流量指标和道路事故（事故、拥堵、道路工程或极端天气）。

• 移动设备：作为移动设备，我们基本上涉及两类设备：智能手机和车载设备（OBU）。最常见的是智能手机，在这种情况下，除了它们在热线电话使用上的部分，智能手机也被用作"探测器"，这些设备包括位置信息和通信能力，允许它们提供旅行信息，以及接收用户的任何相关信息。只要用户愿意使用这种服务，他将能够向交通管理平台提供他的旅行信息，无论是实时还是批量的。

一个交通管理平台可以以有用的方式轻易地集成这样的信息，并且为了允许该渠道存在，将必须提供移动应用 App。这种方法有几个已知的例子，但是它们的成功率取决于它们针对所需的设备使用（数据计划和电池使用）提供的服务。为了成功实现这些服务，应该考虑两个方面：用户采用服务和服务成本（有效成本/费用、通信成本和电池）。在智能手机上有几个高效的浮动数据收集示例（如前所述）。

• 公共交通多式联运管理平台和停车服务提供商：在城市环境中，与公共交通多式联运管理和停车系统的接口至关重要。关于公共交通时间表和城市停车可用性的整体观点是减少拥堵和改善交通流动性的一个关键概念；在城市交通管理平台中，这种联系是必需的，并且进一步的联系应当与在线导航服务提供商一起考虑，以便有效地传播这样的信息。

• 浮动汽车数据提供商：浮动汽车数据（FCD），也称为浮动车辆数据，或简称为浮动数据，包括从特定地区的统计相关数量的车辆收集行驶时间数据，并使用它来反映该区域的交通状况，我们都非常熟悉早晨新闻中的绿色-黄色-红色的街道标记，或更多的全球性网络平台，如 Google® 地图或 Bing® 地图。大多数这些数据来自FCD。目前，有几种 FCD 收集方法，其中三种方法如下：

车队管理者：是向依赖已安装的 OBU 的其他人提供车队管理服务的公司。客户通常根据其业务所需的报告级别和位置范围（具有不同需求的运输公司，例如维护服务公司）每个车辆支付费用。从他们的活动中，车队管理人员可以拥有大量的数据，通常超过客户的需求。但是，如果足够详细和有足够的样本，这个数据可以用作 FCD；在这种情况下，车队经理可以通过将该数据出售给第三方（在确保客户隐私后），可通过它推断交通状况，或者让自己成为 FCD 提供商。

保险公司现在使用根据其客户的驾驶行为定义保险成本的方法，这种模式通常称为 PAYD 保险（您支付的费用）或 PPUI（按每次使用付费的保险）；与车队经理一样，他们也可以成为 FCD 提供商，只要他们的客户隐私得到保护。

社会 / 社区应用也是 FCD 的来源；一个相当熟知的例子是 Waze 社交网络，其向用户提供交通信息和事件，以交换用户对网络的贡献（FCD 和事件报告）。其他示例是在线交通服务，例如由 TomTom 提供的依靠社区提供的 FCD 来推断交通状况。

13.2.1.3　一个协作系统的实例

协作系统（CoSy）、V2V / V2I（车辆到车辆 / 车辆到基础设施）或 V2X 是用于通过专用短程通信（DSRC）5.9GHz 的车辆通信的一些指定。该技术的许多使用方面在 2014 年仍然在标准化过程中，汽车工业、道路运营商和监管机构以及其他原始设备制造商（OEM）供应商都深入参与。在关联模型中，汽车能够与其他汽车或基础设施（或反之亦然）通信，并且数据元素目录将允许在许多用例情况下实现，也许最著名的是断开警告情景，突然断开的车辆通知所有附近车辆该事件，从而通过早期意识到潜在的危险情况来提高道路安全性。然而，考虑了许多其他使用情况场景，并且它们中的一些也可以构成用于交通管理中心，特别是车辆到基础设施（V2I）探测车辆数据（PVD）场景的有价值的数据源，在该场景中的 5.9GHz 路侧单元能够从500~1000m 半径内的所有车辆收集行驶时间数据，无论行驶方向或行驶道路，从而成为一个高效的"FCD 收集器"。还可提及其他使用案例：道路工程警告，在基础设施上的任何道路施工之前通知车辆，以及各自的性质、车载指示牌，旨在向用户提供关于他们旅行的基础设施的信息、危险位置警告、警告驾驶人即将到来的障碍物或危险的天气情况，或信号相位和时间，其涉及接近交通灯时的行驶速度的优化，甚至根据周围的交通状况进行的交通灯管理。

慢速 / 静止车辆警告、交通堵塞预警、速度管理、紧急车辆警告或摩托车接近警告是协作系统可以被视为"第一天"用例情景的其他示例，然而，虽然部署计划已经在欧洲完成，协作系统成功的关键要素将是在车辆中部署车载单元，这应该在这十年内开始。目前的情况提高了协作系统在未来十年中对道路安全和道路运营可能带来的期望。

一些协作系统的用例场景可能最终与"网联汽车"（互联网）重叠，然而，协作系统主要针对道路安全场景，其中延迟必须最小。

13.2.2　分析

从输入到交通管理处理 / 分析的一些数据已经提供直接事件信息（例如，隧道中的火灾、错误路线驾驶）和与事件相关的细节（例如，事件位置、方向）。其他输入将仅提供需要进一步处理以便生成有效事件（例如，检测到队列）或预测（例如，两小时内黑冰的风险）的原始数据（例如，交通量、空气温度），以用于操作和传播给最终用户。

在任一情况下，事件是关键概念。事件是某种类别可以分类（什么）并且位于时间（何时）和空间（在哪里）的发生。它可能有额外的细节，如原始系统或捕获的事件的图像，但事件总是可以通过其类别标识。正如将在下一节中看到的，交通管理系统转发和过滤此类事件到交通控制运营商，以及针对终端用户的外部系统，如网站和应用程序。

可以使用规则引擎来过滤事件，这些规则引擎定义将哪些事件转发给哪些操作员或最终用户。规则引擎可以用于定义一组丰富的业务规则，这些业务规则使用类别和位置等事件信息来确定对事件执行的操作。

有时使用来自单个事件的信息是不够的。在一些情况下，单次检测不能引起操作者的注意。在这些情况下，可以添加事件之间的相关性以表达更复杂的业务规则，例如，在低于一小时的间隔中对该事件的两次或更多次检测之后，将其转发到活动业务控制操作者，标记为紧急。

来自事件的数据还用于确定可用于处理事件的适当响应计划。响应计划是一组操作，用于确定交通管理框架中输出的结果，例如，通过在 VMS 中设置警告消息以响应错误方向驾驶事件。

我们现在将回顾一些需要处理以生成有效事件或预测的示例。大多数这些例子是交通管理中的成熟领域，但在过去几年里，新的方法一直在推动变革。在最后一组中，事件和预测用于确定自动输出如交通灯循环或可变速度限制，创建一个闭环的输入 → 处理 → 输出 → 改变输入影响的循环。

13.2.2.1 自动事件检测

自动事件检测（AID）可以通过应用于摄像头输出的图像处理算法或通过处理交通流量数据来实现。

基于图像处理的 AID 系统（图 13.4）能够检测诸如停止的车辆、错误方向的驾驶人、排队、慢速移动的车辆、火灾和烟雾等事件。然而，AID 提供这些检测具有精度限制，即"假阳性"检测（事实上没有发生的事件的检测）和检测遗漏（事件发生但未检测到）。这些限制是实现算法的所固有的困难性，如可以模拟人眼（和大脑）以检测和识别运动图像中的复杂图案[8]。

在不同的 AID 算法中存在不同的方法。AID 算法背后的原理并不复杂，我们可以分析两种不同检测类型的一些示例：

• 错误方向的驾驶人[9]

为了检测错误方向的驾驶人，AID 算法将需要知道或学习交通流的正常方向。

通过确定车辆的行进方向并且相对于正常的车辆进行检查，可以检测作为潜在开错方向的驾驶人的在相反方向上的行进。

• 停止的车辆[10]

为了检测停止的车辆，AID 算法将需要通过学习或通过手动配置过程的没有任何车辆（背景模型）的图像。

每个当前图像可以与背景模型进行比较，以便检测差异；在图像中长时间停留的差异是停止车辆的候选。

虽然原理可以非常简单，但 AID 算法面临着一系列直接影响结果准确性的复杂挑战。首先，图像中的移动元件可能不是道路车辆（例如，天空中的飞机、鸟、昆虫或甚至未被监视的其他道路上的车辆）。为了应对这一点，大多数 AID 系统通过校准，使用所处理的图像区域的掩模，或者通过确定道路车道线并自动产生该掩模来限制正在处理的区域[11]。解决这个问题的另一个步骤是区分车辆和其他物体[10]。

图 13.4　AID 系统检测反方向行驶事件

其他挑战[11, 12]可能是：

• 图像背景随时间的变化，例如作为夜景，这需要在线背景模型更新。

• 被视为移动对象的阴影需要被检测和移除。

• 突然的对比度或亮度变化。

• 其他车辆的阻塞。

AID 算法处理这些挑战的方式将决定算法的有效性。算法是否需要初始或周期性校准或者可以自己学习更多元素将决定算法的易用性和多功能性。

基于视频的 AID 精度可以被增强，并且随着图像处理算法被进一步开发而变得越来越好。AID 精度也受图像质量的影响，在获取的图像中具有低噪声是至关重要的。根据使用的算法和 AID 设备的硬件计算能力，使用高清晰度视频信号也可能提高精度。

在基于处理交通流数据的 AID 系统中，用于收集交通流信息的相同技术还能够检测诸如排队、慢车和错误方向驾驶的一些事件，在大多数情况下具有几乎 100% 的准确性。在这些技术中存在一些限制：例如火或烟的事件根本没有被检测到，停止的汽车只能在测量点停止时被检测到并且错误方向的驾驶人使用应急车道，当没有传感器时，不能被检测到。

存在基于 AID 系统的交通流的几种算法。一些算法，如 TVS 系统是基于微观分析，而大多数算法是基于模式识别[13]。有不同类型的模式识别算法[14]。比较算法像 California、PATREG 和 APID 将测量值与预定义的阈值进行比较。诸如 SND 和贝叶斯算法的统计算法使用标准统计技术来确定测量值是否与估计的或预测的交通特性在统计上不同。包括 ARIMA 和 HIOCC 的时间序列算法系列比比较算法更进一步，并且自动确定每个时间段的阈值。平滑和滤波算法如 DES、LPF 和 DWT-LDA 消除来自流量的短期噪声，以避免假警报，并增强真实的交通模式去更好地发现事件。交通建模算法包括动态模型（MM、GLRS）、灾难理论模型（McMaster）和低容量（LV）。这些算法创建交通预测 / 模型，并将其与实际流量进行比较，以便检测事件。

这些算法中需要非常细粒度的数据，理想条件来自每 100~1000m 布置的传感器。模式识别算法的成功部署包括新加坡的高速公路监控和咨询系统（EMAS）[15]、加拿大的高速公路交通管理系统（COMPASS）[16]，它们依赖于 McMaster 算法和高速公路事故检测和自动信令（MIDAS）项目，该项目使用 HIOCC 算法，现在覆盖英国公路网络的 1368km（48%）[17]。MIDAS 项目从分析到输出进一步进行，在这种情况下作为自动限速控制。这建立了一个闭环自动化控制系统，并进一步进行审查。

基于流量的事件检测算法的新趋势[14]来自人工智能，其应用"黑箱"方法。移动设备也在事件检测领域中具有强烈的影响，其中将 MIT、ADVANCE、TTI、UCB 和 TRANSMIT 算法应用于来自移动源的探测数据。基于传感器融合的算法也已出现，依赖于几个不同来源的混合（例如移动和交通流量数据），有时还结合更多的经典方法与人工智能。

AID 解决方案通常根据三个参数进行评估[18, 19]：
• 检测率：系统检测到的真实事件的百分比。
• 误报率：与真实事件不相符系统的检测百分比。
• 检测时间：检测事件所需的平均时间。

通常基于视频的 AID 解决方案更多样化，检测更多种类的事故，但是相对于基于流量的 AID 解决方案（通常小于 2%[18]）有更高的假阳性检测率（在开放道路中为 4%~25%，在隧道中小于 1%）。在基于视频的 AID 的时间方面通常具有 5s 以下的平均检测时间，而基于流的 AID 解决方案在每 100m[18] 的流量信息时间为 20s 到 4min[14]。如果流量数据收集之间的距离较大，则检测的时间也将变得更高。

在算法或方法用于自动事件检测方面没有一个完美的解决方案。不同的方法已成功应用于不同的场景。通常的困难来自假阳性，造成操作者的负面反应，并且难以维持需要频繁校准的解决方案。

13.2.2.2 行驶时间估计

行驶时间估计（TTE）是一种交通管理服务，通过该服务驾驶人可以获得到不同目的地的行驶时间估计值。这些信息的影响是不完全可预测的，取决于个人的反应，但总体来说，可能有助于通过让驾驶人选择替代路线来减轻拥堵。

TTE 是对于特定始发 - 目的地对（例如，"里昂到巴黎 5h"）的估计的行驶持续时间，可以从当前情况进行估计，在这种情况下，其可能是非常不精确的，或者使用预测算法来预测未来条件，在时间上足以能够提供可靠的估计。

TTE 算法通常依赖于从统计技术到人工智能和模拟的历史数据和范围[20]。

TTE 算法通常基于路线行驶时间数据（从两点之间的行程获得）。这涉及能够在这两个点（通过牌照识别或通过某种类型的车载设备 —— 移动电话、OBU、RFID 等）识别相同车辆的确切时间点。基于单点数据的 TTE 方法也存在并且可以利用现有的基础设施，例如交通流量计数器，但是具有比基于路由的数据更高的误差容限。TTE 可以使用与 AID 相同的一组数据源（一些提供点数据，例如交通流量计数器；其他路由数据，例如移动设备）。

在欧洲的旅行时间信息部署的一些例子是在英国（利兹，所有高速公路和主要道路）、芬兰（最大的城市周围 3300km）和德国（巴伐利亚）[17]。

13.2.2.3 闭环自动控制系统

如果输入的处理用于自动设置输出，并且这些输出的结果影响相同的输入，我们就称其为一个闭环自动控制系统。这是交通灯和可变速度限制的情况。

（1）适应性交通信号控制

如果通过处理来自交通流源的数据来控制交通灯以便优化吞吐量，则所得到的优化的交通灯循环将进而导致交通流的变化，其将再次作为输入馈送到过程，并且最终进一步影响交通灯循环。

自适应交通信号控制的基本原理是避免没有车辆通过的绿色交通信号。这可以在单个当地交通标志处完成，或者通常跨地区或整个城市。

自适应交通信号控制系统在几个方面不同，即用于检测等待交通信号的车辆类型、分布式或集中式结构、处理周期之间的定时、系统的数学目标是什么、在几个其他方面影响过程和获得的最终结果。

世界各地存在几种自适应信号控制系统[21, 22]。英国开发的分裂周期偏移优化技术（SCOOT）、澳大利亚悉尼的协调自适应交通系统（SCATS）、德国的 MOTION、美国的实时分层优化分布式有效系统（RHODES）[24]、意大利的 UTOPIA 和美国的优化自适应控制（OPAC）政策。SCOOT 是目前美国最常见的系统[22]。在美国以外的国家开发的大多数系统目前也部署在美国[21, 22]。

（2）不同速度限制控制

闭环自动控制系统的另一个例子是变速限制控制（VSLC）[24, 25]。VSLC 使用交通流数据来提供实时算法，确定速度限制，然后通过道路上的变速符号显示。

交通流的基本分析参数是速度、密度和流量。基于收集的参数，实时算法计算车辆的最佳最大速度。VSLC算法还可以结合其他环境因素，例如天气和路面状况，以通过速度极限值提供最大化的安全性。

VSLC的主要目的是使交通流量均匀化，从而在所有车道上实现所有车辆的独特的最佳平均速度，从而降低所谓的"冲击波"的风险，并降低交通事故和拥挤的可能性。原理很简单：在拥堵期间，当密度和流量高时，车辆被堆积在一起——在这些条件下，如果各车辆速度不同，则更难以保持交通流量平衡，频繁改变车道可能会发生，并会有更大的事故风险。

VSLC还可以战略性地用于通过降低先前部分的速度来减少在临界区段（拥挤区段或刚刚发生事故的区段）上的车辆的流入。

VSLC算法的范围从基于微观交通流模型的理论方法，基于启发式控制逻辑的实践方法，基于人工智能的方法，甚至使用事故的当前潜在的预测的方法，以确定降低事故风险的优化流。

自适应交通灯控制是一种主要用于城市核心网络的城市ITS系统，可变速度限制控制主要发生在城市间或城市环路中。

VSLC被广泛部署。在欧洲的一些示例部署在英国管理的高速公路（M1、M25、M42、M60）、瑞典（19个十字路口）、荷兰（A1、A12、A58、A13高速公路）、德国超过1200km的高速公路、奥地利的几条高速公路和高速公路（约450km）、意大利高速公路和法国（A7、A9、A13高速公路）。

13.2.3　输出

收集的数据（输入）可以被存储、分析并转换成可由操作人员、驾驶人或外部实体，如安全或紧急部队使用的有用信息。

13.2.3.1　可变信息标志

VMS是向驾驶人传送关于道路状况的信息的常见方式。它们可以通知即将到达的路口部分循环条件、天气条件、碰撞和其他事件，保证交通流畅的推荐速度，以及在道路阻塞或主要拥堵的情况下，它们可以建议选择替代路线。

13.2.3.2　信号灯

这些组件自1868年起使用，但即使它们原理上是一个简单的解决方案，它们为控制道路交叉点中的竞争交通流提供了非常有效的解决方案。该解决方案的有效性通过执行和对违规者施加重大惩罚来实现。

信号灯可以在本地控制，在一个交叉点只协调一组可见光。每个方向的定时可以相应于该方向的通常流动而固定。如上一节所述，信号灯也可以使用自适应交通信号控制系统进行协调。

13.3　主要利益相关者

在交通管理运行中，鉴于他们的角色和责任，某些主要利益相关者必须被考虑进去。

• 操作者：操作者负责基础设施或服务，通常必须保证最低限度的服务水平，包括将死亡和伤害保持在给定值，维持道路的可用性的确定水平，及时向监管者或公众提供信息，或在给定时间范围内修复基础设施的损害赔偿。通常，这些义务中的一些义务约束在合同中，但其他义务对于操作者执行的任务或来自操作者为其自己定义的任务是固有的。运营商可以是私营公司或公共运营商，其范围可以是城市（通常是市政或公共公司）或城市间环境。由于操作者将是操作中心的经理，在业务规则定义方面他们成为主要的利益相关者，因此，也是交通管理平台的设计和实施者。

• 监管机构：监管机构或道路管理机构通常是一个政府依赖机构，其为道路使用者定义特许权和一些服务水平条款，并监控其执行情况。监管机构在国家的法律框架内行事，并且经常积累对路标或路侧设备批准/特征的能力，或参与例如标准化委员会。监管机构通常在公众对道路安全方面负有责任。根据具体的国家法律框架，这些能力可以集中在一个单一机构或多个机构。

• 道路使用者：道路使用者是交通状况的关键人物。道路使用者在"前线"，是涉及道路安全的主要利益相关方。道路使用者的利益是交通管理的主要原因，特别关注道路使用者的安全和行动。

• 运营商服务提供商：为了确保合同（或期望）服务水平，运营商需要管理多种服务提供商，包括但不限于道路援助和维护车辆，道路工程分包商或保险提供商。这些运营商的协调对于实现最佳效率至关重要，无论他们是否在组织内，运营中心必须以某种方式解决他们的管理和分配。

• 当局和援助手段：警察或军方可以要求获取与道路相关的信息，更常见的是由于其执法和道路信号能力，警察部队是公路运行的密切合作伙伴。紧急援助等援助手段在发生事故时在道路使用者援助方面发挥关键作用，有时援助手段分配时间可以决定生死，任何道路运营者在其交通管理平台上支持的基础上，必须有与这种实体精益和高效的业务流程。

13.4　交通管理中心

交通管理中心（TMC）或交通控制中心目前是进行决策和实际执行交通管理的中心点（图13.5）。TMC由来自路侧（输入）的信息支持并且依赖于特定软件来处理这些信息（分析）并且支持交通管理操作过程。这些系统被称为交通管理系统（TMS），并且在交通管理中心的业务和管理道路网络的实体的整个结构中起关键作用。TMS信息生命周期不仅限于道路运营，因为它与后台和对组织至关重要的管理过程相连接。

图 13.5　Brisa 的交通管理中心（集中式交通管理中心示例）

13.4.1　范围

TMC 负责分析、监测和接收关于道路状况的信息，例如交通状况、天气和事故发生及细节。TMC 然后使用此信息来影响行为和改变道路上的条件，即通过向可变消息标志（VMS）发送消息，部署援助车辆或传播交通信息。TMC 通常遵循一组操作程序，定义如何解决和跟踪不同的情况和场景。

在某些情况下，TMC 还负责管理道路巡逻和援助和 / 或维修车队。

当操作情况解决时，许多 TMC 业务流程不会结束。例如，将有保险索赔管理、涉及道路修理的实体的支付程序，以及需要情况信息审查和完成报告。

交通管理是一个重要的信息导向活动，产生大量关于交通流量和情况的自动和手动信息。这些信息对公路运营商的运营和战略管理（在考虑典型的城市间情景时）非常有价值。这是商业智能组件可以提供非常重要的业务价值的地方；指导公路运营商在服务水平方面持续评估和增强。可以使用商业智能组件来监视和控制运营商服务级别。

13.4.2　运营平台

交通管理系统（TMS）作为路侧系统和交通管理中心（TMC）之间的桥梁。TMS 应该处理关于路侧的两个主要功能组：

• 收集信息（例如交通数据、天气数据、事故和事故报告）；

• 影响行为（例如向 VMS 发送消息，传播交通信息）。

TMS（图 13.6）不应仅限于提供查看收集的信息和控制设备的方式。交通管理是关于最大化交通流量和增加安全性。这通过识别或预期对交通流或安全问题的任何阻碍并对它们充分地作出反应来实现。

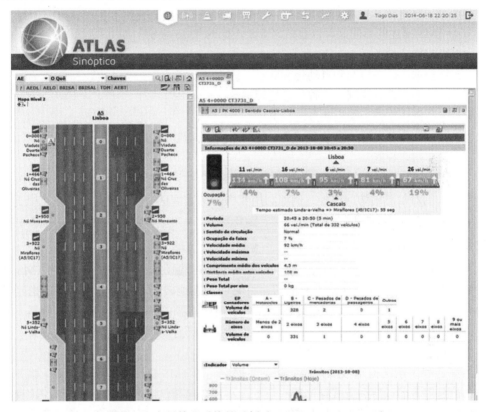

图 13.6　交通管理系统的示例（Brisa's Atlas Platform）

TMS 预期不仅仅是提供从路侧设备收集的信息给运营商。TMS 期望通过处理、关联和过滤它，为操作的最相关元素来增加该信息的价值。最后，TMS 应该以直观和简单的形式呈现处理的信息，用于操作者分析。

TMS 通过提供对关于所识别的情况 / 事件的更多细节（数据或实况视频）的充分访问来支持 TMC 操作者对道路情况的分析。

为了帮助响应，TMS 还应当提供关于如何解决不同情况的指导，通常是通过嵌入其源自运营商的业务规则。TMS 将需要解决响应领域的两个主要方面：

• 主动交通管理，通过提供路侧设备的高级控制，例如，根据正在发生的情况确定适当的 VMS 位置的适当的 VMS 消息。

• 识别、调度和管理将干预情况的援助实体。

TMS 将需要帮助监测情况 / 事故的演变。TMS 还应提供支持，以管理道路上的其他活动，这些活动有助于或在某种程度上与交通流相关。它应该有助于管理道路巡逻活动以及道路工程。

如前所述，TMC 业务流程不限于操作范围。TMS 应该能够支持所有业务流程的连续性，或者能够与支持业务连续性的其他系统集成。即通过支持保险索赔、支付过程和情况信息审查和报告。

为 TMS 描述的不同层可以总结为 6 个不同的 TMS 级别，如下：

1 级：物理设备。

2 级：本地设备控制和自动化。

3 级：远程设备控制（远程信息处理）。

4 级：操作支持（响应业务流程）。

5 级：非业务支持（事故和道路工程的后续工作流程）。

6 级：商业智能。

TMS 还需要充当交通信息中心，并且能够共享或分发该信息。共享可以通过直接支持人们对信息的访问途径，例如利用互联网交通信息组件，或者通过充当用于需要信息的其他应用的集成点来完成。

交通管理系统构架

存在两种主要的 TMS 架构，它们都是基于客户端服务器的。基于事件的 TMS 从路侧收集数据和事件，如果需要的话，将它们动态地转换，并将它们直接递送到由 TMC 中的操作者使用的客户端组件。客户端在存储器中保存接收到的所有数据，对其进行过滤并将其显示给操作者。基于事件的架构具有能够提供实时信息的优点。它具有不存储集中用于历史分析信息的缺点。

第二种体系结构是数据存储。基于数据存储的 TMS 仍然是基于客户端 - 服务器的，但是服务器以持久方式存储所有数据，并且客户端仅请求它需要的数据。这种架构的主要缺点是客户端不会接收实时信息。优点是更轻巧的客户端和持续的所有必要的信息用于历史分析。

由于两种架构的缺点，更常见的是，TMS 通过采用特殊的客户端来维护基于事件的 TMS 中的所有数据，或者通过采用基于数据存储的 TMS 中的从服务器到客户端的事件信道来实现混合解决方案。

当运营大型道路网络时，运营商需要决定是否实施几个分散的较小 TMC 或一个集中式 TMC。在一些情况下，在网络的不同点之间可能没有通信，在这种情况下，集中式选项是不可能的。

在集中式、更大的 TMC 中，更容易采用统一的程序和应用程序。工作负载必须在 TMC 运营商之间划分。这可以通过功能或地理位置来完成。在集中式方法中，更容易优化人力、硬件和软件资源的使用。然而，分散的 TMC 也可以是统一的，使用相同的硬件、软件和程序（或不是），提供集中式 TMC 方法的一些益处。

许多 TMC 通过为不同的子系统采用几种不同的应用程序创建它们的 TMS，如视频摄像头、紧急呼叫、可变消息标志、事件管理。在这种情况下，有时需要不同应用之间的某种集成以实现附加的益处（例如，具有视频摄像头图像的交通流警报，基于事件信息的 VMS 控制）。

另一方面，统一 TMS 平台倾向于将所有不同的子系统集成在单个应用中。此外，统一 TMS 平台可以提供集成服务，例如，涉及不同子系统（例如，VMS、交通灯或隧道系统）输出的自动或半自动响应计划，或来自不同子系统的信息（例如，视频摄像头、计数器、辅助车辆定位）。统一 TMS 平台可以提供交叉子系统功能，如审计或具有增加相同用户界面的使用价值的警报。

统一 TMS 平台的主要缺点是当 TMC 需要集成 TMS 平台不支持的子系统时，TMC 需要采用新的子系统软件，但是 TMS 中的集成也可以提供额外的好处。

13.5　结论

通过定义和语境化交通管理，在本章中，我们能够提出一个交通管理框架。该框架可以构成为涉及输入、数据分析和输出。可以使用几种输入源：交通流量计数器、收费系统、流量计、气象站、闭路电视和移动设备等。所有协调的核心是 TMC，一个更广泛和更长时间运行的过程的实时管理组件。TMS 是提供对输入、分析结果以及允许发送输出 / 动作的访问的平台。最后，我们概述了通常用于 TMS 平台的两种相反的架构，基于客户端 - 服务器、基于事件和数据存储。

参考文献

1. ISO 14813-1:2007. Intelligent transport systems – Reference model architecture(s) for the ITS sector – Part 1: ITS service domains, service groups and services. ISO, 2007.
2. K. Friso, K. Zantema and E. Mein (2013) On-line traffic modelling in Assen: the sensor city, *Proceedings of 3th International Conference on Models and Technologies for Intelligent Transportation Systems 2013, Dresden*, 1–10.
3. EasyWay Project. TMS-DG07. Traffic management plan service for corridors and networks. Deployment guideline. Version 02-00-00, December 2012.
4. I. Fraser, N. Hoose and J.-M. Hotteau (1993) The PLEIADES project: the design of inter-urban traffic management field trials on the Paris – London – Brussels corridor, *Proceedings of the IEEE-IEE: Vehicle Navigation and Information Systems Conference, 1993*, Dept. of Transport, Bristol, pp. 213–16.
5. C. Guasco (2013) Trans-European transport network and cross- border governance, *Selected Proceedings from the Annual Transport Conference at Aalborg University*, ISSN 1903-1092, 10/2013, pp. 1–13.
6. Trans-Texas Corridor, from Wikipedia <http://en.wikipedia.org/wiki/Trans-Texas_Corridor> (last accessed 2 May 2015).
7. T.H. Maze, M. Agarwai and G. Burchett (2006) Whether weather matters to traffic demand, traffic safety, and traffic operations and flow, *Transportation Research Record: Journal of the Transportation Research Board* **1948**: 170–6.
8. M.S. Shehata, Jun Cai, W.M. Badawy, *et al.* (2008) Video-based automatic incident detection for smart roads: the outdoor environmental challenges regarding false alarms, *IEEE Transactions on Intelligent Transportation Systems:* **9**(2): 349–60.

9. CTC & Associates LLC, *Automated Video Incident Detection Systems*, Caltrans Division of Research and Innovation, 28 October 2012.

10. G. Monteiro, M. Ribeiro, J. Marcos and J. Batista (2007) A framework for wrong way driver detection using optical flow, *Lecture Notes in Computer Science*, Vol. **4633**. Berlin: Springer.

11. G. Monteiro, M. Ribeiro, J. Marcos and J. Batista (2008) Robust segmentation for outdoor traffic surveillance, *IEEE ICIP 2008, San Diego, California, USA*, pp. 2652–5.

12. G. Monteiro (2009) Traffic Video Surveillance for Automatic Incident Detection on Highways, Master Thesis.

13. J. Michek (2013) Automatic incident detection. Lecture notes K620ARR, Czech Technical University in Prague.

14. E. Parkany and C. Xie (2005) *A Complete Review of Incident Detection Algorithms & Their Deployment: What Works and What Doesn't*, The New England Transportation Consortium, 7 February.

15. Expressway Monitoring and Advisory System, from Wikipedia <http://en.wikipedia.org/wiki/Expressway_Monitoring_and_Advisory_System> (last accessed 2 May 2015).

16. Freeway Traffic Management System, from Wikipedia <http://en.wikipedia.org/wiki/Freeway_Traffic_Management_System> (last accessed 2 May 2015).

17. P. Kroon (2012) Traffic management to reduce congestion, *Conference of European Directores of Road, 29 June 2012*.

18. J. Ozbay and P. Kachroo (1999) *Incident Management in Intelligent Transporation Systems*. Artech House Intelligent Transportation Systems Library, Artech House.

19. R. Brydia, J. Johnson and K. Balke (2005) *An Investigation into the Evaluation and Optimization of the Automatic Incident Detection Algorithm Used in TxDOT Traffic Management Systems*, Texas Transportation Institute, October.

20. H. Lin, R. Zito and M. Taylor (2005) A review of travel-time prediction in transport and logistics, *Proceedings of the Eastern Asia Society for Transportation Studies* **5**: 1433–48.

21. Adaptive Signal Control, Federal Highway Administration, 2013. <http://www.fhwa.dot.gov/everydaycounts/technology/adsc> (last accessed 2 May 2015).

22. A. Stevanovic (2010) *Adaptive Traffic Control Systems: Domestic and Foreign State of Practice*, National Cooperative Highway Research Program, Synthesis 403, Washington DC.

23. P. Mirchandani and L. Head (2001) A real-time traffic signal control system: architecture, algorithms, and analysis, *Transportation Research Part C: Emerging Technologies* **9**(6): 415–32.

24. J. Youngtae, K. Yoon and J. Inbum (2012) Variable speed limit to improve safety near traffic congestion on urban freeways, *International Journal of Fuzzy Systems* **14**(2): 43–50.

25. P.S. Virginia (2001) Variable speed control: technologies and practice, *Proceedings of the 11th Annual Meeting of ITS America*, pp. 1–11.

14 智能交通系统在城市交通管理中的协同作用

14.1 概述

21世纪的交通和运输工程需要一种新方法使交通更安全、有效、可信赖和对环境和社会有极小的冲击。这种新方法的基本特征是需求的增加必须伴随着成本的降低。交通安全特别重要。现在的挑战是要逐步提高交通安全出行率，以便在2050年实现零死亡的主要目标。更有效的交通系统的目标是为了减少拥堵，而对城市交通的预期特别高，伴随着整合不同的交通模式，显著降低噪声和空气污染的需求。欧盟已经公认智能交通系统是达到这些目标的技术基础。智能交通系统是经典交通运输系统的一个整体的、控制性和信息交流技术的升级。它显著改善了系统性能，提高了物流和乘客的运输效率，增加了乘客的安全性和舒适度，减少了污染。现代智能交通系统的交通安全改善上运用的可能性被划分成以下几类：

1）系统相关的基础设施（道路、桥、隧道）。

2）系统相关的交通工具。

3）基于协作的系统。

应用协作交通系统被认为是一个特别有效的方法。广义来说，协作可以被看作组织的基础形式。狭义来说，是一个移动的交通体、车辆和道路设施或其他交通体之间的关联问题。在广义上，Ramage将协作系统定义为技术、人员和组织的组合，为了所有参与者[3]的利益，能够实现执行各种活动的某个群体的共同目标所需的通信和协调。狭义的协作定义是：V2V（联接1）、V2I（联接2）、V2P（联接3）、I2P（联接4），据数据分析，如图14.1所示，专用短程通信（DSRC）是这些应用中基本的车辆通信技术之一。

协作方法的主要特征是：

1）把驾驶人、车辆、基础设施还有其他道路使用者认为是独立的系统。

2）把运营成本和管理需求当作整体系统。

3）交通安全和所有参与者的综合方法。

4）以一致的方式应用技术，以支持系统部件的整体集成。

目前我们认为，协作方法可以成功应用在下列系统：导航系统和行驶信息系统、报警系统、车辆紧急处理服务、优先处理城市公共交通、智能控速系统、支持减少危害驾驶人和其他的系统。

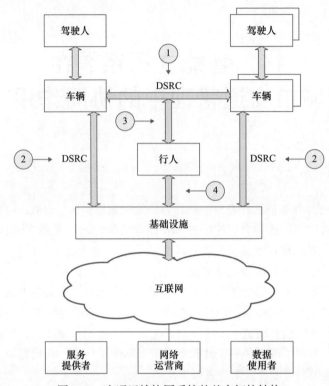

图 14.1　交通运输协同系统的基本拓扑结构

下列协作方法在城市交通的应用例子可以被描述成以下这些章节：协作匝道计量、城区事故处理和公共交通协作优先事项。

14.2　协作匝道计量

一般来讲，协作系统可以被定义为涉及多个动态实体的系统，这些动态实体共享信息或任务以便实现共同但可能并不突出的目标。这种动态实体的协作行为将被特殊目标实现的需要而不是每个单位实体的目标所驱动。这暗示了协作可能也是分等级的。协作系统以它们的分布程度、联系的潜在方式和实体的自动化水平为特征。做决定的控制可以被分散或集中。集中的协同系统可以被当作单个实体模型。

协作系统是现在智能交通系统中最有效控制高速公路交通流的方法。当在人口密集的城市地区附近的公路走廊上实施时，这种系统特别有趣，这种走廊通常称为城市高速公路。与其他高速公路相比，城市高速公路有几个主要的结构和交通需求差异。在大多数情况下，城市高速公路和城市环境及其交通设施是完全统一的。上述整合的后果是，城市高速公路没有更多的空间进行建设扩建。而且，城市干路和城市高速公路连接处有很多入口和出口匝道。入口和出口匝道之间的距离可以很短，并且它们可以在高峰交通需求时间期间相互影响。城市区域主干路产生大量交通需求，并通过匝道进入高速路主流。这是因为城市高速公路通常用作特定城市地区的旁路，强调对城市高速公路主流通过量强烈冲击也十分重要。另外一个问题是长的匝道队列，这可能导致周围的干路经常发生堵塞。这个方案被认为是倒流式交通堵塞引起的。如果周边道路网络不能使所有车辆离开高速公路，驶出匝道堵塞是倒流式交通堵塞的原因。

入口和出口匝道同样可能对高速路主流造成影响。通过信号灯调节允许进入主交通流（入口匝道和主交通流之间的相互作用）的入口匝道车辆数量的控制方法称为匝道计量。作为一种本地响应控制方法，它只能有效地缓解中度交通拥堵[5]。匝道计量中的协作方法和几个入口匝道之间的协作有关，以缓解溢出流堵塞反向传播。除了匝道计量，还开发了其他交通控制系统，以改善和缓解高速公路的堵塞：可变速度限制控制、选择性禁止车道变换和不同驾驶人信息系统。多数情况下，这些控制系统作用是独立的。然而，现在正在做为了达到匝道计量和其他交通控制系统协作的目标实验。

14.2.1　匝道计量

城市高速公路堵塞的结果表现为以下指标：交通需求超过道路容量、交通事故的增加、干道车辆队列溢出到高速公路。入口匝道流入交通量导致高峰交通需要。城市高速公路堵塞一般原因是入口匝道和主流交通的汇集。这两种类型的交通流相互作用的区域被称为下游瓶颈路段。图 14.2 中已经给出对于协作匝道计量和下游瓶颈区紧临进口匝道和反向传播作用的位置。

现代匝道计量系统按照现在交通环境使用交通信号灯来分别控制进入高速公路的交通量。匝道计量器估算进入高速公路的交通流，并将入口匝道作为暂时交通储备地点。这个过程被认为"通过率减少"，整个系统基于在一定时间通过道路传感器（循环推理、摄像等）和可控信号灯的道路交通数据收集。

通常来说，匝道计量算法可划分为两个主要类别和策略：独立的和可协调的。独立的策略匝道计量算法仅仅考虑交通环境，尤其是被应用的进口匝道和附近高速公路部分。高速公路入口匝道算法的主要直线控制（ALINEA）主要被用作规范匝道计量算法。其原因在于算法在简单性和效率之间的最优比率。ALINEA 的核心概念是通过调节计量速率，将入口匝道的下游占用率保持在指定水平。高速公路入口匝道算法的 ALINEA 的主要缺点是：不能够减少专门匝道的下游堵塞和确定理想探测地区位置。

协调性算法重视全部高速公路运输系统的交通环境。这些算法在文献中被分得更细：协作算法、竞争算法和协调算法。基于协作的匝道计量算法在下一部分会详细说明。竞争算法中，计量率中两个或更多方面基于不同算法类型被估计。限制越多的计量率越会被选为最终的。竞争匝道计量算法的典型代表是 SWARM。SWARM 算法有两个主要模块。第一个模块执行本地控制。第二个模块基于同样的交通控制场景执行全局预测性匝道计量。作为最终的计量率，选择了针对特定交通量场景的最小/限制性解决方案。综合算法通过优化特定服务水平值等目标计算估计匝道计量率，同时考虑限制的允许最大匝道排队、瓶颈容量等。基于模糊推理算法是综合算法中最具代表性的应用。

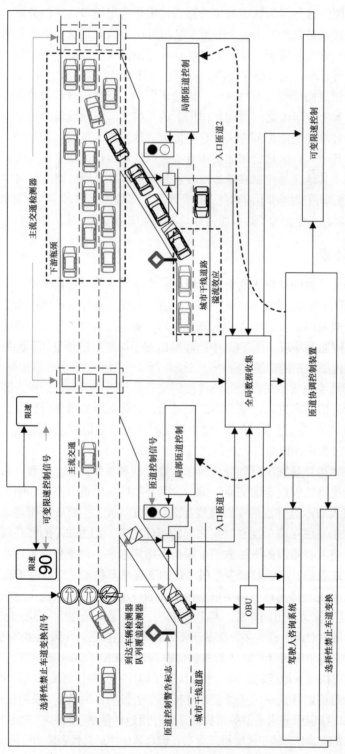

图 14.2 具有主流瓶颈和溢流效应位置的协作匝道计量架构

现代匝道计量方法包括使用人工智能，以便对强度和时间变化的拥堵进行自适应缓解。最近的工作描述包括使用自适应神经模糊推理算法（ANFIS）。人工神经网络作为 ANFIS 算法的一部分被许多不同匝道计量算法获得的模拟结果作为学习数据训练。人工神经网络按照从学习数据中获得的知识调整 ANFIS 相关系统的参数，以覆盖特定高速公路上的各种交通场景。

14.2.2 当地匝道计量中的合作

基于协作的匝道计量算法同样在两阶段起作用。第一阶段对于每一个入口匝道的计量率估计。通常是由当地匝道计量算法完成。第二阶段每一个当地计量率的适应性基于系统范围在整个匝道计量高速公路部分的交通环境完成。调节标准是为了保护交通问题，避免下游交通瓶颈堵塞和上游入口匝道的反向溢出。

HELPER 作为最突出的协作匝道计量算法，使用具有中央覆盖控制的附加特征本地交通响应算法[12]。如果达到队列阈值，覆盖控制可以调整本地计量速率。如果以最小计量速率操作，并且队列检测器上的占用超过预定的阈值，则特定的斜坡被分类为"主"。集中式模块在"主"斜坡上将计量速率增加一个级别，并将匝道上的几个上游的速率降低一个级别。匝道上的这些上游在斜坡上被分类为"从属"。主要思想是利用其队列容量，以减轻主流的下游拥塞。

考虑到交通参数的波动，协作匝道计量算法的工作原理可能非常复杂和敏感。由于上述原因，必须进行模拟，以分析协作匝道计量对交通流量的影响。一个合适的模拟器是 CTMSIM[13]。它是一个基于宏观交通模型的开源交互模拟器，专门为公路交通流模拟而设计。CTMSIM 中使用的公路模型基于不对称单元传输模型（ACTM），并允许在入口匝道流量和队列控制器上实现和开发用户可插拔。

为了分析协作匝道计量，开发了一个适当的高水平交通管理框架作为对原始CTMSIM 模拟器的增强[9]。使用上述协同框架创建了协作式匝道计量算法 HELPER。扩充过程的第二步是开发一个额外的公路子系统将潜在地为 HELPER 算法提供协作支持。VSLC 被选为适当的高速公路管理子系统，并作为第二增强在 CTMSIM 中实现。

匝道计量控制系统使用不同的服务度量进行评估。匝道计量的服务质量的基本度量是行程时间（TT）和延迟。TT 提供了一辆车需要通过观察到的公路段行驶多少时间的答案。如果 TT 异常高，这是观察到的公路段的 LoS 质量下降的明显迹象。延迟是所有车辆在拥堵的高速公路上花费的实际时间与以自由流速行驶的情况下花费的时间之间的差。延迟还考虑在舷梯队列或由于瓶颈导致的主流队列等待的车辆。

一个重要的步骤是在模拟环境中选择适当的建模高速公路。选择克罗地亚萨格勒布市旁路节点 Jankomir 和 Lučko 之间的城市公路段作为用例模型。本节包含附近城镇萨格勒布[14] 所产生的交通量的 70%。此外，此部分在一整天中的流量负载增加，并且每天迁移的效果显著。

14.2.3　匝道计量和其他交通管理系统之间的合作

可以在与匝道计量算法的协作中增加几个其他公路管理策略。包括在与匝道计量合作中的更多管理策略有助于更全面地控制公路段。可以包括在与匝道计量的协作中的管理策略是：VSLC、选择性地禁止车道变换、用于驾驶人的信息系统以及最近对车辆的半自动控制。匝道计量和其他公路管理策略之间协作的基本功能可以在图 14.2 中看到。

在几种不同的高速公路交通管理系统之间协作的第一个研究方法之一在文献 [15] 中。研究表明，与 ALINEA 独立实施相比，由 ALINEA 和 VSLC 组成的协作系统降低 TT 约 1.62%。基于实施用例的仿真结果的比较分析表明，HELPER 匝道计量算法和 VSLC 之间的协作产生最小的 TT [9]，根据 TT 和延迟比较分析的结果如图 14.3 所示。

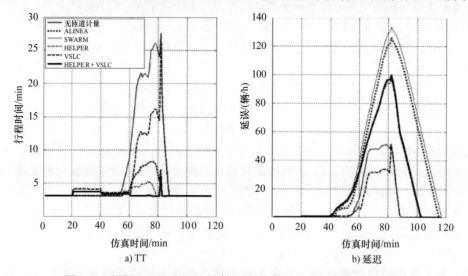

图 14.3　根据 TT 和延迟，不同斜坡计量算法之间的比较分析结果

不同交通控制算法的比较分析结果见表 14.1。

根据表 14.1，可以得出结论，与所涉及的其他方法相比，这两种交通控制方法之间的合作产生最佳的平均 TT 结果。

VSLC 与 HELPER 协作，降低进入最后一个"从属"入口匝道和拥挤片区之间区域的车辆速度。可以得出结论，由 HELPER 提供的虚拟队列和 VSLC 诱导的最后"从属"片区和拥堵片区之间区域的速度降低，显著地降低了拥堵的入口匝道上游的交通密度。拥堵入口匝道较低的上游密度留下另外的主流通行能力，以接受来自拥堵反向传播的车辆。

VSLC 作为 HELPER 和 VSLC 协同系统的一部分，对 TT 的延迟没有强烈的影响。根据表 14.1 可以得出结论，如果主流密度由于 HELPER 利用入口匝道队列而降低，VSLC 则对延迟的影响较低。如果在当前片区中未超过最大主流通行能力，使用的模拟设置被设置为使得能够立即将来自入口匝道的所有车辆与主流合并。与没有匝道计量的情况相比，该特征实现了较高的主流密度值和因此较低的延迟值。独立 VSLC 产生最佳延迟结果。VSLC 首先逐渐降低主流速度，但是在拥堵期间实现更高的主流速度，这与没有 VSLC 和匝道计量的情况不同。

表 14.1 不同交通控制算法的比较分析结果

交通控制算法	TT/min	延误/（辆/h）
无	7.06	15.87
ALINEA	3.90	36.88
SWARM	3.71	41.49
HELPER	3.40	22.63
VSLC	3.59	12.24
HELPER + VSLC	3.30	21.50

一个特殊的选择是在应用车辆到基础设施（V2I）通信的情况下使用合作计量方法（见图 14.4）。车辆和匝道控制系统之间的协作可以在车辆停在入口匝道末端并且正在等待绿灯时，可以建立车辆与入口匝道控制系统之间的协作。当绿灯亮起时，入口匝道控制单元向队列中第一辆获得节气门控制的车辆发送消息。车辆与基础设施协作单位之间的类似协作可以与通过公路主流车辆建立。在这种情况下车速根据进出匝道区域附近的当前交通状况进行智能速度适应。结果是入口匝道附近的交通更加安全，车辆被纳入主流。

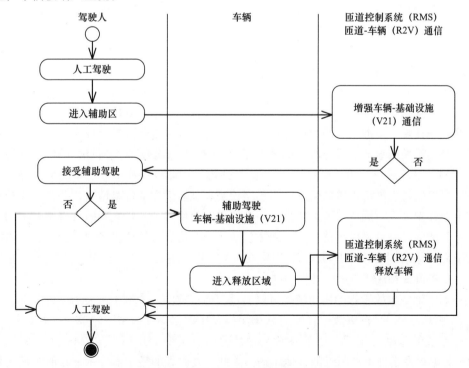

图 14.4 V2I 匝道计量系统的活动图

14.3 城区事故处理

交通事故是一个意外或不可预测的事件，影响城市和其他道路网络的安全和通行能力，并对道路使用者造成额外的延迟。与在交通网络的其他部分中发生的交通事件相比，在城市道路网络中发生的交通事故对常规交通流具有更大的影响。

事件管理过程分为不同的阶段，每个阶段都有自己的策略和处理交通事故的定义。一般来说，事件管理过程分为事件检测和验证、事件响应、清除事故和恢复正常的交通流量[16]。主要的跨国挑战之一是如何增强移动性，同时减少拥堵、事故和污染。在欧洲，城市道路事故占堵堵的 10%~25%。

有几个不同的事件影响城市道路网络中的正常或期望的交通流。识别可能导致临时降低道路网络容量的以下事件（与要求相比）[17]：

- 车辆事故，从轻微的车辆损坏到多起事故的伤害和死亡。
- 路上的碎片 / 障碍物。
- 维护活动。
- 无法预料的拥堵。
- 其任何组合。

事故管理可能涉及使用基于 V2V 和 V2I 通信的协作系统，以改善城市地区的道路安全。协作车辆和基础设施配备了大量的感知和通信设备。这样的系统允许车辆"感觉"（例如雷达、超声传感器），看到（例如摄像头、红外摄像头）并且彼此之间以及与基础设施通信。

协作 ITS 基于所有协作参与者在彼此之间交换信息的原则。每个执行器评估接收到的数据，并考虑其数据分析的信息和提供给驱动程序的信息。事故管理系统（IMS）、车队管理中心和其他利益相关者以及中央或分散式交通控制可以是协作系统网络的一部分。这种系统的开发涉及车辆感测平台和应用、基础设施感测平台和应用以及创新技术。根据收到的协作数据，协作事件管理系统将能够生成交通状况的最新状态及其对城市地区交通控制和交通管理的预测。应急车辆在交通灯处的优先级将是可能的，以及适应性的"绿波"，平滑的交通流量和减少寻找事故位置的努力等。此外，可以通过发展协作事件管理应用程序检测和预测潜在的危险情况，并在空间和时间上延伸驾驶人对周围环境的意识。与弱势道路使用者（如行人和骑自行车者）的协作是可能的，并且可以支持盲人和视障者的移动。协作系统提供了通过创造额外的有效道路网络容量和车辆的更有效利用来减少这些影响的潜力。此外，它涉及核心架构、业务模式和法律方面的开发和部署。

城市地区事故管理的协作情景可以通过交通事故的一个例子来表示（见图 14.5）。在这种情况下，接近事故位置的应急车辆将 V2I 数据集发送到路侧单元（RSU）。之后，系统的基础设施部分适配各种交通信号灯、可变消息标志（VMS）等。此外，I2V 数据集发送到事故附近的其他车辆。因此，驾驶人的显示器显示推荐的车辆速度和替代路线，由此驾驶人调节速度和通过而不停止。

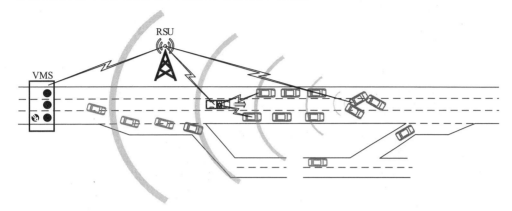

图 14.5 协作系统和应急车辆

事件检测是识别事件的位置和时间的过程。此外，事件的可能性质是非常重要的。在协作 ITS 环境中，车辆之间的协作可以检测道路上的交通事故或拥堵。此外，在组中行驶的协作车辆单独估计交通状况。这些估计结合在一起以共同地决定道路是否拥堵。类似地，V2V 网络中的相邻车辆可以通过以协作方式交换碰撞警告来避免交通伤亡。基于 V2V 和 V2I 协作通信，可以开发各种应用，如：

· 用于正面碰撞预防，幽灵驾驶和障碍物检测的危险警告。

· 危险曲线警告。

· 脆弱的道路使用者检测。

· 能见度降低警告。

· 援助和应急车辆的安全余量。

· 交叉口碰撞预防。

· 路况状况。

· 道路施工状态。

欧洲 ITS 架构将用户需求和功能定义为协同 ITS 服务和应用。它是一组高水平的观点，使得人们能够计划集成 ITS 应用程序和服务。它通常涵盖技术方面，加上相关的组织、法律和商业问题。ITS 架构支持在欧洲协调部署 ITS，并为系统规划 ITS 实施建立一个框架，为多个系统提供集成，并确保广泛的互操作性。ITS 架构是定义集成 ITS 的结构和行为的概念设计。架构描述是系统的形式描述，以支持关于系统的结构属性的推理方式组织。它定义了系统组件或构件，并提供了一个可以采购产品的计划和开发的系统，这些系统将一起工作以实现整个系统。这可以使得能够以满足业务需要的方式管理投资。在 ITS 环境中，事故管理是其中的一部分，提供了能够管理城市和城市间环境中交通的功能。在更广泛的意义上，事故管理还包括交通控制、需求管理、道路维护管理和为其他组织提供各种信息[18]。

城市事故管理系统应为城市道路网内发生的事故提供管理设施。此外，它应在事件管理过程中整合并涉及其他 ITS 应用程序。事件管理系统需要在协作 ITS 环境中执行以下内部功能或能力：

- 为事件管理提供操作员界面。
- 检测数据中的事件。
- 分类和识别事件。
- 向车辆发送事件详细信息。
- 为交通管理提供事故缓解信息。
- 向信息提供者或其他人发送事件详细信息。
- 管理和存储事件数据。

从数据中检测事件是事件管理系统分析其接收到的关于道路网络中的交通状况的数据的能力，以便检测事故发生的可能性。它还可以表示分析所有类型的数据能力，用于表示事件发生的模式，以及如果这些模式出现在道路网络的相邻部分中，则将这些模式链接到相同事件的能力。分类和识别事故是处理数据的能力，以便根据来源并使用其可能与某种形式的已批准标准相关的内部"规则"来识别和分类已检测到的特定类型的事件。向车辆发送事件细节是系统响应由其他功能检测到的事故而管理包含在事故策略中的指令的输出到车辆中的其他功能的能力。向交通管理提供事件缓解信息是将包括在事件管理策略中的指令输出，以要求当前在操作中的任何交通管理策略的替换或改变的能力。评估事件和设计响应能够实现管理事件数据评估的功能，并创建策略以响应其他功能检测到的事件。他们还可以定期审查收集的有关事件的数据，并通过使用现有事故管理策略或设计新的事件管理策略来决定是否需要采取任何缓解措施。将事件详细信息发送给信息提供商或其他人将为事件战略的一部分提供管理信息输出到外部服务提供商的设施。这是为了响应由其他功能检测到的事件，并发送出来要求将信息输出到其他功能，例如紧急支持、公共交通管理和旅行者协助。管理事故数据存储是指负责管理关于事件和统计报告生成的数据。有效管理可用信息、数据交换以及智能实时决策可以减少交通事故的后果，特别是防止次要事故的发生。先进的创造性技术和基于 ITS 范式的方法显著提高了系统性能。

14.4　公共交通协作优先事项

交通基础设施的不断增加导致交通流拥堵和道路车辆的行驶时间的增加。这种容量拥堵的问题特别表现在城市地区，其中城市道路容量的实际扩大的可能性有限或不可能。解决问题的一种方法是大量使用公共交通（PT），这是通过应用某些可以提高公共交通质量的措施来实现的。公共交通质量改善措施可分为四个基本类别[19-21]：

1）道路（基础设施）改进：改进的最简单的措施，包括对道路的微小改变、PT停靠站的搬迁、改善的交通规则等。

2）改进 PT 系统运行：改进 PT 管理中心、PT 车辆设计、支付方式的修改。

3）行政措施：拥堵收费，城市交付车辆的限制。

4）自适应交通控制：使用 PT 优先技术的信号交叉口的控制策略。

自适应交通控制是 PT 质量改进的最有效的措施。现有的具有 PT 优先级的自适应交通控制（车辆、基础设施和驾驶人之间没有协作）的基本原理如图 14.6 所示。

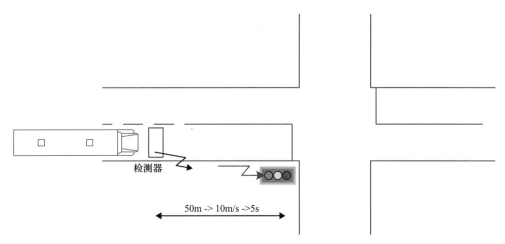

图 14.6　具有 PT 优先级的自适应交通控制的基本原理

如果 PT 车辆落后于预定时间表，则其发送针对即将到来的信号交叉口的 PT 优先级请求（通过检测传感器）。根据活动信号相位，激活特定优先级算法。如果 PT 车辆不能通过其绿色阶段，则基于 PT 车辆的检测位置来选择相位延长的时间（在图 14.6 所示的情况下，检测器位于该段之间 50m 处，驱动速度为 10 m/s，因此 PT 车辆需要至少 5s 到达十字路口）。在 PT 车辆成功通过交叉口之后，重新激活固定信号定时计划。在这种情况下，信号控制器不知道是否多个要求 PT 优先级，或者如果两个 PT 车辆同时到达相同的十字路口时做什么等。

目前的自适应交通控制策略依赖于基于少量业务数据（PT 车辆号码，根据预定时间表的延迟等）的基本优先级技术的实现。新的协作概念使得能够基于交通系统的三个主要子系统之间的通信交换扩展的交通数据：驾驶人、基础设施和车辆。

拟议措施的有效性取决于措施执行的程度及其相互结合。定义了四个级别的测量实施[21]：

1）有限的实施：在交通网络的不同位置单独实施措施，优先考虑关键交叉点。

2）路由级别实施：在 PT 网络（沿路由的所有信号交叉路口，所有 PT 停靠站等）的整个路由上实施措施。

3）区域范围内的实施：在交通网络的特定部分（具有更多的 PT 线路，具有有限的私人车辆接入的城市区域）实施措施。

4）广泛实施：对所有 PT 线路和路线实施措施，并改变交通管理的操作概念。

目前，主动优先策略是自适应交通控制中最常用的策略，但是需要检测和识别接近信号交叉的 PT 车辆。在信号交叉口上给予 PT 优先级的主要目的是减少 PT 车辆的操作行程时间。如前所述，目前的解决方案在可用业务数据方面是有限的，并且随着协作概念业务数据的实现可以扩展。交通系统的主要子系统之间的协作和数据交换是至关重要的，因为驾驶人、车辆和基础设施不再是独立的——它们相互协作，以提高一般的交通系统的质量[22, 23]。

使用具有 PT 优先级的自适应交通控制中的协作概念，可以利用现有控制系统不支持的扩展业务信息集合对其进行升级。除了基本交通信息（PT 车道号、关于预定时间表的延迟、PT 车辆的当前位置等），还可以提供附加交通数据[24]：

- 特定路线上的 PT 车辆的频率。
- 下辆车的到达时间。
- 特有 PT 车辆驾驶人的现有编码。
- 每个十字路口的排队长度。
- 具有 PT 优先级的激活状态频率。

图 14.7 描述了协作性 PT 优先级的概念。首先，PT 车辆进入协作式交通控制区域（交通道路被分为超过两个信号十字路口），交通道路管理中心（TMC）感知并且标记 PT 车辆为"升级"，将高级的交通数据集合发送给 TMC.V21。根据接收到的信息，TMC 计算优先级是否具有必要。适应性 PT 优先级被选择并且信号灯的算法被更换（延长绿灯时间、截断红灯时间或是其他技术）。

存在本控制系统不能预测和解决的一些特定情况，例如 PT 路线上的事故或其他意外拥堵，其立即增加 PT 操作行程时间。在这种情况下，在车辆、驾驶人和基础设施之间的协作下，可以选择并向驾驶人提供替代路线以及关于到下一个 PT 停站的预测延迟的信息。作出关于替代路线决定的驾驶人调整 PT 车辆的速度（根据从 TMC 收集的关于屏幕的信息），使得可以利用激活的 PT 优先级算法。由此示例，显然可以实现所有三个业务子系统之间的通信和协作，并且实现扩展业务数据集的交换。主交通子系统之间的协作可以提高 PT 系统的质量和城市交通网络的整体质量。

在萨格勒布市的一个实际示范走廊上制作了具有协作概念的模拟模型。选择 Zvonimirova 街（2500m 长），双向街道交通和分开的 PT 路线。沿着示范走廊，目前有 8 个具有固定信号控制的信号交叉点。在模拟模型评估之后，走廊上的操作 PT 行程时间从 696.8s 减少到 650.5s。所示的行进时间仅测量一个模拟小时和一个 PT 线。

随着改进的协作 PT 优先战略的开发和部署（在先前定义的措施实施水平之后），可以定义直接和间接效益。直接效益主要体现在使用 PT 优先权而无须为基础设施和车载设备进行特别投资的可能性。此外，公交专用道应用的发展将有利于实现新的公共汽车专用道（有可能使公共汽车专用道进入有限的私人车辆类别）。自适应交通控制的协作概念有一些间接的优点。协作系统应用将有助于移动性合理化，并将在减少交通和拥堵方面带来好处[24]。通过改进的协作 PT 优先级，城市地区的私家车数量将减少，PT 系统将具有平均速度的增加、运营行程时间的减少、信号交叉口的延迟减少等。

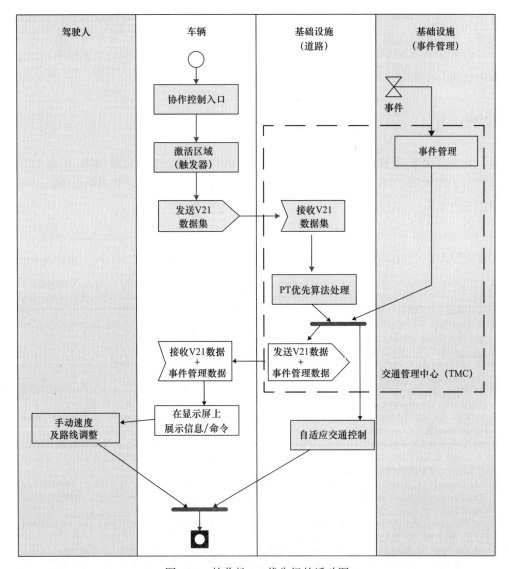

图 14.7 协作性 PT 优先级的活动图

14.5 结论

交通中的协作系统提供了巨大的可能性。许多分析表明，经典方法不能克服欧盟设定的交通和运输系统的挑战。关于这个问题，在欧盟第七框架计划期间，对协作系统的投资是：Call 2（2008）5700 万欧元；Call 8（2012）4000 万欧元。此外，大多数标准目前已准备好实施。这些系统的基本要求之一是实现系统和服务的互操作性。欧盟最近投入了大量努力来防止重复活动，不仅在欧盟内部，而且在世界各地（美国、日本、中国）。在未来实施方面，重要的是进一步鼓励车联网产业领域的创新和创业精神。市场扩张尤其重要，这将有助于降低成本和增加竞争。从未来用户的角度来看，重要的是要建立对协作系统领域的产品和服务的信心。无论如何，最初的结果是有希望的。

致谢

本章报告的研究得到 FP7 协作项目：智能协作感知提高交通效率 -ICSI（FP7 317671）和欧盟 COST 行动 TU1102 的支持，感谢 Asier Perallos 和 NikolaBakarić 提出的宝贵意见。

参考文献

1. EU Energy, Transport and GHG Emission trends to 2050 – Reference Scenario 2013, European Commission, Directorate-General for Energy, Directorate-General for Climate Action and Directorate-General for Mobility and Transport, 2014.
2. S. Mandžuka, M. Žura, B. Horvat, *et al.* (2013) Directives of the European Union on intelligent transport system and their impact on the republic of Croatia, *Promet – Traffic and Transportation* **25**(3): 273–83.
3. M. Ramage (1998) Evaluation of learning, evaluation as learning, *SIGOIS Bulletin* **17**(3): 77–8.
4. R. Murphey and P. Pardalos (2002) *Cooperative Control and Optimization*, Applied Optimization Series. New York: Springer.
5. M. Hasan, M. Jha and M. Ben-Akiva (2002) Evaluation of ramp control algorithms using microscopic traffic simulation, *Transportation Research Part C 10*, MIT, Cambridge, MA 02142, USA, pp. 229–56.
6. A. Kotsialos and M. Papageorgiou (2010) Coordinated ramp metering for freeway networks – a model-predictive hierarchical control approach, *Transportation Research Part C: Emerging Technologies* **18**(3): 311–31.
7. M. Treiber and A. Kesting (2013) *Traffic Flow Dynamics – Data, Models and Simulation*. New York: Springer.
8. A. Hegyi, B. De Schutter and H. Hellendoorn (2005) Model predictive control for optimal coordination of ramp metering and variable speed limits, *Transportation Research Part C* **13**(3): 185–209.
9. M. Gregurić, E. Ivanjko and S. Mandžuka (2014) Cooperative ramp metering simulation, *International Convention on Information and Communication Technology, Electronics and Microelectronics – MIPRO 2014*, pp. 970–5.
10. M. Papageorgiou, C. Diakaki, V. Dinopoulou, *et al.* (2003) Review of road traffic control strategies, *Proceedings of the IEEE* **91**(12): 2043–67.
11. M. Gregurić, M. Buntić, E. Ivanjko and S. Mandžuka (2013) Improvement of highway level of service using ramp metering, *Proceedings of the 21st International Symposium on Electronics in Transport – ISEP 2013*, Ljubljana, Slovenia, *2013*, pp. 1–7.
12. K. Bogenberger and A.D. May (1999) *Advanced Coordinated Traffic Responsive Ramp Metering Strategies*, Working Papers, California Partners for Advanced Transit and Highways (PATH), Institute of Transportation Studies (UCB), UC Berkeley.
13. A. Kurzhanskiy and P. Varaiya (2008) *CTMSIM Traffic Macro-Simulator for MATLAB, User Guide*, TOPL Group, UC Berkeley.
14. G. Štefančić, D. Marijan and S. Kljajić (2012) Capacity and level of service on the Zagreb Bypass, *Promet – Traffic & Transportation* **24**(3): 261–7.
15. M. Abdel-Aty, K.M. Haleem, R. Cunningham and V. Gayah (2009) Application of variable speed limits and ramp metering to improve safety and efficiency of freeways, *2nd International Symposium on Freeway and Tollway Operations*, Honolulu, Hawaii, *2009*, pp. 1–13.

16. O. Kaan and K. Puskin (2010) *Incident Management in Intelligent Transportation Systems*, Boston: Artec House Inc.
17. P. Škorput, S. Mandžuka and N. Jelušić (2010) Real-time detection of road traffic incidents. *Promet – Traffic & Transportation* **22**(4): 273–83.
18. P. Škorput (2009) Realtime incident management in transport (in Croatian), MSc Thesis, University of Zagreb, 2009.
19. W. Ekeila (2002) Dynamic Transit Signal Priority, Master of Applied Science, University of Sharjah.
20. W. Ekeila, T. Sayed and M. El Esawey (2009) Development and comparison of dynamic transit signal priority strategies. In E. Masad, N.A. Alnuaimi, T. Sayed and I.L. Al-Qadi (eds), *Efficient Transportation and Pavement Systems*. Boca Raton, FL: CRC Press, pp. 1–9.
21. B.A. Nash and R. Sylvia (2001) *Implementation of Zurich's Transit Priority Program*, Minnesota Transportation Institute, San Jose State University.
22. ERTCO (2010) *Cooperative Urban Mobility Handbook*, Project CVIS, ERTICO.
23. M. Vujic (2013) Dynamic Priority Systems for Public Transport in Urban Automatic Traffic Control, PhD Thesis, University of Zagreb, Faculty of Transport and Traffic Sciences, Zagreb.
24. D. Cocchi (2010) How public transport can benefit from cooperative systems – ideas from the Bologna test site (presentation), *CVIS Workshop, Prague 2010*, pp. 1–8.

15 车载智能交通信息管理系统

15.1 概述

在路上，驾驶人会遇到意想不到的情况；出于这个原因，除了实时交通和旅游信息（RTTI）系统，静态和动态道路交通信号灯试图警告驾驶人发生在道路上的所有事件。然而，驾驶人必须自觉注意对道路、交通密度和许多其他变量，从而驾驶人能获得最全面的情景感知（SA）;换句话说，驾驶人必须实现最完整的道路环境情景感知以高效和安全地执行驾驶任务。周围情况信息的认识对于在驾驶任务中做出决定是必要的基础。因此，驾驶人应该能够在如此复杂和动态的道路环境中做出正确的决策。在驾驶时，驾驶人执行自动认知处理，增加对新刺激反应不敏感的风险。例如，当在熟悉的路线上设置新的道路标志时，许多驾驶人将不会注意到它。另一方面，当驾驶人更加注意其他单位（比如其他的车辆）时，这可能会导致道路信号灯和广播发出的通知被忽略。即时环境的降级评估以及因此导致不正确的驾驶控制行为可能导致分心或甚至发生事故。有研究将道路交通信号灯的感知与诸如车辆速度 [2] 和驾驶人疲劳 [3, 4]、年龄 [5, 6] 或期望 [7] 等因素联系起来。一般来说，已经注意到，这些因素在某种程度上是对道路信息感知的有害变量。

驾驶人与道路信号化之间相互作用的另一个缺点与通过标志传输的所有信息的记忆有关。不幸的是，驾驶人对于道路标志的记忆相当差 [8]。除了识别交通标志，驾驶人必须记住他们刚刚通过的信号灯以及可能的非即时事件。已知驾驶人的疲劳和他们已经清醒的小时数对这个标志认知有最大的影响 [9]。

另一方面，对张贴的标志的理解不随经验增加，也不随着驾驶人的年龄增加 [10]。有时驾驶人发现他们不知道一个标志是否指的是他们。例如，21% 的货车驾驶人不了解"头顶危险"的含义 [11]。因此，告知每个驾驶人只是有关他们驾驶的车辆类型的信息将会很有趣。

Pingatoro [12] 建议驾驶人应该有必要接收尽可能多的交通标志的警告。因此，如果交通信息和道路信号灯通过车辆传送给驾驶人，这将向前迈出一步。这样，驾驶人将在他的车辆仪表板的显示器上显示所有当前信息，并且他将能够实现完全的情景感知，即使他已经从路边错过它们。受此影响，如今，交通标志检测和识别领域有重要的研究路线 [13]。然而，如果所有检测到的信息被显示到仪表板上给驾驶人，而没有任何过滤器或优先化处理，则可以显著增加驾驶人的工作量。已知人的情景感知受到其有限的注意力和工作记忆能力的限制。因此，必须优先考虑给予驾驶人的信息。此外，在给定的情景中，不是所有消息总是与驱动程序相关的，或者至少可能不在同一级别。消息提供的信息风险级别取决于当前的驾驶情景。此外，由于驾驶人有限的认知处理（其也受其疲劳状态的影响），在可同时预先发送到驾驶人的消息量方面存在限制。因此，优先化任务应包括车辆的状态、环境和驾驶人。可以说，应该以智能的方式进行优先级排序。

关于信息的优先级，国际标准化组织（ISO）和汽车工程师协会（SAE）已经制定了一些标准。对于优先化任务，SAE J2395 [14] 采用基于三个标准的方法：安全相关性、操作相关性和时间框架。根据附加到信息元素的三个参数的组合，SAE J2395 在预定义的表中建立优先级顺序索引（POI）。然而，标准 SAE J2395 对道路信号化和交通信息的应用不够有效，因为它没有考虑环境条件以及消息相关性如何改变；此外，几乎所有信息在某种程度上是安全相关的和操作相关的。另一方面，在 ISO / TS 16951：2004 [15] 中，它基于来自关键性和紧急性等级的值来确定每个消息的优先级指数。术语"临界"与当消息未被接收或被驾驶人忽略时可能发生的最可能事故或故障的影响严重性相关联；如果系统想要的好处是从消息导出的，而紧急度与必须采取驱动程序动作期间的时间相关。然而，对于编码道路信号灯和交通信息的消息类型，将难以建立其临界值。

另一方面，已经开发了各种调度算法来优化车辆上的智能交通系统（ITS）消息。Sohn et al. [16] 基于它们的重要性、持续时间和优选的显示时间来管理车辆信息系统消息（从碰撞警告和导航指令到轮胎压力和电子邮件警报的范围）的显示。然而，即使它们基于作为动态变化的变量显示时间来考虑消息的动态值，它们仍然将消息的相对优先级视为静态值；此外，他们的算法不考虑环境和车辆条件。Zhang 和 Nwagboso[17] 根据 ITS 消息优先级在 CAN 总线使用模糊神经网络。他们将建立消息的优先级与发生在车上或车外的事故相关联，所以他们包括有关优先处理车辆状态或条件的信息。与文献 [17] 不同的是，在这种方法中，除了它们与车辆速度的关系，事件的显示也根据环境条件优先。

意识到向驾驶人显示的信息智能优先化的重要性，一个新的方法用于消息优先化任务。从现在开始，它将被命名为智能信息管理系统（IIMS）。该方法通过应用模糊逻辑来考虑未确定的道路环境和车辆特征的影响。此外，对于给定的消息，该方法根据其自身特性和驾驶人疲劳来调整警报的类型。必须指出，这种信息调度超出了前面提到的标准和算法所施加的限制。拟议的方法已在交通信息系统中实施。接下来，描述该系统的主要特征，以便更好地理解所提出的方法论已经开发的框架。

15.2　验证框架

提出的方法已在 CABINTEC 国家项目的框架内进行测试，用于开发智能座舱。该项目于 2007 年初步实施，由欧洲区域发展基金（ERDF）资助，并得到西班牙政府科学和创新部的援助。

信号系统有两条清晰可辨的研究路线：一条线路集中在用于路侧信标的发送和接收的硬件设计，另一条线路基于车载模块的信息管理。具体来说，车载模块被设计用于收集由信标给出的信息。信标发送对应于静态和动态消息的信息。静态消息将对应于静态道路标志，而动态消息与可变消息标志（VMS）或与变化的交通和道路状况相关的数据相关。静态道路交通标志分为两类：一方面，存在所有最大速度限制交通标志，另一方面存在剩余的标志——禁止、指导、监管等。此外，动态消息编码其他交通信息，例如事故（"前方事故""前方拥堵""道路工程""前行车缓慢"）和提醒，除了交通密度和气象条件数据（例如，"大雪"），所有这些都由交通管理中心（TMC）安排。

板载模块由 RFID 和 ZigBee 集成接收器组成，从环境中收集静态和动态消息。为了获得车辆上道路的最完整信息，应当沿着道路大量部署 RFID 和 ZigBee 信标，这将全部由 TMC 控制。当车辆通过信标的行动范围时，车辆接收消息。除了接收所有静态和动态消息之外，车载模块的主要特征是处理所有信息，并以智能方式确定哪些消息与每个驾驶情况下的驾驶人相关。此外，该模块提供了通知驾驶人的最佳方式。可以确信板载模块是 IIMS。

然而，如果从信标接收的所有消息被呈现给驾驶人，而没有任何过滤或优先级评估，则他的工作负荷可能超载，并且因此可能增加发生事故的可能性。为了不破坏安全，认为有必要向车载模块添加智能信息管理程序。该方法将在下一节中详细解释。

对于信息管理任务，不是所有在模块上接收的消息都应该识别为具有相同严重性级别的驾驶情况，并且不是所有消息都具有相同的预定义风险级别的信息；事实上，并非所有消息都以当前驾驶情境相同的方式受到影响，该当前驾驶情境由车辆的状态和环境来定义。然后，由车载模块收集的信息具有与车辆（V）的瞬时状态和环境（E）的实体特定的依赖性。

另一方面，该方法将信息呈现给驾驶人（从现在起称为 D 实体）是用于基础设施信息的有效传递的一个关键点。例如，应考虑驾驶人疲劳。疲劳数据由车载模块进行评估，该模块实时监测驾驶人。

智能信息管理方法的验证已经在一个高性能和全面的沉浸式货车驾驶模拟器在 CEIT [18] 由专业的驾驶人进行。模拟器的主要目的是进行新的设计，并验证汽车领域的新发展。模拟器给出了选择驾驶环境和车辆状况的机会：驾驶情况、道路条件、天气条件、交通状况、车辆类型、车辆负载、车辆故障和错误等。可以使用三种类型的情景驾驶模拟：城市、城际和山路。模拟器舱是一个真正的 Iveco Stralis 舱，安装在六自由度运动平台的顶部。三个大屏幕帮助驾驶人完全沉浸在驾驶环境中，有两个 TFT 屏幕，用于代替侧视镜以提供后视画面；结果实际上是 360° 的视场。

15.3 HMI 设计方法

本节介绍了 IIMS 的通用方法。获得通用解决方案的第一步是确定 IIMS 的主要任务。关于 IIMS 的功能，可以说该系统执行的主要任务是接收道路消息，其信息处理以及随后向驾驶人传达的相关消息的显示（见图 15.1）。在这种情况下，从环境接收道路信息；然后，所有这些信息处理在车辆上进行；最后，通过车辆 HMI（人机界面）的通信通道向驾驶人呈现相关消息。

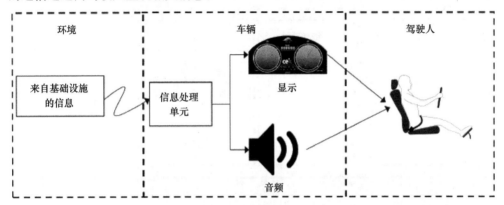

图 15.1　IIMS 背景

IIMS 的通用解决方案不应限于预定的固定输入消息组，也不应限于信息表示的具体实现。因此，认为必须给出输入消息的格式结构，并且独立于在车辆（音频、视觉和/或触觉通道）处可用的通信信道来决定消息的显示。在 IIMS 的输入和输出之间，执行 IIMS 的主要信息处理任务，其中执行输入消息的分类、相关性评估和优先化任务；所有这些管理任务都可以被包含在通用解释任务中。该解释任务应该使用通用输入格式，并且给出由车辆中的信息呈现系统的任何实现使用的通用输出。然后，对于其分配，IIMS 可以被认为是具有三个功能部分的模块：输入消息的接收、解释任务和输出的显示。然后，必须在图 15.1 定义的报文中引入 IIMS 的这些功能部分，为其每个功能部分创建通用模型是必要的。具体来说，IIMS 的三个功能模型命名如下（见图 15.2）：信号模型、解释模型和显示模型。

信号模型建立解释模块管理信息所需的输入消息的通用数据字段，此外还包含有关如何向驱动程序提供消息的其他有用数据。在相应的任务中，输入消息的信息以智能方式管理，因为任务是考虑到由 DVE 报文给出的驱动报文来执行的，如图 15.3 所示。

IIMS 的主要模型是解释模型，它负责对输入消息进行分类，决定输入消息是否与驾驶人相关，并且此外，根据驾驶背景评估相关消息信息的风险值。它必须指出的是，每个输入消息（m_i）与预定相关初始的风险值（R_i）从信号模型得到。然而，IIMS 是一个动态系统，该系统考虑了在驱动下，将更新的相关消息的每个 R_i 值到相应的最终风险值（R_i'）的基础上 VE 的状态（见图 15.3）。具体来说，E 状态的特点是交通密度（TD）与气象条件（MC）值；同时，V 状态的特征在于车辆速度（SP）的值。对当前风险的评估，每个输入消息的电平将预定义的 R_i 值，通过加入当前的 TD、SP 和 MC 值的影响，转变为 R_i' 为了将 VE 影响施加在 R_i 上，模糊逻辑被使用。

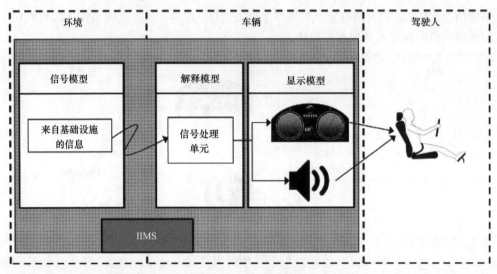

图 15.2 IIMS 的模型

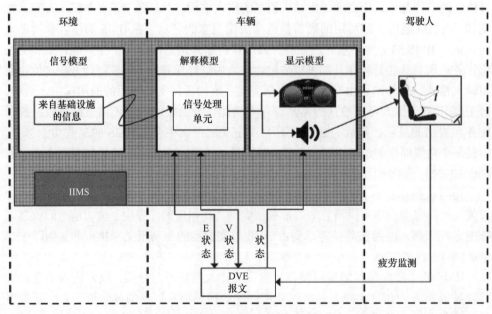

图 15.3 IIMS 中的模型和模块以及如何考虑 DVE 报文

解释模块的输出将相关消息的 R_l^i 进行排名。显示模型然后接收相关消息的排名。然而，有时候，显示在 HMI 上的相关消息的队列太长。如果所有这些都同时显示，驾驶人的精神工作负荷可能急剧增加，这可能导致驾驶人分心。然而，应给予驾驶人的最大信息量超出了本书的范围，并且应当由人为因素分析者来定义。另一方面，显示模型定义了最适合于向驱动程序呈现消息的警告级别。当判定警告级别，相应的图标和 / 或该消息的文本是必需的，加上它的 R_l^i 和 K_c 值，除了所存储的 DVE 模块中的当前驾驶人的疲劳数据。驾驶人的疲劳是 D 实体的瞬时特性，其定义其状态由驾驶人监督模块周期性地评估。

所提出的 IIMS 的方法将使用之前已经描述的车载模块的原型来验证。在这种情况下，输入是由沿着道路基础设施定位的信标发送的静态和动态消息，然后由车载模块在车辆上接收。

下节将详述 IIMS 中使用的三个模型。

15.3.1　信号模型

信号模型是有助于任何输入消息的分类和集成的通用字段描述。这些字段包含智能模块的信息，如下所示：

• 邮件的标识符（或只是 ID）：标识发送的消息。

• 消息类型：指示消息是否是与最大速度限制消息有关的消息环境数据（例如雾、雨、雪、冰、风或交通密度）或其他事故和道路交通信号。

• 道路类型：信标的道路类型。该数据直接发送到 DVE 模块。

• 行车道受影响：消息所针对的道路车道。

• 距离：车辆将出现危险或消息的距离变为有效。

• 时间：消息有效性的持续时间。

• 描述：描述情况。提取对情况的描述以发现消息对应于哪种情况。这些预先确定的情况已被考虑："前方事故""前方拥挤""道路工程""前方行驶非常缓慢"或"正常情况"。

• 严重性：消息对应的情境的严重性级别。预定情况的严重性级别的字段是表示模型中必需的信号模型的一部分。

• 激活：阵列的激活因素消息取决于如风、雾、冰、雪、雨和交通状况。消息是否根据某些因素（例如雨、雪、雾、冰、风或交通状况）而活动；该数据字段是必要的，因为如果因子的值等于零，则不应考虑一些消息。例如，这正是"雪或冰"引起的"溜滑道路"的道路标志的情况；如果冰雪的因子为零，则没有必要显示相应图标而不考虑该因素。

• 与 MC、TD 和 SP 的关系：值数组定义的隶属函数表达消息与气象条件（MC）、交通密度（TD）之间的关系。当说到关系时，该术语指的是它是如何加重 R_l^i 的值与消息的关联。加重足以在三个水平上量化："少""中"或"高"。

- R_i：信息的初始风险值。
- K_c：消息的知识速率。这显示了人们对消息的认知速度。由 FESVIAL（西班牙道路安全基金会）进行的一项研究[19]在西班牙采访了 1723 名驾驶人，并得出驾驶手册中包含的一些道路标志含义的知识率。
- 图标：图片嵌入在消息中。
- 值：嵌入在消息中的数值。
- 文本：文本嵌入在消息中。

需要指出的是，在与 MC、TD 和 SP 的关系的隶属函数中，由于相应变量的值而导致的三个不同级别的风险改变之间的过渡是柔和的。因此，每个变量（MC、TD 和 SP）已经决定被认为是一个具有其对应的话语世界的语言变量。此外，在综合因素影响 R_i 上的方式，将在解释模型的一些基本规则的基础上进行。

接下来，表 15.1 描绘了在上面列出的信号模型：从在车载模块上接收的公路消息中提取的所有数据的示例；具体来说，消息对应于关于"道路工程"区的静态道路交通信号灯。

表 15.1　道路信息的信号模型示例

	ID	信息类型	道路类型	受影响的行车道	距离/m	持续/m	描述	严重程度	表现
	P_18	道路交通信号	传统2 车道 / 方向	全部	0	2000	道路工作	6	[0,0,0,0,0,0]
	MC 关联	SP 关联	TD 关联	R_i	K_c	数值	文本		
	[0,30,50,75,85,100]	[0,40,45,70,75,120]	[0,30,40,75,80,100]	7.2	98	0	道路工作区		

15.3.2　解释模型

解释模型是 IIMS 提出的方法的第二个模型。该模型由三个功能块组成（见图 15.4）：基于模糊逻辑的过滤模块、消息相关性评估模块和最终相关性计算模块。

过滤模块评估从基础设施接收的消息的类型。它决定所接收的消息是道路交通信号（由静态或动态消息给出）还是诸如提醒、偶然事件或危险（在动态消息中编码）之类的其他交通信息。此外，解释模型可以接收编码关于气象条件（例如雨、雾、冰、雪或风的水平）或该时刻的交通密度水平的动态消息；这些类型的消息被直接发送到负责存储 E 状态的模块的 DVE 模块。此外，必须指出，在道路交通标志之间，如果消息涉及最大速度限制标志或其余的道路交通标志，解释模型会进行区分。

最大的速度限制信息必须显示给驾驶人，而不是剩余的交通信号。因此，具有最大速度限制信息的所有消息都应直接显示在速度计显示屏上。

然而，在显示最大速度限制数据之前，解释模型将所接收的速度限制值映射到相关车辆的相应特定速度限制（由过滤模块执行的任务）。换句话说，最大速度限制值需要基于正在被驱动的车辆类型和道路类型来映射。例如，当用运输危险物品的货车通过西班牙高速公路时，最大速度限制由 120km/h 被调整为 80km/h。

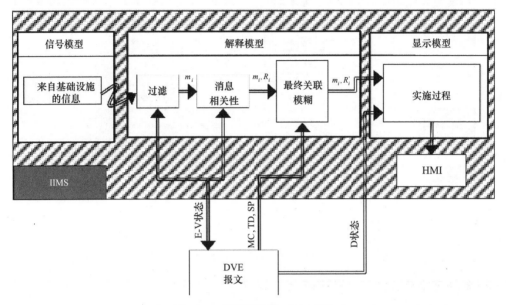

图 15.4 板载模块的 IIMS 方法

其他动态和静态消息继续到解释模型（消息相关性评估块）的下一步骤，其中消息的相关性根据一些环境特性（例如雾、雨、风等）、行驶车道以及车辆的静态特性（如高度、重量、每轴重量等）来决定。

解释模型的下一个任务是确定相关输入消息（m_i）的优先级。该调度是根据与由 R_i 给出的那些消息相关联的风险进行的。然而，可以假定某种方式下，V 和 E 实体的状态恶化，那么 R_i 不能被认为作为输入消息的实际风险值。真正的风险值会被定义为 R_i'，其中包括 VE 状态的影响。由于这个原因，已经认为有必要定义一个可以整合 VE 状态的因子。从目前来看，这一因素将被称为 W_{VE}。

当试图确定将需要定义变量 W_{VE}，每个实体被分开考虑。一方面，MC 和 TD 可以被认为是详细定义 E 实体的当前上下文的变量；具体地，基于雨、雪和雾条件，确定 MC 的预定义值。另一方面，由于车速提高会增加驾驶人完成驾驶任务的风险感[20]，SP 值将被包括以表征 V 实体的状态。所提出的解释模型定义的最终结果为其与 W_{VE} 相乘的结果见公式 15.1。

$$R_i' = R_i \cdot W_{VE} \tag{15.1}$$

为了估计 W_{VE}，卡斯特罗修改模糊逻辑[21]。在他的研究工作，卡斯特罗应用修改的模糊逻辑只是为两个前提。然而，IIMS 的拟议方法需要使用三个前提（见图 15.5），每个前提都是 MC、TD 和 SP 的模糊值。随后，将给出针对三个前提的该修改的模糊逻辑的更详细描述及其实现。

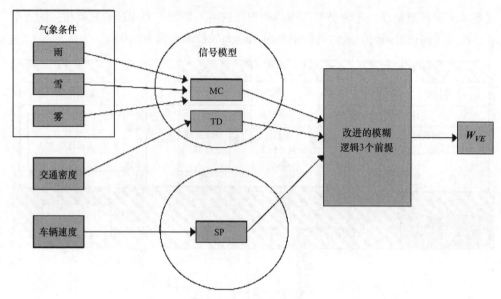

图 15.5 将 V 和 E 信息集成到 W_{VE} 因子中

15.3.2.1 三个前提的修改的模糊逻辑

Castro 解释的修改的模糊逻辑只使用三个模块（见图 15.6），而不是传统的模糊逻辑。在修改的模糊逻辑中使用的三个模块是：①模糊化，其修改 MC、TD 和 SP 输入变量以便应用基本规则；②基本规则，其具有关于加重关系的 VE 实体的知识和 R_i；③插值，其以独特的模块集成推理和传统的模糊逻辑的解模糊的功能。插值相位的输出是 W_{VE} 因子，它对 R_i' 的计算是必要的。使用这种修改的模糊逻辑，大大减少了处理时间，并且便于系统设置。

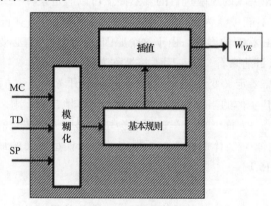

图 15.6 修改模糊逻辑

在第一步骤中，MC、TD 和 SP 输入值是在消息中的 R_i' 与 VE 当前报文加重关系的语言数值定量。这种模糊化是通过使用图 15.7 的梯形成员函数完成的。

加权强度关系可以被确定为"小""中"或"高"；每个语言值分别被量化为 1、

2 或 3 个语言数值。必须指出，图 15.7 还表示如何将定义输入消息和 MC、TD 和 SP 之间的关系的隶属函数的值数组转换成它们的相应图形的隶属函数。在这种情况下，图 15.7 显示了如何将 m_i 的具体数值 $[M_c]$=[0，20，30，70，80，100], $m_i[TD]$= [0，15，25，40，45，100，] 和 $m_i[SP]$=[0，50，60，80，95，100，] 转换成相应的隶属函数。下一步是在评估表达专家知识的基本规则时进行。这些规则是在一个三维超矩阵，它输出 W_{VE} 的值。

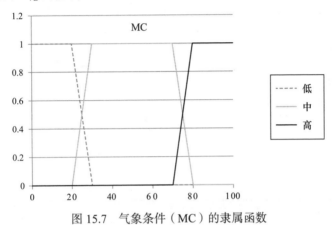

图 15.7 气象条件（MC）的隶属函数

插值模块包括推理机制和去模糊化任务。通过插值曲面，该模块直接在模糊化 MC、TD 和 SP 输入值之后，从成员函数获得 c_i 的值。通过这种方式，VE 被翻译成单个输出系数（W_{VE}）与 R_i 相乘所得的消息；有必要指出，W_{VE} 对每个单独消息（m_i）都不同，因为每个消息由 MC、TD 和 SP 独立地受到影响。有时，因为输入值是与一个以上的隶属函数值相关联的，每个维度得到多个基规则。4 种可能的情况由已确定的 MC、TD 和 SP 的结合所定义。一般情况下，包含 3 个维度，示于图 15.8。相应这种情况下的 W_{VE} 值由公式（15.2）给出。

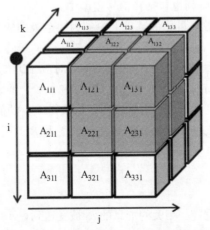

图 15.8 3 个维度和 2 个规则的模糊化

$$\frac{c_1A_{121}+c_2A_{131}+c_3A_{221}+c_4A_{231}+c_5A_{122}+c_6A_{132}+c_7A_{222}+c_8A_{232}}{c_1+c_2+c_3+c_4+c_5+c_6+c_7+c_8} \qquad (15.2)$$

15.3.2.2 在解释模型实施修改后的模糊逻辑

总结改性模糊逻辑是如何集成在解释模型，以便计算 R_i' 输入相关的消息，图 15.9 已包括在内，这显示了由解释模型的主要功能部分所需的数据。

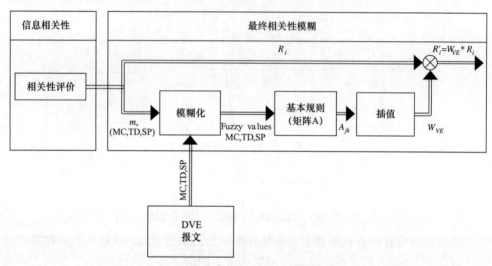

图 15.9 解释模型中修改后的模糊逻辑的实现

每个消息的 R_i' 值从信号模型在此基础上得到的 R_i' 值进行评估；为此目的，W_{VE} 是必需的因子。因此，作为评估 W_{VE} 因素的 MC、TD 和 SP 值（即 VE 背景下定义的变量）被模糊化。含有被模糊化的 MC、TD 和 SP 值的隶属函数，由该定义消息（变更级别）与每个变量（ m_i ［与 MC 关系］、m_i ［与 TD 关系］和 m_i ［与 SP 的关系］的关系的矢量给出）。这些阵列也包括在信号模型中。

一旦有建立在语言数值量化的基础上模糊为 3 个级别的 MC、TD 和 SP 值，下一步将考虑评估基本规则。该基本规则表示一个 3×3×3 的矩阵，在其顶点被命名为一个 A_{ijk}；下标 i 对应 MC 尺寸，而 j 是 SP 的维度，k 对应 TD 维度。每个元素 A_{ijk} 为一个 1 和 4 之间的值。因为 MC、TD 和 SP 值可以与多于一个的隶属函数相关联。会有一个以上的基本规则。一旦基本规则进行内插，将获得 W_{VE} 的值。

最后，W_{VE} 因子（从改性模糊逻辑模块获得）和 R_i（从信号模型中提取）相乘，以便得到具有该消息的真实风险水平 R_i'。

15.3.3 显示模型

从解释模型，通过设置，相关的消息的 R_i' 被发送到显示模型，其目的是为了显示这些消息。在进行相应的显示任务时，表示模型决定的相关消息的一些警告级别的基础上的表示模式。

当一个高级别警戒已被定义，就要提出参与该消息的信息和驾驶人的执行驾驶任务状态的风险所需的警告力度。它已经假定 IIMS 系统需要四个警告级别。它必须指出，警告级别的定义必须独立于车辆上可用的具体实施的 HMI。以此方式，所提出的方法为 IIMS 将适用于任何类型的车辆或任何类型的咨询系统：显示器、音频设备、触觉设备等。

事实证明，驾驶人疲劳恶化驾驶任务；因此，具有疲劳的高水平时，有较高的警告级别应当用于表示相关消息。另一方面，由相关的消息所涉及的风险可以假设不只是通过 R_i' 值评估 VE 状态。此外，驾驶人的有关消息提供的信息知识应予以考虑。由于消息将增加与驾驶任务相关的风险缺乏了解，有较高的警告级别时应通过 HMI 传递消息。它必须指出，当将要显示的信息具有低的知识率和高风险值时最坏的情况下会出现。

关于上面已经解释的问题，假设他们应该选择合适的警告级别时加以考虑。因此，这些的基础上，接下来的四个警告级别已经被定义为：①信息警告级别；②警戒警告级别；③警报警告级别；④高危险警告级别。

表示模型的实现

对于在 HMI 模块对 IIMS 的表示模型的实施，有可用于实现四个警告级别两种不同的通道：视觉通道和音频通道。视觉通道在虚拟仪表显示（或 VIC 显示）消息的图标和文本，而车内环境照明给予柔软的更改配置文件修改其颜色的机会。在另一方面，通过音频通道发出蜂鸣声并可以传输声音解释。

在所提出的方法中，R_i' 指示与消息相关联的风险，同时 K_c 决定驾驶人的有关嵌入式消息上的信息知识。K_c 的值被包括在信号模型，和 R_i' 的值在解释模块被确定。另一方面，为了知道驾驶人的疲劳程度，请求将被发送给 DVE 模块，它存储负责监督驾驶人的板载模块评估数据。

在疲劳驾驶的情况下，驾驶人的关注度低，蜂鸣音加强，并替代图标和文本的显示。此外，K_c 低于 70% 时，将附加对图标的声音解释。

警告级别的设计汇总于表 15.2。然而，它们都具有一个共同点，即它们显示图标（具有相关的文本），并且它们适应车辆内部环境照明颜色，并表明由在特定的道路点最高 R_i' 的值给出的报文的风险水平。

表 15.2 IIMS 表示模型的警告级别

警告级别	图标（和文本）	色彩增强	哔哔增强	语音增强
信息警告级别	是	是	否	否
警戒警告级别	是	是	否	是
警报警告级别	是	是	是	否
高危险警告级别	是	是	是	是

警告级别之间的差别由音频加强给出。例如，当驾驶人被检测为完全清醒的警告级别，最基本的警告级别，将使用与他知道该消息的具有可接受水平的含义。信息警告级别没有提示音及语音增强。警戒警告级别在 K_c 值低时将会增强语音。此外，警报警告级别将对应于在驾驶人正在疲劳的框架内，但据推测，他应该知道的图标含义。最后，消息的高危险警告级别将对应于危险驾驶报文，此时驾驶人疲劳且 K_c 值为低（<70%）。

为建立环境照明颜色，表示模型利用列表的 R_i' 的解释模型给定的值。环境照明颜色设定为与最高的 R_i' 值在同一时间，这被映射成软颜色代码信息。该颜色变化的信息从灰色对应于低 R_i' 值到黑色属于高 R_i' 值（见图 15.10）。

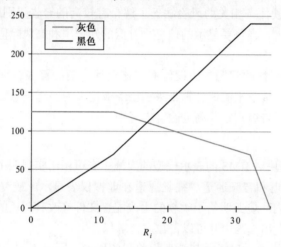

图 15.10　基于 R_i' 值的柔和颜色变化曲线

作为所提出的 IIMS 模块的第一步中，已经决定建立的最大的将被呈现给驾驶人两个图标。实际上，那可以在应该由心理学家确定同时代表图标的最大数量；所以后来它远远超出了本章目前的范围。但对于目前的建议，消息属于同样的情况（"前方事故""前方拥堵""道路工程""前方行驶缓慢"或"正常状态"），其中严重性级别保持恒定，从排名的具有最高 R_i' 值前两个消息将被传递到驾驶人。在具有属于不同的严重级别消息的情况下，具有最高级别的消息将始终具有较高优先级。

该模型使我们能够不止一次地在 VIC 显示消息，但仅当该消息在显示的第一时间后继续相关，且其 R_i' 值仍然评定为将被显示。

15.4　案例研究

在现实生活中，驾驶人可以发现自己在广泛的情况下驾驶。道路施工区集中在道路环境中有许多危害，不仅对车辆和驾驶人，而且也包括道路的员工。这些驾驶状况可以因恶劣的天气条件和交通密度高、能见度低等削弱。道路工程区的每次改变可以通过生成意外情况对驾驶人产生严重的安全问题。一些道路工程的可引起车道数减少或车道改变，而其他还会改变道路表面的轮廓。

要查看所提出的 IIMS 方法是如何工作的，图 15.11 的案例研究被选中。它是具有两个车道的每个方向上的特定常规道路，快车道因道路施工关闭。通过车辆的轨迹，车载模块连续接收由路侧单元发送的信标消息。每个道路信号都是具体危害、法规或导引系统发给驾驶人的符号表示。

其次，对于 IIMS 拟议的方法是强调了消息管理在组成 IIMS 的三种模型进行（信号模型、解释模型和显示模型）。IIMS 的性能已经强调了不同的交通密度等级、气象条件和车速定义的不同的驾驶状况。

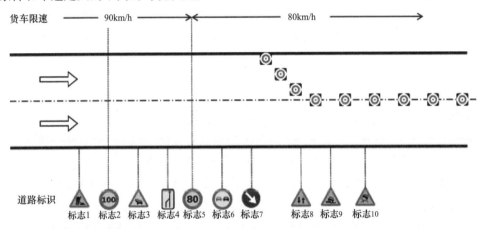

图 15.11　道路施工案例研究

15.4.1　信号模型接收邮件

智能模块的关键性能是基于标志是如何由变化的环境影响。它由符号和气象条件、交通密度或车辆速度之间的关系概括为信号模型。它由代表图 15.7 示出的影响号码的表中给出。对于此案例研究，表 15.3 中的参数显示了一些迹象。

表 15.3　交通标志信号模型的实例研究

标志		MC 关联	SP 关联	TD 关联
标志 1		[0,30,50,75,85,100]	[0,40,45,70,75,120]	[0,30,40,75,80,100]
标志 3		[0,30,40,60,65,100]	[0,53,55,65,75,120]	[0,20,40,60,70,100]
标志 10		[0,15,25,35,40,100]	[0,50,55,70,75,120]	[0,80,85,90,95,100]

有趣的是要指出，标识 10 对不利的气象条件比标识 1 和标识 3 更敏感，因为它是反映与 MC 的关系。例如，标识 1 的和标识 3 的风险水平与 MC 相关值分别为 85 和 65，而标识 10 有更低的 MC 值（等于 40）。

另一方面，相对于交通密度和车辆的因素，显而易见的是标识 3 与 TD 因子而非标识 1 和标识 10 更加相关；然而，所有的消息都对车速因素在一个相当类似的方式受到影响。

15.4.2 解释模型

当驾驶人到达的情况下研究道路施工区域，驾驶人在快车道上还是在缓慢车道上是不同的交通状况。一些标志在快车道上行驶时更具有相关性，反之亦然。例如，在西班牙公路的情况下，在慢车道上驾驶，一些道路交通标志的信息对驾驶人将是多余的；开车经过快车道时，驾驶人可能必须知道更多的路标。此外，在任何情况下，不是所有接收到的消息将具有相同的优先级；这个优先级会根据 VE 状态改变。

在图 15.12 中，显示了两种驾驶情况：行驶在快车道上和慢车道上。图中已针对每种驾驶情况对主要标志进行了优先排序。应特别注意标志 4、6、7 的消息会发生什么。在快速车道行驶时，这些标志对驾驶人是有意义的，因为这些标志警告他必须变道到另一车道。若在慢车道行驶，则消息的相关图标对驾驶人是多余的。只是在尝试再次进入左侧快车道时，必须再次评估相应的消息是否需要显示。当前，则认为车辆行驶在快车道。

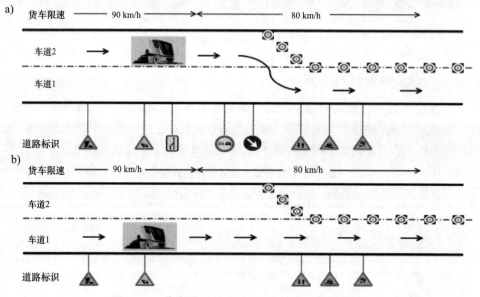

图 15.12 货车的相关交通标志取决于其行驶车道

正如已经指出的那样，每个符号的相关性不是静态的特征，而是随着 VE 状态而变化。一旦过滤器模块提供给驾驶人的相关消息进行了评估，在解释模型中进行的下一个任务就是评估这些消息与 VE 状态的关系。

对车辆环境的影响

当货车到达道路施工区时，车载模块接收到包含道路施工交通标志（标识 1）的消息，该标志将有助于确定"道路工程"的情况。然而，这种驾驶情况的风险水平可以恶劣的天气条件或超速下发生变化。这意味着，并非所有道路交通标志在不同的 VE 背景下（与 MC、SP 和 TD 的关系定义）具有相同的相关性。此外，每一个交通标志的初始相关性 R_i 会根据这些因素的影响更改为 R_i'。

另一方面，必须指出的是，信息被连续地由驾驶人要求，这是最高限速信息（标志 2 和标志 5）的情况。IIMS 不计算这些消息的最终相关性；相反，它们的值根据车辆类型映射并直接显示给驾驶人。对其余交通标识的最终相关性则必须进行评估。这些值试图解决当车辆收到多个交通标识的消息时发生的优先权冲突。此外，目前的最高的相关性值可帮助确定的车内环境照明的颜色，它指示驾驶状况的危险水平。

为了注意气象条件、交通密度和车辆速度如何影响交通标志的相关性，考虑了一些驾驶情况。这些驾驶环境是 TD、MC 和 SP 值的 0 到 100 之间的组合。例如，低流量密度由 TD = 10 的值给出，高的交通密度时 TD= 75。另一方面，条件 MC = 0 的值表示好的天气条件，而对于恶劣气象条件时 MC = 80。最后，考虑到两个不同的车速值是 50km/h（表示低速）和 80km/h（作为高的货车速度的一个例子）。表 15.4 包含道路交通标志的 R_i' 值，并且在第一行中包括在其初始相关性的值。

表 15.4 不同驾驶条件的标志的最终相关性

驾驶状态		标志 1	标志 3	标志 4	标志 6	标志 7	标志 8	标志 9	标志 10
正常	R_i	7.2	6.8	7	6.9	9	7	8	9
环境 A TD ↓MC ↓SP=80	R_i'	10.8	10.3	10.5	10.35	13.5	10.5	12	20
环境 B TD ↑MC ↓SP=50	R_i'	7.2	10.2	14	10.35	22.5	10.3	8	15
环境 C TD ↑MC ↓SP=80	R_i'	18	20.4	21	18.98	22.5	19.95	20	26

按下来，一旦已经计算每个消息的 R_i' 值，IIMS 的解释模型将按照 R_i' 值的降序排列消息。表 15.5 将代表该优先任务的结果，显示了在车载模块上接收到新的特定道路点的消息中具有最高相关性值的两个消息。此消息优先级是在动态形式为在表 15.4 中定义的所有驾驶报文完成，而对于未考虑 VE 特定报文的基线的情况下，将基于 R_i 执行静态优先级。

为了考虑交通密度的影响，让我们想象下一个环境：在晴天行驶，沥青完全干燥（它意味着低 MC）和高速（SP = 80），对于驾驶时为上下班高峰期（高 TD）和交通密度低（低 TD）这两种情况，在高流量密度驾驶在一个阳光明媚的日子，速度为

表 15.5　不同驾驶情况下传入消息的优先级

消息接收	标志 1	标志 3	标志 4	标志 6	标志 7	标志 8	标志 9	标志 10
基线约定								
环境 A TD↓MC ↓SP=80 的约定								
环境 B TD↑MC ↓SP=50 的约定								
环境 C TD↑MC ↓SP=80 的约定								

80km/h, 一旦接收标志 3 消息（"道路交通延误"）警告有关遇到车辆低速行驶或停在路上的特殊情况, 标志 3 应作为最重要的标志不断显示给驾驶者。然而, 在一个晴朗的日子, 并在较低流量的密度以 80km/h 行驶另一种情况下, 标识 3 的 R'_i 值相比其他消息被视为不够高, 不能确定它是否应该显示给驾驶人。

另一方面, 考虑到车辆的速度的影响, 必须指出的是, 在高车速的驾驶情况下会提高风险水平。要注意这个车速如何影响任务优先级, 让我们的重点放在货车在上下班高峰期, 以及低速（SP = 50）和高速（SP = 80）的很不错的天气条件下的驾驶环境。在 50km/h 的具体情况下, 驾驶通过与两个车道的区域而接收标志 6 的和标志 7 消息时, 有关"在道路交通延误"的信号将不被显示给驾驶人, 因为它假设车辆的低速反映了一个事实, 驾驶人可能感觉在路上可能的交通拥堵, 但没有禁止超车。因此认为对驾驶人标志 4、标志 6 和标志 7 比标志 3 更相关。然而, 在每个方向仅一条车道并在 50km/h 行驶的区域中, 高流量的密度被认为比其他报文更相关的消息, 如标志 9。

与此相反, 在阳光灿烂的日子在上下班高峰期在 80km/h 行驶时, 一个标志 3 消息应该被连续传送给驾驶人; 此外, 由于车辆的高速可能会由于沥青路面不平整而使车辆摇晃, 报文会发送标志 9 消息（意为"左侧横向移动"）, 以在列表中获得优先级位置, 甚至比 50km/h 行驶时的标识 8（意为"逆向行驶"）风险水平更高。

因此, 为了考虑气象条件的影响, 首先, 让我们专注于图 15.11 中收到标志 10 消息（"路面湿滑"）的路点。很明显, 当在良好的天气条件下, 也就是无雨、雪和冰, 这时不值得显示标志 10 给驾驶人, 因为它是不相关的。然而, 当有恶劣的天气条件, 标志 10 传递给驾驶人警告一个非常危险的驾驶情况, 因为它涉及失去附着的危险; 因此, 它的警告消息应被传递到驾驶人。然而, 在以 50km/h 行驶在上下班高峰期和极恶劣的天气条件的情况下, 标志 3 消息比标志 10 更相关, 而行驶在下班高峰期, 非常恶劣的天气条件的情况下, 在 80km/h 时, 标志 10 消息比标志 3 有较高优先级。

15.4.3 显示模型

表示模型采用内部环境照明的颜色变化。颜色编码如图 15.10 所示, 其中横坐标轴表示最终相关性值 R'_i。例如, 如果我们在环境 C（表 15.6）看到的最终相关性值的结果, 板载模块中接收到标志时, 环境光的颜色会随 R'_i 的值而变化。

另一方面, 如上面的蜂鸣声是由驾驶人的疲劳程度确定的, 这里不指定每个消息的警告级别。然而, 可以指出, 在显示标志 1 和标志 4 的情况下, 因为它们具有低的 K_c 值, 不会传输语言记录; 同时, 代表标志 3、标志 8 和标志 10 时, 会向驾驶人提供记录的解释性消息, 以便对仪表板上显示的图标进行定义。

当以 50km/h 行驶时, 只是在环境信息 C 中将红色设置为车辆内部环境照明, 而在环境 B 中设置为紫色, 并在环境 A 中设置为蓝色。另一方面, 当以最高限速行驶时, 显示标志 1 和标志 4 时, 不会传输语音记录, 而表示标志 3、标志 8 和标志 10 时,将向驾驶人提供记录的解释性信息。

表 15.6　环境 C 中符号的最终相关性

驾驶状态		标志 1	标志 3	标志 4	标志 6	标志 7	标志 8	标志 9	标志 10
环境 C TD ↑MC ↓SP=80	R_i'	18	20.4	21	18.98	22.5	19.95	20	26

15.5　结论

为了确保驾驶人获得对道路最完整的态势感知，来自信标的关于道路标志的消息，以及额外的交通和气象信息被发送到车载模块。然而，众所周知，驾驶人的注意力资源和工作记忆容量是有限的；此外，车辆的仪表板空间有限，使得它不可能同时显示所有信息。因此，出于这些原因，有必要对所有信息进行优先级排序，并仔细考虑要被给予驾驶人的最重要的活动消息。

与将消息优先级视为静态值 ISO 和 SAE 标准不同，所提出的方法考虑随着时间的推移消息的优先级变化。优先级任务由一个智能信息管理系统执行。该系统利用了三个模型：信号模型、解释模型和显示模型。基本上，信号模型确立了包含在消息中的信息的主要结构。该解释模型评估哪些是活动消息（m_i）并根据 VE 报文更新其相关值 R_i 为 R_i'。为了评估真实 VE 报文如何改变一个消息的优先级，被利用模糊逻辑来计算修正系数。最后，显示模型根据消息的相关性和驾驶人的疲劳状态决定的消息警戒级别。

参考文献

1. M.R. Endsley (1995) Toward a theory of Situation Awareness in Dynamic Systems, *Human Factors and Ergonomics Society* **37**(1): 32–64.
2. J. Rogé, T. Pébayle, E. Lambilliotte, *et al.* (2004) Influence of age, speed and duration of monotonous driving task in traffic on the driver's useful visual field, *Vision Research* **44**: 2737–44.
3. Y. Liu and T. Wu (2009) Fatigued driver's driving behavior and cognitive task performance: Effects of road environments and road environment changes. *Safety Science* **47**: 1083–9.
4. J. Rogé, T. Pébayle, S. El Hannachi and A. Muzet (2003) Effects of sleep deprivation and driving duration on the useful visual field in younger and older subjects during simulator driving. *Vision Research* **43**: 1465–72.
5. L. Schmidt (1982) Observance and transgression of local speed limits. *Arbeiten-aus-dam-verkehrspsychologischen-Institute* **19**(6): 107–16.
6. H. Otani, S.D. Leonard, V.L. Ashford and M. Bushore (1992) Age differences in perception of risk. *Perceptual and Motor Skills* **74**(2): 587–94.
7. A. Borowsky, D. Shinar and Y. Parmet (2008) Sign location, sign recognition, and driver expectancies. *Transportation Research Part F* **11**: 459–65.
8. J. Fisher (1992) Testing the effects of road traffic signs' informational valued on driver behavior. *Human Factors* **34**(2): 231–7.
9. A. Drory and D. Shinar (1982) The effects of roadway environment and fatigue on sign perception. *Journal of Safety Research* **13**: 25–32.

10. H. Al-Madani (2000) Influence of drivers' comprehension of posted signs on their safety related characteristics, *Accident Analysis and Prevention* **32**: 575–81.

11. M. Galer (1980) An ergonomics approach to the problem of high vehicles striking low bridges. *Applied Ergonomics* **11**(1): 43–6.

12. L. Pingatoro (1973) *Traffic Engineering: Theory and Practice*. New Jersey: Prentice-Hall, Inc.

13. A. Ruta, F. Porikli, S. Watanabe and Y. Li (2011) In-vehicle camera traffic sign detection and recognition. *Machine Vision and Applications* **22**: 359–75.

14. SAE J2395, ITS In-Vehicle Message Priority, The Engineering Society for Advancing Mobility Land Sea Air and Space, SAE International, 2002.

15. ISO/TS 16951, Road vehicle – Ergonomic aspects of transport information and control systems (TICS) – Procedures for determining priority of on-board messages presented to drivers, International Organization for Standardization, 2004.

16. H. Sohn, J.D. Lee, D.L. Bricker and J.D. Hoffman (2008) A dynamic programming algorithm for scheduling in-vehicle messages. *IEEE Transactions on Intelligent Transportation Systems* **9**(2): 226–34.

17. A. Zhang and C. Nwagboso (2001) *Dynamic Message Prioritisation for ITS Using Fuzzy Neural Network Technique, Transportation and Automotive Systems Research Center*, Society of Automotive Engineers, Tech. Paper Series 2001-01-0068.

18. CEIT, Centro de Estudios e Investigaciones Técnicas de Guipúzcoa, www.ceit.es (last accessed 3 May 2015).

19. Complete inform, 2010. Las señales a examen: la opinión de los conductores españoles sobre las señales de tráfico. FESVIAL (Fundación Española para la Seguridad Vial).

20. B. Lewis-Evans and T. Rothengatter (2009) Task difficulty, risk, effort and comfort in a simulated driving task – Implications for Risk Allostasis Theory, *Accident Analyisis and Prevention* **41**: 1053–63.

21. M. Castro (2007) Nueva Metodología de Control No Lineal Basada en Lógica Difusa. PhD Thesis, San Sebastián.

16 用于多式联运
行程规划的用户服务开发新方法

16.1 概述

交通系统的效率对经济发展至关重要。智能交通系统通常与城市交通和道路中的基础设施运营、车辆和货物的技术系统相关联。它们有广泛的用途，并存在着广泛的研究工作和应用。所以，智能交通可以定义为计算机科学、电子和通信领域的一组应用程序，旨在提高移动性、安全性和运输生产力，优化基础设施和能源消耗的使用，提高运输系统的能力。

因此，在用于运输服务的软件范围内的技术进步使得能够开发新的应用类型。这些应用的目的通常是改善城市交通的管理和城市的生活质量。

在制度层面，促进公共交通的使用是一个重要事项，因此它成为一项运输选择，有利于经济发展。因此，根据国际公共交通协会的数据，预计公共交通将在 2025 年实现其在 2009 年的两倍的市场份额，完成向更可持续的交通模式的过渡。

因此，在过去几年中，交通习惯和城市流动性出现了显著的变化。人们逐渐采用公共交通代替私人交通（由于环境敏感性和燃料成本），以及使用多式联运作为另一种选择。

16.1.1 多式联运

为了运输人和货物，存在几种运输方式。运输方式是一种运输货物或人的特殊类型。一般地区可以分为三种运输方式：空运、水运和陆运。另一方面，应用于负载从始点到目的地（包括一个或多个转运）的连续运输模式序列被称为运输链。

然而，运输网络缺乏模式之间的时间和时间表的连接。这导致与货运链的需求不一致，并涉及操作要求。这些问题的解决方案可以通过应用多运输系统，结合不同的运输模式，同时促进内部市场的提升并加强经济和社会的凝聚力。

此时，出现了联运的概念。联运是指在单个单元或车辆中使用连续的两种或更多种的运输方式运输货物，而在交换方式时不处理货物。因此，联运已经用于描述一种运输系统，其中在从门到门的运输链中以集成的方式涉及货物运输中的两种或更多种的运输方式，而运输过程中不需要装载和卸载（图 16.1）。

另一方面，多式联运意味着使用两种或多种运输方式运输货物，这些运输方式由地点之间的同一个多式联运合同所涵盖。因此，联运是多式联运的一种。此外，联运通过相同行程或特定地理区域的不同模式的同时性来指定运输组织（图 16.2）。

图 16.1 联运货物运输

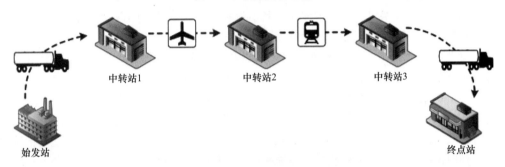

图 16.2 多式联运链

这种交通系统会对多个国家有利。它降低货物控制成本，增加税收征收安全性，降低海关税收成本，增加国际市场产品的竞争力，降低进口商品的价格。

此外，从用户角度来看，多式联运具有以下优点：降低运输总成本，较少的运输时间，更好的运输时间调度，确保操作合规，具有完全责任的单一合同，货物处理的技术关照，减少由于抢劫或盗窃所造成损失的风险，以及谈判能力。

然而，与这些概念相关，除了存在于每个特定模式中的低效之外，还可以识别缺乏不同运输模式的集成。这些问题引起成本和价格的增加，以及从起点到最终目的地所需的时间的增长。因此，这种低效率导致货物在运输中耗时更长，承担更多的损坏风险，并使得行政程序更加复杂。

因此，作为改善人员和货运流动性的最终目标，能够改进多式联运的智能支持系统应确保一个持续、合理的信息流。此外，在应用于运输的软件服务范围内的技术进步使得能够开发新的应用类型，以改善人员的移动性管理以及提升城市的生活质量。

在这个意义上，欧盟委员会（EC）关于运输的白皮书是一个战略路线，以实现一个有竞争力和可持续的交通运输。专注于多式联运主题，欧盟旨在优化多模式物流链的效率。其目的是为城际和多式联运获得一个基本的高效网络。

模态网络的集成改进导致更好的模态选择。在机场、港口、铁路、地铁和公共汽车站之间将有更多的连接，它们将在乘客的多模式运输平台中转变。涉及所有运输方式的在线信息和电子预订和支付系统必须促进多模式旅行。

因此，欧盟考虑定义必要的步骤，进一步整合不同模式的客运以实现从始点到目的地的旅行连续性。从技术角度来看，创造条件以促进可互操作和多模式智能系统的开发和使用是有利的，以便定义时间表、出行信息、在线预订系统和智能门票。这些行动应该包括在立法提案中，以确保私人服务提供者的可提供和旅行的实时交通信息可获取。

16.1.2 用户出行服务

目前，出行者可以选择通过不同类型和运输经营者的组合来规划长途旅行。但是制定出这样的组合需要数小时的浏览，甚至一些电话呼叫，需要连接不同的路线，进行时间规划和比较票价，还不确保旅行者所选择的是符合期望的最佳组合。这是一个多模式规划者可以帮助旅行者进行最佳选择的情况。

这些问题将集中在 ITS 解决方案中车辆和基础设施优化的类别内。这种优化是通过不同信息源的集成和新知识的生成而定向的。在这方面最相关的研究工作集中在 ATIS（高级出行者信息系统），旨在帮助旅行者制定最优化的旅行计划和路线。

这些系统使用信息和通信技术来收集、处理和分发最新的交通信息、道路状况、旅行持续时间、预期的延误、替代路线和／或天气条件，使旅客有机会做出明智的决定：何时出行、使用什么交通工具和选择什么替代路线。

因此，存在多模式行程计划解决方案以便向用户提供增值的软件运输服务。

16.2 出行规划信息系统

16.2.1 标准出行规划服务

为用户提供出行管理和出行规划的方案取得了很大进展。本节将介绍部分相关的方案以及它们的主要功能。

16.2.1.1 Google Transit

Google Transit[6, 7] 是将交通相关的公司更新的信息和谷歌地图的影响力结合在一起的交通规划工具。它整合了停靠站、路径、时刻表和售票信息，从而做出路径规划。

Google Transit 使用 GTFS 规范提供交通信息。因此，运营商可以使用该规范在给定地理区域中发布服务信息。

Google 地图是一种经济高效的方案，它平等对待交通运输实体和旅客要求。Google Transit 作为 Google 地图的特征，通过 Google 地图的移动应用程序在多种移动设备上都是可用的。此外，公共交通信息也包含在谷歌地图中。

图 16.3 显示了多模式交通查询的 Google Transit 用户界面。地图数据：©2014 Google，基于 BCN IGN Spain。

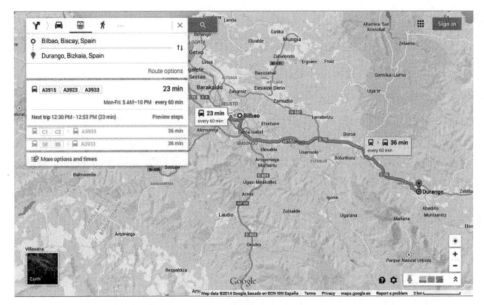

图 16.3　谷歌地图网络应用程序

16.2.1.2　Moveuskadi

交通部门几乎对 25% 的排放到巴斯克地区（西班牙北部）的大气中，引起环境危害的温室气体负责。

因此，巴斯克政府明确承诺将通过投资新的基础设施或制定政策来促进公共交通，并征求全体公民的同意和促进出行习惯的改变。

关注于这一主题，开发出了 Moveuskadi。它是一个可支持网络浏览器和移动设备访问的网站，提供有关巴斯克自治区公共交通的信息。该应用以多式联运方式提供用于路线规划（时间表、停靠、时间、成本等）的信息，例如涉及不同类型的公共交通（地铁、电车、城市和城际公共汽车、通勤火车、长途船、渡轮、缆车、吊桥、电梯等）从始点到目的地。所提供的路线还支持与运输公司的链接。.

因此，该规划器知道哪些替代选择使从一个位置到另一个位置更具经济性。它提示根据不同的路线选择碳排放量差异，以及用图表表示出根据所选择的运输模式在每个计划中的碳排放量，将其相对于标准的情况进行比较。

因此，巴斯克政府的目标是促进可持续交通，将那些更环保的旅行替代方案展示给公民，使他们意识到他们的行动对环境的影响，以及使用公共交通可带给他们的节省。

16.2.1.3　Open Trip Planner

Open Trip Planner（OTP）[10] 是基于 OpenStreetMap 地理数据多模式的开源路径规划工具 [11]。它可以在 Linux、Windows 系统上运行，而且基本上可以在其他任何能够运行 Java 的虚拟机的平台上运行。2012 年春季之后，其代码一直处于不断发展中，许多性能示例在全世界展示。

除了规划路径，OTP 也为自行车出行和步行提供了详细的路线指南，从而使用户完整地规划他们的出行（门到门）。

涉及交通运营商，OTP 可以定制匹配他们的外观和品牌，所以他们的驾驶人对在线地图和纸质地图拥有同样的熟悉感。

OTP 和其他在线地图工具和出行规划工具一样，可以应用到传统的导航层面，增加了公司成员对这种工具的采纳。

其未来的工作方向是致力于实现移动获取，实时规划以及用于内部管理的高级工具。图 16.4 展现了 OTP 用户进行多模式交通查询的界面。

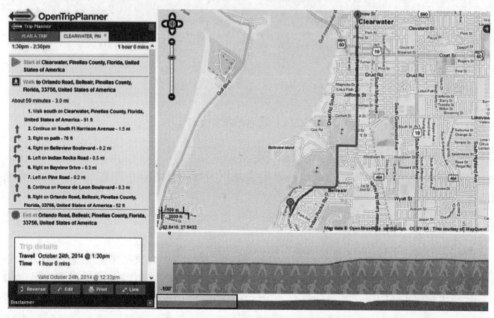

图 16.4　Open Trip Planner 应用程序

16.2.1.4　SITI 工程

SITI（信息系统联运）是由公共工程和交通部资助的一个项目，用于通过多式联运来规划旅行。

该项目开发了一个满足以下要求的原型：地理编码、"门到门"路线计算、文本信息和路线图表示。此外，这个想法是一个在城市之间和城市区域内运行的可扩展的系统，开发一个完全基于开放地图来源的低成本系统。

开发的原型表明，基于开源、具有低成本和低风险标准的行程规划器的开发是可能的。因此，运输经营者可以提供应用相同的日期来源，通过谷歌的一个简单但世界知名的旅行计划服务，以及来自自己的网站的本地服务。因此，他们可以以许多方式使这种服务适应他们自己的需要，例如路线优化的规则、路线计算中的传输选择的期望模式、票价信息、票据销售等。

16.2.2 运输信息格式和标准

运输公司有自己车队的相关路线和时间表的服务计划信息。但正如 J.L Campbell 等人在工作中表明：运输系统的有效性（以及前面描述的规划器）在很大程度上取决于整合来自各种来源的信息的能力以及向特定用户提供的信息的充分性。

目前有运营商过境信息的发布和交换的举措，允许开发者应用这些信息并以可互操作的方式将其集成到他们的应用中。最常用的过境信息发布格式如下所述。

16.2.2.1 通用运输反馈规格 (GTFS)

通用运输反馈规格定义了公共交通时间表和相关地理信息的通用格式。GTFS 已经建立了自己作为表示真实过境数据的标准，部分是来自 Google 的支持。

关于格式，GTFS 信息发布是压缩由一组 CSV（逗号分隔内容）格式文本组成的 ZIP 文件。每个文件建模过境信息的一个特定方面：停止、路线、轨道和其他计划日期。

16.2.2.2 Web Feature Service (WFS)

开放地理空间联盟 Web 功能服务接口标准（WFS）提供了一个接口，允许使用与平台独立的呼叫在整个网络上请求地理特征。基于 XML 的 GML 提供了用于传输地理特征的默认有效载荷编码。

WFS 规范定义了用于描述地理特征的数据操作的接口。数据操作包括基于空间和非空间约束来获取或查询特征的能力，以及创建 / 更新 / 删除新的特征实例。

16.2.2.3 特殊解决方案

还存在其他系统来代表和 / 或提供交通信息，大部分由管理他们自己数据的代理或机构定义。其中最突出的是 TransXChange 在英国和澳大利亚用于交换公共汽车服务计划信息。

因此，各种系统同时存在用以表示交通信息。WFS 规范专注于对存储在 GIS 中的地理空间数据进行查询，且它的使用有些复杂。特定解决方案在其领域是最优的，但它们不可互操作。GTFS 是事实上的标准，虽然其数据的处理和咨询不是很细致，因为它们不是结构化的，并且不允许包括路线的定性属性（例如关注生态或旅游兴趣），当制定时间表时这些属性越来越重要。

16.2.3 信息传送的新趋势

在过去几年中，在用户服务和交通信息方面的努力集中在数据互操作性上，以便获得增值信息。图 16.5 显示了交通信息的演变及其通过不同过程的变换，使其对于用户更相关。

为了支持这些过程并提供新信息（定量和定性）集成、共享和聚合限制的解决方案，这里有关于在计算领域相对新近的范例提供的可能性方面的研究，例如本体和数据网。

图 16.5　交通信息的演变

16.2.3.1　本体

人工智能社区自 20 世纪 70 年代开展的工作表明，形式本体可以用作指定和重用不同软件实体之间的知识的机制。在计算中，本体术语指的是在一个或多个领域内给出的综合和严格的概念模式的表述。由于独立于语言并且可被计算机理解，本体十分有用，因为它们有助于实现对描述性信息的共同和综合的理解。

16.2.3.2　语义网

本体是语义网的核心，是万维网的扩展，其中信息和服务的含义（语义）被定义为允许满足使用网络内容的人和机器的请求。在网上有数百万的资源访问，这带来了巨大的成功，但也引发信息过载和源的异质性的问题。语义网通过减少用户的认知努力，将它们委派给能够推理的代理，并进行推理以向人们提供正确的信息，来帮助解决这些问题。

为了获得数据的正确定义，语义网本质上是使用 RDF、SPARQL、OWL 和机制，帮助将 Web 变成全球基础架构，其中数据和文档可以在不同用户类型之间共享和重用。

16.2.3.3　链接数据

链接开放数据的概念作为使互联的 RDF 数据集使用 HTTP 协议在互联网上可用的机制，如同 HTML 文档一样。

在计算中，数据描述了发布结构化信息的方法，使得其可以互联并且因此更有用。它基于诸如 HTTP、RDF 和 URI 之类的标准 Web 技术，但是它不是使用它们来向人们提供网页，而是扩展它们以便可以由计算机自动处理的方式共享信息。这允许来自各种源的数据被链接和检索。

为了标准化和测量已经开始巨量发布的数据集的质量，在 2010 年引入了被称为"5 星级链接数据"的度量。基本上，它包括一组增量特性，应满足公布的数据，在社区标准下被视为链接数据。

数据集满足的功能越多，其质量越好。表 16.1 显示了分类。

这个概念在大型语义资源（例如 DBpedia 或 Bio2RDF）发布后得到了推动，一些政府宣布其决定将其数据公开在一系列开放政府举措上。

2007 年 10 月，超过 20 亿三元组的数据集被计算，通过超过两百万的 RDF 链接相互链接。在 2011 年 9 月，这一信息已增长到 310 亿 RDF 三元组和 5 亿链接。

表 16.1　5 星级链接数据评级系统

星级	描述	类型	示例
★ OL	网上可用	线上	PDF
★★ OL RE	可用作机器可读的结构化数据	可读的	XLS
★★★ OL RE OF	非专有格式	开放格式	CSV
★★★★ OL RE OF URI	使用 W3C 的开放标准	URI	RDF
★★★★★ OL RE OF VAI LD	将数据链接到相关数据集	链接数据	RDF

　　这种努力，无论是制度上的还是个人的，都导致出版具有语义网的特征和基础结构的数据。图 16.6 显示了 2014 年 8 月链接的开放数据图的状态。

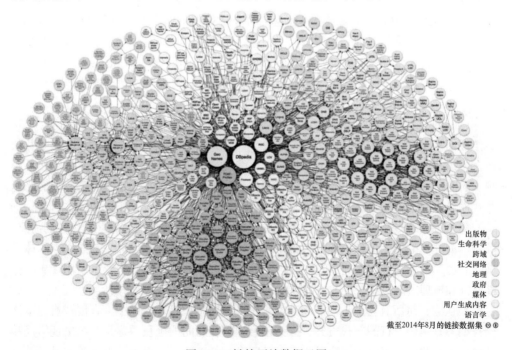

出版物
生命科学
跨域
社交网络
地理
政府
媒体
用户生成内容
语言学
截至2014年8月的链接数据集

图 16.6　链接开放数据云图

16.3　集成多模式交通的关联开放数据

促进知识共享，构建系统之间的这种知识和互操作性的能力有利于许多研究领域和不同的应用领域（例如医学 [22, 23]、教育 [24, 25]、物流 [26] 或旅游 [27, 28]）。

因此，在各种目标、方法和预期结果的驱动下，在语义数据建模的前提下，在交通信息领域找到类似的工作不应该是令人惊讶的。本章将描述在这一领域进行的最相关的研究，之后将提出作者的解决方案。

16.3.1　相关工作

16.3.1.1　本体地理空间数据管理

互操作性对于地理信息系统变得至关重要，地理信息系统的信息通常存储在地理空间数据库中，只能通过地理信息系统（GIS）访问。然而，这些来源越来越多样化。

因此，有必要考虑这种异质性，支持能够实现地理工具之间的互操作性的方法，以满足在使用和共享地理空间数据方面日益增长的需求。

传统的 GIS 系统使用基于关键字的方法执行空间查询。这种方法不能完全表达用户的需要，因为数据集中缺乏地理概念（语义）。

在这种情况下，最有希望的结束这种模糊性的方法是使用地理数据集的本体来实现地理空间语义。

B. 洛伦兹在他的"交通网络本体论"的研究中进行了详尽的分析，指出了国际和欧洲机构为了标准化地理信息所做的努力。这些包括通过研究和开发欧洲数字路径图（EDRM）项目开发的地理数据文件（GDF）的定义，并且作为其范围的领导者，与NAVTEQ、博世、飞利浦或沃尔沃等供应商一起使用，这些地图为这些汽车导航系统应用。

R.Lemmen 的论文深入探讨了基于地理信息的不同数据集和 Web 服务之间寻求互操作性的需要。它揭示了软件架构（从集中式模式到分布式和互联式）的范式变化如何在可用的地理信息工具（交互式地图、路线规划器、统计信息等）中产生实质性影响。因此，在组织中出现了整合和重新利用可用信息（内部和外部）的需要，似乎是与数据异质性相关的问题。

另一方面，T. Zhao 提出了一个论文，从不同的角度来看地理数据互操作性的需要。虽然上面提到的作者把他们的努力集中在地理信息语义建模，设计一个或多个本体以试图获得一个更丰富的地理空间格式的语义模型的直接翻译，Zhao 寻求重用现有的标准格式和地理空间协议，并在查询层使用语义。

他认为，将所有当前地理空间数据（主要存储在地理数据库中）直接转换为本体论模型不是一个可行的替代方案，因为该过程将在时间上延长，这是由于出现错误和效率低下。此外，用于本体管理的现有工具（例如 Protege）将不能够承受实例的这种沉重的负担，主要是由于所需的存储器消耗。

考虑到这一点，他建议在上层包含语义，使用适配器或接口实现为 RDF 本体，并位于用户进行的网络查询和底层地理空间格式之间。

16.3.1.2　传输信息的语义建模

虽然几个作者试图通过本体管理 GIS 系统的地理信息，但已经证明这种类型的信息的复杂性以及其能力要求使得计算这种解决方案的大规模应用是不切实际的。因此，当前的方法是将研究指向运输信息内的领域或更具体的领域。

因此，K.M.Oliveira 已经执行着重于在用于多模式传输的信息建模中使用本体的工作，其最终目标是基于用户特性（也根据语义上下文模型表示的特性）生成个性化用户界面。这项工作是一个很好的例子，说明应用于传输信息的本体如何用于给复杂的软件系统更多的智能。

另一个例子是 Houda 的研究，其重点是乘客准备旅程所需的信息，选择使用多模式交通从一个点移动到另一个点的最佳方式。这项工作还考虑了在路线上可用的并且对乘客有用的诸如餐馆、图书馆等的服务。为了通过提供这样的服务来支持乘客的旅程规划，基于运输网络在分类法上对几种类型的旅行模式进行建模。

Gunay 的工作提出了一种更通用的解决方案，其实现基于公共传输域本体（PDTO）的语义建模公共交通信息，同时基于欧洲共同体中的空间信息的基础设施（INSPIRE）数据主题生成地理门户。这项工作的目的是调查使用语义来赋予传统的 GIS 方法。

作者将半自动数据关联加载到现有的运输本体中以生成个体（具体实例）。它还定义了管理要求的地理空间查询和最优路径的选择机制。此外，作为改进点，它指出运算的高计算成本和运输限制，推荐使用分布式技术作为这些问题的可能解决方案。

16.3.2　多式联运语义信息的管理与提供

下面介绍的工作目标是为用户提供基于公共交通使用的有效替代方案，以便城市规划和城际旅行。开发的平台将允许使用公共和有效的运输模型考虑诸如时间、距离、能量消耗或文化和 / 或旅游兴趣的参数来为用户提供关于最佳路线的信息。为此，除了将消耗系统（路线、距离等）的当前可用信息之外，将有必要具有使用可能的用户提供的协作信息丰富该信息的架构，并且允许该数据被利用，根据其兴趣或搜索上下文进行过滤和显示。

我们的最终目标是构建一个分布式软件架构，通过将从异构源获取的交通数据形式化与相关信息集成，实现与多模式移动性相关的软件服务。

16.3.2.1　多模态运输本体 (MTO)

已经发现了与允许传输数据的形式建模语言的定义相关的一些限制。这个特性使用本体论可以很好地解决，如在其他研究领域中所证明的，因此创建用于传输信息提供和管理的本体。

已经进行了可用于本体的现有交通词汇的调查。因此，已经使用了由社区广泛支持的诸如 Gronames、Geosparql [36]、Time [37] 或 WGS84 [38] 的词语。

设计的架构的最相关的特征之一是它定义了可扩展性（允许本体被扩展以支持更广泛和 / 或更复杂的域）以及非自然资源（NOR）的重用和重新设计。通过到这些域的链接，所提出的本体能够服务关于地理空间（例如在给定路线的 5km 内的 POI）和地缘政治（例如位于 Biscay 的 POI）数据的高级地理请求。

鉴于 GTFS 目前是交通数据表示的事实上的标准，因此已经选择对本体内的实体进行 CSV 文件重构。适配器是用 Java 开发的便携式多平台桌面应用程序。它的功能是从 GTFS 文件生成语义信息。它具有其中定义了传输域的本体论情况以及执行格式之间的直接转换并解决相应关系的多个自动规则。

如上所述，交通数据模态的基础将取自 GTFS 规范。图 16.7 显示了构建开发的交通本体的主类。

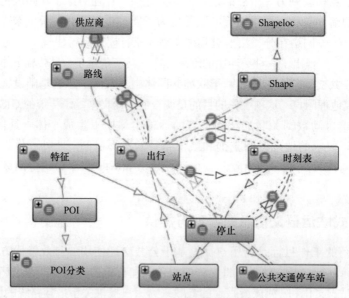

图 16.7　MTO 主要概念和关系

用于建模交通信息的系统的关键特征之一是用于存储地理数据的设计。在这方面，已经采取的决定基于设计的本体的标准化和未来的可扩展性和 / 或可重用性。

地理参考点已通过使用广泛支持的属性（例如纬度和经度，遵循 WGS84 标准）来定义。由于旨在向这些点添加功能，已经建立了与其他相关本体和服务的关系，丰富了提供给最终用户的信息 .

16.3.2.2　分布式架构

传输相关信息作为本体的表示有助于使用高级特征，例如将数据与其他数据源链接的能力，其可以与特定域相关。假设通过整合其非定量方面来改进信息的质量在所提出的本体的特定情况下，决定通过链接和分类由 Linkedgeodata [39] 本体提供的感兴趣的协作点（POI）以及由 Geonames 提供的感兴趣的点来扩展它。Linkedgeodata 使用 OpenStreetMap 项目收集的信息，并根据关联数据原则将其作为 RDF 知识库。

所提出的架构的概要如图 16.8 所示。

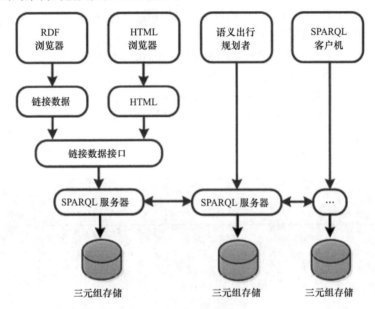

图 16.8　分布式架构

所描述的数据模型必须用支持它的架构来补充。这是由几个分布式 SPARQL 服务器执行的。SPARQL 是一种查询语言，能够检索和操作以 RDF 格式存储的数据。每个服务器维护其自己的中转信息并且以本地方式管理，但是其通过与其余服务器的连接而促进互操作性，从而允许以透明的方式执行分布式查询。

也就是说，当用户向其中一个服务器发出有关特定联运路线的请求时，这向已经注册的服务器提供相同的查询，依此类推，直到可以满足查询，因为目标服务器知道请求的数据或者直到查询所有服务器。

16.3.2.3　语义旅行计划

如所指出的，在现有技术中，近年来在 ITS 领域中最先进的软件工具之一是多模式行程规划器。因此，认为适当的是验证所开发的解决方案以实现在所提出的架构上运行的多模态和语义行程规划器（图 16.9）。

提出的多模式旅行规划器利用分布式架构和基于本体的数据模型，为用户提供与多模式交通相关的远程信息。有必要澄清，对于寻找过境路线的内在过程，架构依赖于 Open Trip Planner（OTP）的使用，Open Trip Planner 是用于多模态旅程规划的开源工具。

除此之外，已经为规划器的实施采取了以下行动：

• 加载巴斯克政府发布的交通数据，并通过 GTFS 适配器生成相应的语义内容；

• 实施三个分布式 SPARQL 服务器，发布与巴斯克地区三个省相关的 LOD 语义传输信息。

由于能够将信息与其他相关数据集链接起来，因此提供了顶层菜单，可以执行关于搜索路径中的兴趣点的搜索。这种搜索可以根据以下内容进行过滤：

• 要查找的兴趣点的名称；

• 链接数据源进行咨询（地理名称和 / 或 Linkedgeodata ）；

• 查询的地理位置；这个信息可以用于：

○ 在地缘政治方面（例如位于比斯开的 POI ）；

○ 以几何方式（例如，在给定路线的 5km 内的 POI ）；

• POI 的层次分类；

• 服务、娱乐和景点。

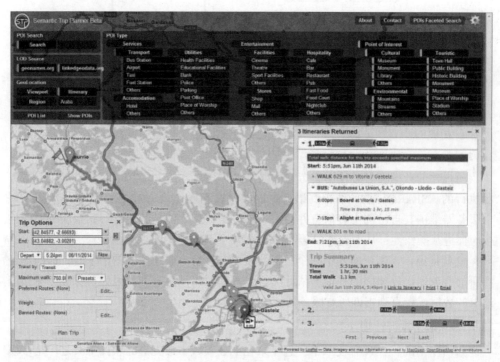

图 16.9　语义行程规划器

16.4　结论

本章回顾了旨在促进多式联运使用的软件解决方案和服务。这项研究使我们解决了交通信息的管理和表示的挑战，通常基于使用异构数据库或封闭的非互操作格式。

　　然而，它也显示了本体和语义网的使用的新趋势，作为用于表示地理空间数据的本体的生成或者使用数据网络来链接应用于交通领域的标准地理信息，可以帮助在结构化、分配和共享可用信息的任务中。

　　本章强调的内容提出了一个替代解决方案，通过在欧盟委员会关于交通的白皮书中应用联系的开放数据原则来管理交通数据，旨在改善和扩大公共机构和公司以综合和可持续的方式获得、共享、提供交通信息的能力。

　　同样，分布式和可互操作服务器的架构被提出作为地理数据管理和存储的新方法，支持高级查询（地理空间和地缘政治）并支持多种输出格式。向用户和开发人员提供的这些工具旨在促进与多式联运相关的高级软件服务的开发，并面向可持续交通的使用。

参考文献

1. General Secretariat for Transport, Spanish Ministry of Public Works and Transport (2010) *Los Sistemas Inteligentes de Transporte.*
2. Comisión Europea (2011) *Libro blanco del transporte: Hoja de ruta hacia un espacio único europeo de transporte: por una política de transportes competitiva y sostenible.* Oficina de publicaciones de la unión europea.
3. International Association of Public Transport (UITP) (2009) Doubling the market share of public transport worldwide by 2025, *58th UITP World Congress, 2009.*
4. International Association of Public Transport (UITP) (2014) Local public transport trends in the European Union, *60th UITP World Congress.*
5. Ministerio de Fomento de España. *El lenguaje del transporte intermodal, vocabulario ilustrado.* http://www.fomento.gob.es/NR/rdonlyres/17FBCF00-91E0-4761-A11C-88A16277D8A4/1550/01_lenguaje_transporte_intermodal.pdf (last accessed 3 May 2015).
6. Google Transit, https://developers.google.com/transit/google-transit (last accessed 3 May 2015).
7. Google Transit Partners Program website, https://developers.google.com/transit/gtfs (last accessed 3 May 2015).
8. GTFS Data Exchange, http://www.gtfs-data-exchange.com (last accessed 3 May 2015).
9. Moveuskadi, http://moveuskadi.com (last accessed 3 May 2015).
10. OpenTripPlanner, http://opentripplanner.com (last accessed 3 May 2015).
11. OpenStreetMap, http://www.openstreetmap.org (last accessed 3 May 2015).
12. Sistema multimodal para la planificación de viajes en transportes públicos de código abierto y basado en estándares 'de facto', http://dugi-doc.udg.edu/bitstream/10256/1418/1/C37.pdf (last accessed 3 May 2015).
13. J.L. Campbell, C. Carney and B.H. Kantowitz (1998) Human factors design guidelines for advanced traveler information systems (ATIS) and commercial vehicle operations (CVO). National Technical Information Service.
14. TransXChange, http://www.dft.gov.uk/transxchange (last accessed 3 May 2015).
15. T.R. Gruber (1993) A translation approach to portable ontology specifications, *Knowledge Acquisition* **5**: 199–220.
16. T. Berners-Lee, M. Fischetti and M.L. Dertouzos (2000) *Weaving the Web: The Original Design and Ultimate Destiny of the World Wide Web by Its Inventor.* HarperInformation.
17. T. Berners-Lee, C. Bizer and T. Heath (2009) Linked data: the story so far. *International Journal on Semantic Web and Information Systems* **5**(3): 1–22.
18. DBpedia, http://wiki.dbpedia.org (last accessed 3 May 2015).
19. Bio2RDF, http://bio2rdf.org (last accessed 3 May 2015).
20. D. Fensel, F.M. Facca, E. Simperl and I. Toma (2011) *Semantic Web Services.* New York: Springer.
21. M. Schmachtenberg, C. Bizer, A. Jentzsch and R. Cyganiak (2014) Linking Open Data cloud diagram, http://lod-cloud.net (last accessed 3 May 2015).
22. M. Ashburner, C.A. Ball, J.A. Blake, *et al.* (2000) Gene ontology: tool for the unification of biology. *Nature Genetics* **25**(1): 25–29.

23. A. Mol (2002) *The Body Multiple: Ontology in Medical Practice*. Durham, NC: Duke University Press.
24. C. Guangzuo, C. Fei, C. Hu and L. Shufang (2004) OntoEdu: a case study of ontology-based education grid system for elearning, *GCCCE2004 International conference, Hong Kong*. Citeseer, pp. 1–9.
25. H. Jia, M. Wang, W. Ran, *et al.* (2011) Design of a performance oriented workplace e-learning system using ontology. *Expert Systems with Applications* **38**(4): 3372–82.
26. H. Dong, F.K. Hussain and E. Chang (2008) Transport service ontology and its application in the field of semantic search, *IEEE International Conference on Service Operations and Logistics, and Informatics*, vol. **1**, pp. 820–4.
27. G.D. Abowd, C.G. Atkeson, J. Hong, *et al.* (1997) Cyberguide: A mobile context-aware tour guide. *Wireless Networks* **3**(5): 421–33.
28. D. Buján, D. Martín, O. Torices, *et al.* (2013) Context management platform for tourism applications. *Sensors* **13**(7): 8060–78.
29. B. Lorenz, H.J. Ohlbach and L. Yang (2005). Ontology of transportation networks. REWERSE Deliverable A1-D4. University of Munich, Institute for Informatics.
30. R.L.G. Lemmens (2006) Semantic interoperability of distributed geoservices. PhD thesis.
31. T. Zhao, C. Zhang, M. Wei and Z.-R. Peng (2008) Ontology-based geospatial data query and integration, *Geographic Information Science, Lecture Notes in Computer Science* **5266**: 370–92.
32. K.M. De Oliveira, F. Bacha, H. Mnasser and M. Abed (2013) Transportation ontology definition and application for the content personalization of user interfaces. *Expert Systems with Applications* **40**(8): 3145–59.
33. M. Houda, M. Khemaja, K. Oliveira and M. Abed (2010) A public transportation ontology to support user travel planning, *Fourth International Conference on Research Challenges in Information Science (RCIS), May 2010*, pp. 127–36.
34. A. Gunay, O. Akcay and M.O. Altan (2014) Building a semantic based public transportation geoportal compliant with the INSPIRE transport network data theme. *Earth Science Informatics* **7**: 25–37.
35. GeoNames Ontology, http://www.geonames.org/ontology (last accessed 3 May 2015).
36. GeoSPARQL, http://www.opengeospatial.org/standards/geosparql (last accessed 3 May 2015).
37. Time Ontology in OWL, http://www.w3.org/TR/owl-time (last accessed 3 May 2015).
38. Basic Geo (WGS84 lat/long), http://www.w3.org/2003/01/geo (last accessed 3 May 2015).
39. LinkedGeoData, http://aksw.org/Projects/LinkedGeoData.html (last accessed 10 May 2015).